Carlos Marchi

TODO AQUELE IMENSO MAR DE LIBERDADE

1ª edição

EDITORA RECORD
RIO DE JANEIRO • SÃO PAULO
2015

CIP-BRASIL. CATALOGAÇÃO NA FONTE
SINDICATO NACIONAL DOS EDITORES DE LIVROS, RJ

Marchi, Carlos
M265t Todo aquele imenso mar de liberdade: a dura vida do jornalista Carlos Castello Branco / Carlos Marchi. – 1ª ed. – Rio de Janeiro: Record, 2015.
il.

Inclui índice
ISBN 978-85-01-10307-9
1. Castello Branco, Carlos, 1920-1993. 2. Jornalistas – Brasil – Biografia. I. Título

CDD: 920.5
14-18206 CDU: 929:070

Texto revisado segundo o novo Acordo Ortográfico da Língua Portuguesa.

Direitos exclusivos desta edição reservados pela
EDITORA RECORD LTDA.
Rua Argentina, 171 – 20921-380 – Rio de Janeiro, RJ – Tel.: 2585-2000.

Impresso no Brasil

ISBN 978-85-01-10307-9

A meus filhos Clarisse, Juliana e Thiago
faróis da minha vida, assestados
sobre um futuro que só eles verão.

"Né mai a uno principe
mancorono cagioni legitime
di colorare la inosservanza."

("Jamais faltaram a um príncipe
razões legítimas para justificar a
quebra de suas promessas.")

Nicollò Machiavelli, Il Principe

"Il nous faut de l'audace,
encore de l'audace,
toujours de l'audace!"

("Precisamos de audácia, ainda de audácia,
sempre de audácia!")

*Georges Jacques Danton, discurso na
Assembleia Legislativa, Paris, 2/9/1792*

"Se vogliamo che tutto
rimanga com'è, bisogna
che tutto cambi."

("Se quisermos que tudo
continue como está, é
preciso que tudo mude.")

Giuseppe Tomasi di Lampedusa, Il Gattopardo,
pela voz de Tancredi Falconeri

Sumário

Apresentação

Acompanhar a vida de Carlos Castello Branco, o Castelinho, é acompanhar a história política recente do Brasil, e essa é a grande qualidade deste livro de Carlos Marchi. Ele soube como poucos entrelaçar a história do maior de todos os colunistas políticos que o país teve com os acontecimentos que o levaram a ser quem foi, o jornalista mais influente de sua geração.

Ao longo de cinquenta anos de jornalismo, sendo trinta deles no colunismo político diário no *Jornal do Brasil*, Carlos Castello Branco participou ativamente da vida política do país, mas apenas uma vez "do outro lado do balcão", como dizemos nós, jornalistas, daqueles que atuam em governos.

Foi, a contragosto, secretário de imprensa do presidente Jânio Quadros, conseguiu passar incólume por essa aventura que lhe trouxe muitos ensinamentos, sobretudo identificar quem é que manda mesmo nos governos, aquele que tem conhecimento dos mecanismos internos e informações que não sejam apenas especulações com interesses pessoais.

Frio, pragmático, Castelinho sabia lidar com as autoridades de Brasília sem perder de vista sua condição de repórter, o que sempre surpreendia seus interlocutores. Não se sentiu limitado a exercer seu poder de crítica sobre a eleição de Jânio Quadros, mesmo já tendo sido nomeado seu secretário de imprensa, e depois da renúncia continuou acompanhando a vida política de Jânio sem poupar-lhe críticas quando considerava necessário.

Também o então candidato à Presidência no Colégio Eleitoral, ministro Mário Andreazza, passou uma noite com ele em um restaurante em Brasília, certo de que estava perdendo tempo, pois Castelinho parecia bêbado e alheio às suas angústias de candidato que temia perder a eleição interna no PDS para Paulo Maluf — o que realmente aconteceu — ou para Tancredo Neves.

No dia seguinte, ao ler a famosa Coluna do Castello, surpreendeu-se ao ver registrada toda a conversa, sem reparos a fazer. De outra feita, foi o próprio presidente José Sarney, seu amigo de longa data, que lhe bateu à porta de casa sem avisar para brigar com ele devido ao tratamento injusto de que julgava estar sendo vítima. Precavido, Sarney trazia um litro de uísque para regar a discussão.

A bebida passou a ser a companheira inseparável de Castelinho depois que seu filho Rodrigo morreu num desastre de carro em Brasília. Não bastasse a dor da tragédia e a saudade, Carlos Castello Branco ainda tinha que lidar com a desconfiança de que o desastre fora premeditado pelo Serviço Nacional de Informações, uma vingança contra seus artigos e críticas que o levaram algumas vezes à cadeia depois do golpe de 1964.

A conversa que teve com Jango em um hotel em Paris, em que o presidente deposto lhe disse ter certeza de que o acidente fora forjado, é um dos pontos altos do livro, que soube pegar muito bem os traços humanos de Castelinho, suas fragilidades pessoais e seus gestos generosos, sua veleidade de tornar-se um escritor e a glória de chegar à Academia Brasileira de Letras não pelos méritos literários de seus contos, mas pela qualidade de sua coluna política, que unia bom estilo literário com análises agudas, especialmente durante o período ditatorial, em que o Congresso a certa altura funcionava mais na Coluna do Castello do que na realidade.

Não se furtou a uma atuação pública, quando um grupo de jovens jornalistas de Brasília, entre eles o autor do livro, o convidou para assumir a presidência do Sindicato dos Jornalistas num momento especialmente difícil da ditadura militar. E atuou nos bastidores políticos para ajudar Tancredo Neves a concretizar seu plano de derrotar o governo militar no próprio Colégio Eleitoral em que teoricamente tinha maioria.

Com o texto direto e capacidade analítica que dispensava firulas literárias, mas sabendo ser sarcástico quando necessário, Carlos Castello Branco teve que adaptar-se às dificuldades que a censura impunha durante o regime militar, e não raras vezes enviou mensagens cifradas nas suas colunas a favor de manobras políticas não apenas da oposição ao regime, mas também de setores militares que atuavam nos bastidores para a abertura democrática que acabaria chegando.

Tornou-se, por isso mesmo, um ícone da imprensa brasileira, cuja vida essa biografia de Carlos Marchi só faz exaltar, mesmo quando revela suas fraquezas. Temos assim a oportunidade de vermos o ser humano Carlos Castello Branco na sua inteireza, e entender melhor a sua grandeza.

Merval Pereira

1
PERIGOS DO BOM JORNALISMO

1976

— Eles matam pessoas, Castello!

O inesperado e a gravidade da afirmação, a ênfase exclamativa que o ex-presidente João Goulart empregou, com um acento ainda mais gaúcho do que o usual, assustaram o jornalista Carlos Castello Branco, o Castelinho. Era, de fato, o que Jango pretendia — assustá-lo e, no susto, impor a argumentação delicada, alertá-lo para perigos que ele parecia deixar passar insuspeitados. Aquele tema era praticamente desconhecido do grande público; só sabia o que se passava quem já sofrera na carne as pressões e a dor das fugas continuadas, das perseguições intermináveis, das prisões e mortes que se sucediam ao redor das pessoas marcadas no cone sul. Os exilados, com seu peculiar instinto de sobrevivência, adquirido em sua trajetória errática por vários países nos quais buscavam proteção e quase sempre encontravam terror, entendiam a dor do estrangeiro, sabiam melhor do que ninguém o que representava risco, onde estava a razão de temer e, principalmente, o que poderia acontecer ou o que não representava grande risco.

Orlando Letelier, ex-ministro dos Negócios Estrangeiros, do Interior e da Defesa do governo Salvador Allende, por exemplo, fora buscar proteção nos EUA, hipoteticamente sob guarda da alta segurança norte-americana, e lá foi assassinado junto com sua secretária por uma bomba implantada em seu carro por agentes da ditadura chilena. Os exilados aprenderam com o medo: não havia limites para o terror praticado pelas ditaduras do cone sul das Américas.

Com aquelas palavras assustadoras, pois, Jango arrematava a argumentação que seu interlocutor se esforçava por ignorar ou rejeitar. Não se pode ignorar ameaças do terror ensandecido, parecia dizer Jango — em geral, quando eles ameaçam, cumprem.

Dita assim, de chofre, a frase bateu no peito de Castelinho como um torpedo poderoso e inesperado, direcionado com velocidade e potência capazes de abrir uma enorme ferida na memória da alma. Soava ambíguo ouvir uma frase que traduzia tragédia naquele ambiente luxuoso e amigável do bar do Hôtel Claridge, na rue François 1er., bem ao lado da avenue des Champs Elisées, onde o ex-presidente costumava se hospedar. Ainda mais numa conversa regada a uísque Royal Salute que tinha tudo para ser prazerosa. Porém, naquele ambiente de requinte, foram revelados detalhes de como transcorria a vida difícil dos exilados brasileiros — e uruguaios, paraguaios e depois argentinos e chilenos — nos anos 1970, a fase mais aguda da ditadura militar no Brasil e nos países vizinhos; não havia possibilidade de fruir paz e prazer inebriantes e duradouros. E Castelinho, que nunca precisou nem pensou em viver exilado, que não conhecia aquele cotidiano nervoso, passou a sentir-se simplesmente aterrorizado. Como imaginar que ele fosse vítima da refrega como se fosse o mais ousado dos radicais?

Como era do seu feitio, Jango reunira um grupo de quinze brasileiros, em sua maioria cineastas e políticos, para uma conversa nostálgica do exílio, muito comum à época entre brasileiros desterrados. À última hora, o ex-presidente soube que Castelinho estava em Paris, conseguiu localizá-lo e também o convidou. O grupo de cineastas era comandado pela verve barulhenta e copiosa de Glauber Rocha. Eram antípodas as duas figuras que naturalmente eram objetos centrais da conversa naquela tarde/noite: Glauber falava sem precisar que algo lhe fosse perguntado, e Castelinho economizava palavras, parecia rogar para nada dizer, a não ser que fosse perguntado; um alongava fantasiosas teorias recém-imaginadas sobre filosofias de todos os matizes, o outro só falava em cima de fatos reais, estabelecia visões precisas dos contextos e, de quebra, ainda trazia notícias frescas do Brasil. E sabia analisar como poucos o efeito e a durabilidade dessas notícias.

Os interlocutores, notoriamente, se interessavam mais pelas análises frias e precisas de Castelinho do que pelo falatório caudaloso e errático de Glauber. Mas aquele encontro de antípodas, raro e um tanto furtivo, frutificaria cinco anos depois, quando Glauber, já no Brasil, com a anistia resolvida, colheria um quase caótico depoimento de Castelinho para o último filme de sua carreira, *A idade da terra.*

Quando o papo do bar do Hôtel Claridge já dava sinais de esgotamento — tanto pela esgrima de variados assuntos quanto pelo efeito devastador das várias garrafas de Royal Salute consumidas pelo grupo sem cerimônia e sem exceção — Jango se aproximou mais de Castelinho. O grupo foi saindo até que ficaram só os dois e a conversa ficou mais focada na política dos exilados. Castelinho achou que, agora sim, só se falaria de política — e errou, porque a conversa foi muito além. Quer dizer, falou-se de política, mas não a política convencional que ele estava acostumado a tratar; falou-se da política de terror praticada pelas ditaduras sul-americanas contra os que saíram e contra os que ficaram, a maneira como faziam para mantê-los sempre acuados, em permanente estado de tensão e medo.

* * *

Jango detestava Londres, mas, toda vez que saía de Buenos Aires e ia para a Inglaterra, se sentia mais leve e protegido. Confessava amiúde a amigos que sua fazenda La Villa, em Mercedes, na província de Corrientes, até há pouco seu refúgio no exílio, fora um lugar seguro desde que Juan Domingo Perón retornara à Argentina, em junho de 1973, e o convidara para viver lá. Antes disso ele vivia tempos de absoluta insegurança em sua fazenda de Maldonado, perto de Punta del Este, no Uruguai, quando o presidente civil Juan María Bordaberry subitamente deu um golpe e assumiu poderes excepcionais a partir daquele mesmo mês, impondo uma ditadura bestial que logo seria encampada pelos militares.

Desde que se mudara para a Argentina, Jango só ia ao Uruguai para tratar de negócios, em viagens rápidas, num estilo bate-volta. Mas quando Perón morreu, em julho de 1974, tudo começara a mudar também na Argentina. Sucessora do marido, a vice-presidente Maria Estela Martínez de Perón, conhecida como Isabelita Perón, não tinha nenhuma experiência política e se tornou um mero joguete nas mãos do peronismo de extrema direita. Jango começou a ficar intranquilo quando percebeu que a Triple A, a Alianza Anticomunista Argentina, e o Comando de la Organización, grupos paramilitares de extrema direita, passaram a se movimentar com total desenvoltura e a agir com estímulo e, muitas vezes, sob a proteção do governo.

Como não há situação ruim que não possa piorar, em março de 1976 — seis meses antes da conversa do Hôtel Claridge — o golpe militar da mais sanguinária ditadura sul-americana transformou a Argentina, de forma inequívoca, num país em que a tortura e o assassinato de opositores se tornaram uma sistemática e cruel política de governo. A conversa do Hôtel Claridge ocorria num momento em que Buenos Aires fora transformada num centro de operações colaborativas das ditaduras circundantes, o que para Jango acendia a luz do alerta vermelho. Era como se ele adivinhasse que tudo aquilo logo iria redundar na temível Operação Condor. Naquele momento ele mesmo não ia mais a Buenos Aires e recomendara a Maria Tereza fechar a butique que abrira num bairro chique.

Perseguiam, prendiam, torturavam e matavam quem tinha envolvimento político, quem não tinha, mas podia ter e quem não tinha, mas parecia ter. No dia 27 de março daquele ano, seis meses antes daquela conversa, o pianista brasileiro Francisco Tenório Cerqueira Júnior, conhecido pelo nome artístico de Tenório Júnior, que acompanhava um show de Vinicius de Moraes e Toquinho em Buenos Aires, deixou um bilhete em seu quarto de hotel informando que sairia para comprar cigarros e um remédio. Nunca mais voltou; até hoje não se sabe exatamente o que aconteceu, mas é líquido e certo que foi preso por algum comando terrorista — naturalmente por engano, porque não tinha qualquer vínculo com organizações de esquerda — e assassinado. Seu corpo nunca foi localizado.

Para Jango, político experimentado e sofrido, os sinais eram muito evidentes. Quatro meses antes daquela conversa com Castelinho, exatamente no dia 21 de maio, os corpos crivados de balas de dois dos seus melhores amigos uruguaios, o ex-senador e ex-ministro Zelmar Michelini e o ex-presidente da Câmara dos Deputados Héctor Gutiérrez Ruiz, foram encontrados num Ford Torino abandonado na esquina das avenidas Perito Moreno e Luís Dellepiane, um importante cruzamento no centro de Buenos Aires, próximo ao parque Avellaneda.

Michelini fora sequestrado na madrugada do dia 18 de maio, no Hotel Liberty, no quarto em que dormia com os dois filhos. *"Llegó tu hora"*, disse-lhe um dos integrantes do grupo paramilitar que o sequestrou, antes de enfiar-lhe uma carapuça na cabeça. No Ford Torino abandonado estavam ainda os corpos de dois militantes tupamaros, William Whitelaw e Rosario del Carmen Barredo. Todos tinham sido barbaramente torturados antes de serem crivados de balas. No mesmo período o senador Wilson Ferreira Aldunate, ex-candidato à Presidência do Uruguai, foi perseguido por um comando terrorista da extrema direita, mas conseguiu escapar e pediu imediato asilo à Inglaterra, sendo conduzido a salvo para Londres.

Em 2 de junho, três meses antes daquela conversa, o general e ex-presidente esquerdista boliviano Juan José Torres fora sequestrado e assassinado em Buenos Aires, assim como quem caça e mata um rato — e não era um militante qualquer, era um ex-presidente de uma república irmã. À mesma época, o escritório da empresa de exportação de carnes e arroz que Jango mantinha na avenida Corrientes foi invadido por um grupo paramilitar, com o aparente propósito de sequestrá-lo. Ele se salvou porque não estava lá na hora, mas o escritório foi depredado pelos invasores. Jango nem se preocuparia em consertar os estragos; simplesmente o fechou.

Era uma fieira de fatos incontestáveis que começavam a apontar para uma certeza que mais tarde se confirmaria: havia uma articulação terrorista entre as ditaduras militares de Brasil, Uruguai, Bolívia, Paraguai e Argentina, com o objetivo de prender, ou sequestrar, e eliminar adversários das oposições de esquerda nesses países.

Jango contou a Castelinho que aquele clima crescentemente ameaçador já o convencera há tempos a despachar os filhos João Vicente (então com 19 anos) e Denize (de 18 anos) para morar e estudar em Londres, cidade da qual ele mesmo não gostava, logo após o golpe de estado que derrubou Maria Estela Martínez de Perón. Alugou uma casa no bairro Ealing Broadway, no oeste da capital inglesa, para que lá eles aguardassem em paz o nascimento do filho de João Vicente, casado com uma moça uruguaia, e que viria a ser o primeiro neto de Jango e Maria Tereza.

Londres permitia uma tranquilidade que todo o cone sul — não só Buenos Aires — não podia dar naquele momento. Nessa última viagem, os dois filhos estavam insistindo para que o pai ficasse com eles até janeiro, pelo menos, em vista da instabilidade política e militar no Uruguai e na Argentina, mas Jango recusava até aquele momento, pensando que deveria voltar uma última vez para vender as fazendas que produziam carne e arroz ou então criar padrões de controle que lhe permitissem gerenciá-las à distância. Antes disso não havia como sair em definitivo.

Agora, as mortes de Michelini, Gutiérrez e Torres (e de mais dezenas de militantes de variadas correntes de esquerda) reiteravam o risco e cobravam urgência nas ações para proteger a ele próprio e a sua mulher Maria Tereza. Naquele momento, Jango estava considerando seriamente — e disse isso a Castelinho — a hipótese de mudar-se com Maria Tereza para a França ou a Espanha, onde estariam mais próximos dos filhos. Aquela viagem a Paris, em setembro de 1976, servira-lhe para a consulta anual com seu cardiologista na clínica que hoje se chama Institut de Cardiologie Personnalisée Lyon, na cidade de Lyon, para ver a quantas andava sua persistente morbidade cardíaca, mas também para estudar e mapear as possibilidades de viver na França.

* * *

Castelinho conhecia Jango muito bem. Dezesseis anos antes, quando José Aparecido de Oliveira comandava o flerte com a esquerda durante o governo Jânio Quadros, os dois foram muitas vezes conversar com Jango, então vice-presidente e residindo na Granja do Torto. Esses encontros aconteciam, na maioria das vezes, tarde da noite, após o fim do expediente no Palácio do Planalto, e começavam sempre por volta das 22h30. Os três varavam madrugada conversando, informando-se, tramando e tomando uísque.

Muito tempo depois, quando os destinos já estavam traçados à revelia do que eles conversaram, Castelinho lembrou com nostalgia aqueles encontros inimagináveis entre pessoas que estavam em lados opostos do xadrez político. Havia democracia no Brasil e uma democracia civilizada, apesar do permanente confronto ideológico. "Era politicamente muito interessante aquela intimidade do poder. Foi muito útil para eu entender o processo político. Até então eu nunca tinha estado do lado de dentro."[1] Nunca estivera, até então, e nunca estaria novamente pelo resto de sua vida.

Ali, no Hôtel Claridge, estava um outro Castelinho, assustado com a rudeza dos fatos que Jango narrava, porém bem mais experimentado com "o lado de dentro", capaz de fazer para Jango e seus amigos exilados uma análise encadeada da situação brasileira, interpretando as medidas do ditador do momento e cruzando com elas as débeis ações possíveis aos líderes oposicionistas na luta pela redemocratização do país. Depois, quando os dois ficaram a sós, continuaram falando de política, mas, a certa altura, Jango mudou repentinamente o rumo da conversa:

— Castello, você mandou apurar a morte do seu filho?

Surpreso com a pergunta, para ele absolutamente inesperada, Castelinho disse que não, mas já intimidado pela abordagem de um assunto que lhe provocava receio e trazia dor. Para ele, era uma surpresa Jango saber que Rodrigo morrera e, mais ainda, que partisse de um pressuposto de que a sua morte pudesse ser considerada suspeita. Esperou que o ex-presidente dissesse algo mais esclarecedor para intuir até onde ia seu interesse na morte de Rodrigo e que objetivos insondáveis haveria além da pergunta, para, enfim, perceber o rumo que a conversa iria tomar. Mas Jango não aduziu nada; ficou olhando para ele e aguardando a resposta. De forma um tanto ingênua, Castelinho começou a responder. Disse acreditar que seu filho Rodrigo Lordello Castello Branco morrera mesmo num acidente, em maio daquele ano — disse-o por dizer, porque de fato não acreditava nisso. Muito sério, Jango rebateu:

— Olhe, acho que você fez mal [em não mandar investigar] porque você causou muitos danos a esses militares.

Castelinho nunca tinha parado para pensar nestes termos; em verdade, ele guardava suspeitas do acidente e tinha dúvidas sobre a investigação conduzida pela polícia, mas nunca mergulhara nas hipóteses para imaginar e construir mentalmente a especulação que agora se punha à mesa — agentes da ditadura poderiam estar envolvidos no planejamento e na execução de uma missão de sabotagem para vulnerabilizar o carro de Rodrigo, de forma a propiciar um acidente programado.

Claro que ele sabia que sua persistente pregação democrática constrangia a ditadura e irritava o seu pior lado, a linha dura, mas pensara que isso tinha ficado no passado; afinal, ele vencera incólume o pior período de governo, a fase dos "três patetas", quando as vidas daqueles que eram listados como opositores do regime não valiam um níquel. Ademais, ele só pensara, todo o tempo, no bem que sua pregação poderia fazer às pessoas, às instituições e ao futuro da História do Brasil. Além disso, se fosse mesmo para investigar, como seria de fato? Quem poderia fazer uma investigação eficaz, se os dados todos estavam com a polícia e a polícia, manipulada pela ditadura, esconderia as informações cruciais, montaria a cena que quisesse no local do acidente, poderia alterar ou falsificar laudos e provas? Pior que tudo: e se a investigação descobrisse alguma coisa encoberta, por exemplo, que houvera um atentado, o que fazer com isso? Embrenhar-se numa guerra sem fim contra a ditadura, como fizera a estilista Zuzu Angel, até ser assassinada em circunstâncias muito semelhantes, apenas dezoito dias antes de Rodrigo?

Jango retomou a conversa de outra maneira. Começou por relatar a extensa série de ameaças a seus filhos quando João Vicente e Denize ainda moravam em Buenos Aires:

— Eu tirei os dois meninos de Buenos Aires e os transferi para Londres, cidade de que não gosto. Todo mês vou lá vê-los. Eu não poderia deixar de fazer isso, porque senão eles seriam assassinados — acrescentou com uma franqueza assustadora e quase rude, como se já estivesse plenamente integrado àquele jogo bruto.

Castelinho estava muito impactado, nervoso, mas tentava disfarçar para Jango não perceber a emoção que o dominava. Disse-lhe entender a decisão de levar os filhos para a Europa, mas argumentou que Jango era a principal *persona non grata* da ditadura, fora o homem derrubado para que a ditadura se assentasse. E sustentou não achar que alguém pudesse querer matar Rodrigo para atingi-lo, a ele, um comentarista político que era um ardoroso defensor das liberdades públicas, mas que não militava em nenhuma organização contra a ditadura, não fora um crítico do golpe que se desfechara em 1964 e nem ostentava as tinturas de esquerda que chegara a rascunhar nos anos 1940, ainda em Belo Horizonte. Como a sucessão de argumentos parecia não tocar Castelinho, Jango recorreu a um arremate tonitruante:

— Acho que você não está entendendo. Eles não gostam de você! Eles matam pessoas, Castello!

Na realidade, nada provava até então — e nada prova até hoje — que Rodrigo fora vítima de um acidente forjado pela repressão, mas o histórico de mortes dos últimos tempos era deveras assustador, era pavorosamente encadeado, no Brasil e nos países do cone sul. Era uma sequência avassaladora, capaz de deixar em dúvida o mais renitente incréu. Sequestrava-se, prendia-se, torturava-se e matava-se em todos os lugares e para isso inexistiam linhas de fronteiras; e isso era feito com pessoas de todas as nacionalidades, como se todo o continente tivesse sido atingido por uma epidemia de maldade e, então, tivesse se fundido num só país dominado pelo terror.

Não havia como provar, mas também não havia como aceitar tranquilamente que aquela sequência dramática de mortes de adversários perseguidos pelas ditaduras militares tivesse ocorrido por dolorosa e casual coincidência. Se havia uma coincidência, esta era o padrão que todos os governos ditatoriais patrocinavam e seguiam. E mais grave: na sequência de mortes em que aparecia indelével o dedo de agentes dos regimes militares, surgia um padrão na designação das forças repressivas, no uníssono da perseguição, na maneira coordenada de agir, na prática colaborativa, na estratégia de intimidação e na repressão combinada entre forças internas e externas.

A conversa do Hôtel Claridge deixou em Castelinho cicatrizes definitivas. Alguns meses após, no dia seguinte à morte de Jango, ele revelou em entrelinhas as incertezas dolorosas que o ex-presidente lhe transmitira em Paris.[2] O ex-presidente lhe dissera que só sabia viver no Rio Grande do Sul; à luz dos traços fisiográficos, os pampas gaúchos eram semelhantes aos pampas uruguaios e argentinos, a vegetação era parecida, o clima, a ambiência e os hábitos eram os mesmos, mas o seu coração não sentia assim. O coração do gaúcho brasileiro só batia saudável nos limites territoriais do Rio Grande do Sul. Não permitiram a ele que vivesse no Brasil e isso não era o pior de tudo; duro era ver a fronteira do outro lado do rio e não poder atravessá-lo para pisar a terra rio-grandense como quem se aconchega no colo materno. Agora tudo piorava porque, além de não poder viver nos pagos gaúchos, também não podia mais viver nos pagos uruguaios ou argentinos.

— Só me resta comprar um apartamento por aqui — disse a Castelinho.

"Seu ar era de indefinível tristeza", escreveu Castelinho, como se quisesse transmitir aos brasileiros o sentimento amargo do presidente usurpado, que sentia a vida fluir sem destino e sem esperança de voltar à própria terra, mesmo que, no limite, renunciasse por juramento à militância política. Ao final da conversa Jango lhe disse que voltaria ao Uruguai para fechar seus negócios e então tomaria uma decisão definitiva sobre a mudança para a Europa. No fundo, Jango não cogitava mudar-se para a Europa; o que ele estava mesmo pensando era em voltar ao Brasil. E naquele primeiro momento, um tanto inocente, Castelinho o ajudaria a sondar se essa volta ao Brasil seria exequível.

* * *

No dia 17 de setembro de 1976, o embaixador brasileiro em Londres, Roberto de Oliveira Campos, transmitiu um longo telegrama secreto para o Itamaraty com informações copiosas e precisas sobre aquela passagem de Jango pela Europa, descrevendo os seus movimentos, relatando com quem conversara e o que dissera, informando até o que andava pensando e que tendências políticas professava naquele momento. O telegrama, hoje integralmente revelado, traz fortes indícios de que Castelinho, depois de conversar com Jango em Paris, tenha contado a Campos, em Londres, detalhes do que foi conversado, a pedido do próprio Jango, que queria mandar por vias confiáveis um recado tranquilizador ao governo Geisel, como forma de sondar sua eventual volta ao Brasil para morar no interior do Rio Grande do Sul, como ele sonhava.

No telegrama, Campos alega ter obtido as informações com "familiares do ex-presidente", o que está longe de ser crível, pois os únicos familiares de Jango próximos a ele, embaixador, naquele momento eram os filhos; e dois filhos adolescentes não se prestariam a transmitir ao embaixador da ditadura tantas informações delicadas; e, certamente, não aceitariam conversar com o embaixador, símbolo da direita americanófila no Brasil nos anos 1950 e 1960, para lhe revelar detalhes dos movimentos do pai exilado, correndo o risco de eventualmente prejudicá-lo. Dois adolescentes também não teriam experiência para precisar os limites máximos e mínimos do que deveria ser dito, e não saberiam evitar o que seria desaconselhável dizer.

Quanto a Maria Tereza, ela estava com Jango em Paris e não seria concebível que o abandonasse por momentos para receber Campos na capital francesa (nem consta que este tivesse ido a Paris). Os fatos revelam que Jango esteve na clínica de Lyon até o dia 14, segundo informa com precisão o telegrama do embaixador, indicando que a conversa com Castelinho no Hôtel Claridge teria acontecido em 15 ou 16 de setembro de 1976; o telegrama é datado do dia 17. Tudo muito preciso e encadeado, assim como os ricos detalhes relatados no documento.

O mais provável é que Castelinho tivesse passado rapidamente por Londres para transmitir as informações a Campos, que ele conhecia muito bem. As principais passagens do telegrama,[3] despachado para o Itamaraty com o rótulo de "secreto" e grafado "à atenção do ministro", são:

> É intenção do ex-presidente [Jango] regressar a Londres proximamente. Os filhos pressionam-no a aqui permanecer até janeiro, não só por motivos afetivos — esperar o nascimento do primeiro neto — como também porque receiam que sua segurança pessoal seja ameaçada com o que chamam a "virada direitista" no Uruguai, espelhada nas cassações decretadas pelo novo presidente Aparício Mendez. [...] O ex-presidente parece não partilhar esses receios e, até o momento, dá indicações de querer regressar proximamente a Montevideo [sic].
>
> Consta que o embarque de Goulart para a Europa foi, por determinação do presidente Videla [então general-ditador da Argentina], cercado de dispositivo especial de segurança militar, receoso este de incidentes provocados por organizações extralegais de direita, às quais se atribui a liquidação recente de dois líderes políticos da esquerda uruguaia. [...]
>
> Perguntado sobre se pretendia regressar ao Brasil, Goulart teria declarado que só o faria "quando esta viagem significasse alguma coisa". No momento acredita ele que tal viagem poderia ser explorada por elementos militares que, segundo ele, estariam conspirando contra o presidente Geisel. A este credita Goulart sinceras intenções liberalizantes, acrescentando que qualquer alternativa militar a Geisel seria no sentido do endurecimento.
>
> Goulart vê perigos de endurecimento no Brasil pela conjugação de dois fatores: de um lado, aquilo que descreve como o "fim do milagre brasileiro", nos escolhos [sic] de inflação e crise cambial, reativando a dissatisfação [sic] dormente nas massas populares. E de outro a vitória contundente que espera — e ao mesmo tempo receia — seja alcançada pelo MDB [Movimento Democrático Brasileiro, partido de oposição ao regime militar] nas eleições municipais [de outubro de 1976]. A esse respeito, a interpretação de Goulart se assemelha à frequentemente veiculada na imprensa brasileira, isto é, vitória do

governo em termos de número de municípios e derrota em termos de número de votos.

Devido à desarticulação das chamadas "forças populares", receia Goulart que o resultado dos fatores acima seja a adoção de medidas restritivas, e não a liberalização. [...]

Segundo os familiares do ex-presidente em Londres, as relações entre Goulart e Brizola teriam melhorado, manifestando este tendências mais moderadas e "mais realistas". Negam, de outro lado, qualquer aproximação ou articulação entre Goulart e Arraes.

No tocante à política brasileira, os ressentimentos do ex-presidente parecem concentrar-se especialmente no período Médici, quando acredita ter sido "sistematizada a repressão violenta", acompanhada do escamoteamento de fatos econômicos. Ter-se-ia referido simpaticamente às "raposas do PSD" — Amaral Peixoto, Ulysses e Tancredo Neves. Não parece hostilizar o presidente Geisel, que considera honesto e de intenções liberalizantes, mas a seu ver fadado a insucesso econômico, e para o qual não enxerga no meio militar, em que acredita estarem surgindo fatos conspiratórios, senão alternativas mais duras.

Goulart estaria usando passaporte uruguaio, queixando-se que o passaporte brasileiro que lhe teria sido fornecido por agentes brasileiros de segurança tinha sua validade limitada à França, peiando-o [sic] nas visitas que desejava fazer a Espanha e Inglaterra.

* * *

Quando voltou daquela temporada na Europa, Jango estava convencido de que, embora tivesse grandes negócios na Argentina e no Uruguai, definitivamente não poderia mais viver nesses países. Hesitara por muito tempo entre transferir-se para a Europa, como dissera a Castelinho, ou voltar de surpresa ao Brasil. Mas continuava sem saber, no caso da segunda hipótese, o que lhe aconteceria ao desembarcar em território brasileiro. O mais provável é que fosse preso ou deportado imediatamente de volta ao lugar de onde partira, mas sua tendência política e emocional, naquele final de ano de 1976, era mesmo retornar a sua pátria.

Planejou, então, algumas medidas preparatórias. A primeira era o telegrama de Roberto Campos, centrado em informações que transmitiam um perfil mais tolerante e nada radical do ex-presidente, que abrigava uma impressão simpática de Geisel, mas tinha má impressão de Garrastazu Médici (por quem Geisel também não nutria admiração). Deixava claro que ele se afastara de Brizola (que, ademais, agora já não seria o radical de antes) e também de Miguel Arraes, temido e execrado pelos generais-ditadores. A segunda — aparentemente omitida a Castelinho — era, antes do retorno ao Brasil, fazer uma viagem à Itália para encontrar-se com o Papa Paulo VI e depois aos EUA para estar com o senador Edward Kennedy; eram ambos encontros de impacto, nos quais ele buscaria uma espécie de aval de personalidades políticas mundialmente respeitadas, para blindar sua volta ao Brasil.

Àquela altura, Kennedy era o maior adversário das ditaduras sul-americanas no Senado dos EUA e, por isso, respeitado e odiado por elas. Após vê-lo, Jango projetava tomar um avião em Nova York diretamente para o Rio de Janeiro. À primeira vista, a atitude poderia dar a entender que ele pretendia desafiar o regime militar, porém isso não se concretizaria, afinal haveria uma combinação prévia ao governo Geisel, nos termos do telegrama de Campos.

Em seu retorno, foi a Montevidéu para adotar medidas que ancoravam sua nova decisão. Lá reuniu-se com o amigo Cláudio Braga no dia 25 ou 26 de novembro, no bar do Hotel Columbia, e lhe contou que tomara a decisão definitiva: voltar ao Brasil.[4] A decisão aumentara ainda mais o seu nível de stress, que já fora potencializado pela notícia que recebera na consulta com o médico do Institut de Lyon — além da velha cardiopatia, soube que se agravara uma afecção coronariana. Estava numa encruzilhada que lhe prometia pouco tempo de vida e talvez por isso resolvera correr o risco de rever a terra natal. Em Lyon, o médico recomendara que suspendesse a bebida e prescrevera um rigoroso regime para emagrecer. Mas nem sempre ele o cumpria à risca; continuava fumando muito e, apesar das advertências médicas, quase nunca resistia à tentação de comer carnes gordurosas, como depois contaria Maria Tereza. Não seria grande surpresa se sofresse outro enfarte, repetindo o que o vitimara no Uruguai, em 1969.

De Montevidéu, ele foi buscar Maria Tereza em Maldonado e os dois foram para a fazenda de Tacuarembó. No dia 5 de dezembro, começaram uma longa e tortuosa viagem para a fazenda La Villa, na Argentina. Jango projetou um trajeto que evitava Buenos Aires e demandaria o interior argentino, depois de cruzar o rio Uruguai, de forma a contornar o "bico" no extremo oeste do Rio Grande do Sul. Numa avioneta, saíram sigilosamente na manhã de 5 de dezembro para Bella Unión, às margens do rio Uruguai, bem na fronteira com a Argentina, numa viagem de 300 quilômetros; atravessaram o rio Uruguai de lancha para Monte Caseros; cumpriram de automóvel o trajeto de 120 quilômetros até Paso de los Libres (em frente a Uruguaiana), onde almoçaram com um negociante de gado no Hotel Alejandro I. No meio da tarde, finalmente, seguiram de carro para La Villa.

Chegaram ao final da tarde e foram recebidos pelo administrador da fazenda, Júlio Passos. À noite, enquanto combinava com Passos detalhes do recolhimento do gado para vacinação, Jango comeu um churrasco de ovelha; depois de beber uma xícara de chá, recolheu-se por volta de uma hora a seu quarto.

Às 2h40, Passos ouviu gritos de Maria Tereza. Correu até o quarto e viu Jango deitado, com a mão sobre o peito, e ela tentando abrir-lhe os braços para facilitar a respiração. Cinco minutos depois o ex-presidente estava morto. Quando chegou um médico, o dr. Ricardo Rafael Ferrari, coube-lhe apenas atestar a morte e diagnosticar a causa: enfarte do miocárdio.[5] Transcorriam 77 dias da conversa com Castelinho no Hôtel Claridge. Finalmente o ex-presidente voltaria ao Brasil, doze anos, oito meses e quatro dias após ser deposto — mas apenas para ser enterrado em São Borja.

2
TRAGÉDIA EM BRASÍLIA

1976

Ao fim da conversa com Jango, Castelinho foi remetido inexoravelmente ao dia em que aconteceu a sua maior tragédia pessoal. Era fim da tarde do dia 2 de maio de 1976 quando o telefonema do seu amigo Afrânio Melo Franco Nabuco, o Afraninho, diretor da Rede Globo em Brasília, alcançou o embaixador Alberto da Costa e Silva em Madri para dar-lhe uma notícia funesta — Rodrigo Lordello Castello Branco, o primogênito de Castelinho e Élvia, morrera num acidente automobilístico em Brasília, aos 25 anos. Castelinho e Élvia passavam uns dias em Madri, a caminho de Israel, mas, com a lastimável notícia, era óbvio que interromperiam a viagem para retornar ao Brasil às pressas.

Afraninho transmitiu a Alberto uma recomendação feita com ênfase pelo médico de Castelinho: ele era um enfartado recente e não deveria ser informado, de chofre, da morte de Rodrigo, mas apenas que o filho sofrera um acidente. Pouco depois outro amigo de Castelinho, João Geraldo Piquet Carneiro, advogado em Brasília, ligaria para Alberto, reiterando as recomendações médicas e invocando o princípio da mentira piedosa.

Naquela tarde, Rodrigo saíra de casa às 16h20 para ir ao aeroporto, onde pretendia marcar a passagem para mais uma viagem ao Japão, que faria dias depois. Dirigindo em alta velocidade, como sempre, seu carro, um Chevette, capotara na reta que sucede o chamado "balão de Dona Sarah", uma rotatória próxima ao Aeroporto de Brasília, e, depois da capotagem, ainda batera em uma árvore. Levado para o hospital, já chegou morto.

A missão de Alberto era impreterível — contar a Castelinho e Élvia menos da metade dessa sequência trágica e colocar os dois a qualquer custo no voo Madri-Rio daquela noite.

Alberto era amigo de Castelinho há relativamente pouco tempo, cinco ou seis anos, mas os dois tinham uma antiga e fecunda proximidade familiar — seus pais haviam sido colegas de turma na Faculdade de Direito de Recife. Lá ficaram amigos e descobriram que eram primos distantes. Em 1942, ainda um menino, apresentado pelo pai, Alberto conhecera o velho desembargador Christino no Rio de Janeiro, mas não Castelinho, que morava e estudava em Minas Gerais. Seis anos depois, ele e Castelinho, ainda sem se conhecerem, integraram uma antologia de novos contistas brasileiros organizada na *Revista Branca* pelo escritor Saldanha Coelho, mas na ocasião nem um nem outro atinou para a proximidade familiar. Só viriam a se conhecer no início da década dos 1970, em Brasília, quando Alberto já era diplomata e Castelinho, um consagrado cronista político.

Antes de ir ao hotel em que Castelinho e Élvia se hospedavam, Alberto determinou a um assessor que usasse os privilégios da embaixada e garantisse reservas para os dois no voo da Varig daquela noite para o Rio de Janeiro. Em seguida, foram, ele e a mulher Vera, ao hotel onde o casal se hospedava, mas eles já haviam saído para jantar. Cedo, Castelinho dissera a Alberto que naquela noite levaria Élvia ao *tablao* Las Brujas, que o embaixador sugerira, para assistirem a uma apresentação de dança flamenca. O Las Brujas era um *tablao* tradicional, embora não fosse castiço, daqueles que só João Cabral de Melo Neto apreciava frequentar. Alberto e Vera foram até lá, mas eles não estavam.

Os dois voltaram ao hotel, Alberto identificou-se com o gerente, contou as graves razões que o moviam e conseguiu obter a chave do quarto de Castelinho e Élvia. Os dois subiram, fizeram as malas do casal para adiantar os procedimentos e não lhes restou mais que se sentarem para esperá-los. Quando entrou no quarto, por volta das 23 horas, e viu Alberto e Vera sentados com expressão grave, Castelinho fixou o olhar no do embaixador e perguntou de rijo: "Um acidente? Foi com Rodrigo?" Alberto fez um meneio afirmativo com a cabeça, deu a versão parcial de que Rodrigo estava ferido, mas Castelinho não aceitou. Insistiu: "Seja sincero comigo, Alberto. Ele está morto?" E complementou: "Se estiver, eu não vou voar para o Brasil. Nós vamos a um botequim encher a cara." Alberto insistiu na mentira piedosa. Castelinho cobrou-lhe a palavra de honra; Alberto deu-lhe a palavra de honra — Rodrigo apenas se ferira, mas estava vivo.

Saíram a toda velocidade para o Aeroporto de Barajas. Quando chegaram, o voo da Varig já decolara. O voo seguinte era da Aerolíneas Argentinas, mas o avião, portas fechadas e turbinas acionadas, já estava na cabeceira da pista, pronto para decolar. Alberto usou o seu prestígio de embaixador para persuadir o gerente da Aerolíneas e fazer com que ele convencesse o comandante a regressar à área de taxiamento e abrir as portas do avião para Castelinho e Élvia embarcarem. Na chegada ao Brasil, talvez comovido com a situação, o piloto argentino ainda lhes dedicou uma suprema gentileza: conseguiu licença do controle de voo brasileiro e desviou sua rota. Em vez de escalar no Rio de Janeiro, foi direto fazer uma imprevista, mas generosa, escala em Brasília.

Em Madri, contristado pela mentira piedosa que sustentara, Alberto confessou a Vera: "Acabou-se a nossa amizade. Ele não vai aceitar nunca a minha mentira piedosa. Eu hipotequei a minha honra." Vera encorajou-o: "No seu ato, há um débito e um crédito." Alberto confiou. Quatro meses depois foi a Brasília a trabalho; procurou Castelinho, que aceitou o convite para jantar com ele e nunca mais, nem naquela noite nem nunca, voltou a tocar no assunto nem fez qualquer cobrança sobre a forma como Alberto deu a notícia. Pelo contrário, com seu silêncio, demonstrou ter entendido perfeitamente o alcance da ação nobre de Alberto. Na vez seguinte em que Alberto foi a Brasília, voltaram a se encontrar; passaram a se chamar de "primos" e se reuniam uma ou duas vezes por semana para jantar. Enquanto Alberto ocupou cargos de representação no exterior, Castelinho, em suas viagens, sempre se hospedava com ele.[1]

O porre que pensara tomar com Alberto em Madri se fosse informado que, em verdade, Rodrigo morrera, Castelinho deixou para tomar pelo resto da sua vida, noite após noite, sem intervalo nem descanso nem contemplação. A contar de maio de 1976, bebeu como nunca bebera, compulsivamente, como se estivesse praticando um lento e silencioso suicídio à guisa de pranto pelo filho morto tão prematura e desgraçadamente.

* * *

Aquela conversa com Jango era perturbadora porque fazia nexo para Castelinho — antes mesmo de Jango abrir o verbo, ele já especulara consigo mesmo a hipótese de sabotagem no carro de Rodrigo. O que Jango lhe contou foi que tirou seus filhos de Buenos Aires para que não acontecesse com eles "um acidente". Em um curto período de tempo, aconteceram "acidentes" bastante suspeitos, como o sequestro de Michelini e Gutiérrez, o assassinato de Zuzu Angel, o desparecimento de Tenório Júnior, além da morte do próprio Jango que, mesmo após décadas, ainda se considera a hipótese de assassinato. Enquanto Jango falava, Castelinho foi juntando as pontas e intuiu, com sua experiência de analista político, que aquelas evidências todas tinham, sim, um encadeamento lógico e falavam por si. E, à medida que ia avançando no raciocínio, assustava-se mais. Era sua melhor especialidade analisar quadros e panoramas políticos, mas decerto ele não convivia com a ambiência muitas vezes nefasta que envolvia os políticos daquela época — pressões, desafios, enfrentamentos a cobrar gestos de coragem e descortino.

Tinha coragem e descortino para publicar assuntos que feriam sistemas e pessoas, mas não para encarar o desfecho cru e perverso dos atos de terror. Sabia defender a liberdade, podia incomodar ditaduras, mas não sabia manejar as armas brutas das ações da clandestinidade. Era um jogo bruto demais para ele, não era essa a sua praia, mas aquela conversa com Jango revelava evidências que o inseriam no mesmo jogo dos políticos de oposição com quem convivia; se havia ameaças e assassinatos lá em Buenos Aires, por que não poderia haver ameaças e assassinatos cá no Brasil, onde a ditadura tinha o mesmo calibre e o mesmo estilo?

Se Zelmar Michelini foi assassinado por se posicionar contra a ditadura uruguaia, por que ele, Castelinho, não estaria sob ameaça por perturbar diariamente a ditadura brasileira com suas colunas que falavam de liberdade, posicionamento extremamente incômodo para os ditadores militares? Zuzu Angel não fora assassinada exatamente assim, como agora se especulava com Rodrigo, em plena autoestrada Lagoa-Barra?

Juntar as pontas, no caso, incluía lembrar as dezenas de cartas de ameaças que ele recebera nos últimos meses, enviadas por supostos militares ou partidários extremados da ditadura, muitas delas endereçando as promessas soturnas a seus pais, que moravam no Rio. Uma delas fazia uma promessa assustadora:

> O próximo será você, seu filho da puta. Lembre-se dos seus velhos pais, que moram na rua Genserico Vasconcelos, no Engenho Novo.

De fato, os pais de Castelinho moravam à rua Genserico Vasconcelos, no Engenho Novo, perto de uma passagem de nível da linha do trem que na linguagem popular era chamada de "Buraco do Padre".

E arrematava com nova ameaça:

> Tudo pode acontecer a eles, até mesmo por acidente.

Até mesmo por acidente — como Jango especulara. *Até mesmo por acidente*, como acontecera com Zuzu Angel e poderia perfeitamente ter acontecido também com Rodrigo.

Ao final da carta assustadora, o remetente garatujou uma forca, num tétrico desenho parecido com a tristemente famosa foto de Vladimir Herzog enforcado numa cela do DOI-Codi paulista. Como duvidar diante de tantas lembranças encadeadas? Se o endereço dos pais estava certo, era aquele mesmo, estava claro que os sicários da ditadura se deram ao trabalho de rastrear o cotidiano dos velhos Christino e Dulcilla. Se no momento mais duro da ditadura eles ameaçavam dois velhos desengajados politicamente só para assustar Castelinho, por que não chegariam a cumprir suas ameaças letais contra Rodrigo? Se tudo podia acontecer aos velhos pais, *até mesmo por acidente*, por que tudo não poderia acontecer a Rodrigo, *até mesmo por acidente*? Se os assassinos oficiais estavam seguindo e mapeando seus pais, por que não teriam mapeado os itinerários de Rodrigo? Se sabotaram o Karmann Ghia de Zuzu Angel para provocar um acidente, por que não teriam sabotado o Chevette de Rodrigo com o mesmo objetivo?

Havia um aspecto que desaconselhava a crença de que o acidente ocorrera por um ato de sabotagem: Rodrigo tinha o hábito de andar sempre em alta velocidade. Mas até isso poderia ter sido considerado pelos autores do ato de sabotagem — se é que houve mesmo sabotagem — porque era um fator e um argumento a disfarçar a prática de um atentado

Até então, Castelinho nunca dera muita atenção àquelas cartas, endereçadas sempre à sucursal de Brasília do *Jornal do Brasil*, no segundo andar do Edifício Denasa, no Setor Comercial Sul. Ele jamais suspeitara de que as criteriosas análises que fazia pudessem agredir tanto a sensibilidade dos ditadores quanto os porões da ditadura, onde se abrigavam os agentes do terror. Mas a advertência de Jango agora o obrigava a reavaliar tudo. Certa vez desabafou o seu incômodo e abriu uma fresta de racionalidade para confessar que a conversa com Jango, muitos anos antes, o deixara "perturbado".[2]

Essa admissão de que ficara "perturbado" para ele tinha uma interpretação muito mais profunda do que o significado literal da palavra transmite. Ao reconhecer isso, ele falava de uma forma semelhante a seu estilo quando escrevia a coluna — pelas entrelinhas. E pelas entrelinhas a confissão significava bem mais que a aparência literal; significava que a advertência abalizada de Jango, feita por quem tinha experiência com os sofrimentos atrozes do exílio, por quem conhecia os obscuros meandros da política e, por isso, sabia mensurar a profundidade e a perversidade da ação do terror, tinha lá seus fundamentos. Se bem que ele, Castelinho, não reunia coragem política de seguir os conselhos recebidos nem sabia como fazê-lo, depois de ouvi-los e absorvê-los. Certamente não abriria uma investigação do acidente.

Ele, que nunca quis ser protagonista das notícias que dava e interpretava, sentia-se agora duramente atingido por uma possibilidade que podia ser real. Parecia ter entendido, afinal, que era real a possibilidade de ter sido uma vítima daquele tipo de ato dantesco que sempre ouvira contarem e que, até então, tinha acontecido com outros adversários eventuais das ditaduras. Parecia ter entendido, enfim, que ditaduras matam seus adversários sem pestanejar e muitas vezes sem que os parentes das vítimas pudessem investigar e culpar os autores, tal a força que os regimes de terror detinham e o controle que exercitavam sobre os instrumentos de penalização. Enfim, ele passava a viver na carne o pior horror das ditaduras.

Pensou em reler as cartas ameaçadoras mas lembrou que Pedro, seu outro filho, as reunira no *JB* e as levara para o *Jornal de Brasília*, para que embasassem uma reportagem de denúncia, com o objetivo de cingir um cinturão de proteção em torno dele. Mas a reportagem nunca foi publicada. Quando voltou da França, pediu ao filho que fosse ao jornal e recuperasse as cartas. Pedro foi ao *Jornal de Brasília*, mas a caixa de papelão com as cartas desaparecera. Ninguém conseguiu localizá-la.

Juntar as pontas e tirar conclusões inevitáveis daquela conversa, conceber, por fim, que acidentes podem ser planejados para parecerem meros acidentes, abalaram profundamente Castelinho. Depois daquela experiência, nunca mais na vida ele seria novamente a mesma pessoa ingênua que fora antes. Numa entrevista dada mais tarde, num momento em que a ditadura já fora extinta, optou por aquietar sua angústia e explicar por que não seguiu o conselho de Jango: "Não adiantava mais, meu filho já estava morto, não é? Prefiro não pensar mais no assunto", desculpou-se com a plateia ansiosa.[3] Seguramente esse desabafo servia para suprir as aparências, mas não foi bastante para convencer a si mesmo.

Sopesando as advertências depois da morte de Jango, ele tinha elementos para silenciosamente especular à vontade consigo mesmo. E, a acreditar nas versões das bruxas, era o caso de perguntar por que Jango teria sido morto — se é que foi — no momento em que pensava mudar-se para a Europa, onde um eventual assassinato, por mais bem tramado que fosse, teria uma repercussão mundial e, mais que isso, seria investigado até o fim, com desdobramentos e prisões, como fora o episódio que envolveu Letelier.

* * *

Se a conversa tinha nexo, era um nexo que Castelinho conseguia até intuir, mas temia dar-lhe consequência. A começar pelo fato de que ele estava acostumado a interpretar e analisar cenários políticos como jornalista, o que lhe permitia um distanciamento crítico e muita tranquilidade para considerar seus aspectos. Nos cenários que analisava, ele não era protagonista e nem mesmo coadjuvante. Agora era um suposto protagonista. Se Rodrigo tivesse sido morto, isso teria sido provocado pelos mesmos homens que prendiam pessoas por seu envolvimento político, que torturavam nos quartéis e planejavam atentados pavorosos. Nesse caso, sua família estava enfrentando sério perigo, como as cartas ameaçadoras sugeriam. Podia acontecer com qualquer um — pai, mãe, irmãs, esposa, filhos. Valeria a pena insistir?

Acima de tudo, Castelinho não sabia interpretar uma situação política aguda em que ele próprio fosse parte e, ao mesmo tempo, vítima. De um lado, havia o seu despreparo para analisar esses cenários esdrúxulos; de outro, era requerida coragem física para isso e ele não fora treinado para desenvolvê-la; por fim, o medo do horror que não tinha cara, mas tinha cobertura, que era protegido pelo governo federal, pelas Forças Armadas, pela censura à imprensa, pela limitação das instituições democráticas. Era uma situação que ele nunca vivera.

Notoriamente perturbado pela conversa com Jango, Castelinho voltou daquela viagem refletindo sobre a amplitude desconhecida daquele mundo de terror e, principalmente, sobre a possibilidade de que aquela articulação criminosa tivesse assassinado Rodrigo. Mas tudo ficaria muito mais sombrio nos meses posteriores.

Tragédias pessoais não tinham se abatido apenas sobre os parlamentares uruguaios, o ex-presidente boliviano, a estilista brasileira, o pianista de Vinicius; mais coisa viria. Jango morreu no dia 6 de dezembro de 1976, aos 57 anos; quatro meses antes, em 22 de agosto de 1976, aos 73 anos, Juscelino Kubitschek morreu num acidente na rodovia Presidente Dutra; seis meses depois de Jango e nove meses depois de Juscelino, Carlos Lacerda morreu no dia 21 de maio de 1977, aos 63 anos, de complicações cardíacas. No exíguo espaço de apenas nove meses, numa perturbadora coincidência, as três grandes lideranças civis do Brasil, os três líderes da Frente Ampla, os únicos capazes de, naquele momento, confrontar a ditadura militar, morreram em situações que soavam naturais, mas estão até hoje envoltas em mistério.

Castelinho, que resistiu a acreditar nas advertências de Jango, as acolheria mais tarde, quando sobrevieram as mortes igualmente suspeitas de seu interlocutor parisiense, de Juscelino e de Lacerda. Um perfil que ele traçou de Juscelino é concluído com uma frase enigmática que, nas entrelinhas, tem mais aspecto de indagação do que de afirmação: "Ainda o vi duas ou três vezes mais, a esse rapaz de 73 anos, cuja morte foi estranhamente antecipada por uma boataria que correu o país quinze dias antes de ela ocorrer."[4] Era uma afirmação que trafegava entre a ironia e a mortificação, entre a dúvida e o questionamento, nascida em quem se autoflagelava dizendo a si mesmo: e você, hein, que não quis acreditar?

* * *

A morte de Rodrigo teve o trágico condão de mudar Castelinho. Antes, ele era tímido em público, mas alegre e expansivo com os amigos; depois, ficou um homem ensimesmado, que parecia destilar uma amargura sem fim, fechado em si mesmo, que só abria um pouco o coração depois de beber. Nas semanas seguintes à morte de Rodrigo, embarcou numa depressão que parecia não ter foz. Nos jantares, alguém tinha de sentar-se à mesa junto dele para levantar o seu astral, para manter a conversa sempre num nível animador de alegria — e isso geralmente era tarefa atribuída à expansiva e alegre empresária Vera Brant. Nem sempre funcionava; muitas vezes ele entornava mais ainda enquanto ela tentava consolá-lo e, do nada, começava a chorar.[5] Se já mudara a partir de maio de 1976, muito mudaria depois da conversa com Jango e mais ainda depois da morte do amigo, três meses depois da conversa no hotel. Essa sequência devastadora instalou definitivamente nele a dúvida sobre a morte de Rodrigo e processou uma mudança mais radical ainda, como quem perdera totalmente a crença no seu país e no mundo. Num dado momento começou a dizer aos amigos que estava pensando em aposentar-se do jornalismo porque não tinha mais ânimo para escrever a coluna. Aconteceu, então, o revés do que acontecera em 1969, quando os militares queriam extinguir sua coluna; o governo militar fez pressão sobre o *JB* para que ele não parasse de escrever, temeroso de que todos julgassem que a coluna fora expurgada pelos militares.[6] Castelinho já era uma instituição indispensável ao funcionamento da democracia do momento, uma democracia muito relativa, sem dúvida, mas que já temia repercussões negativas de medidas cabais contra a imprensa.

Intimamente, Castelinho buscaria mais o afeto das pessoas e distribuiria mais afeto a sua volta; em seus textos foi possível perceber a mesma precisão de antes, mas um tom afetuoso que brindava a personagens que antes lhe produziam não mais que uma fria indiferença. Um exemplo notório disso está na figura do próprio Jango; antes o via como dono de uma conversa agradável, que tornava interessantes os diálogos na Granja do Torto, mas que merecia e recebia críticas pesadas; depois da sua morte Castelinho passou a citá-lo acrescendo doçura no tratamento. No início dos anos 1990, um depoimento cativante marcou sua nova visão sobre o ex-presidente, a quem tanto fustigara em suas crônicas políticas nos tempos do golpe militar: "Era um sujeito muito afável, muito boa gente, muito cordial e simpático. Estive com ele algumas vezes em Paris, no exílio."[7] Parecia o lamento de uma amizade tardia, nascida de uma conversa ao mesmo tempo franca e tenebrosa. Jango lhe disse o que nenhum amigo tinha ousado dizer, ao suscitar dúvidas sobre a morte de Rodrigo. E isso merecia dele uma recíproca afetuosa.

Antes, definitivamente, não fora assim. Em 1964, nas muitas colunas que fez sobre o governo João Goulart e o golpe militar, Castelinho foi invariavelmente duro com Jango, algumas vezes até ríspido, embora sem alterar o seu inconfundível estilo de analisar mediante um preciso alinhamento dos fatos. No dia 18 de janeiro de 1964, dois meses e doze dias antes do golpe militar, ele escreveu na Coluna do Castello, ao mencionar que Jango assinaria no comício da Central do Brasil o "Decreto da Supra", a Superintendência para a Reforma Agrária, que previa desapropriações rurais em larga escala:

"Só com a baderna, entende o presidente, cederão as resistências a que milhões de brasileiros tenham acesso aos benefícios do progresso e da civilização. No caso desse projeto da Supra, o sr. João Goulart se diz disposto a arrostar com todos os problemas políticos, uma vez que está convencido de sua utilidade, social e econômica."

No começo de fevereiro de 1964, a Coluna do Castello trouxe o título "Comício do dia 13, senha para invasões".[8] Referia-se ao Comício das Reformas, na Central do Brasil, no Rio de Janeiro, marcado para o dia 13 de março, ato que fez desabrochar a articulação do golpe. Castelinho escreveu:

> Não falta dentro do Governo quem preveja que a manifestação popular na Guanabara, com a presença do sr. João Goulart, e o anúncio de que o Poder Executivo adotou as providências adequadas a provocar a revolução no sistema agrário do País possam ser tomados como uma espécie de senha para invasões de terra em larga escala e o consequente surto de choques e agitações em várias regiões do interior.

O tempo e os desmandos da ditadura militar, desacreditando os princípios que tentaram justificar o golpe de 1964, também se encarregaram de relativizar as impressões de Castelinho sobre o ex-presidente. No final de 1973, no auge da ditadura de Garrastazu Médici, ele teve um encontro com Jango em Paris e na volta escreveu, senão com simpatia, pelo menos com um descortino que dava ao personagem proscrito a naturalidade de um interlocutor corriqueiro:

"O sr. João Goulart, na última viagem à Europa [...], ouviu estímulos de seus amigos que estão no exílio a que volte o quanto antes ao país, pois todos parecem entender que sua instalação normal no Brasil ajudaria a um eventual processo de abertura política."[9] O mesmo homem que antes qualificara de baderneiro agora era indispensável ao processo de reinstitucionalização democrática.

Castelinho ouvira essas informações do próprio Jango, na conversa que tiveram em Paris. E publicá-las criava um enorme estorvo ao governo ditatorial do general-presidente Garrastazu Médici, que não admitia o retorno de Jango ao Brasil e, antes disso, o odiava e temia. Mas o governo não podia reclamar, pois Médici assumira falando em normalização democrática — promessa que ignorou e descumpriu, da posse ao fim do mandato.

Quando sobreveio a morte inesperada de Jango, Castelinho escreveu-lhe um compungido necrológio, prenhe de afirmações reabilitadoras. "Poucos políticos foram tão cruamente julgados por seus contemporâneos, sobretudo depois que foi deposto, quanto João Goulart. [...] Como ministro e como presidente [...], sempre conversou de maneira aberta, sem recusar qualquer pergunta." Foi delicado na crítica: "O segredo de sua personalidade parecia estar numa certa duplicidade, a propriedade no falar e a indecisão no agir."[10]

Por fim, externou uma apreciação que parecia resolver a questão da ambiguidade que torturava Jango e que lhe foi transmitida pelo cunhado, Brizola: "Jango era dilacerado por uma luta de faca no escuro. É uma luta entre o maior proprietário rural do Brasil e o herdeiro político de Getúlio Vargas. Tem duas lealdades na alma. Ao mesmo tempo que quer desempenhar o papel de chefe da renovação social no Brasil, é preso aos vínculos com os interesses da terra. É um homem da terra e só sabe viver naquele ambiente."[11]

* * *

Rodrigo era uma grande paixão para Castelinho. Primogênito, nascido em 11 de novembro de 1950, era considerado brilhante por todos. Quando passou no vestibular ganhou um Karmann Ghia do pai. No dia 2 de maio de 1976, quatro meses antes da conversa de Castelinho com Jango em Paris, sobrevieram o acidente e a morte. Era maio e, como todo maio, as chuvas começavam a escassear; tomada pela seca, Brasília ganhava os tons pardos do cerrado. Naquele domingo, o pugilista Éder Jofre, aos 40 anos, venceria por nocaute o campeão francês Michel Lefèbvre no terceiro assalto, no ginásio de esportes da cidade, numa das últimas lutas de sua carreira. Começavam os preparativos para um evento que, à época, encantava a cidade e o país — Miss Brasília 1976. No cine Atlântida estreava o clássico *Um dia de cão*, de Sidney Lumet, com Al Pacino. No futebol, o Fluminense venceria o Botafogo por 3 a 1. O general-presidente Ernesto Geisel embarcava para uma visita oficial à Inglaterra.

Após os exames periciais, a polícia concluiu que Rodrigo teria perdido a direção do carro que dirigia, um Chevette branco, que bateu com uma roda dianteira no meio fio e, sem controle, capotou. Certa vez, Élvia afirmou que para ela as dúvidas sobre o acidente eram uma página virada, que a família não tinha ganas de culpar agentes da ditadura pelo acidente: "Não bateu num poste ou em outro carro. Devia estar indo depressa. O carro capotou, porque uma roda se soltou. Ele expirou logo ao ser socorrido."[12]

Enquanto o tempo passava, ela e Castelinho ouviram muitos alertas sobre a hipótese de sabotagem e acidente encomendado. À época, Castelinho se recusou a admitir isso, relatou Élvia. Na mesma entrevista, ela contou o que ele lhe dissera: "Filha, preciso manter minha alma e meu espírito limpos e livres para continuar a trabalhar com a isenção de sempre." E o assunto passou para a pasta dos temas vencidos, que para eles nunca seriam reabertos.

Embora na aparência tenha compartilhado essa posição de não suscitar dúvidas sobre o acidente, Castelinho, na verdade, nunca apagou da memória os alertas recebidos. Quando desembarcou em Brasília, no dia seguinte ao acidente, trajando uma estranha calça vermelha, arregalou os olhos ao ver a confraria de amigos que o esperava no desembarque (e certamente entendeu a extensão psicológica da mentira piedosa de Alberto da Costa e Silva); quando recebeu o cumprimento do sobrinho Paulo (que muito tempo depois seria secretário de Segurança em Brasília), fez-lhe de cara a pergunta: "Você acha que foi acidente mesmo?" Ele repetiria esta mesma pergunta a Paulo muitos anos depois, pouco antes da sua própria morte.[13] Na verdade, ele não queria perguntar se fora acidente mesmo (a pergunta era um óbvio eufemismo), o que ele queria mesmo indagar era se Paulo achava que houvera sabotagem.

Nos dias posteriores ao acidente chegou a Castelinho uma versão incriminadora: a perícia teria apurado que o cilindro mestre do freio (popularmente conhecido como burrinho) do Chevette de Rodrigo apresentava indícios de ter sido mexido, de maneira que vazasse todo o conteúdo de óleo quando o sistema de freios fosse acionado bruscamente — como de fato parece ter acontecido no átimo anterior ao acidente, quando Rodrigo freou fortemente antes da curva do balão da Dona Sarah para reduzir a alta velocidade. A freada brusca teria feito com que o conteúdo de óleo do burrinho vazasse, anulando o efeito do freio; ao notar que o carro ficara sem freios, Rodrigo teria tentado uma manobra desesperada para reduzir e perdeu o controle da direção. Essa versão seria depois substituída por outra: o burrinho de freio teria sido danificado no choque da roda com o meio-fio. As duas versões se contrapuseram e acabou prevalecendo a mais conservadora, pela qual o burrinho deixou vazar o óleo depois da batida — e não antes.[14]

Rodrigo só dirigia em alta velocidade, atestam os amigos. E era difícil condenar esse hábito — Castelinho sempre dirigira correndo e assim ensinou os filhos a manejarem um volante. Mesmo depois, quando tinha motorista, ele o estimulava a correr. Sempre que o carro entrava na única ponte que à época unia o Lago Sul ao Plano Piloto, o sinal vinha em código: ele começava a tamborilar com a mão na perna e o motorista Caetano já sabia que era a senha para pisar fundo no acelerador. Se ele fora sempre assim, como pedir a Rodrigo que não fosse?[15]

O sepultamento de Rodrigo foi na segunda-feira, 3 de maio, no mesmo cemitério Campo da Esperança, que receberia, três meses e meio depois, o corpo de Juscelino Kubitschek. No sepultamento, um Castelinho inconsolável foi cercado pelos amigos Severo Gomes, então ministro da Indústria e Comércio, Célio Borja, presidente da Câmara dos Deputados, Bilac Pinto, ministro do STF, Francelino Pereira, presidente da Arena — a Aliança Renovadora Nacional — e Tales Ramalho, secretário-geral do MDB.

O inquérito sobre o acidente de Rodrigo não chegou a ser remetido à Justiça, já que a única vítima foi o próprio causador do acidente. Após seu encerramento, foi enviado ao arquivo da própria polícia e, aparentemente, incinerado, informa hoje a Secretaria de Segurança Pública do Distrito Federal. Essa informação veio agregada de um detalhe: a maior parte dos inquéritos sobre casos ocorridos há mais de dez anos que não indicam culpa formada foi incinerada. Incinerado ou não, o fato é que o inquérito não existe mais, não está arquivado nem no arquivo da Polícia Civil nem no arquivo do Tribunal de Justiça do Distrito Federal.

* * *

Logo após a morte de Rodrigo, Castelinho e Élvia receberam centenas de mensagens de pêsames e demoraram até que tivessem ânimo para lê-las todas com a ajuda da amiga Vera Brant. No decorrer dos dias tristes, a que mais os emocionou foi uma mensagem enviada por Carlos Drummond de Andrade. Igualmente tocante foi a de seu velho amigo Hélio Pellegrino, integrante da "turma de Minas": "Esta fraternidade que reafirmo, na dor de uma circunstância tão grave, é o melhor de mim que lhes posso dar."[16]

De seu antigo chefe Jânio Quadros chegou a seguinte mensagem: "Eloá e eu levamos a você e à digna esposa nossos profundos sentimentos. Sei que as palavras são vãs em hora de dor assim dilacerante. Mas sei também que ambos têm fé e caráter, temperado pela vida afirmativa de lutas permanentes. Aí encontrarão conforto. E na solidariedade, que nunca lhes faltará, dos amigos sinceros."[17]

* * *

Juscelino Kubitschek não teve coragem de telefonar diretamente a Castelinho e Élvia para dar-lhes pêsames, mas ligou várias vezes do Rio à amiga comum Vera Brant, para saber como o casal estava reagindo. Ele conhecera Rodrigo pouco tempo antes, lá na Fazendinha JK, em Luziânia, e ficara cativado com o rapaz; na volta da fazenda, comentou com Castelinho:

— Seu filho é encantador, inteligente, culto e simpático. Terá um futuro brilhante.

Juscelino não fazia um mero elogio formal. Rodrigo era mesmo encantador, dizem todos os que o conheceram. Formado em Administração na Fundação Getulio Vargas, em São Paulo, começara uma carreira promissora como economista da Siderbrás. Como homenagem póstuma a ele, a Siderbrás criou o Prêmio Rodrigo Castello Branco para brindar seu melhor funcionário em cada ano.

Quando foi a Brasília, na semana seguinte à morte de Rodrigo, Juscelino pediu a Vera que convidasse Élvia, Castelinho, Luciana e Pedro para, família inteira, passarem um domingo na Fazendinha JK. Dona Sarah e Juscelino se desdobraram em afeto à família Castello Branco. Reinventaram-se para alegrá-los e até certo ponto conseguiram. No final da tarde, deitado na rede da varanda, Juscelino recordou o diálogo que tivera com Rodrigo no encontro anterior, intercalando o relato com comentários elogiosos à rapidez de raciocínio, à inteligência aguda e à visão política do rapaz. Com os olhos marejados, Castelinho e Élvia apenas sorriam sorrisos doces e tristes, profundamente tristes.

Logo que soube que Juscelino havia morrido, Castelinho foi visitar Vera. Deu-lhe um abraço comovido e disse:

— Eu sei com que intensidade você ama os seus amigos especiais. Por isso sei o quanto você deve estar sofrendo.

3

UM NORDESTINO E SUA ADVERSIDADE

1920-1937

João do Vale conhecia como poucos os caminhos do interior do Maranhão. Quando tinha treze anos, em 1947, escapou de Pedreiras, a meio caminho entre Teresina e São Luís, e tomou o rumo da capital maranhense, 260 quilômetros adiante. Não há registro do meio de transporte que utilizou, mas é certo que ele nunca se esqueceu do trajeto feito, o mesmo que Castelinho cumprira dez anos antes. Quando partiu, João tinha dezesseis anos, a mesma idade de Castelinho quando deixou Teresina — era a idade certa de ir para o sul tentar trabalho. Foi bater no Rio de Janeiro. Trabalhou um bom tempo na construção civil em Ipanema, mas logo descobriu o seu talento musical e começou a compor furiosamente. Dele, as pessoas costumam lembrar um sucesso estrondoso, "Carcará", em parceria com José Cândido, e "Pisa na fulô", que tem Ernesto Pires e Silveira Júnior como parceiros. Jamais se saberá se esses autores contribuíram mesmo para as canções, se ajudaram a compor versos ou melodia, porque João do Vale, por repetitiva e incontornável necessidade financeira, vendeu total ou parcialmente a maioria das canções que compôs e por isso tem raras composições apenas em seu nome, mas muitas com parcerias compradas e outras que nem seu nome ostentam.

Uma das parcerias provavelmente vendidas é uma canção chamada "De Teresina a São Luís", cujos autores oficiais são ele, João do Vale (que de fato deve tê-la composto, letra e música), e Helena Gonzaga, a esposa do mito Luiz Gonzaga, que prazerosamente gravou a música e deu-lhe fama. Não foi a única da dupla: "Fogo no Paraná" também é apresentada como sendo parceria dos dois. Não consta na historiografia musical brasileira que Helena, uma doce e educada senhora, tivesse talento para compor e nem que um dia tivesse viajado da capital piauiense à capital maranhense para entender como era a viagem e intuir onde doía o calo. Donde resta especular que os versos e música da canção "De Teresina a São Luís" tenham sido compostos integralmente por João do Vale, que a viveu, quilômetro por quilômetro, mas saindo de Pedreiras, no meio do caminho, e não de Teresina, como Castelinho em 1937. Os versos descrevem a tardia saga de João, que cumpriu, em 1947, a mesma obrigatória trajetória dos jovens nordestinos pobres ou remediados que se bandeavam para o sul do país, em busca de emprego e, se possível, uma profissão:

Peguei o trem em Teresina
Pra São Luís do Maranhão
Atravessei o Parnaíba
Ai, ai, que dor no coração
O trem danou-se naquelas brenhas
Soltando brasa, comendo lenha
Comendo lenha e soltando brasa
Tanto queima como atrasa
Tanto queima como atrasa

Dez anos antes de João, enquanto a velha maria-fumaça comia brasas, cortando o Maranhão de sudoeste a noroeste, Castelinho rememorava sua infância ingênua em Teresina, onde nascera às 2 horas da madrugada do dia 25 de junho de 1920, uma sexta-feira. Como era muito comum no nordeste e no interior brasileiro em geral, ele nasceu e morou na mesma casa, à rua da Glória, esquina do Mercado, até deixar Teresina, rumo a São Luís. Era o quinto de nove filhos (seis mulheres e três homens) do advogado Christino Castello Branco, formado na Faculdade de Direito do Recife, professor, juiz no interior do Maranhão e, por fim, desembargador no Piauí; e da dona de casa Dulcilla Santanna Castello Branco. Christino e Dulcilla eram primos em primeiro grau e, quando se casaram, eram pouco mais que dois adolescentes: ele tinha 21 anos e ela, 18.

Dulcilla era órfã de pai e mãe. O pai morreu quando ela não completara um ano e a mãe, quando estava com cinco. Tinha um único irmão, que era filho póstumo, pois nasceu depois da morte do pai, que fora tentar riqueza na Amazônia e morreu de malária quando tinha apenas 24 anos. Mas Dulcilla foi longeva: viveria até os 91 anos.

Castelinho contava que, garoto, se imaginava com poucas opções profissionais: advogado, engenheiro, médico, padre ou militar — dessa mão espalmada certamente não escaparia. A família teve inúmeros bacharéis e incontáveis militares, inclusive generais; um deles, Humberto de Alencar Castello Branco, primeiro general-presidente do regime militar de 1964, depois marechal, era seu primo distante.[1]

* * *

A família Castello Branco existe, pelo menos, desde o século XII. A mais antiga referência está nos versos de D. João Ribeiro Gaio, bispo de Malaca, que cantou:

Dos que nos campos valentes
d'Ourique sacrificaram
seu sangue onde alcançaram
fama, mays seus descendentes
Casteis Brancos se chamaram

A mencionada Batalha de Ourique aconteceu em 25 de julho de 1139 e nela o comandante das forças do Condado Portucalense, D. Afonso Henriques, derrotou os mouros. Ainda não existia Portugal; o condado se espremia no território entre as passagens dos rios Douro e Minho e pertencia ao reino de Leão.

O Armorial Lusitano indica Martim de Castello Branco, que vivia em 1255 na vila de Castelo Branco durante o reinado de D. Afonso III, como o fundador da estirpe dos Castello Branco. A vila nasceu de uma antiga fortaleza construída pelos romanos sob o nome de Castraleuca, a 256 quilômetros de Lisboa. Segundo o Armorial, Martim teria originado muitos descendentes que moraram na vila e depois começaram a se espalhar pelo reino. Muitos historiadores defendem que todos os Castello Branco derivam dele.[2]

Os Castello Branco aportaram cedo no Brasil, mas os primeiros integrantes da família não geraram descendência aqui porque não trouxeram as esposas; vieram sozinhos para enfrentar a rudeza dos primeiros tempos da colonização. Simão de Castello Branco, parceiro de Vasco Fernandes Coutinho, o primeiro a aqui aportar, segundo os registros históricos, em 1540, foi donatário da Capitania do Espírito Santo e um dos fundadores de Vitória, mas acabou morto em combate com indígenas antes de gerar descendência. Em 1616, chegou Francisco Caldeira de Castello Branco que ajudou a derrotar os franceses no Maranhão e fundou a cidade de Belém, no Pará. Em 1624, Antônio de Castello Branco integrou a armada que rechaçou os holandeses na Bahia, mas faleceu no regresso a Portugal. Em 1651, Bento Ferrão de Castello Branco foi designado governador da Capitania de São Vicente. Em 1674, dom Rodrigo Castello Branco chegou a São Paulo para ser administrador-geral das minas, terminou assassinado em 1682 no caminho do Sabarabuçu, uma estrada real que ia de Barão de Cocais a Glaura, no distrito de Ouro Preto, por dois pajens do bandeirante Borba Gato.

Finalmente, em 1693, Francisco da Cunha Castello Branco, segundo irmão do sexto conde de Pombeiros, uma importante linhagem de nobres portugueses, chegou a Recife para reforçar a guarnição militar da Capitania de Pernambuco. Foi o primeiro Castello Branco a trazer a família. Tempos depois, foi mandado ao Maranhão para organizar a defesa militar no entorno de São Luís contra os insidiosos ataques de holandeses e franceses.[3] Durante a viagem, o navio afundou; Francisco sobreviveu ao naufrágio com suas três filhas — Ana, Maria e Clara —, mas sua mulher, Maria Eugênia, morreu e todos os bens da família foram perdidos. A Coroa Portuguesa se condoeu do seu drama e, como compensação, lhe concedeu uma sesmaria na região de Santo Antônio de Serubim, em Campo Maior, no Piauí; segundo Castelinho, isso teria acontecido em 1701. Francisco organizou uma enorme fazenda mas para isso teve de durante muito tempo combater uma contínua hostilidade dos índios locais.[4]

Ana, Maria e Clara, as três filhas de Francisco, foram, assim, o elo inicial; com seus casamentos, deram início à descendência dos Castello Branco no Brasil. Clara da Cunha e Silva Castello Branco casou-se, em 1714, com o fidalgo português Manuel Carvalho de Almeida, Comissário-Geral da Cavalaria do Piauí, um ativo participante da luta contra os indígenas na região norte do Piauí. Ana casou-se em data não conhecida com João Gomes do Rego Barros. Do casamento de Maria não existe registro.[5]

* * *

Uma das carreiras sonhadas na infância foi descartada por Castelinho logo na adolescência — a militar. "Nunca fui atraído por nada que representasse aperfeiçoamento físico. Nunca fiz ginástica, meu único exercício era jogar futebol na rua e andar de bicicleta."[6] Ele cortava Teresina de um lado a outro, do rio Parnaíba ao começo do sertão, pedalando a toda velocidade, montado na bicicleta Monark que ganhara do pai; nela, costumava dar carona à irmã Adelina, que não podia ter a sua, já que à época só havia bicicletas para meninos.[7]

Castelinho registrou que em sua infância gozava de muita liberdade, andava descalço nas ruas de terra batida e tinha muitos amigos, com quem ia muitas vezes nadar nas águas caudalosas do rio Parnaíba. Sua casa, embora confortável, não tinha chuveiro e, durante toda a infância, ele tomava banho de cuia. A vida era modesta, porém a mesa da casa sempre foi farta: muita fruta, as que a mãe comprava na feira e as que ele arrancava das árvores no quintal de casa ou nos alheios. A única lembrança ruim da infância, que ficaria registrada em sua memória para toda a vida, foram os emplastros de mostarda que a mãe aplicava-lhe no peito para aplacar as afecções respiratórias que surgiam repentinamente nas madrugadas mais frias. Pode ter funcionado para curar os males respiratórios, mas deixou-lhe um trauma que criou ojeriza a mostarda para toda a vida; adulto, os amigos sabiam que, ao convidá-lo para almoços ou jantares, não deviam servir pratos que tivessem mostarda como tempero. Para ele, mostarda era insumo de emplastro, não ingrediente de comida.[8]

O primeiro contato com o jornalismo aconteceu de forma amadora — aos doze anos, era presidente da Academia Liceísta de Letras, cuja sede era na biblioteca do Liceu Piauiense; nessa época, juntou-se aos colegas Neiva Moreira (que seria deputado federal) e Abdias Silva (que seria jornalista no mesmo *Jornal do Brasil*, em Brasília) para fundarem o jornalzinho *A Mocidade*, que publicava ingênuos textos produzidos pelos alunos do Liceu e era pomposamente chamado de "órgão oficial da Associação dos Estudantes Secundários de Teresina". A influência para fazer jornaizinhos adveio de um parente que ele não caracterizou com muitos detalhes — contou apenas que se chamava Antônio Santana Castello Branco e era dono de um jornaleco chamado *O Denunciante*. "Abria-se o jornal e lá estava: Antônio Santana Castello Branco, vulgo Dondon, único diretor, único redator, único vendedor, único revisor, único tipógrafo, único impressor. Primeiro contava toda a vida dele, depois contava a dos outros."[9] Com Dondon, Castelinho começou a aprender como *não* fazer jornal.

Dedicava-se tanto às tarefas escolares que descuidava da aparência. Muitas vezes, ao abotoar a túnica, cruzava botões e casas erradas, e o prumo ficava meio na diagonal. Nem sempre os sapatos tinham cadarços e quando os tinham muitas vezes estavam com os laços desfeitos. Os cabelos viviam despenteados, rebeldes, caindo sobre a testa; e ele, com um movimento rápido e mecânico, os jogava para trás com a mão ou com um meneio de cabeça — e eles voltavam a cair na testa. Os bolsos viviam cheios de textos manuscritos dos colegas que pleiteavam ser publicados em *A Mocidade*.

Quando concluiu o curso do Liceu, Castelinho foi indicado como orador da turma. Seria o primeiro discurso de sua vida e nele se iniciaria um tormento que o perseguiria por toda a vida — o horror de falar em público, em discursar para uma plateia. Ele, que mais tarde escreveria para ser lido por milhares de pessoas, não resistia a falar para mais que uma dezena. Por mais que treinasse, sua performance era sempre grotesca, prejudicada pela falta de volume de sua emissão vocal e pelo timbre ligeiramente anasalado. Na colação de grau, ainda conseguiu ler penosamente, à guisa de discurso, o que escrevera em duas folhas de papel, revelando um tremor nas mãos que se tornou perceptível à plateia. Quando pensava ter se livrado da tarefa, à noite, no baile, o tormento se repetiu, agora de forma mais avassaladora. De surpresa, foi convocado pelo apresentador da festa para saudar o governador Leônidas Melo, presente ao evento de formatura. Ali seria ele contra a plateia, sem preparação anterior, de absoluto improviso, sem folhas escritas para ajudar e, pior que tudo, na presença do governador, autoridade máxima do estado. Lívido, tremendo como uma rama ao vento, caminhou mecanicamente até o microfone, no palco, perfilou-se ao lado do governador, tentando se acalmar e se compor da melhor maneira possível. Ante um silêncio aterrador, o menino Castelinho pensou articular pelo menos três frases que pronunciaria rapidamente, desincumbindo-se da tarefa para a qual fora convocado. Mas não conseguiu: gaguejando miseravelmente, não completou a primeira frase. "No mesmo dia, iniciei minha carreira de orador e a encerrei", diria depois num artigo.[10] Saiu dali com a certeza de que não buscaria nenhuma profissão que o obrigasse a falar em público, mas certamente não lhe ocorreu que poderia falar com as pessoas por escrito e que ele o faria com brilhantismo a vida inteira.

Não tinha ainda a menor ideia da profissão a escolher, mas alguns caminhos preparatórios foram cumpridos. Quando tinha onze anos o pai o matriculou e à irmã mais velha na Escola Remington de Teresina para fazerem o curso de datilografia. É bem provável que o velho Christino tivesse pensado que um bom funcionário público ou um bom advogado precisariam ser bons datilógrafos — mas certamente não lhe passou pela cabeça que um jornalista também precisaria. Castelinho formou-se e aprendeu a ser um datilógrafo de invejável rapidez nas teclas mecânicas das máquinas Remington e Olivetti; e adiante, na era da informática, nas teclas macias do computador. Já famoso, datilografava suas colunas na mesma vertiginosa velocidade que a mente ditava.

Na Teresina dos anos 1920, Castelinho fez o curso primário no Grupo Escolar Teodoro Pacheco; na década de 1930, o secundário no Liceu Piauiense. Em casa, desde muito cedo, o pai o incentivara à leitura; na escola, a professora recomendava que os alunos lessem Eça de Queiroz, alegando que esse seria um passo essencial para aprender a escrever bem. Devorava os livros que havia no escritório do pai — autores como Eça de Queiroz, Humberto de Campos, Coelho Neto, os mais lidos da época. A leitura compulsiva dos livros do pai levou-o a venerar os poemas de Jorge de Lima, sobre quem escreveu um trabalho escolar, naturalmente manuscrito, prenhe de arroubos nativistas: "A ternura lírica deste verdadeiro poeta toca qualquer coração. Não há quem não o admire. Mesmo os intransigentes defensores da métrica. O principal de sua poesia é a força humana. É a voz da terra. Seus poemas rescendem a terra. É o nordeste, o nordeste completo, sem nada faltar, a seca, os engenhos, a Bahia de todos os santos."[11] No texto, à parte a estrutura ingênua, cabe notar o emprego consciente e precoce de frases curtas e objetivas, sempre em sentido direto, no que seria, futuramente, sua marca jornalística.

Tinha um belo exemplo em casa. O pai sabia *Os Lusíadas* de cor, da primeira à última estrofe e, se desafiado fosse, fazia melhor ainda: recitava os versos de trás para a frente.[12] Por qualquer motivo, cabível ou artificial, apresentava-se para citar e recitar versos de Camões e também de Olavo Bilac, Alberto de Oliveira, Raimundo Corrêa, que guardava íntegros na sua prodigiosa memória, dom que transmitiria ao filho. Mas o poeta preferido do pai não era nenhum daqueles consagrados; era Baurélio Mangabeira, piauiense de Piripiri, que Castelinho nostalgicamente citaria muito tempo depois, no seu discurso de posse na Academia Brasileira de Letras: "Quanta gente a passar pro cemitério e eu, caladinho, faço mais um ano." Para ele, havia uma explicação singela e arrebatadoramente verdadeira para a erudição do pai. "Todo professor e advogado no interior do Brasil é poeta, faz poesias, faz conferências, é dado a leituras."[13] Essa sempre foi uma tradição nos estados do nordeste, em especial no Piauí e no Maranhão, terras dos mil poetas. "A Faculdade de Direito era o caminho para acesso à literatura e aos conhecimentos gerais. Naquela época não havia faculdade de Filosofia, de Letras, de Sociologia, de Psicologia. A Escola de Direito era o núcleo de formação cultural mais conhecido, mais rotineiro da época."[14]

Já consagrado, Castelinho definiria em poucas palavras a formação da sua personalidade cultural: "O meu contato com a cultura, com seus valores espirituais, é mais Minas Gerais; no Piauí eu tive meu primeiro contato com a literatura e comecei a ler, não só os consagrados, como Eça de Queiroz, também autores modernistas, José Lins do Rego, Graciliano Ramos, Jorge Amado."[15]

A seus netos devotou um amor piauiense, prenhe de recordações típicas da cultura nordestina; guardaria para toda a vida — e as repetiria a vida inteira — a lembrança das pequenas manifestações da cultura piauiense. O amor dentro da família saltava-lhe do peito; em casa, ele o cultuava como um mantra que superava sua notória timidez. Quando o filho Pedro se separou, sua ex-mulher foi morar em Turim, na Itália, e levou com ela seus filhos, Mateus e Rodrigo. Castelinho surpreendeu a todos quando chorou na partida dos netos; nos meses seguintes telefonava com frequência à nora para saber se os meninos estavam bem ou se ela precisava de alguma coisa. Dois anos depois, a ex-mulher de Pedro retornou ao Brasil e decidiu morar na Paraíba. Castelinho a acompanhou na viagem a João Pessoa, para ver a casa em que os meninos viveriam; e tanto falou de sua saudade pelos netos que ela acabou permitindo que Rodrigo fosse morar com ele e Élvia, em Brasília. Depois, afeiçoou-se ao filho de dois anos de Yolanda, cozinheira da família; quando o menino foi levado para Goiânia, para morar com a família da mãe, voltou a chorar como se tivesse perdido um ente querido. Quando os netos estavam em Brasília, sempre os levava a uma sorveteria no Centro Comercial Gilberto Salomão, no Lago Sul. Adorava fazer com eles uma brincadeira que chamava de "caçuleta piauiense": chegava furtivamente por trás e dava-lhes um piparote na orelha. Doía, e doía muito, mas Mateus e Rodrigo adoravam. Ou então soletrava para eles com absoluta ingenuidade um poema popular que aprendera na sua meninice:[16]

Arará subiu no pau
escorregou mas não caiu;
com licença da palavra,
vá pra puta que o pariu.

* * *

Deixar o Piauí de 1937 não era um ato de heroísmo — era simplesmente um gesto de sobrevivência. Tanto é assim que existem registros dos que saíram e venceram (que não foram tantos assim), mas perderam-se no anonimato as lembranças de milhares que saíram e fracassaram. Sair, no entanto, era um imperativo. Num Brasil com 42 milhões de habitantes, o Piauí de 1937 tinha uma população de 848 mil almas (os piauienses eram 2% dos brasileiros), dos quais apenas pouco mais de 40 mil eram eleitores (4,7% da população). Teresina era a maior cidade, com 62 mil habitantes; no estado, havia quatro outras cidades com população mais expressiva — Valença, Parnaíba, Oeiras e Picos.

A indústria mais destacada era a de aguardente. Fora isso, a produção era essencialmente agrícola, e os produtos eram vendidos, em sua maior parte, sem beneficiamento, com destaque para babaçu, algodão em pluma, abacaxi, banana, fumo e milho. O produto primário mais exportado era o babaçu em amêndoas (portanto, não beneficiado), direcionado ao mercado interno e ao exterior. Em 1936, o estado produzira 3,5 mil toneladas de babaçu em amêndoas, 377 toneladas de algodão em pluma e 206 toneladas de peles de cabras e ovelhas. Um terço das vendas de algodão em pluma para o exterior ia para a França.[17]

Todo o estado tinha apenas 256 escolas primárias, com 427 professores e 20 mil alunos matriculados (2,3% da população) — uma proporção de um professor para cada grupo de 46 alunos; quatro escolas secundárias, com 67 professores e 566 alunos matriculados; e duas escolas superiores isoladas (a Universidade Federal do Piauí seria criada apenas em 1968 e instalada em 1971), com 23 professores e 82 alunos matriculados.[18] Vê-se que apenas 0,066% da população piauiense da época frequentava a universidade.

A Teresina que Castelinho cortava velozmente em sua Monark era a segunda capital do estado, assim designada em 1852, sucedendo a Oeiras, que fora capital por noventa anos. A decisão de mudar a capital foi tomada por um conselheiro do Império, José Antônio Saraiva (o famoso Conselheiro Saraiva), contrariando os interesses da aristocracia rural que se alojava nas fazendas do interior da província e que à época discordou majoritariamente da medida. As queixas foram abafadas pela decisão, tomada por Saraiva, de dar à nova capital o nome de Teresina, em homenagem à imperatriz Maria Teresa Cristina — Teresina é uma fusão dos dois prenomes da imperatriz —, que intercedera em favor da mudança. A instalação de Teresina no centro do estado deveu-se a razões geopolíticas; Saraiva escolheu a fazenda do português Manoel Domingues Gonçalves Pereira para sediar o local onde seria plantada a nova capital. Não restou muita clareza sobre as "razões geopolíticas", mas o fato é que Teresina passou a ser a única capital nordestina não instalada no litoral. A nova cidade, totalmente planejada, foi construída na chapada do Corisco, margem direita do rio Parnaíba, na foz do rio Poty, onde outrora ficava a Vila Velha do Poty.[19]

Quando Castelinho nasceu, em 1920, aos 68 anos de fundada, Teresina computava somente dezesseis automóveis particulares, 54 carros de praça (serviço de táxi) e nove carros oficiais. Foi essa a modesta frota que sustentou, na década de 1930, uma das mais antigas tradições piauienses, o corso de Teresina, durante os carnavais. O corso acontecia nas praças Rio Branco e Pedro II, e na avenida Frei Serafim, local de moradia das famílias mais abastadas. Os carros eram enfeitados com adereços de Carnaval e conduziam em seu interior, nas boleias e para-lamas as mais lindas moças da cidade. A população pobre acorria para ver o desfile motorizado, que naturalmente já demarcava um cordão de isolamento entre pobres e ricos — os ricos desfilavam e os pobres só olhavam. Duas décadas depois, já com muitos carros a mais, o corso ganhou uma contribuição popular inusitada: as prostitutas que faziam ponto na rua Paissandu passaram a alugar carros para desfilar pelas principais ruas da cidade.[20]

* * *

Os números do Piauí no século XX, que parecem insuficientes mesmo perante os números brasileiros — que, por si, já eram miseravelmente atrasados —, redundavam em corolário do processo histórico de exploração e ocupação do território. Dois bandeirantes, Domingos Jorge Velho e Domingos Afonso Mafrense, foram os primeiros grandes proprietários de terras no Piauí, que viria a se tornar uma capitania em 1758, com capital em Oeiras. Domingos Jorge Velho começou a perseguir, apreender ou matar índios no nordeste brasileiro na segunda metade do século XVII. Aprisionava os que podia, para usá-los em trabalhos forçados em suas terras, vendê-los como escravos a grandes fazendeiros de Pernambuco e da Paraíba ou então para colonos que quisessem se aventurar em terras devolutas; os que não conseguia apreender, matava, para que não hostilizassem as grandes fazendas. Formou para si em Pernambuco outra grande fazenda, obtida naturalmente em sesmaria concedida por D. Afonso VI, rei de Portugal. Jorge Velho foi o grande exterminador de índios nas margens do rio São Francisco, no Ceará, na Paraíba, no Rio Grande do Norte e também no território que futuramente receberia o nome de Piauí.

O território piauiense era uma sucessão sem fim de enormes fazendas delimitadas por marcos, raramente com cercas, pontuada por poucas vilas. Com a independência e a instalação do império, a província foi governada por oligarquias rurais que sobreviveram e se impuseram até o fim da República Velha. Esse quadro mudou um pouco com a Revolução de 1930 para logo em seguida se perpetuar novamente a partir de novos sobrenomes: o interventor nomeado por Getúlio Vargas foi o médico Leônidas de Castro Melo, que se elegeu governador em 1934 e continuou no governo — foi o governador para quem Castelinho tentou discursar em sua formatura no liceu. Com o Estado Novo, Leônidas perdeu o cargo de governador, que ganhara nas urnas, mas adquiriu o status de interventor até a queda da ditadura getulista, em 1945. Um modelo oligárquico substituía outro.

Ficar neste Piauí, para Castelinho, teria sido nostálgico, do ponto de vista cultural, e representaria um gesto de submissão natural ao coronelismo imperante. Mas ele sabia bem que lhe competia escolher entre a nostalgia romântica submetida a um casulo eternamente controlado pelas elites regionais, por um lado; e a realização de todos os seus sonhos e a emancipação do seu instinto libertário, por outro. Não teve dúvidas: optou pelo segundo.

* * *

Na infância, Castelinho formava uma trinca do barulho com o irmão mais velho, Hélio, e o primo Ilmar. Os três eram inseparáveis e se apelidaram Trincaferro, Rompe Nuvem e Curió (Castelinho era o Rompe Nuvem). Dentro de casa, entretanto, o apelido do menino Carlos era Pixote. Ele adorava ver os desfiles que, nos dias festivos, as escolas públicas de Teresina faziam em frente à casa da família para homenagear o velho Christino, então diretor da Instrução Pública nos governos Matias Olímpio de Melo (1924-1928) e João de Deus Pires Leal (1928-1930).

Numa Teresina em que a maioria das ruas não tinha calçamento nem esgotos e com encanamentos toscos que forneciam água às casas apenas entre 7 e 11 horas da manhã, Rompe Nuvem teve a primeira namorada — a jovem Amélia Cunha. Muito mais tarde ele contaria que foi "um namorinho assim de olhar um para o outro, e aquelas coisas, e depois encostar".[21] Como ele foi embora e Amélia ficou, apagou-se o breve romance. Depois ela se casou com o piauiense Evaldo Correa Lima, economista que se vinculou a Celso Furtado e chegou a ser diretor do Banco Interamericano de Desenvolvimento (BID), em Washington. A filha dos dois faria carreira nas artes — é a cantora Marina Lima.

E a carreira, escolher o quê? À medida que crescia, o menino Castelinho enfrentava o dilema de escolher uma profissão sem ter elementos para vislumbrar uma carreira ou descobrir sua vocação. Já maduro, recusou o carimbo de uma sina perseguida: "Eu não pensava muito no que eu ia ser, não. Não tinha objetivo assim definido da vida, não.

Depois, quando comecei a estudar Direito percebi que não tinha nada a ver com aquilo. Aí eu comecei a trabalhar em jornal porque meu pai não tinha muitos recursos e eu tinha que trabalhar."[22] A explicação final mostra que a escolha do jornalismo não proveio de uma opção indicada por uma vocação que se afirmava — a profissão que o consagrou foi-lhe dada pelo destino, pela necessidade, pela vida, e depois cresceu graças ao talento natural que detinha sem saber.

No princípio, ele não pensava em nada, mas o pai pensava por ele. Ao aproximar-se a idade de fazer faculdade — e os filhos do desembargador Christino tinham, é claro, de fazer faculdade — o pai decidiu mandá-lo para o sul. Desde o final da década de 1920, os estados nordestinos e nortistas já tinham faculdades de Direito, mas o Piauí permanecia sem. Em 1931, a faculdade foi finalmente criada, depois que juristas locais, em sua maioria formados pela Faculdade de Direito do Recife ou de Salvador, promoveram um movimento para fundá-la. Para lecionar nela foram convocados magistrados, funcionários públicos e advogados militantes na praça de Teresina.

A primeira turma da Faculdade de Direito do Piauí se formaria em 1935; eram dezesseis bacharéis, todos homens — nem uma mulher sequer. A primeira mulher a se formar ali, em 1939, foi Júlia Gomes Viegas, que abriria caminho para outras. A imensa maioria dos bacharéis ali formados pegava o diploma e ia buscar padrinho para obter uma nomeação para um cargo público no governo estadual.[23]

Mas Christino, do alto da sua cultura autodidata e do seu posto de desembargador, sabia muito bem que estudar naquela faculdade recém-fundada, ensinado por professores que nunca haviam dado aulas para cursos superiores, significaria um currículo pobre e uma colocação profissional mambembe — no máximo, o jovem Carlos seria um advogado militante em Teresina, ambicionando um fim de carreira como desembargador. Para seus filhos, entretanto, o velho Christino sonhava muito mais alto.

O natural seria estudar no Recife ou em Salvador, para onde ia a maioria dos jovens piauienses; na década de 1930 os piauienses começaram a descer para o sul, para o Rio de Janeiro, onde estavam as grandes e consagradas escolas. No ano anterior à saída de Castelinho, outro desembargador piauiense fora ao Rio levar o filho que entraria para a faculdade; lá ouviu que Belo Horizonte tinha um centro universitário muito eficiente; acabou enviando o filho para a jovem capital mineira, a antiga Cidade de Minas. Quando o velho Christino contou-lhe o dilema que vivia para escolher uma faculdade para o filho Carlos, o colega deu-lhe sua opinião pronta: Belo Horizonte era uma cidade pacata, tranquila e com bom nível de ensino, ao contrário do Rio, que tinha boas escolas, mas ostentava também grande oferta de tentações mundanas. Colocou ênfase no conselho, como quem recomendava a salvação eterna do guri: "Mande seu filho Carlos estudar em Belo Horizonte."[24]

Sim, Belo Horizonte já era, tradicionalmente, a terra que acolhia todo piauiense doente do peito — assim como gente do Brasil inteiro — para fazer estação de águas em Caxambu, São Lourenço ou Araxá.[25] Com o conselho recebido do colega, o velho Christino deixou de confiar no Rio de Janeiro, embora fosse a capital do país e tivesse as melhores escolas superiores, porque, definitivamente, não seria um pouso sereno para um jovem estudante. Capital, sim, boas escolas, sim, mas também um rotulado centro de libações capaz de tragar os jovens inexperientes para um interminável circuito de prazeres da vida. Por isso a escolha recaiu em Belo Horizonte, que tinha uma excelente escola de Direito e era muito, muito mais calma, com bem menos casas noturnas e bares. Era uma escolha orientada por valores morais, mas teria um efeito determinante, no futuro, para moldar a cultura, a personalidade e a visão de mundo do futuro comentarista político.

O réveillon de 1936 para 1937 foi tenso e agitado na família Castello Branco, em Teresina, diante dos preparativos para a partida do filho Carlos para o sul. Mala feita, bem cedo, no dia 7 de janeiro de 1937 o velho Christino, a mãe Dulcilla, os meninos Castelinho e Adelina contrataram uma canoa na beira-rio de Teresina e atravessaram o rio Parnaíba a remo para a outra margem, em Flores (hoje Timon), já no Maranhão. O amigo Abdias Silva, que muitos anos depois seria seu colega na sucursal do *Jornal do Brasil*, em Brasília, e por um tempo foi substituto de Castelinho na coluna, foi com eles até a margem do rio, mas não atravessou na canoa. Ao se despedir do amigo, Abdias viu-o, pela primeira e única vez na vida, com os olhos marejados.[26] Era uma época em que o Parnaíba não separava Teresina de Flores: separava o Piauí do mundo. Atravessá-lo não significava ir embora do Piauí, significava cair no mundo, perder-se nele — ou, dependendo do otimismo de cada candidato a aventureiro, ganhar o mundo, quem sabe. Em Flores, a família ficou hospedada numa improvisada e paupérrima pensão, instalada numa casa com teto de sapé, piso de terra e iluminada a lamparina, dormindo em redes, enquanto esperava o dia da partida do trem para São Luís.

Quando o trem finalmente partiu, o jovem Castelinho, aos dezesseis anos, viu-se só, de frente para o mundo hostil — a partir dali, era ele e o desconhecido. O trem era uma maria-fumaça que soltava uma sufocante fumaça negra, vertendo uma permanente fuligem que entrava pelas janelas e impregnava roupas e cabelos dos passageiros, se arrastando numa marcha muito lenta para vencer os quase 500 quilômetros até a capital do Maranhão. Eram dois dias de viagem, porque a maria-fumaça não rodava à noite. No primeiro dia o trem resfolegou até Codó; ali, os passageiros que tinham dinheiro foram levados até uma pensão e lá pernoitaram em redes (os que não tinham dinheiro dormitavam nos bancos de madeira dos vagões). No dia seguinte, a viagem foi retomada até São Luís.

São Luís tinha pouco para impressionar um jovem piauiense matuto de dezesseis anos em 1937. A visão geral do Maranhão era menos impactante que a do sertão do Piauí: a geografia maranhense parecia não apresentar territórios crestados pela seca e nem parecia propriamente sertão — e, de fato, não o era. São Luís também tinha números que impressionaram pouco o jovem Castelinho: contava 84 mil habitantes, pouco mais que Teresina; e o estado inteiro mal passava de 1,1 milhão de almas. A enorme vantagem, no entanto, era que do porto de São Luís partiam os itas da Companhia Nacional de Navegação Costeira para várias capitais brasileiras. Quer dizer, para o mundo.

Três anos depois, em 1940, a irmã Adelina veio para o Rio e fez o mesmo trajeto, mas já não precisou atravessar o rio Parnaíba de canoa — tinha sido construída a ponte ferroviária João Luiz Ferreira, mais conhecida pelos piauienses como "ponte metálica", a primeira erguida sobre o Parnaíba, inaugurada em 2 de dezembro de 1939, após dezessete infindáveis anos de obras. Projetada pelo engenheiro alemão Germano Franz, sua conclusão possibilitou que Teresina fosse conectada por trem diretamente a São Luís, o sonhado porto de onde partiam os itas. Mas o trem ainda repartia a viagem em duas etapas — no primeiro dia, até Codó (às vezes, até Coroatá); no segundo, a parte final, até São Luís.

* * *

A Companhia Nacional de Navegação Costeira fora fundada em 1882 por descendentes de um armador português que migraram para o Brasil. Desde o fim do século XIX os navios da companhia, todos portando o grande emblema da cruz de Malta na chaminé pintada de preto fosco, ligavam heroicamente Manaus a Porto Alegre, parando em várias capitais litorâneas, representando um dos mais importantes eixos da mobilidade social brasileira na primeira metade do século XX. Na época, um Brasil sem estradas de rodagem e com poucas ferrovias recorria à navegação de cabotagem.

A companhia rotulava seus navios como "paquetes", mas a população ignorou a alcunha — que em alguns estados tinha uma acepção quase pornográfica — e logo simplificou a nominação deles para "ita", porque todos os navios de passageiros ostentavam nomes começados por esse radical tupi (que significa "pedra") — eram os grandes navios *Itaipé, Itahité* e *Itapagé,* e os menores *Itatinga, Itaquatiá, Itaimbé, Itaberá, Itapuca, Itagiba, Itapuhy, Itassucé, Itajubá* e *Itaquara.*

Prevaleceu a nominação popular. A inserção da navegação de cabotagem na vida brasileira inspirou Jorge Amado a escrever *Capitão de longo curso,* adaptando a história para um cenário mais cosmopolita. Mais objetivamente, a saga dos itas também inspirou Dorival Caymmi a compor "Peguei um ita no norte", uma das mais lindas canções da música brasileira e nostálgico hino da partida de nortistas e nordestinos rumo ao sul mais desenvolvido, em busca de vencer na vida à custa de muita bravura:

Peguei um Ita no norte e vim pro Rio morar
Adeus, meu pai, minha mãe
Adeus, Belém do Pará

Mas os itas não suscitaram apenas poesia. No dia 17 de agosto de 1942, em plena guerra, o vapor *Itagiba* foi torpedeado pelo submarino alemão U-507 no litoral da Bahia. Era a décima nona embarcação brasileira atacada pelos alemães e a quarta a ser afundada em dois dias pelo mesmo U-boot, que nos dias anteriores torpedeara os navios *Baependi, Araraquara* e *Aníbal Benévolo,* no litoral de Sergipe. Dos ocupantes do *Itagiba,* morreram 36 passageiros, alguns depois de socorridos pelo *Arará,* um pequeno navio cargueiro que também seria afundado na tarde do mesmo dia pelo U-507. O torpedeamento de navios brasileiros e a morte de dezenas de patrícios impactaram a população brasileira e resultaram, cinco dias depois, na declaração de guerra do Brasil ao Eixo nazifascista.

Bem antes e depois da guerra, no entanto, os itas foram só poesia. A bordo, numa viagem de ita nasceu o menino Itamar Augusto Cautiero Franco, que se dizia baiano porque o navio, no momento do parto, singrava águas das costas da Bahia e porque ele seria registrado em Salvador, primeira escala após o nascimento. Nas navegações do norte e do nordeste para o sul, os passageiros traziam muitos pássaros, em especial papagaios, que ficavam abrigados em gaiolas nas popas das embarcações. Nos primeiros dias, a viagem era toda novidade; depois vinha o mareio, o sacolejo, comida que não parava no estômago, a rotina, a repetição do horizonte sem fim, o sol brotando de dentro do mar e morrendo nele, do outro lado. As semanas a bordo cansavam os nortistas e nordestinos e eles começavam a rezar para chegar logo.

* * *

Embora tenha se amineirado depois da curta vivência em Belo Horizonte, Castelinho nunca se esqueceu de sua origem nordestina e, mais que isso, nunca a renegou; pelo contrário, dizia-se honrado por ser nordestino e, antes de tudo, piauiense. Vida afora, manifestou sua indizível nostalgia da infância em Teresina com uma frase que encerra em si mesma uma inevitável redundância, mas que todos os amigos ouviram incontáveis vezes, sempre que alguém lhe pedia uma definição de si mesmo: "Eu sou um pobre nordestino perseguido pela adversidade." Dizem as línguas maliciosas que ele teria pronunciado essa frase simbólica, até hoje lembrada por todos os amigos, na década de 1960, em um jantar servido por garçons de librê durante uma viagem marítima, não mais num reles ita, mas no elegante transatlântico *France*, da Compagnie Générale Transatlantique e que, no momento em que foi lançado ao mar, era o maior navio de passageiros jamais construído.

Muita gente descia para o sul, em busca de estudo, emprego e, no caso de alguns, na corrida atrás do sucesso na vida. Seus dois colegas do jornalzinho *A Mocidade* fizeram a mesma rota e ambos se dedicaram ao jornalismo, como Castelinho. Abdias Silva foi para o Rio

Grande do Sul e depois para Brasília; seu último pouso foi a redação do *Jornal do Brasil* em Brasília, tendo chegado a chefe de reportagem. Era um personagem doce e afetuoso, caráter à prova de bala, como dele se dizia na redação. Neiva Moreira, que nasceu em Nova Iorque, Maranhão, foi para o Rio e depois engajou-se na política, sendo eleito deputado pelo Maranhão, sempre como aliado incondicional de Leonel Brizola. Foi cassado pelo golpe militar de 1964.

Um ano mais novo era Francelino Pereira, outro migrante piauiense que buscou o sul, nascido em Angical de uma família muito pobre. Primeiro os irmãos se cotizaram e mandaram-no estudar em Teresina; concluído o curso secundário, despacharam-no para fazer a faculdade em Belo Horizonte, no rastro de Castelinho. Ele foi, formou-se em Direito e, como Castelinho, amineirou-se, assimilou a cultura mineira e a incorporou a seu modo de pensar, ser e agir. Fez sucesso na política: foi deputado federal por Minas Gerais entre 1963 e 1979, virou presidente da Arena, partido do regime militar. Mais que Castelinho, que lamentava nunca ter sido convidado para entrar numa casa mineira, conseguiu entrar em todas, virar o representante máximo de todos os mineiros, embora pela via torta da eleição indireta, e chegou a governador de Minas entre 1979 e 1983. Entregou o Palácio da Liberdade a seu sucessor, Tancredo Neves.

Outra estrela da mesma geração piauiense foi Petrônio Portella, que foi funcionário dos Correios no Rio de Janeiro enquanto cursava a Faculdade de Direito da então Universidade do Brasil. Depois de formado voltou para advogar em Teresina e tornou-se assessor da União Democrática Nacional (UDN) estadual. Aproveitou o trampolim e fez carreira política, elegendo-se deputado estadual pelo Piauí, prefeito de Teresina, governador do estado e senador. Ganhou a confiança do general-presidente Ernesto Geisel e se tornou a grande liderança civil na segunda fase do regime militar, favorecendo as negociações com o regime para restaurar a democracia. Chegou a ser cotado para a Presidência da República, mas sua morte prematura em 1980, aos 55 anos, por um presumível erro médico, cortou sua carreira, atrapalhou o andamento da abertura e as negociações com a oposição.

Os dois, Francelino e Petrônio, sempre foram fontes privilegiadas de Castelinho, além de representarem a velha amizade piauiense. Juntamente com Castelinho, eles eram o Piauí que deu certo no sul. Assim como o Capiberibe e o Beberibe se unem em Pernambuco para formar o oceano Atlântico, as mais esfuziantes inteligências do Piauí desciam o Brasil de ita para povoar o sul maravilha e torná-lo mais afetuoso e generoso.

* * *

Castelinho desembarcou em São Luís, procurou uma pensão barata para ficar e, antes de comprar a sua passagem na bilheteria da Companhia de Navegação Costeira, foi ver o mar. Tudo de água que ele conhecera até então fora o rio Parnaíba, largo, mas espremido entre duas margens, correndo comprimido pelos dois lados, com começo, meio e fim visível aos olhos. Mirou as águas na baía de São Marcos e ficou maravilhado; não se via o outro lado e ele achou que o mar não tinha fim, que era imenso e capaz de levar um homem de um lado a outro da sua vida. Contaram-lhe que ali na beirada nem mar era, era ainda o rio Anil e ele não acreditou que um rio pudesse ser tão maior, mas tão escandalosamente maior que o Parnaíba, que ele pensara ser o maior rio do mundo. Além do rio Anil, aí sim, fazia-se a baía de São Marcos, que já era o mar. Que mistérios guardava o mar? Que milagres ele produzia na vida de um homem? O que aconteceria a ele depois daquela travessia interminável, de dias e dias, mar adentro, quando chegasse lá no Rio de Janeiro, onde o mar acabava, segundo lhe disseram e passou-lhe a parecer?

Comprou a passagem para o outro lado do mar, onde estava o Rio de Janeiro, e, enquanto esperava a partida do ita, passeava horas pela beira-mar, em São Luís, embevecido. No dia do embarque acordou nervoso, em plena madrugada e não conseguiu dormir mais. Levantou-se, fez a mala e nem quis o café doce que a dona da pensão ofereceu; pegou a mala e rumou ao porto. Quando chegou perto teve uma visão edênica numa barraca de frutas — seus olhos se fixaram numa pequena pilha armada de uma fruta vermelha que ele nunca vira. Encantou-se com o vermelho vivo e o barraqueiro saciou sua curiosidade: "Chama [sic] maçã." Catou uns cobres no bolso e comprou a mais vermelha de todas; quando o ita zarpou, foi para o convés e, maravilhado em ver o mar de dentro dele, sacudido pelos movimentos do marulho, com os olhos fixos nas ondas que se armavam e se desfaziam, pegou a maçã no bolso e a comeu saboreando meticulosamente cada mordida. Gostou da fruta exótica e vermelha, mas logo o ita passou a enfrentar mar agitado e sacudia o jovem Castelinho num balanço incômodo; a ele pareceu que o estômago sacolejava mais que o corpo. A maçã, que ele engolira tão gostosamente, voltou de repente, num jato só, ejetada por um enjoo incontrolável. Aquela maçã vermelha, que por um momento fora símbolo das tentações que ele poderia alcançar no novo mundo, em poucos segundos se tornara uma advertência acerca dos perigos que ele deveria rejeitar no novo mundo. A náusea espraiou-se para toda a vida: nunca mais Castelinho conseguiu olhar para uma maçã, fosse vermelha, verde ou cor-de-rosa.[27]

Depois que conheceu a maçã, curtiu uma viagem de treze dias até o Rio de Janeiro, num navio cujo nome — *Afonso Pena* — não começava por "ita", contudo seu destino seria, alguns anos depois, o fundo do oceano Atlântico, igualmente bombardeado e afundado pelos submarinos do Eixo. A viagem no *Afonso Pena* marcou a vida de Castelinho: até então, ele nunca vira o mar. Logo após a partida, ele começou a padecer de uma interminável série de enjoos; em compensação, durante a viagem dormiu numa cama pela primeira vez na vida (em casa, em Teresina, seu leito sempre fora uma rede). Quando chegou ao Rio, um mirrado e assustado Castelinho, aos dezesseis anos, percebeu que a vida agora seria bem mais que uma bicicleta desembestada pelas ruas de terra de Teresina. Bem instruído pelo pai, pegou um carro de praça carioca e foi direto para a estação ferroviária comprar passagem para Belo Horizonte e para seu futuro.

4

MINHA SEGUNDA PÁTRIA

1937-1945

Castelinho chegou a Belo Horizonte no dia 1° de fevereiro de 1937, depois de exatos 25 dias de viagem, desde a travessia de canoa pelo rio Parnaíba, na saída de Teresina, até o desembarque do trem, na chegada à capital mineira. O pai lhe recomendara que, chegando a Belo Horizonte, deveria seguir dois passos: o primeiro seria descobrir uma pensão barata e honesta onde se hospedar; o segundo seria, uma vez acantonado, seguir a rotina mineira para os jovens pretendentes ao curso de Direito que obviamente já tinham terminado o ginásio: inscrever-se no curso pré-jurídico, um preparatório para a universidade. O jovem Castelinho cumpriu os dois conselhos no seu primeiro dia mineiro.

A Belo Horizonte que Castelinho conheceu nesse dia era capaz de impressionar um adolescente sertanejo que vinha de Teresina, muito mais do que São Luís. Era uma cidade com ar e cheiro de nova; tinha apenas quarenta anos de existência, construída no fim do século XIX para ser a capital mineira, mas no início de sua maturidade já era mais de três vezes maior que Teresina. Crescia aos poucos, bem aos poucos, e por essa razão boa parte de seus habitantes provinha da estrutura burocrática e era, portanto, de funcionários públicos. "Não havia indústria e, por conseguinte, não havia operários, era uma cidade muito burocrática", conta Wilson Figueiredo, que chegaria do Espírito Santo pouco depois de Castelinho. Mas existiam algumas indústrias, confirmam as estatísticas da prefeitura: a produção mais expressiva vinha da fabricação de cerveja, macarrão, açúcar e panificação. A grande empresa da cidade era a Companhia Antártica Paulista. "Ainda bem! Ainda bem!", comemora Wilson, lembrando que o maior prazer dos estudantes e jornalistas era beber cerveja, e em Belo Horizonte já se bebia cerveja produzida localmente.

Em 1935, Belo Horizonte tinha 167 mil habitantes e era a sétima cidade brasileira em população, atrás de Rio de Janeiro (1,7 milhão), São Paulo (1,1 milhão), Recife (472 mil), Salvador (363 mil), Porto Alegre (321 mil) e Belém (293 mil). Um ano depois, em 1936, a população aumentava para 180.241 habitantes.[1] Não assustava os que chegavam pelo número de ruas, mas porque todas eram planejadas e regulares e a maior parte, calçadas; não impressionava tanto pela quantidade de pessoas, mas porque ali havia outra cultura, bem peculiar. A maior parte dos habitantes era contidamente reservada, o que no primeiro momento pareceu um desagradável sintoma de hostilidade ao jovem migrante de dezesseis anos. Tinha coisas de estranhar e coisas para pasmar: nela, era possível admirar um arranha-céu, o edifício Ibaté, na esquina da rua São Paulo com a avenida Afonso Pena, um espigão de impressionantes dez pavimentos, o maior prédio da cidade e, disparado, o mais alto que Castelinho já vira na vida. A partir de 1935, Belo Horizonte ganhara projetos revolucionários, dando um salto para se credenciar como uma capital moderna para Minas. A prefeitura separou uma área para implantar a zona industrial, começou a urbanização das áreas próximas à represa da Pampulha e, em 1941, criou a Cidade Industrial.[2]

Mas em 1937 ainda se andava muito a pé e Castelinho iria incorporar logo esse hábito ao seu cotidiano. Era inevitável dispor-se a longas caminhadas: a Belo Horizonte de 1937 tinha apenas 1.790 automóveis (só 305 particulares); entre eles, 597 Chevrolet, 569 Ford, 69 Oldsmobile, 59 Buick e 42 Studbacker.[3] Era muito mais que Teresina, mas não era tanto assim. A ocupação urbana crescia em círculos concêntricos e organizados a partir da praça Sete de Setembro e à época todos moravam relativamente perto do centro. Era uma cidade tranquila graças ao tradicional espírito mineiro e logo ficaria mais silenciosa, a partir do fim do ano, graças à implacável censura que o Departamento de Imprensa e Propaganda (DIP) implantaria em nome do Estado Novo getulista.

A cidade burocrática requeria, para ser justa, um molde meritocrático para seus funcionários estaduais e municipais. Em 1937, o prefeito Christiano Machado — que futuramente seria um grande personagem de Castelinho — decretou que todos os funcionários, presentes e futuros, deveriam prestar concurso público, algo incomum na República Velha. Na inscrição, os candidatos deveriam apresentar certidão de nascimento, provando ter mais de 18 anos e menos de 25, fazer prova de moralidade e bom comportamento, exibir caderneta de reservista ou certificado de isenção do serviço militar, título de eleitor e atestado de boa saúde e capacidade física, firmado por junta médica designada pela prefeitura. Qualidade essencial seria comprovada — ou não — na prova prática de datilografia, exigência principal nos concursos públicos da época. Para Castelinho, era uma tentação render-se a um emprego público, até porque ele reunia condições para enfrentar o concurso; mas faltava-lhe idade.

A primeira coisa que Castelinho aprendeu quando chegou a Minas Gerais foi que deveria olhar e ouvir muito — prestar atenção no que os outros faziam e absorver esse ensinamento como cultura necessária à sobrevivência naquela terra tão diferente do Piauí. Passou a agir e se comportar como agiam e se comportavam os mineiros, segundo seu aguçado senso de observação. "Calado como é, fora das conversas em que os *casos* se sucedem, numa emulação constante, vai tomando nota de tudo e observando com espantosa acuidade. O mineiro observa tudo o que se passa, mas não dá sinal aparente de nada. [...] O mineiro é realmente de uma grande perspicácia. Percebe de longe o que acontece ou o que está para suceder. Mas não dá sinal que o sabe."[4]

Como corolário, percebeu que devia falar pouco, o que para ele, um tímido irrecorrível, era um achado agradável; melhor faria se dedicasse toda sua atenção para desvendar os mistérios de Minas e das pessoas de Minas. "Há, no mineiro, um profundo sentimento do mistério. Nele nunca fica perfeitamente claro onde termina a realidade e onde começa o reino das sombras. [...] Não se trata de um mistério romanesco ou mesmo de um mistério exageradamente místico, embora seja muito mais místico que romanesco. Trata-se de um mistério que passa, por assim dizer, a fazer parte da vida cotidiana. O mineiro, inimigo de gestos teatrais e de coisas românticas, pois o realismo é seu clima habitual, sabe domar o mistério, reduzindo-o à condição de coisa domesticada, como um animal de casa."[5]

Aprender a distinguir e discernir — "o mineiro é um homem que sabe ver e vê bem, em todos os sentidos. Daí saber fazer a seleção, a escolha, a triagem".[6] Mas como interpretar os fatos e eventos, como se ajustar à relação entre passado e presente como meio para entender o futuro? Ele não conhecia os fatos e eventos, não tinha vivido o passado e desconhecia aquelas raízes tão misteriosas. "Ora, o mineiro é o homem do passado. O passado não larga o mineiro, em toda a sua vida. É a sua força. É a sua estabilidade. É a sua dignidade. Nenhum respeito maior no mineiro, do que pela sua estirpe."[7] Sem fazer parte natural da história daquela gente, era essencial, para conviver com eles, entender e admirar o seu passado; não sendo um descendente natural, que se apresentasse, então, como um respeitador daquelas origens. Além disso, inocular-se dos preceitos da prudência e do equilíbrio; comportar-se e opinar sem arroubos, com cautela, sabedoria e precisão. "É certo que o mineiro não tem, em regra, o espírito de iniciativa e de aventura do paulista. Não é um desbravador de novas terras. É um cultivador prudente de sua própria gleba. Não se adapta facilmente ao progresso, a novos regimes, a novas instituições, a novidade de qualquer espécie. Daí ser exato dizer-se que Minas é uma grande força conservadora."[8] Então era isto — compreender os valores conservadores como forma de desenhar a caminhada. Mas sem se exasperar com a conquista dos outros: "O mineiro, longe de invejar, gosta que os outros prosperem. E, com isso, sabe elevar. Exalta, procura os valores."[9] Sim, os valores, acima de tudo, os valores morais que deveria assimilar para ser aceito como um deles: "Vale, pois, o homem em Minas pelo que valem suas virtudes, morais e intelectuais, por mais pobre que seja."[10] Na construção do homem mineiro, primeiro que tudo vem a sobriedade — "o homem de Minas é, antes de tudo, um sóbrio". Junto à sobriedade, a fleuma; ao lado da fleuma, o *humour* ("O mineiro não ri muito em público, mas tem esse riso interior do *humour*, que é uma verdadeira atitude perante a vida."[11]). E, sobrepassando tudo, um realismo que não leva ao materialismo, "por ser compensado por um profundo sentimento do mistério".[12] Adiante, a perspicácia e, ao mesmo tempo, um antiextremismo que induz a um centrismo atávico. Em conclusão, "bom senso, idealismo e utopia — são os três planos do espírito mineiro, que ora se excluem ora se completam".[13]

Em Minas teria nascido o sentido da democracia. Minas é "sadiamente tradicional"; nenhuma coletividade brasileira é mais democrática. "Minas é uma afirmação por independência. [...] A grande função de Minas é ser fiel a si mesma contra as ilusões da aventura totalitária. É a função de fiel da balança."[14] Viver em Minas, então, é respeitar e partilhar a ideia democrática, é conviver com ela — este foi o cerne do início de aprendizado de Castelinho em sua segunda pátria.

Uma explicação muito mais simples para a mineirice foi dada por Carlos Drummond de Andrade no poema "Ser mineiro":

Ser Mineiro é não dizer o que faz, nem o que vai fazer,
é fingir que não sabe aquilo que sabe,
é falar pouco e escutar muito,
é passar por bobo e ser inteligente,
é vender queijos e possuir bancos.

Um bom Mineiro não laça boi com imbira,
não dá rasteira no vento,
não pisa no escuro,
não anda no molhado,
não estica conversa com estranho,
só acredita na fumaça quando vê o fogo,
só arrisca quando tem certeza,
não troca um pássaro na mão por dois voando.

Ser Mineiro é dizer "uai", é ser diferente,
é ter marca registrada,
é ter história.
Ser Mineiro é ter simplicidade e pureza,

humildade e modéstia,
coragem e bravura,
fidalguia e elegância.

[...]
Ser Mineiro é ser religioso e conservador,
é cultivar as letras e artes,
é ser poeta e literato,

é gostar de política e amar a liberdade,
é viver nas montanhas,
é ter vida interior,
é ser gente.

Uma admiradora de Drummond chamada Regina Márcia, sem dar endereço, sobrenome, carteira de identidade ou telefone, acresceu uma explicação comovente e assustadoramente simples ao pé do poema: "Ser mineiro é ser montanha. Ser diamante e também saber ser carvão."[15]

O jovem Castelinho absorveu as lições de Amoroso Lima e Drummond. Aprendeu a mineirice em sua essência; só não foi religioso, mas durante toda a vida foi diamante quase todo o tempo e, quando necessário, foi carvão.

* * *

Castelinho viveria seus dois primeiros anos mineiros com um orçamento extremamente restrito; morava e comia em pensões para jovens, pagando as despesas com a curta mesada enviada pelo pai. Mas ao fim de dois anos nem isso lhe pôde mais ser garantido. Ele terminara o curso pré-jurídico, ia cursar a Faculdade de Direito e o salário de desembargador começou a acabar antes do fim do mês para o velho Christino, que começou a enfrentar dificuldades para sustentar a casa com outros oito filhos e muitas necessidades novas brotando no horizonte. Os outros filhos também estavam chegando à idade de entrar para a faculdade — alguns haviam até passado dela. Se um deles tivera a oportunidade de ir para o sul tentar o curso universitário, era justo que outros filhos tivessem chance semelhante. Mas e as moças? Elas não poderiam ir sozinhas para o sul; e por isso Christino e Dulcilla começaram a economizar para, em 1940, mudarem-se para o Rio de Janeiro com as filhas moças. Lá elas teriam boas oportunidades de estudo e melhor chance de conseguir um trabalho digno.

No começo de 1939 o velho Christino enviou uma carta severa e realista ao filho Carlos, sugerindo sem rodeios que ele começasse a trabalhar para aliviar as despesas; ele continuaria a mandar uma mesada, mas teria de reduzir o valor. Naquele ano Castelinho começara como aluno pleno da Faculdade de Direito; conhecia já muita gente na escola e algumas pessoas importantes fora dela. Ele leu a carta e não questionou a sugestão do pai, que absorveu como uma ordem. Sua primeira providência foi procurar um colega de faculdade, Arquimedes Mota, que trabalhava no jornal *Estado de Minas* e era secretário da célula do Partido Comunista do Brasil (PCB; a partir de 1961, Partido Comunista Brasileiro) no jornal, a quem pediu que lhe conseguisse um trabalho. Arquimedes conseguiu encaixar Castelinho e um outro rapaz para vinte dias de teste no jornal. Terminado o prazo de teste, Orlando Bonfim — dirigente do PCB, seria sequestrado por agentes da repressão em 8/10/1975 e seu corpo nunca foi encontrado — então chefe de redação, disse a Arquimedes que, dos dois, queria ficar "com aquele que escreve parecendo pedido para lavadeira". Era Castelinho, que começou como repórter policial do jornal em março de 1939, ganhando 150 mil-réis por mês. Sua rotina de repórter era entediante: todos os dias deveria visitar os doze distritos policiais, um a um, e o pronto-socorro de Belo Horizonte, caçando pequenas tragédias urbanas. Certa vez houve um desastre de trem e ele correu para o pronto-socorro; lá viu os homens do rabecão desembarcarem vários corpos e um saco; um deles abriu a boca do saco e despejou no chão seu lúgubre conteúdo — eram pedaços de corpos.[16]

Uma das coberturas mais apaixonantes para o novo repórter policial do *Estado de Minas*, aquele que escrevia seus textos como se fizesse um rol de lavadeira, foi o episódio apelidado de "Crime da Volta do Curtume", ocorrido numa Belo Horizonte que contava apenas 250 mil habitantes. Havia dúvida sobre quem seria o autor daquele crime horrível e Castelinho se esforçou para desvendar o enigma. Existia um suspeito preso e seu advogado, o jovem Pedro Aleixo, então com 38 anos, ajudou Castelinho nas investigações, assim como o advogado de acusação, o já famoso Alberto Deodato, que era seu professor na Faculdade de Direito. O júri do assassino atraiu a atenção de toda a cidade. Na cobertura, ele desenvolveu uma técnica de jornalismo-relâmpago — enquanto os debates se sucediam ele ia escrevendo a matéria à mão e mandava as laudas manuscritas para o *Estado de Minas*. A cobertura total do julgamento ocupou uma página inteira e ele foi parabenizado pela cobertura dinâmica e extensiva, muito melhor que as dos outros jornais.

Quando a Segunda Grande Guerra começou, o jornal precisou de alguém para receber as notícias por telefone, driblando a estática e os estranhos ruídos que povoavam as ligações. Mas não cabia somente vencer a estática; eram poucos os candidatos capazes de superar as três qualidades exigidas para a tarefa — escrever com correção, entender algumas palavras em inglês ou francês e, principalmente, ser muito rápido na máquina de escrever. Esse alguém era Castelinho, que passou a ficar horas ao telefone coletando notícias através de dois fones rudimentares atarraxados aos ouvidos, tarefa que lhe causaria uma deficiência auditiva para o resto da vida. De toda forma isso era bem melhor do que visualizar pedaços esquartejados de corpos sendo espalhados no chão de azulejo do hospital ou falar com investigadores grosseiros várias vezes ao dia, sendo muitas vezes enganado por alguns deles, que preferiam guardar as melhores novidades para outros repórteres. Quando seu turno acabava, ele continuava zanzando pela redação e prestando atenção ao trabalho de edição. Logo estava ajudando aqui e ali, cobrindo ausências eventuais de redatores e editores.

Os jornais dos Diários Associados foram os primeiros do Brasil a adotar o título contado e a diagramação vertical — novidades que logo todos os outros começariam a implantar. Num belo dia o subsecretário do jornal pediu demissão e o único que conhecia os pequenos truques da edição era Castelinho, que foi convidado a abandonar os malditos fones de ouvido e assumir o posto vago.

Nessa época, Castelinho conheceu um dos nomes paradigmáticos da imprensa brasileira, Assis Chateaubriand — o dono dos Diários Associados — e, mais que isso, angariou a simpatia dele. Sempre que ia a Belo Horizonte, Chateaubriand visitava a sede do *Estado de Mi-*

nas e, enquanto passava na redação, ia cumprimentando um a um. Alguém lhe apresentou Castelinho, informando que ele era do Piauí; o paraibano Chateaubriand simpatizou com a figura de um jovem nordestino trabalhando para ele: "Você é parente do embaixador Clark [Frederico Castello Branco Clark]?" Era. De fato, o embaixador também pertencia à extensa família e também nascera no Piauí, explicou Castelinho a Chateaubriand, que nunca mais esqueceria a referência. Desde então, toda vez que encontrava Castelinho, perguntava: "Como vai o seu Piauí?"

Sempre polêmico, Chateaubriand ganhou a simpatia de Castelinho, a começar pelo fato de ter sido contemporâneo do velho Christino na Faculdade de Direito do Recife — naquele tempo eram tão poucos os que conseguiam fazer o curso universitário que essas pessoas seguiriam se encontrando por todas as esquinas da vida. Mas não só por isso. Importavam mais para Castelinho as proezas jornalísticas de Chateaubriand anteriores à construção do império dos Diários Associados. Como repórter do *Correio da Manhã* e do *Jornal do Brasil*, ele, que falava inglês, francês e alemão, entrevistara o rei Alberto I, da Bélgica, além de outros dignitários europeus, e o jornalismo da época atribuía um valor épico a esse tipo de realização. Muito tempo depois, quando já entendia da trama sempre presente nos negócios da imprensa, Castelinho explicou que Chateaubriand comprou *O Jornal* em 1929 financiado por multinacionais para ajudar a campanha da Aliança Liberal e fazer oposição à República Velha. "Pela dinâmica da empresa, ele passou a tomar dinheiro de quem tinha dinheiro, que eram a Light e as grandes empresas, como a Itabira Iron, dona da concessão do minério de ferro de Itabira. Ficou muito ligado a esse grupo de multinacionais que estavam entrando no Brasil." Fora do jornalismo, Chateaubriand montou o Museu de Arte de São Paulo (Masp) "na base da chantagem: peitava os ricos para que comprassem telas preciosas; os que negavam, como Matarazzo, eram perseguidos por seus jornais".[17]

Castelinho ganhava pouco e ainda se hospedava numa pensão, agora dividindo quarto com o jovem Francelino Pereira, outro piauiense que fora estudar em Belo Horizonte e no futuro seria governador de Minas Gerais. A pensão custava 120 mil-réis mensais e lhe sobrariam, ao final de cada mês, apenas 30 mil-réis se o pai não continuasse mandando um providencial socorro de 100 mil-réis mensais. Essa sobra de 130 mil-réis custeava sua alimentação e seu escasso lazer; ele economizava ao máximo para comprar livros, sua maior paixão desde Teresina — só que agora os livros seriam dele. A essa altura era um jovem sonhador e irônico; divertia-se com as dificuldades por que passava. Entre os papéis do seu arquivo pessoal havia uma anotação em folha solta que transitava entre a ironia e a autocomiseração: "A luta pela vida — A dona da pensão sensacional botou o repórter no olho da rua."[18] Tudo indica que, por alguma traquinagem, ele acabou expulso da pensão em que morava com Francelino.

* * *

A jovem Belo Horizonte tinha uma tentadora vocação cultural e se acostumara a ser visitada pelas locomotivas das artes nacionais e a homenageá-las como se fossem ídolos. Em 1924, no auge das repercussões da Semana de Arte Moderna, Oswald de Andrade liderou uma caravana de intelectuais paulistas ao carnaval carioca; em seguida o grupo se embrenhou numa longa viagem que transitou por São João del-Rei, Ouro Preto, Mariana, Divinópolis e sacudiu Belo Horizonte — ainda foram depois a Sabará, Lagoa Santa e Congonhas do Campo. A agenda previa que levassem mais de quarenta dias na viagem, porque o mote principal era assistir à tradicional Semana Santa mineira. Estavam no grupo Tarsila do Amaral, então casada com Oswald, e mais Mário de Andrade, Fernand Léger, Constantin Brancusi e Frédéric Sauser, que usava o pseudônimo de Blaise Cendrars. O saguão do Grande Hotel de Belo Horizonte, onde o grupo se hospedou, virou uma festa permanente; as estrelas da Semana de Arte Moderna atraíam os jovens candidatos a artistas e literatos onde quer que fossem e não seria diferente em Belo Horizonte. Os aspirantes a artistas e escritores os acolheram com entusiasmo e os seguiam, como um discípulo segue o guia, em todos os roteiros — quando saíam, levavam uma procissão atrás. Juntaram-se a eles os jovens mineiros que já tinham nome na literatura, como Carlos Drummond de Andrade, Pedro Nava, Martins de Almeida e Emílio Moura, que formavam o Grupo Estrela com Abgar Renault, Aníbal Machado, João Alphonsus de Guimaraens, Pedro Aleixo, Gustavo Capanema e Ciro dos Anjos.

No fim dos anos 1930 a ditadura getulista já conspurcara a pureza de muitos deles, em Belo Horizonte e nas outras capitais, em especial Rio de Janeiro e São Paulo. Era política do Departamento de Imprensa e Propaganda (DIP) da ditadura getulista atrair os literatos mais consagrados pagando soldos tentadores. Para o regime, era um preço barato para afastá-los dos debates públicos e dos apaixonantes eventos que discutiam literatura e política, que evocavam tendências literárias e ideológicas em que se digladiavam ideias liberais e socialistas. Quando não eram os soldos para escrever artigos para as publicações do DIP, eram empregos públicos fixos, cargos em comissão nas interventorias estaduais e nos ministérios do governo. Assim, as arenas de debates ficavam restritas à geração mais nova, ainda não cooptada pela ditadura, compreendendo que o primeiro passo para criticar a ditadura getulista era não depender dela. Castelinho fazia parte dessa geração. Na faculdade, no jornal e nas noites belo-horizontinas ele foi estreitando amizades com outros jovens que tinham propensões literárias, como Otto Lara Resende, Murilo Rubião, Fernando Sabino, Paulo Mendes Campos, Hélio Pellegrino, Autran Dourado, Sábato Magaldi. Eram amizades que durariam uma vida inteira, mas cinco deles teriam uma vinculação especial — Otto, Sabino, Paulo, Castelinho e Pellegrino. Deles, só Otto e Castelinho trabalhavam em jornais; Otto no *Diário Católico* e Castelinho no *Estado de Minas*. Terminado o fechamento, eles cumpriam o ritual obrigatório de todas as noites e se juntavam em torno da mesma mesa de bar. Tímido, recatado, Castelinho ocupava uma cadeira, mas ficava meio ressabiado por notar que a amizade dos quatro funcionava com uma senha que ele não conseguia nem decifrar por inteiro nem substituir — ele não só era o quinto, mas também era ímpar. Conformou-se quando percebeu que Sábato, que era primo em primeiro grau de Pellegrino, também não conseguia se tornar iniciado naquela que seria chamada "turma de Minas". Outro ponto de encontro era a Livraria Alemã, que tinha um invejável estoque dos últimos lançamentos europeus. Todos tinham casa, menos Castelinho, que morava em pensão. E parecia a Castelinho que esse fato — morar numa pensão — era um aspecto reducionista, talvez um preconceito, que os quatro usavam para não incluí-lo como membro pleno da "turma de Minas". O único que visitava Castelinho na pensão era Sabino, que um dia pegou emprestado o exemplar de *Alguma Poesia*, de Carlos Drummond de Andrade, que Castelinho comprara num sebo. Só devolveria muito, mas muito tempo depois, com várias páginas arrancadas.

Sabino não trabalhava em jornal, mas era o mais destacado dos cinco. Primeiro, por galgar rápido os degraus do reconhecimento literário; segundo, porque seu nome circulava nas altas fofocas de Belo Horizonte por namorar Helena Valadares, filha do governador Benedito Valadares. Quando se casaram, Sabino ganhou um cartório de presente do padrinho de casamento, o ditador Getúlio Vargas. O casamento logo seria desfeito e quando foram assinar a petição de desquite Helena armou um conflito de proporções, ao exigir que o ex-marido transferisse o cartório para o nome dela; esperto, Sabino confessou que já tinha assinado sua renúncia ao cartório. Castelinho relatou esse episódio, comentando que Valadares transacionava um bem público como se fosse patrimônio da sua família. Já no governo Juscelino, Autran Dourado se esforçou para impedir que Helena fosse, enfim, nomeada para o cartório devolvido por Sabino muitos anos antes.[19] Livre, leve e solto, Sabino arranjou um emprego decorativo num escritório comercial nos EUA e foi morar em Long Island. De lá, escrevia aos amigos de Belo Horizonte, contando suas invejadas aventuras americanas. Foi a época em que lançou seu primeiro grande sucesso editorial, *Encontro marcado*, a história dele mesmo (sob o codinome Eduardo Marciano) e três amigos (representados por Otto Lara Resende, Hélio Pellegrino e Paulo Mendes Campos). Os personagens do livro foram apenas os titulares da "turma de Minas"; Castelinho ficou fora.[20]

Pellegrino estudava Medicina e frequentava menos o grupo porque o curso lhe exigia muita presença. Um dia, logo após se formar, adentrou voluptuosamente a redação do *Estado de Minas*, foi até a mesa de Castelinho e disse que queria publicar um anúncio com o seguinte texto: "Só um louco procura o psiquiatra Hélio Pellegrino." Castelinho achou engraçado e mandou descer o "anúncio" para a oficina. Minutos depois Otto Lara Resende, que viera trabalhar no *Estado de Minas*, interveio furioso:

— Hélio esteve aqui?

— Esteve — respondeu Castelinho, tentando se conter para não rir.

— Ele queria publicar um anúncio?

— É. Mandei publicar.

— Você é maluco? Isso é negócio de doido, é uma brincadeira!

Ato contínuo, obrigou Castelinho a retirar o anúncio.

* * *

Quando dirigia a revista *Projeção*, em 1943, Castelinho e o poeta mineiro Otávio Dias Leite levaram Mário de Andrade a Belo Horizonte para fazer duas palestras no Conservatório Mineiro de Música. Ele e Dias Leite conseguiram uma passagem ida e volta de trem com algum ricaço local e arrancaram da prefeitura o custeio da hospedagem. Na primeira, Mário pronunciou uma conferência intitulada "O sequestro da dona ausente", depois editada em livro; na segunda, Mário recitou o "Noturno de Belo Horizonte", que escrevera depois da viagem que fizera em 1924 à jovem capital. Quando dedilhou os últimos versos — Ar arejado batido nas pedras dos morros,/Varado através da água trançada das cachoeiras,/Ar que brota nas fontes com as águas/ Por toda a parte de Minas Gerais — a plateia urrou em aplausos ao magnífico poema, como se estivesse num show prematuro de rock. Toda a visita foi um sucesso extraordinário: aonde se movesse, Mário era seguido por um séquito de admiradores empolgados. Nos dias posteriores, jovens literatos, poetas nascentes e jornalistas deslumbrados circularam em torno do poeta hipnotizados com "a presença enorme e devastadora de Mário de Andrade", como muito tempo depois escreveria Castelinho.[21] Murilo Rubião arrastou Mário para ver e avaliar uns quadros de sua prima Eugênia Rubião, que iniciava carreira de pintora. Mário examinou os quadros meticulosamente e fez um único e devastador comentário: "Coitada! Ela é virgem!" O grupo de amigos passou o resto do ano saboreando esta história e gozando Murilo e sua prima que talvez fosse casta.[22]

Na época o Brasil gravitava em torno do Rio de Janeiro e de São Paulo; as outras cidades voluteavam em volta das duas, magnetizadas pelas novidades que elas criavam e lhes brindavam em herança. Na jovem Belo Horizonte, Mário percorreu os restaurantes e bares boêmios escoltado pelo encantamento inesgotável de Castelinho, Sabino, Pellegrino, Otto, Paulo Mendes Campos, Rubião, Alphonsus de Guimaraens Filho "e toda uma geração inquieta e brilhante que iria se identificar com o poeta, e se tornaram, todos eles, correspondentes assíduos de quem foi o mais fecundo autor de cartas a jovens de todo o Brasil".[23] Mário se tornou quase um herói belo-horizontino; depois das tantas homenagens a sua terra natal em *Pauliceia desvairada*, no "Noturno" ("Luzes do Cambuci pelas noites de crime.../Calor!... E as nuvens baixas muito grossas,/feitas de corpos de mariposas,/ rumorejando na epiderme das árvores..."), na *Lira paulistana* e em poemas como o "Improviso do mal da América" ("Lá fora o corpo de São Paulo escorre vida ao guampaço dos arranha-céus,/E dança na ambição compacta de dilúvios de penetras/Vão chegando italianos didáticos e nobres"), ele esculpira a cinzel de mestre um espetacular "Noturno de Belo Horizonte" — e um "Noturno" tão lindo quanto o paulistano ou mais que ele —, a maior homenagem com que a jovem capital de, na época, 27 anos já fora honrada pelo cantar dos poetas. E por isso merecia todo o reconhecimento que a generosa alma mineira pudesse prestar ao autor de tão delicados versos. O amineirado Castelinho tinha-lhe uma admiração muito especial: sabia de cor quase todos os seus poemas, em especial o "Noturno de Belo Horizonte", "poema que vivia intensamente nas madrugadas frias em que passei a parte mais solitária e interiormente intensa da adolescência e da mocidade".[24] Havia, naquele extraordinário "Noturno", uma razão a mais para Castelinho gostar: nele, Mário citava dom Rodrigo Castello Branco (ou Castel Branco), um de seus antepassados mais ilustres, fiscal da lavra de esmeraldas nas Minas do século XVII:

E o noturno apagando na sombra o artifício e o defeito
adormece em Belo Horizonte
como um sonho mineiro.
Tem festas do Tejuco pelo céu!
As estrelas baralham-se num estardalhaço de luzes.
[...]
Dom Rodrigo Castello Branco partirá
Lumeiro festival... Gritos... Tocheiros...
O Triunfo Eucarístico abala chispeando...

Entusiasmado mas reservado, Castelinho deixou-se intimidar pela personalidade eletrizante de Mário. "A mim, Mário de Andrade, como pessoa, escapava-me, seja pelo meu retraimento, seja pela surpresa de não reencontrar no homem o poeta com quem convivia tão intimamente." Explicou: "Não que Mário de Andrade fosse figura prosaica. Antes, pelo contrário, tresandava arte e requinte, era todo ele a reencarnação de uma vida espiritual densa e total, a exprimir-se por todas as formas e em todos os momentos. Era amigo carinhoso e presença estimulante. Mas aquele gigante moreno, expressivo, brincalhão tinha o dom de me encaramujar mais ainda. Deixava-me ausente, na fruição dos seus versos que não me pareciam ter a ver com aquele bom e excessivo paulista. Continuaria a lê-lo em prosa e verso e a partir de então a procurar na sua literatura a expressão do homem cuja presença não fora para mim fator de intimidade."[25]

Tempos depois, já um tanto vacinado para não pecar pela reverência exagerada, visitou-o quando ele passava uma temporada no apartamento que mantinha à rua Santo Amaro, em Santa Teresa, no Rio de Janeiro, fazendo-o interromper a elaboração do texto de uma conferência; foram jantar juntos na Taberna da Glória. Reencontraram-se a seguir no I Congresso Brasileiro de Escritores, em São Paulo, e foi a vez de Mário fazer o papel de cicerone e levá-lo, junto com outros jovens escritores, ao bar Paulistano, onde tomava o seu chope diário com tanta fidelidade que o garçom, ao vê-lo entrar, corria a lhe trazer o chope em sua caneca de louça especial.[26]

No dia em que Mário morreu, em fevereiro de 1945, Castelinho estava em Belo Horizonte. Ele e Carlos Lacerda visitavam Milton Campos quando alguém o alcançou pelo telefone para dar a trágica notícia — Mário se fora aos 51 anos. Voltou desolado à conversa e contou a Lacerda, que, amicíssimo de Mário, demorou a acreditar no que ouvia. Saíram juntos para o bar do Trianon e lá encontraram, afogados em tristeza, Otto e Rubião. Enquanto tomavam um chope em homenagem a Mário, alguém lembrou o verso de "Momento num café", de Manuel Bandeira, e ergueram o copo, saudando a matéria que passava liberta para sempre da alma extinta. Brindaram com lágrimas nos olhos.[27]

Quando já vivia em Brasília, Castelinho, ganhou de presente, dado por seu amigo Severo Gomes, ministro da Indústria e Comércio no governo Geisel, a máscara mortuária original de Mário. E a guardou como um tesouro misterioso que lhe permitiu, ao final, guardar consigo o último esgar do mestre e harmonizar o amigo com sua própria obra.[28]

* * *

Quatro anos depois, Belo Horizonte voltou a ribombar quando lá desembarcou Oswald de Andrade, acompanhado por Caio Prado Júnior, Mário Schemberg e um grande grupo de intelectuais para uma série de conferências. Numa palestra, Oswald, língua sempre ferina e solta, fez ataques viperinos a Otto Maria Carpeaux, respeitado pensador católico, acusando-o de simpatia pelo nazismo, pois fora secretário particular de Engelbert Dollfuss, chanceler austríaco nos anos 1930 e aliado de Hitler. De fato, durante todo o tempo em que viveu no Brasil, até sua morte, Carpeaux conviveria com acusações de mal explicados vínculos com os nazistas no passado. Na plateia, Pellegrino — que era de origem católica — pediu um aparte a Oswald para desmenti-lo. Antes que o aparte terminasse, Oswald deu um murro na mesa e bradou: "A partir de hoje, *seu* Otto Maria Carpeaux fica nomeado secretário perpétuo de Dollfuss." O grupo de Pellegrino passou a antipatizá-lo.

A idolatria dos escritores que fizeram a Semana de Arte Moderna se esvaneceu com o tempo para Castelinho. Quando se digladiava, no final dos anos 1950, com o seu dilema shakespeariano íntimo — ser ou não ser escritor —, Castelinho expôs suas incertezas quanto à "turma de Minas" e suas certezas sobre o valor dos modernistas: "Talvez pelas minhas próprias frustrações, me incline a generalizações pessimistas quanto à atitude e à posição do homem em face da vida. Não creio muito em que outros tenham empenhado mais, como conjunto, como geração, do que nós, por esforço próprio. As circunstâncias poderão ter exigido mais ou estimulado mais. A geração modernista não me convence. Eram uns granfinos, uns estetas vadios a serviço de uma classe dirigente ansiosa por diversões, eram filhos dessa classe e se beneficiaram de lazeres e bolsas de estudo. Nossa maneira de ser é mais mesquinha, porém mais dura, e quando algum se liberta das exigências a que nos rendemos por fraqueza, por incapacidade de ser pobre, escreve dois romances, um livro de contos, ensaia-se no teatro, lê, quer aprender e passa a lutar dramaticamente contra a perspectiva de volta à servidão."[29] De repente — quem sabe numa tarde de mau humor ou de recaída nativista — Castelinho ignorava toda a antiga admiração por Oswald, Mário, Di Cavalcanti, Monteiro Lobato e Bandeira para chamá-los de "granfinos", aderindo à estética regionalista de José Américo de Almeida, algo mais conforme com seu Piauí.

Entrementes, a efervescência cultural de Belo Horizonte promoveu, certa vez, um circuito de palestras de jovens escritores mineiros. Castelinho foi convidado para fazer uma das palestras, mas lembrou-se de sua experiência trágica na formatura do Liceu Piauiense e recuou; sem coragem de enfrentar a plateia, escreveu um texto e pediu a Otto Lara Rezende que fosse, ao evento, lê-lo em seu nome.[30]

A amizade dele com Otto foi magnífica em fraternidade, bem mais sólida e profunda que todas as outras amizades mineiras. Dono de um agudo magnetismo pessoal, inteligente, irônico e rápido, rapidíssimo em suas reações e tiradas, Otto vivia disparando contra Castelinho farpas que eram amistosas mas eram também irônicas e por vezes ferinas. A despeito disso, exercia uma enorme influência sobre ele. Aliás, os dois amigos que mais influenciavam Castelinho eram ele e José Aparecido de Oliveira; deles, Castelinho aceitava tudo, demonstrando que nutria pelos dois uma afeição indestrutível. Com o passar do tempo, e somente com o passar do tempo, Castelinho aprendeu a reagir às piadas e ironias de Otto, devolvendo-as com igual inteligência e ironia. Na esgrima dessas duas armas não ficava nada a dever a

Otto, mas, acima delas, Castelinho começou a usar uma terceira, ao combinar as duas primeiras com um fino senso de oportunidade. Às estocadas de Otto, respondia no mesmo tom, puxando novas provocações e tornando a esgrima entre eles uma porfia interminável de inteligência. Bastava estarem próximos — e às vezes nem era preciso proximidade — para os dois se espicaçarem o tempo todo, divertindo quem estava próximo. No fundo, Castelinho confiava muito em Otto, sabia que ele era brilhante e criativo, e que tinha impecável honestidade intelectual; por isso lhe dera o texto para ler no circuito dos jovens escritores. No desfiar das ironias, ainda em Minas, Otto lhe deu o apelido de Homenzinho, numa alusão evidentemente mordaz — e um tanto perversa — a sua baixa estatura. Castelinho podia ter respondido com algo parecido, dando o troco na mesma moeda, mas não reagiu; aceitou passivamente o apelido, embora tenha depois dito a mais de uma pessoa que abominava aquele tratamento. Nunca o disse a Otto, no entanto.

Otto também repetia outra história maliciosa — que quando chegou para estudar em Belo Horizonte Castelinho "não falava nada, só falava hum, hum, hum", e que depois, com o passar do tempo, foi soltando a língua. Esse mesmo tom marcaria, mais adiante, sua relação com Aparecido, guardadas as devidas proporções de cada uma das amizades. O tratamento que Aparecido lhe dava, no entanto, ultrapassava com muita frequência a ironia e muitas vezes chegava às raias da tirania, mas Castelinho gostava dele assim mesmo. Ao longo da vida, nenhum político brasileiro teve mais capacidade de plantar notas e versões na Coluna do Castello do que Aparecido. Já velho, Castelinho chegou a admitir que Aparecido tinha mesmo forte influência sobre ele, como quem afirma que o gostar não admite reservas ou reprovações.[31]

No fim da vida, já vivendo em Brasília, Castelinho reconheceu que o seu aprendizado cultural amplo e a absorção dos valores espirituais vieram de Minas Gerais; do Piauí ele trouxe as formas de afeto familiares e o encantamento com a literatura brasileira; foi lá que ele começou a ler os autores modernistas como José Lins do Rego, Graciliano Ramos e Jorge Amado.[32] De um deles — Jorge Amado —, que fora um de seus autores preferidos na juventude, Castelinho ficaria amigo na idade madura e terminaria como seu colega na Academia Brasileira de Letras. Amado, por sinal, foi um dos "conspiradores" (juntamente com José Sarney e José Aparecido de Oliveira) que articularam sua eleição para a ABL. Em parceria com Sarney, cabalou estratégicos votos para eleger Castelinho. Por fim, seu amadurecimento como jornalista e a assimilação das técnicas jornalísticas se deram durante sua passagem pelo Rio de Janeiro.

* * *

Castelinho contou por que conseguia fazer tantos e tão bons amigos em Belo Horizonte. Falava pouco, mas tinha muita disponibilidade porque era solteiro, morava em república e não tinha hora para dormir. Trabalhava até as 18 horas e ficava ocioso por quatro horas, até as 22 horas, quando começava o fechamento do jornal. A edição era finalizada, em geral, por volta das 4 horas da madrugada. Como os jornais do Rio fechavam mais cedo, por volta da meia-noite, o *Estado de Minas* tinha quatro horas de vantagem e publicava em primeira mão muitas notícias sobre o desenvolvimento da Segunda Guerra Mundial, o assunto do momento. O pessoal do Partidão, conta Castelinho, ficava em torno da mesa dele, nas madrugadas, para acompanhar os telegramas sobre a frente russa da guerra, onde o exército da União Soviética resistia bravamente à grande invasão que terminaria por debilitar o exército nazista e decretar a ruína de Hitler. Castelinho ia trabalhando e anunciando as novidades que tinham acabado de chegar, exercitando o prazer máximo da profissão de jornalista — contar as novidades a quem ainda não as conhece.

Nessas quatro horas de folga ele ia quase todo dia para a Leiteria Celeste, que ficava perto do *Estado de Minas*, e que era o principal ponto de encontro dos boêmios nos últimos anos da ditadura getulista. Um frequentador assíduo era Fernando Sabino; quando ele chegava a conversa girava da política para a literatura. Os jovens candidatos a literato discutiam os textos lidos em livros de autores franceses e ingleses comprados na Livraria Alemã. Castelinho deixava todos estupefatos quando mostrava o seu profundo conhecimento de Eça de Queiroz, que lera de cabo a rabo; e de Mário de Andrade, de quem achava ser melhor poeta que prosador.[33] Essas discussões intermináveis sobre literatura foram transmitidas pelos professores das faculdades mineiras. Jantava bem mais tarde, quase sempre no Abissínia ou no Monsã, os únicos bares-restaurantes que ficavam abertos madrugada afora.

Aos domingos ia com os amigos solteiros (e alguns casados que não podiam aparecer nos relatos posteriores) a um prostíbulo que ficava à rua Guaicurus. Barba feita, iam espairecer nos dancings; ele dançava com tantas damas quantas pudesse recrutar até o sol raiar. Mais tarde, quando foi inaugurado o Cassino da Pampulha, um colega de jornal e faculdade, Jair Rebelo Horta, que era sobrinho de Joaquim Rolla, o proprietário do cassino, sempre garantia ao grupo uma mesa grátis permanente para ver os shows e beber. A facilidade apenas reproduzia um costume da época: jornalista não pagava para entrar em lugares de diversão.

Em todas as rodas Castelinho falava pouco, talvez por inibição natural de um sertanejo que adentrava a civilização e se sentia grato de nela ser recebido sem preconceitos, como se ali tivesse nascido. Mas em si ele ruminava sua própria timidez invencível. Muitos anos depois, já vivendo sua consagração como jornalista, Castelinho deslindou numa entrevista um dos episódios mais folclóricos de sua existência — por que sua fala era tão enrolada. Nada de origem natural, nada de origem gutural: desde menino ele achava que tinha dentes muito feios, malformados, pequenos, desalinhados e escurecidos; no Piauí, isso até que não fazia muita diferença, mas em Minas, terra de gente fina e elegante, culta e sofisticada, era uma vergonha exibi-los em gargalhadas despudoradas. Foi assim que começou a moldar uma forma de falar que não exibisse muito seus dentes — algo assim como falar sem abrir muito a boca — e rir pouco, muito pouco, para não exibi-los. Era como se tentasse, todo o tempo, falar sem abrir muito os lábios. Conseguiu uma forma híbrida: seu falar emitia uma voz baixa e engrolada, um grunhido quase ininteligível para os interlocutores desacostumados. Muito tempo depois consertou os dentes, mas aí a forma de falar já era imutável. Não conseguiu voltar ao natural. Aliás, nem tentou.[34]

* * *

Na maior parte do tempo em que viveu em Belo Horizonte, Castelinho morou em pensões e não tinha ligação com nenhuma família. Não ia à casa de ninguém. Nos descansos semanais do jornal, não tinha aonde ir nem quem conversasse com ele ou lhe desse afeto. Queixou-se amargamente disso: "Durante os oito anos e meio que passei em Minas Gerais, nunca entrei numa casa de família porque ninguém me convidou para entrar."[35] Na primeira vez em que entrou numa casa mineira já tinha se mudado para o Rio; foi cobrir o II Congresso Brasileiro de Escritores em Belo Horizonte, encontrou o velho amigo Paulo Mendes Campos, conversaram a noite inteira e tomaram um porre homérico; já de manhã, Paulo o convidou para tomar café na casa de sua família. Foi sua primeira vez numa casa mineira.

Mas, como uma forma de provocação, ele costumava contar a ausência de convites para entrar nas casas direcionando-a a Otto Lara Resende. Todas as noites eles saíam do jornal e iam a pé, conversando pelas ruas; chegavam à casa de Otto, o dono da casa entrava, subia para o segundo andar, abria uma janela, postava os cotovelos no umbral e ficava conversando com Castelinho — ele lá de cima, Castelinho em pé, na rua. "Otto ficava na janela e nunca me convidou para empurrar o portão e entrar pra conversar com ele..."[36] Segundo ele, eram duas as culpas. Uma, do que chamava de "jeito mineiro", que não permite o hábito de convidar pessoas sem família para entrar em suas casas; outra, dele mesmo, que se confessava muito introvertido.

Isso não afetou, no entanto, o desmesurado amor que desenvolveu por sua segunda pátria, Minas Gerais. No dia da posse do general João Figueiredo na Presidência da República, ele preferiu dedicar sua coluna à posse de Francelino Pereira como governador de Minas. Francelino lhe seguira os passos — um ano mais novo, era piauiense como ele e também foi estudar Direito em Belo Horizonte e lá moraram juntos numa pensão, por um curto período. Naquele dia 15 de março de 1979, Castelinho entendeu que a posse de um piauiense para dirigir os destinos mineiros era a glorificação de sua própria saga. Num texto que transborda de afeto, que não era seu costume, exibe uma volta às origens piauienses sem desatar-se dos vínculos com Minas, retomando os estudos sobre a sociologia dos mineiros de Alceu Amoroso Lima:

"Não percebem os mineiros que mineiros também nos consideramos, Francelino e este repórter, membros de uma leva de nordestinos que ao longo de quatro décadas buscamos em Minas as luzes da sua cultura peculiar, a mais requintada do Brasil, e enfrentamos a esquivança e a ironia de quem nos recebia com benevolência, mas com a reserva natural do caráter desses montanheses. Não é fácil ser mineiro e mais difícil ainda é obter o consentimento de Minas para que sejamos mineiros.

"Nada direi da experiência pessoal de Francelino Pereira em Belo Horizonte, onde, como eu, foi estudar Direito e aperfeiçoar nossos possíveis dotes pessoais. [...] Aqueles jovens com os quais atravessava as noites nas redações de jornais ou nas longas palestras dos dias de folga tratavam-nos com brandura sem nos abrir a intimidade, no fundo inconquistável. Há uma reserva natural no mineiro, um fundo de rejeição ao que não é mineiro, uma preservação da intimidade mais profunda que não é comum na nossa gente brasileira. Vivendo em Belo Horizonte dos dezesseis aos 24 anos e meio — talvez quem sabe pela minha excessiva devoção ao trabalho — não tive oportunidade de entrar numa casa de família mineira. Lembro-me de que, nas minhas caminhadas, certo fim de tarde passei pela casa do que se tornaria o meu querido amigo Otto Lara Resende. Era na rua das Alagoas. Do alto da sua janela e eu na rua, conversamos e não acudiu ao Otto que com um gesto me faria transpor a porta e ingressar na sua casa."[37]

5

ATÉ BREVE, ATALIBA

1939-1944

Castelinho terminou o curso de Direito em 1943; orgulhosos, seu pai Christino e sua irmã Adelina foram a Belo Horizonte para presenciar a cerimônia de formatura.[1] A essa altura o filho do velho Christino já era um jornalista mergulhado nos temas políticos, não propriamente da política brasileira, mas da política mundial, que juntava capitalistas liberais e comunistas contra o eixo nazifascista. A prática diária o fez entender as notícias que recebia, por um lado; por outro, como secretário de redação, para fazer a hierarquização das notícias exigida pela edição, tinha de saber analisá-las, entender as posições políticas de cada lado, conhecer os personagens que as povoavam, como secretário de redação. Fora da redação, lutando contra sua proverbial timidez, começou a conhecer políticos que seriam o berço da UDN e que fariam a história política de Minas — Bilac Pinto, Alberto Deodato (ambos seus professores na faculdade), Milton Campos, Pedro Aleixo, Virgílio de Melo Franco e Afonso Arinos. Muitos anos mais tarde confessaria ter sido seduzido por aquela atmosfera udenista, que pregava as liberdades públicas suprimidas pela ditadura. "Belo

Horizonte era uma cidade muito udenista", diria.[2] De fato, Belo Horizonte produziria os mais importantes e brilhantes líderes da UDN, excetuados os cariocas Carlos Lacerda e José Eduardo do Prado Kelly e o baiano Otávio Mangabeira.

Os anos de luta pelas liberdades públicas abriram-lhe dois caminhos: aderir às teses liberais, que demandavam liberdade de imprensa e liberdade do exercício da política, ou às apaixonadas teses do PCB, que pregavam o envolvimento do Brasil na luta contra o nazifascismo e pediam a entrada do país na guerra. A UDN centrava sua luta na cobrança das liberdades públicas, com ênfase na liberdade de imprensa, alegando que não tinha sentido uma ditadura enviar tropas para enfrentar outra ditadura — e, ainda mais, uma ditadura, a getulista, que flertara com o nazifascismo na passagem dos anos 1930 para 1940. Entre os dois lados, o coração de Castelinho balançava.[3]

As duas versões propostas na luta política contra a ditadura getulista passaram a empolgar os jovens estudantes e a figurar como tema central dos debates. Balançando entre os dois lados, Castelinho as absorveu, ambas, com vigor. "O Estado Novo era uma ditadura muito presente na vida da gente."[4] Presente até nos momentos de lazer e diversão, agindo como espiões de comédia pastelão: "A gente sentava à mesa do café para conversar, sentava logo um tira atrás da gente para ouvir a conversa."[5] Era fácil identificar os agentes da repressão getulista — os policiais-espiões, então estigmatizados pela gíria "tiras", sempre usavam chapéu, da mesma forma que os agentes repressores da ditadura militar, vinte e poucos anos depois, tinham sempre os cabelos cortados rentes.

Castelinho foi impregnado pela primeira marca fortemente política logo no começo do curso pré-jurídico. No dia em que foi proclamado o Estado Novo, 10 de novembro de 1937, o professor Ildefonso Mascarenhas, que era também delegado de polícia, contou para os alunos que fora traído pelo governo getulista. Explicou: recebera uma ordem para varar a noite de plantão e garantir a qualquer preço a ordem pública;

mas a determinação era apenas um biombo para o que ele chamou de golpe contra as liberdades. Na sala de aula o jovem aluno Castelinho começou a compreender que o Estado Novo significava restrição de liberdades. As coisas ficariam mais claras quando Orlando Bonfim, seu chefe direto no *Estado de Minas* (e um dos dirigentes do PCB assassinados pela repressão da ditadura em 1975), Arquimedes Mota e outros conhecidos foram presos, em diferentes ocasiões, acusados de serem comunistas notórios. Comunistas eles eram, sem dúvida, mas também eram libertários que enfrentavam a ditadura.

Como fechador, profissional que revisava, Castelinho diagramava e titulava as matérias. Como secretário de redação, ele estava na linha de frente do enfrentamento diário com a censura. O censor chegava, sentava-se em frente à sua mesa; ficavam os dois, um de frente para o outro; automaticamente, Castelinho lhe passava as matérias já finalizadas e o censor ia lendo e aprovando ou vetando. Suas ordens iam do asqueroso ao bizarro. A palavra "democracia", por exemplo, era proibida em títulos, mesmo em matérias sobre fatos acontecidos em outros países ou regimes, com uma única exceção: a palavra estaria liberada se constasse de discursos de Franklin Delano Roosevelt, presidente dos EUA, e fosse reproduzida entre aspas.[6]

Quando começou a trabalhar em jornal, Castelinho sentiu na veia o rigor da perseguição da ditadura getulista. Todos sentiam no cangote o bafo acre da polícia política. A ditadura getulista era, na verdade, um fechado estado policial, muito presente na vida das pessoas que eram consideradas formadores de opinião, como os estudantes e os jornalistas — e Castelinho era estudante e jornalista. "A gente sentia muito a presença da ditadura, sobretudo os estudantes e os jornalistas. Tinha a censura prévia. Depois de um ano no jornal, passei a ser o homem que fazia o noticiário de guerra. [...] Eu é que fechava o jornal, as matérias finais, era eu que organizava, titulava, diagramava e mandava para a oficina. Então, o censor sentava na minha mesa, ficava defronte de mim, ia lendo tudo que eu mandava. Vetava isso e aquilo."[7]

Nos dois ambientes que frequentava, a faculdade e o jornal, Castelinho convivia com liberais e comunistas. Sempre perto dele, Wilson Figueiredo cedeu aos apelos e foi recrutado por Darcy Ribeiro para a luta política do Partidão. "O PCB tinha feito aquela imbecilidade em 1935,* mas depois começou a apresentar teses coerentes, a luta contra o nazifascismo. Eu tinha convivência com este grupo do Partidão. O jornal era realmente um grande centro de informações da juventude comunista, e eu convivia muito com essa gente, na faculdade e no jornal."[8]

Por tudo o que viu e passou, Castelinho nunca economizou palavras para criticar Getúlio Vargas, e só mesmo quem tivesse vivido sob a repressão da ditadura, a partir de 1937, pode entender com inteireza as suas razões. "Durante o Estado Novo nós tínhamos a maior antipatia pelo Getúlio e por tudo aquilo que ele representava. A ligação com a gente do Partido Comunista me deixou com um sentimento antifascista. E o Getúlio entrou no Estado Novo na base do integralismo e do fascismo caboclo. Nossa equipe toda tinha uma atitude de reserva e resistência contra o Getúlio, e a polícia do Estado Novo era muito vigilante, muito agressiva."[9] Getúlio, com sua política populista e personalista, dividiu o Brasil em dois povos — o que o amava e o que o odiava.

* * *

Muito tempo depois, Castelinho admitiria que, durante sua vivência mineira, seu sentimento balançou um bom tempo entre as teses liberais e as ideias comunistas. Por um lado, admitiu ter tido forte simpatia pela UDN. E justificou: seus grandes amigos Otto e Pellegrino tinham fundado um jornal cujo diretor era Milton Campos, uma das grandes lideranças da UDN, que seria governador de Minas e candidato

---

*A tentativa de concretizar um *putsch* militar, chamado de Intentona Comunista.

a vice-presidente da República em 1955. "Na realidade era um jornal clandestino cheio de propaganda da UDN", explicou Castelinho.[10] Por outro, os exemplos diários que via da dedicação à luta contra a ditadura vinha do PCB, o que ampliou o raio de sua simpatia pelos comunistas: "Eu fui simpatizante do Partidão, mais por influência de um grupo do partido que tinha grandes amigos meus mineiros, como Orlando Bonfim e Oswaldo Alves."[11] Ao final de tudo, Castelinho se autodefiniria de forma esclarecedora: "Sou um liberal. Mas não entendo nisso o liberalismo econômico, algo já ultrapassado e hoje de interesse de grupos muito restritos, de defesa de privilégios sociais e econômicos. Agora, o liberalismo político é essencial."[12]

Castelinho começou a ser jornalista numa época em que o jornalismo era fustigado pela censura getulista e quem melhor vocalizava a luta contra a censura era a nascente UDN, representante de um liberalismo que, se não era novo, pelo menos era preciso e agudo na escolha do seu alvo — era visceralmente contra a ditadura. A simpatia pela UDN cristalizou-se com o oxigênio que brotou da queda de Getúlio. Ser contra a brutalidade da polícia política getulista, contra a censura ostensiva e a propaganda doutrinária do Departamento de Imprensa e Propaganda (DIP), na época, era ser inquestionavelmente a favor da liberdade. Quem pregava a liberdade de informação e expressão era a UDN, já que os comunistas se dedicaram mais à campanha para o ingresso do Brasil na guerra ao lado dos aliados. A adesão de Castelinho significava mais que uma decisão ideológica, significava uma luta para garantir o livre exercício da sua profissão, do seu sustento e da liberdade de o povo receber informações corretas como gente livre, e não como gado no curral.

O DIP, comandado com esperteza estratégica por Lourival Fontes, funcionava no prédio da Câmara dos Deputados, posta em recesso. Era um monstrengo autoritário e tinha muitos braços, além de ser o executor da censura. O principal deles era deter o monopólio da importação de papel de imprensa, distribuindo-o de acordo com os serviços prestados pelos jornais e com as conveniências políticas da ditadura. Além disso, era o braço repressor da censura pura e simples. E, num terceiro papel, usava formas indiretas para cooptar intelectuais que escreviam contra a ditadura getulista ou que poderiam, mais adiante, se posicionar contra o regime ditatorial. Lourival convidava, pagando ótimos soldos, muitos escritores e jornalistas para escreverem nas revistas produzidas pelo DIP. Era a repartição pública que melhor pagava a seus funcionários e colaboradores.[13] Chegou a lançar um jornal, *A Manhã*, impresso nas oficinas de *A Noite*, que era a grande publicação pertencente ao governo, mas que circulava nas bancas como se fosse um jornal privado. *A Manhã* tinha suplementos literários criados especificamente para dar espaço aos cooptados escritores e jornalistas antes arredios ao governo. Pagava pelos artigos publicados infinitamente mais do que os jornais comuns podiam pagar. Numa época em que jornalistas e escritores ganhavam mal, a agressiva cooptação do governo era um argumento invencível para atrair intelectuais e jogá-los na vala comum dos adeptos da ditadura. "Muita gente não tinha capacidade de resistência ou era desatenta para essas coisas e colaborava."[14]

Tudo começou a desabar para a ditadura quando Carlos Lacerda, então um jornalista desempregado, ofereceu ao *Correio da Manhã* uma entrevista que fizera com José Américo de Almeida, antigo aliado de Getúlio Vargas que tivera sua candidatura à Presidência frustrada, em 1937, pelo golpe do Estado Novo. O redator-chefe do *Correio* consultou o dono do jornal, Paulo Bittencourt, que estava no México, e recebeu aprovação para publicar a entrevista à revelia da censura. No dia 22 de fevereiro de 1945, a entrevista foi publicada na última página, sob um título nada incitante: "A Situação, declarações do sr. José Américo de Almeida." Mas o regime getulista estava tão trôpego que sua queda, então prevista por muitos, começou a se materializar ali — logo se veria que naquele momento bastava um peteleco e a ditadura ruiria. No mesmo dia em que o *Correio* foi às bancas com a entrevista, Assis

Chateaubriand ligou para Pio Canedo, diretor do *Estado de Minas*, e determinou que, a partir daquela noite, o censor fosse defenestrado da redação. Canedo passou a orientação para Castelinho, que era secretário de redação e interlocutor diário do censor: "Chateaubriand mandou despedir o censor. Eu vou para casa e você fica aí. Quando Ataliba chegar não o deixe mais ler o jornal." Castelinho se regozijou — era o dia da caça. "Era uma missão que me era agradável."[15]

Na hora de sempre o desavisado Ataliba chegou, envergando seus costumeiros trajes — um sempre impecável e bem-passado terno branco de linho HJ-120 e chapéu-panamá — e repetindo o ritual cotidiano. Sacou o chapéu, depositou-o cuidadosamente sobre a mesa, tirou o paletó, encaixou-o no espaldar da cadeira, e, quando ia sentando, Castelinho lhe disse em tom espaçado e firme: "Ataliba, se você quiser ler o jornal, compre amanhã na banca, porque aqui você não vai ler mais não." Homem calmo e pragmático, acostumado a situações-limite, Ataliba olhou para Castelinho sem demonstrar nenhuma animosidade. Pegou novamente o paletó e o chapéu e, antes de sair, desabafou: "Já sei. Não tem importância. Um dia eu volto."[16]

Voltaria.

* * *

A guerra contra o nazifascismo, no plano mundial, e a luta contra a opressão getulista, no plano nacional, eram os temas mais apaixonantes da juventude brasileira na primeira metade dos anos 1940. Se Adolf Hitler era o divisor de águas no mundo, demarcando o limite da liberdade ante o totalitarismo, Getúlio dividia de forma semelhante as posições no Brasil com as dolorosas limitações às liberdades públicas e individuais, e isso era mais verdade no tempo em que o ditador flertara com o nazifascismo. Duas posições eram preponderantes. Uma, que produzia paixões mais candentes e resultados mais vibrantes, era o PCB, com suas extensas e penetrantes ramificações e extraordinária capacidade de infiltração; outra era o movimento liberal que desaguaria, em abril de 1945, na fundação da UDN, que lidava com propostas de liberdades formais sem prometer o paraíso da revolução socialista.

Castelinho deixaria claro que foram mais preponderantes as simpatias que dirigira à UDN, mas pela UDN que surgira da luta pelas liberdades públicas durante a ditadura getulista. Ele soube resumir o que foi a transformação da UDN: era um movimento de inspiração liberal para derrubar a ditadura e assumir a gestão do país. "Eles derrubaram a ditadura, mas não conseguiram tomar conta do país. Creio que a grande frustração da UDN foi essa. Derrubaram Getúlio, mas não o pessoal que tinha colaborado com a ditadura. O pessoal que tinha colaborado com a ditadura, os interventores da ditadura, os ministros da ditadura ocuparam o governo porque a UDN ajudou a eleger [o general Eurico Gaspar] Dutra, com a ajuda de Getúlio. Após eleito, uma parte da UDN fez aliança com Dutra, um pacto interpartidário que era da UDN com o PSD [Partido Social Democrático], para apoiá-lo. Então a coisa descaracterizou muito a UDN. Ficou mais ou menos como o PMDB [Partido do Movimento Democrático Brasileiro] hoje." A UDN rachou em duas: um grupamento liderado por Virgílio de Melo Franco era contra o acordo com o PSD; outro grupamento, liderado por Otávio Mangabeira e Juracy Magalhães, colaborou para a eleição de Dutra. "Então a UDN que era virgilista virou lacerdista, ficou muito vinculada a essa luta contra Getúlio e o getulismo. Quando o Getúlio voltou ao poder a luta se intensificou. Como a UDN não tinha meios de chegar ao poder, fez um pacto com os militares para chegar ao poder pelas armas, já que não podia chegar pelos votos."[17]

Pouco antes da defenestração de Ataliba isso ficara evidente quando aconteceu em São Paulo o I Congresso Brasileiro de Escritores, promovido pela Associação Brasileira de Escritores, fundada um ano antes por Otávio Tarquínio de Sousa (presidente), Sérgio Buarque de Holanda, Astrojildo Pereira, Graciliano Ramos, José Lins do Rego, Sérgio Milliet, Mário de Andrade, Oswald de Andrade e Érico Veríssimo. Dois dos fundadores eram notórios militantes do PCB — Graciliano e Astrojildo — o que mostra o perene fôlego dos comunistas. O congresso foi planejado em 1944 e instalado no dia 22 de janeiro de 1945, no Theatro Municipal de São Paulo, como uma vigorosa manifestação de oposição ao governo Vargas, contribuindo para aprofundar a crise do regime. Mas já nascia inevitavelmente rachado entre comunistas e liberais. A ele, compareceram duzentos escritores brasileiros e alguns estrangeiros. Eram os nomes mais expressivos da literatura brasileira no momento; a mesa que presidiu a abertura dos trabalhos foi composta por Aníbal Machado (presidente), Sérgio Milliet, Dionélio Machado, Murilo Rubião, Jorge Amado e Otto Lara Resende. O lançamento do congresso conclamava à união dos escritores para combater governos ditatoriais e defender valores como liberdade e democracia, essenciais para o pleno cumprimento de seu papel social, enquanto intelectuais. Ao final, o encontro produziu um manifesto que cobrava legalidade democrática como garantia da completa liberdade de pensamento e a instalação de um governo eleito pelo povo mediante sufrágio universal direto e secreto.

Os mais evidentes talentos mineiros — com exceção de Aníbal Machado e Carlos Drummond de Andrade — não queriam ir, porque quase todos tinham empregos públicos dados pela ditadura getulista e, se fossem, ficariam expostos pelo vigor dos manifestos e discursos contra o regime. Aníbal não tinha impedimentos que restringissem suas críticas à ditadura; nas Drummond tinha, havia muitos anos, um vínculo comprometedor com a ditadura getulista. Em 1929, ele pedira demissão do *Diário de Minas* para ser auxiliar de redação, e logo depois redator, do *Minas Gerais*, órgão oficial do governo do Estado, então gerido por um interventor. Era, por enquanto, um vínculo indireto; mas, em 1930, ele começou a exercitar um vínculo direto com o regime getulista ao aceitar o cargo de auxiliar de gabinete do secretário do Interior do governo mineiro, Cristiano Machado. Quando seu amigo Gustavo Capanema assumiu a secretaria, Drummond foi graduado como oficial de gabinete. A ligação entre os dois teria longa vida: em 1933, quando Getúlio nomeou Capanema como interventor federal em Minas Gerais, Drummond o acompanhou na aventura. No ano seguinte, Capanema foi nomeado ministro da Educação e Saúde Pública de Getúlio e Drummond, mais uma vez, foi junto com ele para o Rio de Janeiro.

Após essa longa colaboração, Drummond saltou do barco quando ele já fazia água. Em 1945, quando o clamor por democracia era quase incontrolável — e ele já publicara *Sentimento do mundo* e *A rosa do povo* —, pediu demissão de seu cargo no ministério. Surpreendentemente, depois de silenciar durante os quinze anos da ditadura, aceitou um convite de Luís Carlos Prestes para ser editor do jornal *Imprensa Popular*, com Pedro Motta Lima e Álvaro Moreyra, mas logo se afastaria do diário comunista.

Alguns dos jovens escritores mineiros que compareceram ao congresso nem tiveram seus nomes agregados ao manifesto final; os estudos existentes sobre o congresso não mencionam a maioria deles. Mas isso não quer dizer que eles tivessem sido pouco importantes no evento. Hélio Pellegrino integrou a Comissão de Assuntos de Teatro, Imprensa, Rádio e Cinema; e Drummond teve uma participação discreta na Comissão de Assuntos Políticos. Estava lá a fina flor da intelectualidade brasileira do século XX, sempre dividida entre os partidários e simpatizantes do PCB e da futura UDN. Além dos citados na mesa, participaram do congresso graduados autores e jornalistas que se destacariam no cenário intelectual brasileiro das décadas seguintes, como Mário e Oswald de Andrade, José Lins do Rego, Malba Tahan, Dinah Silveira de Queiroz, Marques Rebelo, Sérgio Buarque de Holanda, José Honório Rodrigues, Vinicius de Moraes, Jorge Amado, Carlos Lacerda, Caio Prado Júnior, Paulo Emílio Sales Gomes, Antonio Candido, Aurélio Buarque de Holanda, Odylo Costa

(Filho), Edison Carneiro, Florestan Fernandes e Monteiro Lobato. Roger Bastide, então professor da USP, esteve presente.

Castelinho presenciou o momento do rompimento de Mário de Andrade com Oswald. Primeiro, Mário deixou a sala de debates indignado com um discurso de Oswald, que saudara cada um dos presentes aludindo a obras que ele seguramente não conhecia e citando como se fossem suas amigas pessoas que nunca vira na vida. Enquanto saía, esbravejou no corredor: "Como tem tanto talento e nenhum caráter!" A relação dos dois desandou de vez. Quando anos depois leu o poema "Ponteando sobre o amigo ruim" — "Enfim a gente não é mais amigo um do outro não./Você anda fácil, levianinho./No labirinto das complicações" —, Castelinho deu-se conta na hora de quem fora o personagem inspirador.[18]

Mas para Castelinho a culminância da viagem a São Paulo não fora propriamente o congresso. Antes de partir ele escrevera uma carta a Oswald de Andrade, dizendo que integraria a delegação mineira e pedindo a oportunidade de uma conversa literária. Dias depois recebeu uma carta de Oswald convidando-o para almoçar em sua casa. Castelinho levou Otto Lara Resende e os dois jovens, que já estariam maravilhados com um mero encontro, ficaram boquiabertos quando adentrou a sala um quarto convidado — era Monteiro Lobato, um dos escritores mais prestigiados do país à época, referência literária para ambos. Por duas razões — e para tristeza dos dois — Monteiro Lobato falou pouco; primeiro, porque restara taciturno depois da morte do seu segundo filho, Edgar; segundo, porque Oswald pontificou no almoço, falando o tempo inteiro, como, aliás, era bem o seu feitio.

Entre os dois Andrades, Castelinho sempre inclinou-se mais, bem mais, por Mário, embora reconhecesse talento em Oswald. E, preferindo Mário, seu coração hesitou muito tempo em escolher um entre os três maiores poetas nacionais — Mário, Bandeira e Drummond. "Os outros poetas, os outros grandes do modernismo, eu os lia também e em cada um deles, especialmente nesses dois [Bandeira e Drummond], alegrava-me ao sentir aqui e ali a marca indelével deixada neles pelo que foi o mestre e figura chave [Mário] de toda a sua geração. A primeira fase de Drummond, já com toda a sua personalidade, era uma recriação a seu modo de temas e métodos poéticos de Mário de Andrade, que ressurge vivo em tantos poemas de Bandeira."[19]

Castelinho achava que o maior de todos, gênese da poesia brasileira moderna, era mesmo Mário, e disse-o a Prudente de Moraes Neto, que relatou a impressão a Manuel Bandeira. Impressionado com a assertiva, Bandeira releu toda a poesia de Mário; terminada a leitura, mandou, pelo mesmo intermediário, um recado a Castelinho: "Diga ao Castello que a impressão dele não corresponde à verdade. O maior é mesmo Drummond."[20] Talvez premido pelo veredito de Bandeira, Castelinho acabou por se dobrar um dia. No texto que escreveu para festejar os oitenta anos de Drummond —[21] e também para celebrar a retomada da amizade entre os dois — rotulou-o como o "maior poeta brasileiro". Mas continuou admirando Mário como o seu maior poeta de todos os dias. No último quarto de sua vida, quando alguém lhe perguntou quais eram os seus escritores preferidos, confessou: "As duas grandes figuras da literatura brasileira são Machado de Assis e Mário de Andrade." Entre os vivos à época, citou Ferreira Gullar e João Cabral de Melo Neto. "E Drummond?", perguntaram. E ele, rápido: "Drummond já está acima desse tipo de julgamento."[22]

* * *

Castelinho já trabalhava no Rio de Janeiro quando aconteceu, em Belo Horizonte, o II Congresso Brasileiro de Escritores, entre 12 e 16 de outubro de 1947. Um pouco porque queria rever a cidade e os amigos, um pouco porque ainda não havia perdido a esperança de ser romancista, Castelinho acabou optando por um formato híbrido para comparecer, pois já não morava em Minas nem fora convidado para integrar a delegação do Rio de Janeiro: foi cobrir o evento para o suplemento literário de *O Jornal*. Na fase final dos debates, Drummond, já plenamente consagrado como poeta, fez objeções ao rascunho de manifesto do congresso e resistiu noite adentro, vetando algumas expressões. Castelinho descreveu o episódio de forma crítica a Drummond no suplemento literário de *O Jornal*. Não escolheu meias palavras: "O poeta empacou." Dias depois soube que Drummond tinha ficado muito irritado com seu texto. Sem pestanejar, enviou-lhe, no dia 4 de novembro de 1947, uma carta conciliatória, dizendo que não pretendera magoá-lo.

> Soube da suspeita que lhe nasceu ao ler minha reportagem do Congresso. [...] Apresso-me em desfazê-la, o que cumpro sem constrangimento, pois, apesar da sua impressão em contrário, e do antecedente, não abrigo nenhum sentimento hostil em relação a você. Acontece que não assisti à cena e o meu informante a descreveu exatamente com a palavra que empreguei, que me pareceu apropriada para exprimir a obstinação, que infelizmente é uma tradicional qualidade do burro. Acrescente-se a isso o fato de a palavra ter um certo sabor que se coadunava com o espírito geral da reportagem, em que me permiti achar um pouco de graça do Congresso. [...] Essa, a história do "empacou", que não nasceu de qualquer sentimento hostil, mas foi uma maneira esquisita de ser amável.[23]

Aparentemente, Drummond aceitou as desculpas de Castelinho, posto que lhe respondeu com uma carta bem-humorada dias depois:

> Afinal, aquela história do congressista empacado na madrugada belo-horizontina, em frente ao [bar] Pinguim, teve uma vantagem: provocou sua carta, que é deliciosa. Devo dizer que não me zangara com a referência. Apenas ela me pareceu tecnicamente inadequada: minha atitude fora menos a atitude firme e gloriosa do burro (aliás, bicho da minha maior estima) do que a simples reação de um animal porque, já muito chateado, preferia ficar tomando chope naquele bar

> tão propício a ir ver e ouvir de novo o Floriano Gonçalves [ensaísta mineiro, comunista, foi um dos que cobrou de Graciliano Ramos mais "rigor comunista" em *Memórias do cárcere*] e outros monstros de todas as correntes comunistas e não comunistas. Você esteve no Pinguim e esteve no congresso; sabe perfeitamente que o primeiro era muito superior ao segundo. E agora não fique desconfiado de que eu estou desconfiado de que você não admira bastante minha literatura ou minhas atitudes mineiras. Tenho certeza de que, se nos conhecêssemos mais de perto, você julgaria inútil a explicação de sua carta. Gostei da sua carta, como gostara antes do seu jeito caladão, que é também o meu jeito, embora às vezes me disfarce de falador e até de delegado de congresso de escritores.[24]

Apesar do clima de bom humor, os dois nunca mais se falaram, e não foi por culpa do jeito caladão de ambos. Muito tempo depois, num evento que homenageava Manuel Bandeira, Castelinho entrou e viu o homenageado conversando com Drummond — e ao mesmo tempo Bandeira o percebeu e acenou. Ele não teve alternativa senão ir cumprimentá-lo na hora. Apertou a mão de Bandeira, que ficou um tanto perplexo por ver que, ato contínuo, Castelinho e Drummond não se cumprimentaram. Sempre de bem com a vida e com uma franqueza temerária, Bandeira perguntou se os dois se conheciam. Constrangido, Castelinho estendeu a mão para Drummond, que a apertou, mas os dois não se disseram nenhuma palavra. Bandeira ficou sorrindo amarelo e Castelinho saiu, deixando para depois um cumprimento mais caloroso ao grande poeta recifense.[25]

* * *

Belo Horizonte ficaria por muito tempo na mira de Castelinho. Depois de ter mudado para o Rio, sempre arranjava um jeito de dar um pulo à capital mineira, à qual para sempre se sentiria culturalmente ligado. Como fizera por ocasião do II Congresso Brasileiro de Escritores, ele esteve em Belo Horizonte novamente nas comemorações da posse de Milton Campos, sua grande admiração na política, no governo de Minas Gerais, ainda em 1947. "Milton Campos era uma pessoa moralmente muito pura. Foi a melhor figura política que conheci na minha vida, da melhor qualidade moral e intelectual. Portava-se bem."[26] Numa entrevista, Castelinho reiterou a admiração por Campos, a figura política mais fascinante que conheceu: "O grande tipo humano, pelo equilíbrio moral, intelectual, pelas virtudes, foi Milton Campos. Foi a maior figura que conheci na vida política."[27]

Ao ascender ao governo estadual, Milton deixou sua vaga de deputado federal para Afonso Arinos de Melo Franco, que ficara na suplência nas eleições de 1945. Ele acabara de voltar da Europa para assumir o cargo e convidou um seleto grupo de repórteres para comemorar a sua chegada ao parlamento federal. Castelinho contou o encontro em tom de blague: "Ele era muito acessível. Tinha um ar assim meio distante mas era muito afável. O convite era para tomar um vinho da Alsácia na casa dele. Chegamos lá de manhã, antes do almoço, e ele perguntou se eu queria tomar um 'dgim' [*sotaque carregado*]. Tomei um gim. Depois eu queria tomar outro, fiquei sem jeito de pedir um gim mas também não ia pedir um 'dgim'. Então fiquei sem poder tomar outro gim, aí ele sugeriu um vinho da 'Alzácia' [*sotaque carregado*]. Na casa do Afonso, tomei um vinho francês pela primeira vez na minha vida."[28]

* * *

Quando a ditadura getulista estava caindo, Castelinho era secretário de redação do *Estado de Minas* e representante da *Agência Meridional*, agência noticiosa dos Diários Associados, que aproveitava a produção dos jornais do grupo e distribuía notícias a jornais de todo o país. Várias vezes, nesse período, Carlos Lacerda, então diretor da *Meridional* no Rio, pediu que Castelinho fizesse reportagens no interior de Minas Gerais. Foi gostando dos materiais que recebeu e ficou de olho naquele jornalista novato e eficiente de apenas 25 anos. Uma tarde Castelinho chegou à redação por volta das 14h; conversava com o Padre Dutra quando foi chamado ao telefone para atender uma ligação interurbana. Era Carlos Lacerda, que assumira a redação do *Diário Carioca* e o convidava para ocupar o mesmo cargo, secretário de redação, no Rio de Janeiro.

— Castello, estou aqui assumindo o *Diário Carioca*, você quer vir trabalhar comigo?

— Quero. Você vai me dar um prazo, né?

— Que prazo?

— Uma semana.

Lacerda riu:

— Está bem, quinze dias, vinte dias, está bom?[29]

Castelinho aceitou por muitas razões. Havia desvantagens — e a principal delas era deixar para trás o círculo de amigos que cultivara em Belo Horizonte. Mas sair de Minas era um destino inexorável para quem, decididamente, se mostrava um jornalista de destaque. Minas fora o centro intelectual da colônia no século XVIII, mas no século XIX, com o deslocamento da política e da economia para outras regiões brasileiras, a província sofreu uma depressão literária e artística considerável.[30] Se essa depressão foi debelada no século XX, fazendo ressurgir a literatura mineira, os novos valores mineiros, em sequência, iam todos, enfileirados, desabrochar no Rio de Janeiro e em São Paulo, onde estavam sediadas as grandes editoras brasileiras e de onde a atividade literária ou jornalística tinha visibilidade nacional. De fato, migrariam para o Rio, em sequência, Afonso Pena Júnior, Lúcio Cardoso, Carlos Drummond de Andrade, Murilo Mendes, Gustavo Capanema, Afonso Arinos de Melo Franco, Abgar Renault, Luiz Camilo, Sobral Pinto, Francisco Campos, Rodrigo Melo Franco, Rosário Fusco. E a "turma de Minas", obrigatoriamente, faria, ao longo dos anos, o mesmo trajeto. Paulo Mendes Campos já fora e Otto Lara

Resende iria ao mesmo tempo de Castelinho — e logo iriam os outros, pouco a pouco, Sabino, Pellegrino, Rubião, Autran. O destino de todos aqueles jovens promissores seria, inevitavelmente, a capital do país, fosse para engajar-se no jornalismo fosse para enveredar pela literatura e estar mais próximo das grandes editoras e do alcance nacional.

Com o retorno das liberdades plenas era de supor que a imprensa experimentaria um *boom*, assim como deveria ocorrer com a literatura. Havia avidez de informar-se, de ler, no trajeto inverso da mesmice que as ditaduras costumam provocar quando bloqueiam a circulação de informações e a livre manifestação do pensamento por um tempo longo. A "turma de Minas" foi migrando para o Rio, lugar onde todos poderiam acalentar seus futuros voos literários com mais pragmatismo. Paulo Mendes Campos foi o primeiro a largar, logo seguido por Castelinho e Otto Lara Resende, que havia concluído o curso de Direito naquele ano e trocou a editoria do suplemento literário da *Folha de Minas*, que comandara por dois anos, pela aventura literária; a seguir foram Hélio Pellegrino e Fernando Sabino. As reuniões da "turma de Minas" ou, como Otto apelidara, "os quatro cavaleiros de um íntimo apocalipse", passariam a acontecer no Rio. Os quatro cavaleiros, na verdade, eram cinco, assim como os três mosqueteiros de Alexandre Dumas eram quatro — Castelinho era o D'Artagnan na nova versão. E, como um D'Artagnan intimorato, no dia 1º de setembro de 1945 também deixou Belo Horizonte, sua segunda pátria, e fez o trajeto inexorável, rumo ao sucesso e também à fruição das belezas e tentações da capital do Brasil.

Sair de Minas não lhe foi fácil. Para começar, reativou os sentimentos de afeto pelos parceiros de sonho — como se fosse necessário que todos ficassem juntos para suportarem a pressão, que eles mesmos se impunham, de alcançar o sucesso. Eram amigos, parceiros, faziam parte de um grupo com devaneios literários (um grupo literário?) e talvez tudo ficasse mais suportável se houvesse mais proximidade e afeto explícito entre os mineiros, nos quais se incluía. Talvez eles precisassem ser mais afetuosos uns com os outros — e aí ele reclamava em bom-tom também contra as ironias maliciosas de Otto Lara Resende. "Quero falar das cartas trocadas entre Machado de Assis e seus amigos, longamente transcritas no livro de Luiz Viana.[31] Impressionou-me o tom afetivo e elevado, carinhoso e nobre com que essa gente se tratava. Lembra-me que esse carinho respeitoso e terno sempre me impressionou também nas cartas de Mário de Andrade, de Bandeira, de Prudente, embora aí uma atitude mais sincera ou desabusada desse margem a que rompessem algumas intrigas e se manifestassem rivalidades que não estão presentes, nunca, na correspondência machadiana. Nossas cartas mineiras não têm nada disso. Mas um tipo mais transigente sentimentalmente, como é o teu caso, não abre mão dos corrosivos. Ninguém quer ser traído por sentimentos que não estão seguros de uma perfeita correspondência. Haverá mais civilização naquela pequena elite fluminense-carioca, gerando expressão cortês, no fundo mais protocolar que real. Uma coisa é certa: aqueles homens eram mais cultos, mais sinceros na sua vocação espiritual do que nós, que vivemos entre frustrações internas e externas."[32]

Mudar-se para o Rio de Janeiro era um movimento de duplo sentido que iria significar, para Castelinho, a consolidação de sua opção pelo jornalismo e o gradativo abandono das veleidades literárias, embora ele fosse publicar, no Rio, suas duas tentativas nem tão bem-sucedidas no mundo da literatura. Além disso, e acima de tudo, assumir um posto de destaque na imprensa carioca significava também ser lido e admirado por brasileiros de todos os quadrantes e latitudes. Desse posto de atalaia, ele poderia contribuir com maior ênfase para fortalecer a sua maior convicção — as liberdades públicas, cuja maior expressão é a imprensa livre; e, talvez, surgisse inspiração para fazer desabrochar sua obra literária. Mas os primeiros tempos sozinho no Rio de Janeiro doeram-lhe na alma. "Tua carta me encontrou só. Estou inteiramente abandonado na cidade de 2 milhões [de habitantes]. Hoje recorri ao 'museu das minhas ternuras mais apagadas'. Comecei a tentar renovar velhas amizades do Piauí, perdidos amigos de infância. Fiz visitas, mostrei-me agradável, interessei-me, recordei, conversei, enfim. Ou melhor, ouvi conversas, incentivando, vendo se entre a cinza havia ainda alguma chispa. Estou cansado."[33] Na carta, Castelinho conta que chegara a ter um jantar fugaz com Paulo Mendes Campos, que começara a trabalhar no serviço latino-americano da BBC, mas depois ele "sumiu". E, de novo, desabou a solidão.

Ele se enganava quando dizia ainda sonhar com uma carreira literária, pois estava cada vez mais engajado no jornalismo. "Trabalho de 4 da tarde às 2 horas da manhã (dez horas), mais duas horas (ida e volta) de transporte, oito para dormir, uma para almoçar, uma para tomar banho, fazer barba e cagar, sobram-me duas, uma das quais leio e outra me perco."[34] Fica claro: além de dar, pouco a pouco, adeus às veleidades literárias, Castelinho confessava já ter perdido, pela distância continuada, as ligações afetivas com a gente do Piauí; adulto, suas relações com a própria família, já morando no Rio, não mais lhe bastavam e supriam; assim, suas ligações afetivas estavam, sem dúvida, vinculadas a Minas, e essencialmente à "turma de Minas". Sem eles por perto, sua estada no Rio mais parecia uma provação.

Enquanto os mineiros não chegavam, ele usava as cartas a Otto para fazer intermináveis exercícios pseudoliterários, alguns interessantes, outros de gosto duvidoso: "E eis que, pela janela, onde fumo um Odalisca* curto de imaginação, percebo nascer, do cinza, quase preto, paradoxalmente iluminado de um vermelho disperso que brota da névoa e da chuva (lenta, lentamente) o teu perfil meio áspero, no qual o bigode força a vocação da amargura. Deu-me vontade de te fazer cócegas para ver se rias. Mas o vulto se negou. Antes sereno, aproximou-se comovido. Arrependeu-se, riu malvado e disse um

*A primeira marca de cigarros em embalagem de papel aluminizado, lançada pela Companhia Souza Cruz, na década de 1920.

epigrama endereçado aos irmãos Goncourt.* Depois fumou um misterioso cigarro que não tirou do bolso nem me pediu, e me perguntou si [sic] a vida tinha melhorado. Não? Não sei. Terá? Eu preferia não gostar das mulheres. Especialmente da. [sic] Não imaginas como isto é complicado. Concordo. Lembro-me que as mulheres têm mau cheiro e quase empurro com náuseas o teu vulto, tão penetrado delas. Embora meio incrédulo, concordo que é uma tolice e me aproximo de ti, já esquecido do mau cheiro."[35]

E mais adiante: "Súbito, ao envez [sic] de dobrar a esquina, começo a subir pelo céu preto-avermelhado, teu vulto se esgarçando, se perdendo, me deixando numa angústia danada. Oto! Oto! [sic] Já mandaste os meus livros? Mas não escutas mais, já te confundiste com a noite, a tal ponto que temo que esta chuva que cai sejas tu, desfeito pelos vendavais esféricos, em pingos d'água que caem chorando."[36]

Quatro aspectos prenunciavam, para Castelinho, um 1945 inovador, gerador de aragens frescas e renovadoras. O primeiro deles era o fim da guerra, uma simples questão de tempo no começo daquele ano. O segundo era o claro desmantelamento da ditadura getulista, ruindo sob a podridão do passivo acumulado com as perseguições policiais, as prisões e torturas, a limitação das liberdades e a censura à imprensa, que já se extinguira pouco antes. O terceiro foi que, logo no começo do ano, Castelinho, no papel de um promissor futuro romancista, tinha vivido uma aventura notável em São Paulo, ao participar do I Congresso Brasileiro de Escritores e no almoço em casa de Oswald, que adivinhava alvoradas literárias. O quarto era o convite para a grande aventura jornalística na capital brasileira.

O ex-comunista e então liberal Lacerda vivera o mesmo dilema ideológico que Castelinho passara em Minas e isso criava certa empatia entre os dois — se bem que a ciclotimia política de Lacerda sempre deixasse seus aliados e interlocutores com a luz vermelha acesa para

*Edmond e Jules de Goncourt, escritores franceses da escola naturalista, século XIX.

a próxima explosão, que poderia pipocar a qualquer momento. Afora isso, Castelinho se destacara na imprensa mineira e Lacerda achava que estava na hora de arregimentá-lo para os novos tempos da imprensa, na capital brasileira. O convite era um corolário do destaque profissional que Castelinho ganhara em seus poucos anos de atividade jornalística. Agora, certamente seguiria o curso natural dos bons profissionais, sempre atraídos pelos grandes jornais cariocas.

* * *

A primeira vez que Castelinho viu Getúlio Vargas ao vivo fora em 1932, em Teresina. Ele era um menino de doze anos, impressionado com aquela figura miúda, mas carismática, então chefe do governo provisório, subindo a pé a rua Grande para chegar ao Palácio de Karnak, em companhia de José Américo de Almeida e dos generais Juarez Távora e Góes Monteiro (que lhe pareceu estar bêbado). O que ele via caminhando na rua como passantes comuns era, na verdade, o comando da nova situação no Brasil e no nordeste, que logo se transformaria numa ditadura, aqui e acolá. José Américo de Almeida era a grande liderança civil do nordeste. No início da insurreição, dois anos antes, Juarez era o comandante militar do movimento revolucionário no nordeste e José Américo era o comandante civil. Juarez assumira o Ministério da Viação e Obras Públicas por alguns dias logo após a entronização do governo revolucionário; porém, em janeiro de 1931, Getúlio o designou delegado militar junto aos dirigentes dos estados do norte e do nordeste, cargo que lhe rendeu a alcunha de "vice-rei do Norte". No futuro, ambos, Juarez e José Américo, seriam candidatos a presidente da República — José Américo, em 1937, teve sua candidatura frustrada pelo golpe do Estado Novo; Juarez, em 1955, seria derrotado por Juscelino Kubitschek. Mas naquele momento, caminhando pela rua Grande, José Américo parecia ao menino Castelinho ser bem maior do que o comprido Juarez.

Castelinho encontraria Getúlio algumas vezes. A primeira delas, no Senado, quando já trabalhava no Rio de Janeiro; Getúlio estendeu-lhe a mão e Castelinho pensou duas vezes antes de pegá-la: "Dava uma sensação meio desagradável, porque era muito carnuda e cabeluda."[37] Voltaria a encontrá-lo em abril de 1954, poucos meses antes do suicídio, numa solenidade comemorativa da Inconfidência Mineira, em Ouro Preto, num momento em que Getúlio já estava com a popularidade em baixa. Autoridades e jornalistas almoçavam num hotel e Castelinho, que cobria o evento, se fixou na figura de Gregório Fortunato, o "anjo negro", chefe da guarda pessoal de Getúlio. Gregório dedicou um cumprimento especial ao dono de um cassino em Poços de Caldas e sócio do Cassino Atlântico, Alberto Bianchi (sempre referido pela crônica política como sócio informal de Maneco Vargas, filho de Getúlio). Sentado à mesa principal, na qual estava Getúlio, Castelinho viu em close como agia Gregório, de pé atrás da cadeira ocupada pelo presidente. Seus olhos giravam furiosamente nas órbitas, procurando abranger todas as direções, esquadrinhando cada pessoa que entrava na sala ou que se levantava de sua cadeira, como se fosse um suspeito potencial. Quando Getúlio estava em meio a uma multidão, Gregório o enlaçava fisicamente, envolvendo-o num abraço protetor por trás. Quando se tratava de dar segurança a Getúlio, ele não tinha medidas e agia com extravagância.

Agora ele enxergava Getúlio mais de perto e levava em consideração que, nos últimos anos, o ditador dera muitas provas de alta resiliência política. Durante um bom tempo, na década de 1930, a ditadura getulista flertara com o Eixo nazifascista. Mas em 1942 três movimentos mudaram essa tendência, manifestada abertamente na década anterior. O primeiro deles foi a necessidade de ceder à pressão norte-americana para que o Brasil permitisse a construção de bases aeronavais no nordeste (o que era vital para apoiar a luta na África); o segundo foi responder à campanha nacional deflagrada pelo PCB para que o Brasil aderisse aos Aliados e entrasse na guerra, o que era um argumento justo, "mas diversionista", porque diluía outra campanha, a da restauração das liberdades democráticas; o terceiro, um corolário do segundo, era cooptar as emoções populares da entrada do Brasil na guerra, tomando-a como uma base estupenda para a campanha personalista que transformaria Getúlio em herói protetor do povo brasileiro, uma espécie de "pai da pátria".

O Brasil declarou guerra ao Eixo em agosto de 1942. Ao mesmo tempo, o ministro do Trabalho, Alexandre Marcondes Filho, passou a comandar uma massiva campanha nos meios de Comunicação, em especial no rádio (e em particular na *Hora do Brasil*), para popularizar e heroificar a figura de Getúlio. Esse processo de recaracterização de Getúlio tinha um objetivo oculto. Todos sabiam que a ditadura se esgotaria no momento em que a guerra acabasse. Era preciso, portanto, começar a preparar a transição para a democracia e a acenar com promessas de abertura política e de eleições, nas quais o candidato presidencial seria, obviamente, ele, Getúlio. Ele se preparava, portanto, para sobreviver à própria ditadura.

As oposições adaptaram sua estratégia à de Getúlio. Quando 1943 nasceu, os movimentos oposicionistas se ampliaram, notadamente a partir de passeatas convocadas pela União Nacional dos Estudantes (UNE) contra o nazifascismo. Quando o Brasil entrou na guerra, o nazifascismo fora declarado também inimigo do governo, mas as campanhas mobilizadoras produziam repercussões muito além dos limites pretendidos pelo governo; e essas repercussões, por sua vez, geravam anseios populares que não podiam ser controlados pela ditadura getulista. Não havia como elidir o fato de que o Brasil entrava na guerra do lado dos Aliados, ou seja, da democracia — e aqui não existia uma democracia. Em outubro de 1943, lideranças civis e liberais de Minas Gerais lançaram um documento, o Manifesto dos Mineiros, que contestava a ditadura e cobrava liberdades, as mesmas liberdades que emulavam a democracia ocidental na luta contra o totalitarismo nazifascista. A ditadura reagiu punindo alguns dos signatários, acusados de insuflar "o nosso pior inimigo, as divergências internas". Getúlio tentava abafar as mobilizações para evitar que as reivindicações se amplificassem. Prometeu o que era óbvio e inevitável, com ele ou sem ele — normalizar a vida política logo após o fim da guerra.

No ano seguinte, 1944, as tensões políticas aumentaram, a despeito das manobras getulistas. O pedido de demissão de Oswaldo Aranha, até então chanceler da ditadura, começou a corroer as bases de sustentação política mais genuínas do getulismo, justo no momento em que se aproximava o fim da guerra e se descortinava o previsível retorno de um amplo enfrentamento político-eleitoral. A solução encontrada por Getúlio foi fortalecer a campanha radiofônica por sua santificação; a oposição respondeu com um fato visível — lançou o brigadeiro Eduardo Gomes à Presidência da República, numa eleição que ainda não estava na agenda nacional. Gomes era um herói do episódio dos 18 do Forte de Copacabana e seu lançamento anestesiava possíveis reações militares.

6
UM JORNALISTA DA CAPITAL
1945-1960

Quando 1945 começou não era só Castelinho que enxergava novas aragens no horizonte; o país inteiro as via e se alegrava com as possibilidades de novos tempos. Para começar, a Segunda Grande Guerra se encaminhava para o fim. Logo em janeiro, com a ditadura em estado pré-agonizante, a declaração final do I Congresso Brasileiro de Escritores, defendendo a imediata restauração da democracia, teve grande impacto no país, embora atropelada pela censura. Em fevereiro, a ditadura começou a se desmilinguir quando o *Correio da Manhã* foi às bancas com a entrevista de José Américo de Almeida a Carlos Lacerda, publicada à revelia da censura. A figura de José Américo tinha grande respaldo popular no país e um respeito reverencial no norte-nordeste, onde ele fora o grande e incontestado líder civil da Revolução de 1930, que levara Getúlio ao poder. José Américo estava presente nos dois grandes eventos do começo de 1945 — participou do I Congresso, estimulando abertamente os libelos em prol da democratização, e era o protagonista da grande entrevista de Lacerda. Embora não chegasse a ser um escritor bissexto, em 1945 ele tinha cinco livros editados,

dos quais o de maior destaque era o festejado romance *A bagaceira*. Lançado em 1928, o romance retratava a dureza da vida dos retirantes que sonhavam com a redenção nos grandes engenhos de açúcar; Valentim Pereira, a filha Soledade e o filho de criação Pirunga deixam a fazenda do Bondó e vão buscar emprego no engenho Marzagão, onde Soledade é violentada pelo dono do engenho, Dagoberto Marçau. *A bagaceira* surgiu na contramão dos textos cosmopolitas dos autores modernistas, deu início ao ciclo regionalista nordestino e influenciou outras obras que desenvolviam a temática em torno da miséria do campo nordestino, como *Cacau*, de Jorge Amado. A simbólica presença de José Américo no I Congresso, em companhia de Jorge Amado, aproximava autores das duas grandes temáticas literárias do século XX, juntava regionalistas e modernistas contra a ditadura getulista, assim como reunia comunistas e liberais como militantes de um libelo maior — a liberdade de expressão e de opinião.

Já a entrevista de José Américo a Lacerda não impactou por conter declarações agressivas, mas por vir de uma grande liderança da Revolução de 1930, por insistir na necessidade de pronta restauração das liberdades e por defender a realização de eleições presidenciais, defendendo a candidatura de Eduardo Gomes, o que demarcava seu afastamento de Getúlio Vargas. Mas a repercussão maior foi o fato de a entrevista ter sido publicada à revelia da censura oficial, desconsiderando-a e marcando a queda da ditadura para dali a pouco. Numa linguagem típica da época, José Américo declarou: "Nesta hora, não me nego a falar. Ao contrário, julgo chegado o momento de todos os brasileiros opinarem. Esta é uma hora decisiva que exige a participação de todos no rumo dos acontecimentos." Recitava o mantra da união de todos contra Getúlio. Apoiou, na entrevista, a declaração final do I Congresso de Escritores, um duro libelo pelas liberdades públicas. E listou três nomes que deveriam ser excluídos da futura disputa presidencial — ele próprio, Armando Salles de Oliveira (a outra candidatura que, como a dele, fora frustrada pelo golpe de 1937) e Getúlio Vargas.[1]

Getúlio tentava responder aos passos vigorosos da oposição para não perder o tempo e o controle da cena política. Logo após os dois grandes eventos do começo de 1945 e poucos meses antes de Castelinho chegar ao Rio, em abril daquele ano, o ditador decretara uma anistia para todos os presos políticos, o que propiciou a libertação de Luís Carlos Prestes, o principal líder comunista. Ortodoxo mas pragmático até a medula, Prestes roeu a corda da campanha contra a ditadura e saiu da cadeia pedindo continuidade para o ditador Getúlio. Em grandes comícios promovidos pelo PCB, ele pregou a Constituinte com Getúlio.

Quando chegou ao Rio, Castelinho foi engolfado por esse clima e voltou a conviver com colegas de redação que eram comunistas e que, naquele momento, estavam envolvidos na preparação dos comícios do partido em favor do acordo feito por Prestes. A inquietude com a situação política carreara muitos militantes para o PCB e essa verdade era muito mais visível nas grandes redações do país. Nelas, quem já tivesse aderido ao Partidão pressionava os que ainda não tinham se engajado para que entrassem na luta pelo avanço democrático, isto é, pela realização da Constituinte, mas com Getúlio, como queria Prestes. Era uma pressão que, nas redações, funcionava de forma convincente — quem não aderisse ficaria estigmatizado como um descompromissado com o avanço democrático. Naquele momento, para o Partidão, o avanço democrático deveria apoiar Getúlio, que tudo fizera contra a ordem democrática nos últimos quinze anos. Ao entrar nas redações cariocas Castelinho reencontrou os amigos e as velhas tentativas de sedução político-ideológica; e ali voltou a cultivar a velha simpatia pelo Partidão, apesar de discordar da continuidade de Getúlio. "No fim da guerra andei muito inclinado [a aderir ao Partidão]. Oswaldo Alves, escritor mineiro que era do PCB, fazia muito proselitismo comigo e me abalou um pouco. Mas depois eu desisti."[2]

Cercada, a ditadura getulista baixou uma lei prevendo a realização de eleições em data a ser marcada dentro de noventa dias. Três meses depois o cronograma foi estabelecido: eleições para a Presidência da República e para o Parlamento Nacional em 2 de dezembro de 1945; eleições para governadores e assembleias estaduais em maio de 1946. Pelas regras da ditadura, Getúlio poderia ser candidato, com a obrigação de se desincompatibilizar apenas três meses antes.

Logo começaram a ser fundados os partidos políticos que organizariam a vida política brasileira nos vinte anos seguintes: a UDN, reunindo grande parte das oposições e das forças liberais; o PSD, abrigo para a máquina política do Estado Novo, de cunho moderado e muita influência conservadora oriunda do grande latifúndio; e o Partido Trabalhista Brasileiro (PTB), formado em cima da máquina sindical criada e controlada por Vargas. Como o PSD e o PTB se originavam na mesma matriz, a preservação do movimento getulista, tiveram, por muitos anos, a tendência de se aliarem — e quando deixaram de se comportar assim, em 1964, pavimentaram o caminho pelo qual trilharia o golpe. Para as eleições, a UDN apoiou a candidatura de Eduardo Gomes; o PSD lançou a do general Eurico Dutra, que seria apoiado por Getúlio.

Com sua invulgar sensibilidade política Getúlio enxergou o esgotamento inevitável do seu poder e começou a manobrar para preparar a sua própria sucessão, indicando alguém que cumprisse uma espécie de mandato-tampão, após o que ele tentaria voltar nos braços do povo. Mas o fim da ditadura getulista foi bruscamente abreviado quando, em 25 de outubro, ele nomeou seu irmão Benjamim Vargas para a chefia de Polícia do Distrito Federal, à época, Rio de Janeiro, e pingou sobre o mundo político a gota d'água que transbordaria o copo. A nomeação foi sucedida por boatos de que Benjamim prenderia generais; quatro dias depois Getúlio foi deposto pelo Alto-Comando do Exército, composto pelos generais que Benjamim — a ser verdadeira a onda de boatos — pretenderia prender.

* * *

Quando chegou ao Rio de Janeiro, então capital brasileira, Castelinho foi à casa dos pais, em Vila Isabel, deixou as malas, almoçou com eles e saiu direto para a redação do *Diário Carioca*, na Praça Tiradentes, pensando em começar a trabalhar naquele mesmo dia. Na portaria, disse que queria falar com Lacerda. A recepcionista foi curta e seca: "Ele não trabalha mais aqui." Mal chegado ao *Diário*, Lacerda deixara o jornal naqueles dias e não tivera tempo de avisar Castelinho. Mais que uma decepção, configurava-se um terrível desarranjo: ele acreditou no convite de Lacerda e largou tudo em Belo Horizonte para se mudar — deixou emprego, pensão, trouxe todas as roupas, despachou os livros e, carregado de sonhos profissionais na capital do Brasil, recebia na chegada a informação de que nada daquilo valia mais. Na época, os meios de comunicação eram lentos e Lacerda, certamente atribulado pelas rusgas que determinaram sua saída, se esquecera de avisar Castelinho, desfazendo o convite feito. Castelinho, entretanto, nunca daria sinais de que tivesse guardado mágoa de Lacerda. A sua vinda para o Rio de Janeiro seria benfazeja para sua carreira, propiciou-lhe acompanhar de perto, vendo com os próprios olhos, toda a histórica movimentação em favor das liberdades e, por fim, a defenestração do ditador.

Castelinho ainda não conhecia bem Carlos Lacerda, mas logo descobriria que ele já, àquela altura, era a bomba ambulante que o caracterizaria como o maior gerador de crises institucionais no país, capaz de abalar os alicerces da política brasileira até sobrevir sua morte, em 1977. Os dois já se conheciam profissionalmente naquele começo de 1945, mas esse conhecimento fora aprofundado quando se encontraram no I Congresso Brasileiro de Escritores, engajados, ambos, na luta contra a ditadura getulista e a favor das liberdades públicas. Ali encontraram um vértice comum de pensamento e posicionamento político, bem acima dos entraves da profissão, pois Lacerda fora comunista e agora era uma liderança liberal, enquanto Castelinho trafegava entre as ideias comunistas e liberais, com tendência maior de abraçar com mais empenho as teses liberais. Antes de entrar para o *Diário Carioca* (e logo brigar e sair), Lacerda dirigia a *Agência Meridional* dos Diários Associados e nela indicara Castelinho para dirigir a sucursal de Belo Horizonte. Saíra, como sempre abruptamente, porque lhe pediram que desmentisse uma entrevista verdadeira dada pelo ministro da Agricultura, Fernando Costa, e foi trabalhar como freelance no *Correio da Manhã*, onde publicaria a explosiva entrevista com José Américo de Almeida que deitou ao chão a ditadura getulista.

Mais adiante a bomba permanentemente acesa seria alimentada por megatons de outra trincheira. A bordo da notoriedade adquirida em sua corajosa ação jornalística e, principalmente, da fama conquistada com a entrevista de José Américo de Almeida, Lacerda elegeu-se vereador no Rio de Janeiro, capital federal, pela UDN. Ficara para trás o ardoroso comunista que lera o manifesto do lançamento oficial da Aliança Nacional Libertadora, inspirada pelo PCB, em março de 1934, perante milhares de pessoas; longe também estava do trabalho de Marcos, pseudônimo com que assinou a história do quilombo de Manuel Congo, publicada num livreto em 1935 como tarefa determinada pelo PCB. E mais longe ainda estava o militante que se homiziara em uma chácara da família, em Vassouras, para fugir às forças policiais logo após a Intentona de 1935. A mudança ideológica da água para o vinho — ou do vinho para a água, se assim preferir o leitor — ocorrera em 1939, quando rompeu com o comunismo e denunciou que a ditadura comunista levaria a uma ditadura pior que as outras. Começava a nascer o maior líder conservador-liberal dos quarenta anos seguintes.

Apesar da amizade que os uniu até o fim, Castelinho sempre foi crítico do estilo explosivo de Lacerda, muito ousado para os sentimentos contidos que aprendera em seus curtos anos mineiros. Num depoimento gravado para a TV Senado, foi sucinto para explicar por que Lacerda foi descartado da conspiração aguda para o golpe de

1964: "Porque não era confiável à maioria das pessoas que conspirava e porque todos achavam que, na Guanabara, o presidente João Goulart agregava a maioria das forças políticas, militares e populares."[3]

No dia seguinte à súbita e prematura morte de Lacerda, Castelinho lhe traçou um acurado e preciso perfil na Coluna do Castello. Descreveu com frieza o temperamento do homem "que lutava e agredia quase indiscriminadamente, mas que jamais teve plena consciência dos danos morais que causava". Sentenciou: "No fundo, a agressão se esgotava, nele, com a palavra."[4] Mas, a quem o lia e ouvia, parecia que Lacerda misturava a agressão política com a pessoal.

"A reconciliação, generosa e completa, foi outra constante de sua vida", prosseguiu, descrevendo o último encontro que tiveram, duas semanas antes da morte de Lacerda, então dono da Editora Nova Fronteira e editor dos seus livros. Lacerda e Castelinho elaboravam a lista de convidados para o próximo lançamento de *Os militares no poder*, e, para evitar constrangimentos, Castelinho poupava-o de sugerir nomes de seus inimigos notórios. "Ele, no entanto, escreveu de próprio punho o nome de todos os que eu tinha evitado dizer e me disse sorrindo: 'Isso é uma frente ampla.'"[5] Era uma atitude paradoxal, impensável a quem conhecesse o gênio irascível de Lacerda, vindo de quem colecionara tantos adversários na vida política e se esforçara para transformá-los em inimigos figadais — e, no fim, operava com suavidade para trazê-los de volta ao leito confortável da amizade reconstruída com paciência e quase afeto. Havia, por um lado, a generosidade de atrair os antigos inimigos para uma amizade tardia, mas havia também o descortino de quem via seu destino traçado e não queria, nele, inserir mais inimigos.

Delicadamente Castelinho rememorou as características avassaladoras com que Lacerda fazia política com uma singela imagem de amplitude ideológica: "Na juventude, ele tumultuou a esquerda, liderando-a ou dividindo-a. Depois, convertido ao catolicismo e à política da ordem, em nome da fé e da segurança, pregou um regime de exceção para aliviar o Brasil de corruptos e subversivos." E foi adiante: "Tão abrangente foi Carlos Lacerda que ontem deveriam estar hasteadas a meio pau em sua honra todas as bandeiras [...], da revolução e da democracia, da esquerda e da direita. Ele foi um tumulto, uma tempestade que passou pela História do Brasil nos meados do século XX."[6]

Lembrou a história que melhor caracterizou Lacerda como tribuno. Ele era líder da UDN na Câmara Federal e reuniu a bancada para reclamar que seus liderados não estavam dando cobertura a suas diatribes. "Dar cobertura a você, como?", respondeu o deputado Guilherme Machado (UDN-MG). "Sua metralhadora é giratória. A toda hora temos de nos agachar."[7]

Os últimos dias de Lacerda, no entanto, foram para colecionar e refazer velhas amizades e inimizades, contou Castelinho. Quando percebeu que os militares não seguiriam a lógica que habitava a cabeça de todos os brasileiros informados — elegê-lo candidato à Presidência da República — viu ruir seus sonhos de chegar ao poder máximo; então, adotou a lógica cartesiana de eleger um inimigo por vez, procurou os maiores rivais políticos mais ferrenhos — os ex-presidentes Juscelino Kubitscheck (que ele quase derrubou) e João Goulart (que ele ajudou decisivamente a derrubar) — e lhes propôs criarem juntos a Frente Ampla, para juntos enfrentarem a ditadura militar que os vitimara, aos três.

"Carlos Lacerda tinha momentos de fúria quase insensata mas a impressão que me deixou, numa tumultuada amizade de quase trinta anos, foi de que para o outro mundo não levou ódio no coração", escreveu Castelinho, numa frase que guarda o dom de absolver o homem mais demonizado da política brasileira no século XX.[8]

Em 1965, Castelinho via Lacerda como o sucessor natural do marechal Castello Branco, mas sua ansiedade em escalar a História sem usar cinto de segurança abortou-lhe a trajetória. "Quando o marechal Castello Branco assumiu o governo, pensava em passá-lo a Lacerda, mas estava frustrado, porque Lacerda o decepcionara. Se Lacerda tivesse ficado calmo teria sido presidente, ele jogou fora a chance. O candidato dos militares era Carlos Lacerda. Sem ele, os comandos militares se agruparam em torno do Costa e Silva."[9]

No caso, a admiração mirava o tribuno e o jornalista. Castelinho costumava dizer que Lacerda era um grande orador, sabia falar como ninguém, e fazia um jornal como se estivesse falando. Mas, no fundo, ante Lacerda, Castelinho parecia sentir receio e admiração. Receio pelo incorrigível *tombeur de présidents*, da bomba ambulante que parecia sempre trazer um rastilho permanentemente aceso; e admiração pelo homem inteligente, capaz de tiradas geniais, como numa entrevista que a televisão francesa fez com ele no Aeroporto de Orly, quando desembarcou como enviado do governo militar para explicar o golpe de 1964 aos franceses. O repórter lhe perguntou por que a tomada do poder no Brasil tinha sido incruenta, sem derramamento de sangue. Lacerda respondeu: "As revoluções no Brasil são como os casamentos na França. Não precisam de derramamento de sangue."[10]

* * *

No centro do Rio de Janeiro, malas ainda feitas na casa dos pais, Castelinho saiu desnorteado da sede do *Diário Carioca*, caminhando perplexo em direção à avenida Rio Branco. Deu uma sorte incomum: numa esquina, encontrou seu velho amigo Neiva Moreira. Contou a seu sócio juvenil n'*A Mocidade*, no Liceu Piauiense, treze anos antes, o impasse profissional que estava vivendo e Neiva imediatamente o convidou para ser subsecretário de redação de *O Jornal*. Não haveria dificuldades, já que o dono dos Diários Associados, Assis Chateaubriand, gostava dele, talvez pelas origens nordestinas que compartilhavam. No fim, saiu de um periódico dos Diários Associados, em Minas Gerais, para outro, no Rio de Janeiro. Castelinho aceitou o convite; dali, foi direto para a redação com Neiva e começou a trabalhar naquela mesma tarde, consagrando uma característica de sua carreira — nunca ficara desempregado por muito tempo.

Em *O Jornal*, passou a ser um faz-tudo, explorando o muito que aprendera em Minas Gerais — era pauteiro, chefe de reportagem, copidesque, titulava, diagramava e fazia a secretaria gráfica — descia para a oficina e finalizava o jornal. Com isso, ganhou mais experiência de "cozinha" e pôde desenvolver ao extremo a sua capacidade criativa. Ia embora quando o jornal começava a rodar, quase sempre para o restaurante Colombo, à rua Sete de Setembro, para jantar com Pompeu de Sousa e Prudente de Moraes, que vinham do fechamento do *Diário Carioca*; e com Osório Borba, que acabara de finalizar o *Diário de Notícias*.

Eram amizades construtivas. O *Diário Carioca*, pouco adiante, revolucionaria a imprensa brasileira ao implantar as novas técnicas jornalísticas que Pompeu anotara em sua temporada nos EUA, a começar pela adoção do *lead* (que teoricamente deveria responder às perguntas "o quê", "quem", "onde", "quando", "como" e "por quê"), o fim do famigerado "nariz de cera", o título contado (no jornal de Pompeu, a entrevista de José Américo de Almeida a Carlos Lacerda jamais seria publicada com aquele título cretino — talvez ostentasse como título algo como "José Américo prega fim do regime de exceção"), a paginação vertical e a margem econômica. O jornal de Pompeu fazia reportagens sobre a cidade, coisas que influíam na vida cotidiana do povo e, obviamente, interessavam aos leitores; usava tratamentos mais coloquiais, abolindo os até então tradicionais "sr." e "sra.", comuns na imprensa brasileira de então (e que Castelinho adotaria por muito tempo em sua coluna). Adotava-se, enfim, na imprensa brasileira uma diferenciação entre *news* e *comments*, entre notícia e opinião, que Samuel Buckley ensinara 250 anos antes — notícia é notícia, opinião é opinião, e devem vir separadas, para não confundir o leitor. O texto do *Diário Carioca* tomava por modelo o estilo enxuto de literatos como Graciliano Ramos, e não o velho estilo um tanto rococó. Em seus primeiros tempos cariocas, mais que divertida, para Castelinho a noite era um aprendizado. Ele bebia nas fontes que estavam modernizando a imprensa brasileira e que eram seus concorrentes nas bancas, mas parceiros na mesa de bar.

Com tantas funções no jornal, Castelinho não descurou das relações com os políticos mineiros. Falava constantemente com Israel Pinheiro, Gabriel Passos, Milton Campos, Afonso Arinos. Em março de 1949, um ano antes de mudar-se para o *Diário Carioca* deu o passo fundamental de sua carreira: passou a ser, enfim, pela primeira vez na carreira, repórter político de *O Jornal*. Dez anos depois de se tornar jornalista, Castelinho encontrava sua verdadeira vocação e iniciava o exercício da sua grande saga.

O Jornal começou a publicar excelentes matérias de política e o caçador de inovações Pompeu de Sousa logo percebeu que havia uma novidade no ar, além das que ele já implantara no *Diário Carioca*. Ali estava uma área que precisava receber mais atenção dos jornais e isso vinha a bordo de um texto que se adequava muito ao estilo do *Diário*. Logo faria um convite para Castelinho mudar de casa por um salário fora dos padrões do Rio de Janeiro, para ser editor político do *Diário Carioca*. Na nova redação Castelinho encontraria futuros ícones da imprensa brasileira nos anos seguintes (e, em alguns casos, até hoje) — Armando Nogueira, Evandro Carlos de Andrade, Jânio de Freitas, Ferreira Gullar, José Carlos de Oliveira.[11]

* * *

Castelinho ficou morando com os pais, que tinham mudado para o Rio de Janeiro em 1939, trazendo as filhas mais novas para que estudassem e trabalhassem, como mulheres modernas, e para que uma delas, Amélia, tivesse acesso a tratamento médico. Era o início dos tempos em que as mulheres começavam a abandonar as atribuições estritamente domésticas e começavam a buscar o seu próprio espaço no mercado de trabalho. O apartamento de três quartos à rua Ângelo Bittencourt, em Vila Isabel, perto do Jardim Zoológico, era pequeno para tanta gente — os pais e mais Amélia, Adelina e, agora, Castelinho. Amélia não trabalhava, assim como o pai, já aposentado. Mas Adelina era funcionária da Rádio Roquette Pinto. Castelinho nunca a via, pois ela trabalhava em horário comercial e ele cumpria os horários tortos do jornalismo nos tempos românticos — chegava em casa alta madrugada e dormia até as 14 horas. Um dia, tirou uma foto de terno claro e chapéu-panamá no Passeio Público; quando viu a foto, o velho Christino desabafou: "Matuto da praça."[12]

Essa situação durou até que, num dia de 1948, uma lourinha atraente e irrequieta chamada Élvia Lordello entrou na redação de *O Jornal* para pedir emprego. Antes ela trabalhara em *A Vanguarda* com Lucídio, irmão de Castelinho. Logo que a viu o secretário de redação Castelinho chamou a si a missão de contratá-la, tangido por um sentimento que revolvia seu peito — via-se irresistivelmente atraído por ela. Contaria depois que a olhou e de imediato disse a si mesmo: "Vou casar com esta mulher."[13] Na época, o pessoal da redação lhe dera um apelido carinhoso — Dutrinha, em alusão ao presidente da República, general Eurico Gaspar Dutra, que tinha baixa estatura, cabeça redonda, pescoço curto e traços que lembravam os de Castelinho.

Um dia Dutrinha encheu-se de coragem, chamou Élvia e, sem qualquer introdução mais sutil ou romântica, perguntou-lhe na bucha: "Quer ir para a Europa comigo?" Élvia reagiu como se ouvisse um insulto: "Isso não é uma proposta de respeito. Eu nem te conheço. Acha que eu viajaria com um homem a quem não conheço?" Em vez de se defender, o tímido Castelinho encheu-se de brios e atacou com máxima ousadia, fazendo a mais exótica proposta de casamento jamais feita: "Não, trata-se de uma proposta respeitável. Eu quero que você vá comigo para a Europa mas como minha mulher." Tinha 28 anos e, apesar de muito feio, namorava muito.[14]

Esta foi a versão que Castelinho deixou numa entrevista. Élvia deixou outra, ligeiramente diferente.[15] Ao receber o inusitado convite de casamento, ela teria tentado dissuadi-lo da proposta. "Comecei por dizer que eu não era assim toda linda como ele pensava, e enumerei tudo o que achava feio no meu corpo. Fiz outra tentativa: 'Não pense que vou lavar e passar roupa, arrumar casa, fazer comidinhas e docinhos, arrumar a roupa que você vai vestir no dia seguinte. Não dou para nada disso.' Ele rebateu prontamente: 'E quem lhe disse que estou procurando uma empregada doméstica? Procuro uma companheira e esta é você.'" Ato contínuo, Élvia pediu uns dias para pensar. Mas ele tinha uma carta na manga; meses antes ganhara um prêmio jornalístico que concedia duas passagens de navio para a Europa — e, como ele era solteiro, não houvera, até então, candidata para a segunda passagem. Élvia ainda demorou alguns dias para responder, mas, quando respondeu, foi para aceitar a proposta de Castelinho, avançadíssima para a época.

Até o casamento, em dezembro de 1948, os dois namoravam nas horas vagas. Castelinho fechava o jornal e ia para o apartamento de Élvia, à avenida Beira Mar; quase sempre, quando ele chegava ela já fora vencida pelo sono. O casamento teve uma comemoração principesca: primeiro, lua de mel de uma semana no Hotel Quitandinha, em Petrópolis, que disputava com o Copacabana Palace o posto de hotel mais chique do Brasil; depois embarcaram num navio de linha para passar três meses na Europa — à época, as estadas na Europa eram costumeiramente mais demoradas porque só os trajetos de ida e volta levavam semanas. Os recém-casados foram conhecer Paris e depois cruzaram a Itália de trem até Nápoles.

Quando voltaram ao Rio e ao trabalho, Castelinho e Élvia foram morar num apartamento alugado. Pensando no casamento, Castelinho abandonou a secretaria de redação, que o prendia todos os dias até a madrugada, e passou para a reportagem política, que lhe permitia chegar mais cedo em casa. Aí começaria plenamente sua carreira de repórter político. Todos os dias ele frequentava a Câmara e o Senado, onde foi conhecendo as grandes figuras políticas. Mas, a partir daí, estabeleceu um ritual sagrado: todos os domingos ia visitar os pais e as irmãs no apartamento de Vila Isabel. Mesmo depois de mudar-se para Brasília, as viagens ao Rio sempre teriam um ponto fixo na agenda — uma visita aos pais e às irmãs.

A família Castello Branco, de piauienses reservados, tinha certa dificuldade em entender a esfuziante extroversão de Élvia, uma baiana acostumada a falar muito, beijar muito e se manifestar por gestos eloquentes. Conquistar a família demorou um pouco. Mas ela quebrou o gelo quando pediu a dona Dulcilla para chamá-la de "mãe" e ao velho Christino para chamá-lo de "pai" antes mesmo de se casar com Castelinho. "Castello foi o único bem que recebi de mão beijada: sem procurar, sem cobiçar, sem lutar, sem sofrer", diria ela numa entrevista, deixando claro que, depois da morte dele, em 1993, detestava ser chamada de viúva. E explicava por que: "Castelinho está vivo. Ele foi o maior amor de minha vida", lembrando os quase 44 anos de vida conjugal. Contou: "Quando, diante de algum fato significativo de minha vida profissional ele me perguntava se eu estava orgulhosa, respondia sempre que meu orgulho era ser sua mulher. Ele ficava encabulado, baixava o olhar e mudava de assunto."[16]

Castelinho e Élvia fizeram um casamento solidário e inabalável. Muito tempo depois da mágica lua de mel, já na maturidade, quando o idílio já não orientava o padrão de vida amorosa, ela diria que Castelinho era "um monólito, uma escultura feita de um só bloco de mármore ou pedra, sem resvalo de cinzel". E deslindou sua personalidade: ele não concebia uma moral pública e uma moral privada, separadas. Lembrou que ele jamais dera ordens aos filhos; apenas os aconselhava e os fazia refletir sobre as decisões que tomavam e sobre os caminhos que abriam — ou fechavam. Quando entrevia um filho acendendo um cigarro de maconha, não se esgoelava com isso. Com voz tranquila, dizia: "Vá acender isso lá no fim da rua." Certa vez um amigo da filha Luciana, impressionado com a influência de Castelinho entre os políticos, pediu a ela que perguntasse ao pai o que achava de determinado fato. Ela até perguntou, mas num dia impaciente, Castelinho respondeu: "Diga ao seu amigo que sou pago para achar e só acho por escrito."

Élvia reconhecia que Castelinho era um homem feio e deixava claro que o alicerce do amor, para eles, se assentava noutro pilar — o charme e o poder de sedução. Muitas mulheres confessaram, ao longo dos tempos, que Castelinho convencia pelo charme atraentemente sedutor, próprio dos homens muito inteligentes, como relatara Élvia. Ela admitiu que Castelinho era muito assediado pelas mulheres, talvez porque, embora não tivesse nem exercesse o poder, ele compreendia os seus meandros e o analisava melhor que ninguém — estaria, assim, acima do poder. Élvia não sentia ciúmes: "Eu só me zangava quando elas ultrapassavam certos limites."[17]

Por seu lado, ele sempre foi afetuoso com ela e usava seu notável domínio das palavras para lhe endereçar carinhos. Adorava comprar-lhe sapatos; quando ela não estava junto, ele mesmo experimentava os calçados, fossem abertos ou fechados, de salto alto ou baixo, já que tinham pés do mesmo tamanho. Não ligava nem um pouco para aquela atitude excêntrica que repetiu muitas vezes — entrava numa sapataria, escolhia sapatos femininos que eram do mesmo tamanho do seu pé, e circulava com eles na loja enquanto os experimentava.

Políticos e amigos conheciam o poder de sedução de Castelinho. "Ele era sedutor, tinha esse poder de sedução e, ao mesmo tempo, tinha uma certa vaidade disso. Mas não tinha coragem de avançar além da linha. Uma única vez ele avançou um pouco, teve uma paixão. Mas vamos guardar os nomes. Fora daí, não se conhece um só caso em que ele mergulhou na paixão."[18]

* * *

Em novembro de 1950, nasceu Rodrigo. Castelinho e Élvia comemoraram muito: no início daquele ano ela perdera um menino. Sempre em busca de novas rendas para equilibrar o orçamento doméstico, já que os salários de jornalista eram monásticos, no início da década dos 1950, Castelinho aceitou um convite de Danton Jobim, professor do curso de Jornalismo na Faculdade de Filosofia da antiga Universidade do Brasil (hoje Universidade Federal do Rio de Janeiro), para ser professor-assistente de sua cátedra. Deu apenas duas aulas e desistiu; depois, explicaria a razão. Como jornalista, estava acostumado a dormir tarde. No Rio, como em Minas, era comum que a jornada de fechamento se estendesse até as 4 horas da madrugada. Ele ia para casa, no Grajaú, dormir; às 8 horas tinha de estar na faculdade, à avenida Antônio Carlos, no centro, para ministrar aula. Procurou Jobim e disse que não tinha vocação para dar aulas, além de não ter tempo. Indicou seu grande amigo Pompeu de Sousa para o lugar e acertou — ninguém melhor para ensinar jornalismo do que o grande reformador da imprensa brasileira.

Com um filho e sem casa própria, Castelinho começou a pensar melhor na vida e concluiu que agora precisava ganhar mais. Logo depois do nascimento de Rodrigo deixou *O Jornal* e aceitou o convite de Pompeu para trabalhar no *Diário Carioca*, onde seria o editor político e ainda assinaria uma coluna política de pequenas notas até 1953. Neste ano surgiu um novo convite de Carlos Lacerda, então dono da *Tribuna da Imprensa*, para que fosse dirigir a redação e os dois cumpriram afinal, por curtíssimo período, a parceria que fracassara oito anos antes.

Nessa época o caixa doméstico continuava padecendo de instabilidades cíclicas. Quando casaram, Castelinho e Élvia foram morar num pequeno apartamento na Urca, Rio de Janeiro, mas quando os filhos começaram a nascer precisavam de um apartamento maior. E em 1956 tiveram de fazer um financiamento para comprar um apartamento em construção à rua General Venâncio Flores, quase esquina de Dias

Ferreira, no Leblon. O financiamento seguiu a mesma trilha amiga que abrigava quase todos os principais jornalistas do Rio — e alguns de Belo Horizonte e outros de São Paulo —, um empréstimo do Banco Nacional, obtido após um telefonema de José Aparecido de Oliveira para o vice-presidente (na prática, principal dirigente, pois o presidente era seu tio Magalhães Pinto, que preferia atuar na política) do banco, José Luiz de Magalhães Lins. Como sempre, esses empréstimos não tinham favorecimentos especiais, a não ser uma rápida tramitação, e seguiam as normas usuais: o pretendente não podia ser inadimplente na praça, tinha de provar salário suficiente para pagar as prestações e era obrigado a apresentar um fiador confiável. No fundo, parecia haver uma política do banco para agradar profissionais influentes e funcionar como uma espécie de mecenas dos intelectuais e jornalistas cariocas, mineiros e paulistas. Funcionava com extrema leveza: o pretendente afogado em dívidas rogava a José Aparecido, que ligava para José Luiz, que recebia o interessado em sua enorme e asséptica mesa de tampo de vidro, pilotando apenas uma caneta e um bloco de papel; numa folha anotava os dados principais, arrancava a folha rubricada, entregava-a ao pretendente e o mandava entregar a um gerente para concluir a operação de empréstimo.[19]

O Banco Nacional de José Luiz não fazia isso apenas com jornalistas importantes. No começo da década de 1960, quando devotava simpatia ao então presidente João Goulart, José Luiz expandira os interesses do banco a territórios inimaginados — chegou a emprestar dinheiro à União Nacional dos Estudantes (UNE), então sufocada por receitas atrasadas. Quando assumiu a Presidência da UNE, em julho de 1963, José Serra encontrou um quadro financeiro desanimador; seguiu, então, o conselho de seu antecessor na entidade, Vinícius Caldeira Brant, que lhe explicara ser possível pegar empréstimos no Nacional dando como garantia os recursos orçamentários. Vinícius levou-o para apresentar a José Luiz; na audiência, os dois jovens (Vinícius com 22 anos e Serra com 21) tiveram de esperar para serem atendidos, enquanto ouviam José Luiz manter conversas desenvoltas ao telefone. "Eu me surpreendia ao vê-lo falar ao telefone, passando notas, considerações e sugestões de temas a repórteres políticos de jornais e revistas. O mais notável deles era Carlos Castello Branco, leitura obrigatória da diretoria da UNE. José Luiz dava uma informação, recebia outra de volta, fazia um suave juízo de valor a respeito, indagava sobre um assunto que o interessava. Era fascinante observar como um articulador de elite, na direção de um banco, fazia política pelos jornais."[20]

A influência de José Luiz, no entanto, ia muito mais longe do que conceder simples empréstimos a importantes jornalistas endividados. Por um lado, ele espraiava seu poder indicando ou aprovando nomes para chefias estratégicas do *JB* e de outros meios da imprensa brasileira — e esta devia ser uma das principais razões pelas quais os jornalistas políticos o ouviam com tanto interesse. Em 1962, por exemplo, aprovou o nome de Alberto Dines para ser diretor de redação do *JB*; menos de dez anos depois indicou o nome de Evandro Carlos de Andrade para o mesmo cargo em *O Globo*. Quando Chagas Freitas quis repassar *O Dia*, foi ele quem tentou vender o jornal, primeiro a Roberto Marinho, depois a Nascimento Brito, que recusaram, e, por fim, ao jornalista Ary de Carvalho, que arrematou o jornal.[21]

Por outro lado, manuseava sua intimidade com os integrantes da "carteira de clientes especiais" para repassar informações que viravam notas de jornal do dia seguinte. Todos os dias, sem exceção, ele falava com os jornalistas mais influentes do país e em cada coluna ou artigo plantava notas que lhe interessavam. E não só plantava, mas também, na longa conversa que alimentava, recebia deles informações vitais para compreender cenários e complementar estratégias. Seus tentáculos penetravam fundo no âmago da imprensa política brasileira. "Acho que era uma política, porque eu nunca recebi um não dele."[22]

O novo apartamento de Castelinho e Élvia, comprado com o financiamento proporcionado pelo Banco Nacional, ficava num edifício bonito, um dos primeiros sobre pilotis no Leblon. Quando a família mudou-se para lá, por volta de 1958, as chegadas e partidas sempre apressadas de Castelinho eram observadas por um jovem estagiário do *JB* que morava com o pai naquele mesmo prédio e que muitos anos depois seria diretor da sucursal Brasília do jornal, tendo Castelinho como comentarista político. "Sabia que era um jornalista famoso, de prestígio, mas com aquele jeitão dele, casmurro, fechado, cruzava com ele e só olhava."[23]

Algum tempo depois o jovem estagiário foi encarregado da cobertura política do *JB* e Hermano Alves entendeu que ele deveria conhecer melhor os políticos. Levou-o para um jantar na casa do deputado Aluízio Alves, à avenida Lineu de Paula Machado, no Rio de Janeiro, muito frequentada pelos políticos do grupo bossa-nova da UDN. Encantado com a oportunidade, o jovem repórter lá conheceu o deputado José Sarney, um dos líderes do grupo. De longe, viu Castelinho em meio àqueles políticos famosos, e a desenvoltura com que conversava com eles o levou a intuir que ele se dava bem com os políticos da UDN.[24] De fato, Castelinho confessaria que, embora nunca tivesse adotado um partido, se dava melhor com os políticos da UDN e do PSD do que com os do PTB e outros segmentos ditos esquerdistas.[25] Nessa época, Castelinho bebia quase nada. Em geral, saía sem destino pela noite, acompanhado de Otto Lara Resende, Hélio Pellegrino, Fernando Sabino e Autran Dourado, de bar em bar, como cantava Dolores Duran, uma estrela da época, e tomava apenas intermináveis cafezinhos, enquanto os outros se afogavam no uísque. A bebida começaria a entrar em sua vida apenas quando se mudou para Brasília. Mas os outros bebiam, e bebiam, quem sabe, pela mesma razão que Castelinho alegaria mais tarde para justificar a sua busca no álcool — vencer a timidez. Ele mesmo contou que Pellegrino também se dizia tímido e certa vez, em plena avenida Rio Branco, no centro do Rio de Janeiro, saiu repentinamente gritando a plenos pulmões: "Eu sou tímido! Eu sou tímido pra burro!" Ele, no entanto, rejeitava a acepção literal do termo para si mesmo: "Benedito Valadares costumava me dizer: 'Você não é tímido, é reservado.'"[26]

Nessa época Castelinho era, ao mesmo tempo, editor de política do *Diário Carioca* e editor geral da *Tribuna da Imprensa*; além disso, era correspondente político da *Folha de S.Paulo* no Rio e escrevia editoriais para *O Mundo*. Quando o *Diário Carioca* começou a atrasar os pagamentos, passou a escrever mais textos para *O Mundo*, que pertencia ao jornalista Geraldo Rocha, de quem diziam ser, no Brasil, o homem de confiança de Juan Domingo Perón, presidente argentino. Acusavam-no, também, de muitas outras coisas, umas mais reprováveis outras nem tanto, o que poderia ser sintetizado na conclusão de que Rocha tinha poucos escrúpulos. Trabalhar em *O Mundo*, para Castelinho, traduzia uma violência moral contra si mesmo, mas ele precisava do dinheiro. Um dia, querendo fazer graça, Rocha lhe disse: "Seu Castello, o jornal é um moleque. Todo dia tem de imolar uma reputação para que possa vender. Hoje contra quem você vai escrever?" E Castelinho respondeu na bucha: "Contra você."[27]

A vida voltou a ficar muito dura. Segundo sua própria narrativa, saía de casa às 5 horas da madrugada; fechava a *Tribuna* até 13h30; partia para a Câmara; apurava novidades, ia ao *Diário Carioca* e escrevia seus textos do dia; em seguida, corria para a sucursal da *Folha de S.Paulo*, onde escrevia o artigo assinado que sairia na primeira página. Chegava em casa à meia-noite, para dormir menos de cinco horas e recomeçar o ciclo no dia seguinte.

Élvia começou a ficar inquieta e, sem que Castelinho soubesse, pediu ao amigo Autran Dourado, então secretário de imprensa da Presidência da República no governo Juscelino Kubitschek, que conseguisse uma nomeação para o marido. Algum tempo depois, o então presidente Juscelino Kubitschek o nomearia, sem que tivesse feito concurso, para o cargo de procurador do Departamento Nacional de Estradas de Rodagem (DNER). Castelinho explicaria: "Mulher geralmente tem muito sentimento de insegurança econômica. Eu era um jornalista, a atividade de jornal é uma atividade muito precária, como você sabe, a pessoa nunca tem muita segurança para ficar no emprego, os jornais de repente param de pagar."

O salário de procurador federal equilibrou as contas. Castelinho não precisava mais se matar de trabalhar para pagar ao Banco Nacional as prestações do apartamento novo. Deixou a *Tribuna da Imprensa* e parou de escrever para *O Mundo*. Aceitou uma proposta de seu velho amigo Neiva Moreira para que os dois fizessem cobertura política para a revista *O Cruzeiro* e permaneceu como editor de política do *Diário Carioca* e como colaborador da *Folha de S.Paulo*, *A Noite* e *O Estado de S.Paulo*.

7

NO OLHO DA CRISE

1945-1960

O Cruzeiro, lançada em 1928, se transformou na mais importante publicação brasileira. Era uma revista semanal que mesclava informações e variedades, ilustradas sempre por muitas (e boas) fotos, num jornalismo que por vezes era brilhante e, não raro, sensacionalista. Era a grande revista de informações da sociedade brasileira (e nesse aspecto ocupava o espaço hoje da *Veja*, *Época* e *IstoÉ*); e era também a revista dos consultórios de dentistas, como uma *Caras* antiga. Não era sua tradição publicar material de política e essa foi a razão que levou Neiva Moreira a contratar Castelinho — os dois juntos fariam uma cobertura política mais eficiente e mais forte, preenchendo uma lacuna da revista. Só que, na semana seguinte, Neiva aceitou um convite para concorrer a deputado federal e foi para o Maranhão cuidar de sua candidatura. Sozinho, Castelinho chamou seu amigo Benedito Coutinho para cobrir a ausência de Neiva e durante onze anos os dois fizeram a cobertura política para *O Cruzeiro*. A revista já reunia alguns dos melhores repórteres e articulistas brasileiros: José Cândido de Carvalho, Raquel de Queiroz, Luciano Carneiro, Mário de

Morais, Ubiratan de Lemos; tinha fotógrafos extraordinários, como Jean Manzon, Luiz Carlos Barreto, José Medeiros; e publicava três chargistas antológicos — Carlos Estêvão, Millôr Fernandes e Péricles Maranhão. Estes dois últimos assinavam a coluna Pif-Paf; Péricles desenhava também a inesquecível charge Amigo da Onça. O conteúdo variado de *O Cruzeiro* encantava os leitores de todo o Brasil. Na semana seguinte ao suicídio de Getúlio Vargas, a revista chegou a vender 720 mil exemplares para uma população de 60 milhões de habitantes, um número assombroso na história da imprensa brasileira. Comparando secamente os números, seria mais ou menos como se uma revista semanal de informações e/ou lazer vendesse hoje 2,4 milhões de exemplares numa semana.

Ir para *O Cruzeiro* significava escrever para grandes públicos leitores. E escrever para grandes públicos leitores significava amplificar os êxitos e os insucessos, os acertos e os erros. Ir para *O Cruzeiro* significava mais ainda: era uma inovação produzir um noticiário político pulsante em revistas semanais de informação da época. Até então, elas eram quase meramente diletantes — feitas para divertir o seu imenso público leitor, num tempo em que a televisão apenas engatinhava no país. Castelinho quis inovar nisso, trabalhando um tipo de informação política mais detalhada e reflexiva. Com Benedito Coutinho, que também trabalhara em *O Jornal*, formataram duas páginas semanais de política, uma delas com pequenas notas, notícias pitorescas e entrevistas; a outra, com uma análise interpretativa dos fatos políticos da atualidade. Mas isso lhe trazia um sério problema — era preciso apurar, escrever e editar o texto com uma antecedência de três dias antes de a revista chegar às bancas; e, depois, o número da revista ainda resistia por sete dias nas bancas antes de ser recolhida. Em tese, portanto, as análises tinham de ser muito precisas porque sua atualidade precisava resistir a dez dias. "O grande repórter resolveu o embaraço aventurando-se à prospecção política com ampla margem de risco. Mestre do estilo, soltou-se no ambiente panorâmico, descendo ao encadeamento lógico do que parecia o contraditório caótico das tramas improvisadas e ajudando o leitor a entender o raciocínio ordenado pela coerência que fluía com a naturalidade da conversa de expositor."[1]

Na redação do *Diário Carioca*, onde o furo era tão cultuado quanto o acerto nas predições, Danton Jobim, Pompeu de Sousa e Pedro Dantas "liam com maliciosa atenção a matéria de Castello, procurando pilhá-lo na escorregadela do desmentido dos fatos às especulações de uma dezena de dias de antecipação".[2] Assim foi que, no fim da noite de 11 de novembro de 1955, deposto o presidente interino Carlos Luz pelo contragolpe preventivo ordenado pelo marechal Henrique Teixeira Lott e executado pelo general Odílio Denys, Pompeu mandou um contínuo à sede de *O Cruzeiro* para pegar uma revista na boca da rotativa — nem esperou que chegasse às bancas. Era a chance do erro de Castelinho, que escrevera três dias antes, quando o movimento militar era previsível, mas não certo. Pompeu pegou a revista, foi direto à página em que Castelinho escrevia e comprovou, já às primeiras linhas da leitura, que ele acertara em cheio, trabalhando na linha das possibilidades, sim, mas partindo de um pressuposto lógico — a crise atingira um ponto de ruptura e seu desfecho seria questão de horas.[3]

Castelinho sairia de *O Cruzeiro* apenas em 1961, para ser secretário de Imprensa do governo Jânio Quadros, mudando-se para Brasília. Nesses oito anos, estreitou sua relação com Assis Chateaubriand, conviveu com os notáveis profissionais da casa e passou a ver alguns deles com olhar crítico.

* * *

Numa viagem à Itália, Castelinho hospedou-se com o diplomata Afonso Arinos de Melo Franco, filho, que estava em seu primeiro posto no exterior. Afonso era um diplomata novato, mas tinha amizades de causar inveja a qualquer diplomata experiente, angariadas enquanto acompanhava os movimentos do seu pai, o velho Afonso Arinos de Melo Franco, o homem que inventou o nome da União Democrática Nacional e foi, depois, um de seus mais esclarecidos líderes. Em Roma, Afonso hospedava Castelinho e mantinha contatos com o pintor Di Cavalcanti, que estava na capital italiana acompanhado de sua nova mulher, a inglesa Beryl, com quem planejava casar-se. Uma tarde, Afonso recebeu um convite tentador de Di, que conseguira dois ingressos para assistir ao congresso do Partido Comunista Italiano (PCI), visto na época como um termômetro do comunismo no Ocidente. Corria o ano de 1956 e o PCI tinha um enorme desafio para decifrar naquele congresso: as tropas soviéticas haviam invadido a Hungria, num passo que receberia desaprovação do mundo inteiro e racharia partidos comunistas do lado ocidental. Fora uma demonstração de força que soava natural pela ótica comunista, mas era rechaçada pela grande maioria dos comunistas ocidentais. O PCI tinha de se posicionar a respeito; o partido já surpreendera o mundo alguns anos antes, em 1948, quando aprovou a renúncia a métodos violentos para ascender ao poder, numa decisão que resultou, algumas décadas depois, no eurocomunismo. Mas o desafio de 1956 era mais dramático, porque fotos e filmes dos tanques soviéticos maculando com suas lagartas o calçamento das ruas de Budapeste haviam causado perplexidade no mundo e o enforcamento do líder comunista húngaro Imre Nagy, algum tempo depois, chocaria mais ainda. De fato, no congresso de 1956, nos dias posteriores ao convite de Di, o PCI adotaria outra decisão histórica, a chamada "via italiana para o socialismo", o compromisso de aceitar o caminho da disputa parlamentar como meio de chegar ao poder, formulado por Palmiro Togliatti, que assumira a secretaria-geral do partido após a prisão de Gramsci.

Afonso topou — assistir ao congresso significaria acompanhar de viva voz a reação do PCI ante a invasão da Hungria e na sequência do processo de desestalinização. Se a URSS invadira a Hungria para demonstrar que não aceitaria outras experiências democráticas em sua órbita de influência, isso parecia significar que o Partido Comunista da União Soviética se recusaria a aceitar a via que o PCI desenhava — a aceitação do caminho democrático para os comunistas chegarem ao poder no Ocidente. Era um previsível confronto. Tudo indicava que assistir ao congresso permitiria redigir relatórios caudalosos e precisos para o governo brasileiro sobre o futuro do comunismo na Europa ocidental. Mas no dia seguinte Di voltou a ligar: pensara melhor e achava que seria arriscado ir ao congresso, em cuja proximidade pipocavam diariamente cenas de pancadarias entre a polícia — que tentava proteger os comunistas — e manifestantes mais à esquerda. Di explicou sua meia-volta com uma frase lapidar: "Você é um diplomata estrangeiro, eu sou um artista de responsabilidade. Tem muita polícia, pode sair uma pancadaria, imagine a nossa situação." E deitou-se em justificativas: era comunista, mas era também católico, ambas as profissões de fé exercitadas concomitantemente mediante um sincretismo muito festivo e um tanto exótico. Em vez de ir ao congresso do PCI, agora Di preferia ver a bênção do Papa Pio XII, por duas razões especialíssimas. Uma era que ele queria casar-se com Beryl e precisava que Afonso intercedesse junto ao Vaticano para anular seu casamento anterior com a pintora Noêmia Mourão; outra era que a bênção se daria no dia 8 de dezembro e Di não se esquecia de rezar no dia da Imaculada Conceição — coisas de comunista brasileiro. Comparecer à bênção do papa no dia da Imaculada Conceição era, a seu juízo, um bom caminho para obter a graça da anulação do casamento. E ainda deu uma última explicação a Afonso: "Mulher leva tudo a sério e tem mania de segurança." Nos dias posteriores, Afonso descobriria que: 1) na verdade, Di nunca se casara com Noêmia — era solteiro, solteiríssimo da silva e, portanto, não precisaria de favores de ninguém, nem mesmo da Igreja, para se casar com Beryl; e 2) havia perdido a oportunidade de presenciar uma decisão histórica do PCI. No fundo, o que Di temia era que o PCB — à época um mero satélite soviético — descobrisse que ele estivera presente ao congresso do PCI e o punisse no âmbito do partido.

Acabaram indo à bênção do papa. Mas Afonso não resistiu e contou a deliciosa história a seu hóspede Castelinho. Dias depois, a guinada de Di, trocando o congresso do PCI pela bênção de Pio XII, foi publicada na coluna Diário de um Repórter, no *Diário Carioca*. Quando soube que seu sincretismo ideológico-religioso fora denunciado no jornal, um furioso Di foi cobrar de Castelinho: "Puxa, Castello, você me deixou mal com o partido e com a Igreja."[4]

* * *

Desde Minas e as amizades sólidas com Otto Lara Resende, Fernando Sabino, Paulo Mendes Campos e Hélio Pellegrino, Castelinho queria ser escritor, e não jornalista. Acabou se rendendo talvez à conveniência e, quem sabe, à necessidade. "Eu não me sentia identificado com o jornalismo, tinha aspiração de ser escritor, pela convivência com aquele grupo mineiro. Lia muita literatura, passei a ter uma certa aspiração literária, de me realizar literariamente. Escrevi uns contos, um romance, mas continuei sempre muito vinculado ao jornal. Aí me casei, comecei a ter filhos, passei a ter a minha vida muito prisioneira ao negócio de jornal. Quando verifiquei, numa certa altura da vida, aos quarenta anos, eu não era escritor, era jornalista. Aí aceitei a situação."[5]

Ao I Congresso Nacional de Escritores, em São Paulo, ele compareceu como participante — quer dizer, incorporando a nominação de "escritor", embora sua profissão a vida inteira, até então, fosse jornalista e nada tivesse feito que o aparentasse com um escritor. Ao II Congresso, em Belo Horizonte, em 1947, compareceu como jornalista, para cobrir o evento. Essa ambiguidade parecia habitar sua própria perplexidade, que se contorcia entre ambição e necessidade de sobrevivência, entre sonho e realidade. Em seu discurso de posse na Academia Brasileira de Letras, disse que as letras o seduziram na adolescência, mas a vida terminou por empurrá-lo para o jornal: "Eu não me considero um escritor, porque, pelas contingências da minha vida, fui jornalista. Mas acho que o jornalismo é uma maneira de expressão secundária, uma atividade sem maior importância. O jornalismo, de maneira geral, é uma atividade inferior. Mas fui me entregando ao dia a dia da vida, e aceitei a realidade. Não lutei para ter a minha condição de escritor. Para se ter família é preciso trabalhar muito, eu trabalhava em três, quatro jornais para ter um padrão de renda bom. Rilke, que era um grande poeta, casou-se, teve uma filha, e depois de alguns meses se separou da mulher, dizendo que era muito pobre para sustentar família. Ele foi fiel à vocação."[6]

Castelinho foi um leitor voraz. Garoto, pegava livros na estante do pai, principalmente Eça de Queiroz e os nordestinos José Lins do Rego, Graciliano Ramos e Jorge Amado. Em Minas aprendeu a ler Balzac e Marcel Proust, além de Carlos Drummond de Andrade, Machado de Assis e Mário de Andrade, visitando os três de cabo a rabo. Mais velho, seletou suas leituras. Em sua última casa, no Lago Sul, em Brasília, sua biblioteca pessoal, hoje acervo da Casa de Cultura Barão de Gurgueia, em Teresina, ocupava uma suíte quase isolada da casa. Ali seria seu último refúgio, local onde se homiziava com os amigos ou, se sozinho, para ler e para fazer palavras cruzadas, seu grande vício, ao lado do uísque. Dizia que fazer palavras cruzadas era um exercício para atualizar o vocabulário. Mas não ficava nisso. Todos os dias lia pelo menos uma breve passagem de Machado, talvez sua maior admiração na literatura, tanto que seus contos ganharam esqueletos e formatos machadianos; e com assídua frequência renovava a leitura de passagens nos originais de Proust ou contos e poemas de Mário de Andrade.

Tentou por duas vezes incursionar pela literatura. Em 1952, publicou os *Continhos brasileiros*. Os continhos e as novelas de Castelinho eram fortemente contaminados pelo estilo de Machado de Assis e, em muitos deles, ele compõe a narrativa efetivando um diálogo entre narrador e leitor, como era hábito de Machado, principalmente em *Esaú e Jacó*. O bruxo do Cosme Velho inspirou-o tanto que um conto de Castelinho, *O roupão*,[7] tem o mesmo título do segundo capítulo de *A mão e a luva*; o primeiro, ambientado numa casa de subúrbio dos anos 1950, de onde o narrador observa e deseja a vizinha Teresa e no final pula a cerca, sob o luar, para roubar o seu roupão estendido no varal e, em seguida, rolar em sua cama envolto nele; e o segundo, na Botafogo de meados do século XIX, quando Estêvão, no café matinal ao ar livre, eletriza-se de ver uma mulher vestida de roupão deixando a casa vizinha para um passeio a pé; logo ele descobrirá que se trata de Guiomar, sua antiga namorada, que desprezara dois anos antes. Em ambos os textos o fetiche dos personagens masculinos foca-se no roupão, que uma deixou no varal e que a outra usa libidinosamente sobre o corpo. "O roupão ia andando", detalha Machado; "Caí na cama enrolado naqueles panos macios, com cheiro de roupa lavada", escreve Castelinho. A mística fetichista não estava nos corpos das mulheres, mas em seus roupões lascivos. Ao final, nenhum dos homens conquista a mulher desejada.

Os personagens e as histórias criados por Castelinho são surpreendentes, se imaginarmos que nasceram da criação romanesca de um comentarista político. As sensuais Teresa, do conto *O roupão*, e Lígia, do *Conto de Belém*, o usurário Ferrari, do *Conto suburbano*, e o cínico Ari, de *Letra de samba*, são todos personagens do subúrbio ou do interior, vivendo num universo que se distanciava da elite privilegiada. Todos usam uma linguagem picaresca e simples. Apenas um conto aborda a política, cenário que Castelinho dominava — *Um amigo*, no qual o deputado Sousa Melo encontra um velho parceiro que ressurge depois de 25 anos —, mas a história gira sobre as pendências da amizade, não propriamente sobre uma ação política. "Na configuração incessante de perfis e vinhetas recolhidos do cotidiano vão se consolidando imagens geradas pela percepção aguda dos seres e das coisas, enredos bem urdidos, fotografias que chamam a atenção pela penetração psicológica, visível até em cenas fortuitas ou desafortunadas do nosso dia a dia."[8]

Antes de lançar *Continhos*, Castelinho enviou um copião para seu amigo Autran Dourado, que lhe mandou uma longa carta analisando o texto. "Você escreve bem, com graça, sabe ser sutil quando preciso, tem magníficos recursos de estilo. [...] Tem boas histórias, sente-as bem, tem experiência delas, sua linguagem é fruto dessa experiência. [...] O bom estilista apenas, o bom escritor apenas é uma forma bastarda de artista, é um artista que não se realizou plenamente. Quando o artista encontrou a sua linguagem, quando se realizou plenamente, não descobrimos seus truques, suas habilidades, seus andaimes, seu estilo, porque tudo está ritmicamente e harmoniosamente distribuído. Dois autores põem suas manguinhas de fora, pelos tiques que têm, nos contos de você [sic], Machado [de Assis] e Mário [de Andrade]. Você pegou muito deles: o melhor e o pior. Acho bom você se livrar do que eles têm de pior, que eles têm."[9] O livro *Continhos brasileiros*, no entanto, não fez sucesso.

A angústia sobre a qualidade do que escreviam torturava os integrantes da "turma de Minas". E eles trocavam entre si os seus escritos, na expectativa de que o julgamento do outro fosse cabal e suficiente para galardoar ou não um texto. Enquanto outros liam, o autor remoía seus fantasmas e fantasias literárias, esperando o veredito, na expectativa ansiosa de que tivesse acertado a mão e viessem elogios. Pouco antes de publicar *As pompas do mundo*, que reúne uma novela e seis contos, Otto Lara Resende enviou os originais a Castelinho, que os redistribuiu ao amigo Cláudio Lacombe para lê-los. Respondeu pouco depois com uma crítica que deve ter soado dura para Otto. Pouco tempo antes Nelson Rodrigues dissera sobre ele: "A grande obra de Otto Lara Resende é a conversa. Deviam pôr um taquígrafo atrás dele e vender suas anotações em uma loja de frases." Em seu veredito, segundo Castelinho, Lacombe repetira algo parecido: "Disse-me ontem o Cláudio Lacombe, lidos apenas os dois primeiros contos de *As pompas do mundo*, que quem teve o privilégio de te ouvir falando dificilmente se satisfaz com o Otto escrito. Esse já é um lugar comum a teu respeito."[10] Em seguida, Castelinho debulhou uma aula sobre teoria literária sempre tratando-o na segunda pessoa, como era hábito entre eles: "De minha parte, creio ter hoje uma concepção mais sofisticada da literatura e um conhecimento mais minucioso da tua obra para não apreciá-la do mesmo ângulo. Vamos primeiro à concepção. Literatura é expressão literária, isto é, à parte a tautologia, é *litterae*, assim como pintura é volume e cor, e desenho é linha. Tudo em literatura, temática, intenções, mensagens, é acessório, o essencial é a expressão literária, é a língua. A língua é o instrumento, é a matéria-prima do seu uso, como força expressiva, é que decorre a qualidade boa ou má, ou medíocre, da literatura. A língua esgota a expressão literária. A letra é autossuficiente, o texto é soberano. [...] É claro que usas requintes expositivos ou temáticos para emoções suplementares, mas o essencial é o registro literário de uma língua que está no socavão da tua infância. Não crias, como Guimarães Rosa, uma língua que satisfaça determinada concepção erudita da língua literária brasileira, recrias uma linguagem real, hoje ameaçada pela uniformidade da expressão e o desaparecimento das peculiaridades dos idiotismos da linguagem regional ou da linguagem familiar ou da linguagem de certa época, ou de certa idade individual. Para ti, és um escritor e o que ficou de teu mundo perdido foi a linguagem, e através dela, tendo como instrumento soberano, é que recrias as tuas essências, que no fundo se tornam essências literárias em si, independentemente da imagística anterior que traspassa e que lhe dá conotações diversas."[11]

Em 1959, Castelinho decolara para seu voo mais ousado na literatura — a novela-romance *Arco de triunfo*, uma história de jornais, jornalistas e política. O livro representa as vivências de Castelinho até então — "a pureza objetiva nordestina, a ironia mineira e o espírito carioca".[12] José do Egito, o personagem central, é uma reencarnação literária do próprio Castelinho — nordestino, reprova a ditadura getulista e vem fazer carreira no sul, onde vai trabalhar num jornal para engordar a mesada mandada pelo pai. Cresce na profissão e bordeja, em seu trabalho, as aventuras nem sempre virtuosas dos donos de jornal, que ele vai testemunhando; mas tanto quanto possível José do Egito tenta não se imiscuir nessas aventuras.[13]

Com os *Continhos* e com *Arco de triunfo* ele teve não mais que um sucesso protocolar. Os amigos prestigiaram, alguns elogios na imprensa, aqui e ali, quase sempre forjados por amigos. Ele soube fazer a leitura do relativismo de seu sucesso e deve ter intuído que não era suficiente para apostar numa carreira de escritor de ficção. Talvez alertado pela definição rodriguiana de Otto, que seria melhor falando do que escrevendo, percebeu que era melhor jornalista do que escritor; obedeceu às evidências e submeteu-se às necessidades da vida, que plantavam contas à sua porta todos os meses. Não havia comparação: chegava à idade madura incensado como jornalista e formalmente elogiado como escritor. A escolha era óbvia.

* * *

Como jornalista no Rio de Janeiro, Castelinho tinha de viajar muito. Ia sempre a São Paulo, algumas vezes a Belo Horizonte, outras ao sul. Mas, no começo de 1947, ele fez sua mais longa viagem até então, considerando a distância percorrida, e não o tempo gasto. Foi a Belém para fazer alguma cobertura especial que os registros não legaram à posteridade. Certamente, o que mais lhe chamou atenção foi a longa viagem aérea que enquanto durou lhe pareceu uma eternidade e, pelas aparências, causou-lhe algum receio, a ele que estava (mal) acostumado às curtas viagens entre Rio e São Paulo ou entre Rio e Belo Horizonte. De lá, um tanto maravilhado pela experiência exótica, escreveu a Otto Lara Resende: "No avião sobre o Brasil Central achei uma temeridade o voo, uma loucura, uma coisa quasi [sic] incompreensível. Entretanto, tudo correu normalmente." E começou a contar suas descobertas na terra nova que fora conhecer — que não era nordeste nem sul — e dos personagens com quem cruzou, os quais tratou com imperdoável preconceito, embora compreensível à época: "Aqui chove estupidamente, como se não fosse necessário fazer outra coisa. O passo é lento, os homens trabalham lentamente. As mulheres têm perna fina, seios enormes e poucas são as que têm bunda digna de nota. É uma distração brincar com os seios das putas, geralmente com acentuados traços indígenas. Recebem qualquer dinheiro e pedem discos de presente. Gostam muito de vitrola. Tem a cidade velha, velhíssima, e a cidade nova, também velha. A luz é quase uma ficção, ou melhor, um anseio. Mas talvez seja melhor assim porque medievaliza as ruas quasi [sic] coloniais."[14]

* * *

Quando Getúlio se elegeu, em 1950, Prudente de Moraes Neto levantou, no *Diário Carioca*, a tese de que o presidente do Brasil deveria ser eleito por maioria absoluta, não apenas por maioria simples. A tese, de resto descabida e esdrúxula, alimentou uma portentosa crise militar. A seu lado, Pompeu de Sousa conspirava abertamente contra Getúlio, não ainda contra o Getúlio nacionalista do segundo mandato, que passaria à História, mas contra o Getúlio ditador do Estado Novo, patrocinador do DIP e mandante da censura à imprensa. Quando assumiu, enfim, a Presidência, Getúlio entendeu que precisava ter um jornal que o apoiasse e viabilizou recursos do Banco do Brasil e da Previdência Social para Samuel Wainer criar a *Última Hora*. Foi a senha para os outros jornais, que se julgaram naturalmente desfavorecidos. Carlos Lacerda sobraçou a deixa e mobilizou um exército da imprensa contra Getúlio. Reuniu o *Diário Carioca*, *O Globo*, o *Diário de Notícias*, *O Estado de S.Paulo* e o *Correio da Manhã* — o que importava na imprensa brasileira da época — contra Getúlio; do outro lado ficou apenas a *Última Hora*.[15]

Em seu segundo período de governo Getúlio trouxera a tiracolo um afilhado político e o nomeou, em 1953, para o Ministério do Trabalho. Era João Goulart, filho de um rico estancieiro gaúcho de São Borja, recém-eleito deputado federal pelo PTB. Horácio Carvalho, dono do *Diário Carioca*, pediu a Castelinho que fosse ao Rio Grande do Sul e lá traçasse um perfil político-ideológico de Jango. Antes de viajar, Castelinho topou com o deputado Coelho de Souza (PL-RS). "Ô, Coelho, que impressão você tem sobre esse João Goulart? É um homem desonesto?" Coelho foi justo: "Não, não é um homem desonesto, mas tem o relativismo moral do homem da fronteira."[16] Nos dias posteriores, nasceu sua filha Luciana e Castelinho adiou a viagem. Quando foi remarcá-la, semanas depois, Horácio se antecipara e fechara um acordo com Jango, que Castelinho relatou sem especificar seus termos — certamente era um pacto para não criticar mais Jango e, através dele, o governo getulista. Contou, no entanto, que ele durou até a queda de Jango, em 1964.[17]

Acuado por Lacerda, Wainer reagiu até onde pôde. Criou uma caracterização que o ridicularizava — o "corvo", figura soturna que forjava conspirações a torto e a direito. A *Última Hora* chegou a superar *O Globo* em circulação, em vendas e em publicidade. Até que aconteceu o atentado da rua Tonelero, em Copacabana, no Rio de Janeiro. Um pistoleiro contratado por Gregório Fortunato, a mando de Maneco Vargas, filho de Getúlio, tentou alvejar Lacerda à saída do auditório do Externato São José e matou o major Rubens Vaz, que atuava como segurança do jornalista. O mundo desabou sobre a cabeça de Getúlio.

Na noite do suicídio, Castelinho era repórter político do *Diário Carioca*. Foi à casa de Afonso Arinos, pai, onde ouviu San Tiago Dantas pregando a derrubada de Getúlio. O jornal fechou a cobertura do dia 24 de agosto noticiando a queda iminente de Getúlio. Castelinho foi para casa dormir. Na manhã do dia 25, foi acordado por Élvia:

"Getúlio se matou." Sentiu "algo terrível". Foi direto para a Câmara dos Deputados. A crise já estava instalada e todos temiam a reação popular pelo suicídio.[18]

Para assumir o governo, o vice-presidente João Fernandes Campos Café Filho foi conduzido do Posto 6, em Copacabana, até o Palácio Laranjeiras, onde Castelinho o esperava, ao lado de Odylo Costa Filho. Às 11h30, assumiu a Presidência e começou a organizar sua tentativa de governar. Recebeu Castelinho no banheiro dos aposentos presidenciais e pediu informações sobre a situação política, aparentando confiar mais nas informações do jornalista do que nas dele próprio. Café, um antigo agitador de sindicatos de esquerda, se preparava para fazer um governo de molde udenista e impopular.[19]

Começou a operar contra as eleições presidenciais de 1955. Convocou ao palácio o candidato Juscelino Kubitschek, governador de Minas e candidato do PSD, e lhe entregou uma nota dos ministros militares que diziam não concordar com sua candidatura. Juscelino olhou a nota e percebeu que não continha assinaturas, só um texto; ignorou a advertência, encarou o desafio e manteve sua candidatura. Café acabou caindo e o governo passou para o presidente da Câmara, Carlos Luz, notório adversário de Juscelino, que tentou articular um golpe para impedir a posse do eleito, mas o golpe foi bloqueado pelo ministro da Guerra,* general Henrique Teixeira Lott; Luz demitiu Lott, que se aquartelou no Ministério da Guerra e movimentou suas tropas. Às 4 horas da madrugada Prudente de Moraes Neto ligou para Castelinho: "Acho que levamos um golpe pela culatra." Às 5 horas, Castelinho ouviu Nelson Rodrigues, que se alinhava com a conspiração udenista, dizer: "Entramos pelo cano." Entraram mesmo. Lott enviou um ultimato ao Congresso exigindo o impeachment de Luz. O presidente do Senado Nereu Ramos, da UDN, assumiu a Presidência

*Antiga denominação do Ministério do Exército, posteriormente fundido, com os Ministérios da Aeronáutica e da Marinha, no Ministério da Defesa.

da República, pouco depois de dizer palavras proféticas a Afonso Arinos: "Afonso, minha decisão é assumir. Se não assumir, um general desses assumirá. Nós, civis, nunca mais voltaremos ao poder."[20]

Juscelino Kubitschek foi candidato por uma forte aliança: Partido Social Democrático (PSD), Partido Trabalhista Brasileiro (PTB), Partido Republicano (PR), Partido Trabalhista Nacional (PTN), Partido Social Trabalhista (PST) e Partido Republicano Trabalhista (PRT). Seu principal opositor foi Juarez Távora, candidato pela aliança de União Democrática Nacional (UDN), Partido Democrata Cristão (PDC), Partido Socialista Brasileiro (PSB), Partido Libertador (PL) e mais dissidentes do PSD. O terceiro candidato foi o paulista Adhemar de Barros, inscrito pelo Partido Social Progressista (PSP) e apoiado por dissidentes do PTB. Por fim havia o integralista Plínio Salgado, escamoteado no Partido de Representação Popular (PRP). Juscelino teve 35,7% dos votos; Juarez, 30,3%; Adhemar, 25,8%; e Plínio, 8,3%. Era a terceira derrota seguida da UDN, que já perdera em 1946 e 1950.

Nereu bancou o jogo: garantiu o resultado eleitoral e a posse de Juscelino. Empossado, Castelinho foi entrevistá-lo. Ouviu dele: "Castello, não pense que vai sair daqui com uma bomba e fazer o país explodir." Já atuando em *O Cruzeiro*, seria recebido por ele muitas vezes durante o mandato, no Palácio do Catete. Uma vez almoçaram juntos; depois de tomar bons tragos de vinho, Juscelino contou coisas que configuravam claras inconveniências políticas. De repente dona Sarah Kubitschek chamou-o à parte. Juscelino foi e voltou encabulado. Disse: "Castello, Sarah me passou um carão. Disse que falei demais, que sou doido, que disse coisas que não poderia dizer à frente de um jornalista. Que é que eu faço?" Serenamente, do alto de sua já invejável experiência, Castelinho acalmou-o: "Não faça nada, presidente. Diga a ela que fique tranquila. Não vou publicar nada disso."[21]

Juscelino aprendeu a confiar nele. Certa vez os dois voavam no Viscount presidencial para uma Brasília em construção, numa viagem que durava em torno de duas horas. Castelinho insistia em fazer uma aprofundada entrevista, mas Juscelino queria dormir. Ao ver que Castelinho não desistiria, Juscelino lhe disse: "Castello, você me conhece, sabe o que vou dizer. Redija você mesmo a entrevista, perguntas e respostas, e mande publicar." Virou-se para o lado e dormiu tranquilo.[22]

Sua relação com Juscelino foi muito melhor depois da cassação do ex-presidente pelos militares do que antes, o que poderia fazer desabar sobre Castelinho a pecha de ingrato, já que Juscelino o nomeara para um cargo de procurador federal. Mas o certo é que antes Castelinho parecia ter um bloqueio "mineiro" que o impedia de atribuir a Juscelino, um homem forjado no velho PSD, os elogios que costumava espargir generosamente sobre as grandes lideranças da UDN, como Milton Campos, Virgílio de Melo Franco, Afonso Arinos ou Bilac Pinto. No máximo, realçou sua capacidade de trabalho e sua imagem popular desde os tempos em que foi prefeito de Belo Horizonte, ainda nos anos 1940. "Era simpaticão, era uma figura agradável. Quando assumiu a prefeitura de Belo Horizonte, em um mês abriu a avenida Afonso Pena. Era no tempo da guerra, em 1940, e aquela rua ficou sendo chamada Linha Kubitschek."[23]

Mas também levantou dúvidas provavelmente injustas sobre sua integridade. "Juscelino se tornou rapidamente um prefeito popular e era muito amigo do diretor do *Estado de Minas*, Gregoriano Canedo. Diziam que eles eram sócios em alguns loteamentos. Mas ele sempre foi acusado de fazer negócios, de querer enriquecer. Dona Sarah tinha uns terrenos na Pampulha, e ele vendia aqueles terrenos e comprava outros. Eu nunca comprei porque meu dinheiro não dava para pagar a prestação."[24] Depois do golpe de 1964 Juscelino foi minuciosamente investigado pela Comissão Geral de Investigação (CGI) montada no governo Castello Branco para revirar os patrimônios dos adversários do regime militar, e seus bens, em dado momento, chegaram a ser confiscados. Mas depois Juscelino foi absolvido, todas as investigações foram arquivadas e os bens, devolvidos.[25]

Castelinho reconheceu, entretanto, que Juscelino não morreu rico. Tinha uma pequena fazenda em Luziânia, no entorno de Brasília; quando era deputado comprara um apartamento à avenida Nossa Senhora de Copacabana, esquina com rua Sá Ferreira, no Rio de Janeiro, onde morou até ser eleito presidente. Depois se mudou para um apartamento no Leblon. Também admitiu mais de uma vez que ele trabalhava como poucos, como disse numa carta ao amigo Otto Lara Resende, então adido à embaixada brasileira em Bruxelas: "O homem há quinze dias anda por aí voando. Chegou hoje está se reabastecendo e vai amanhã para São Paulo. Consta que o [general Henrique Teixeira, ministro da Guerra] Lott comunicou ao Benedito [Valadares, senador e chefe político do PSD em Minas Gerais] o descontentamento militar. Na UDN continua a se chorar o fim do regime. Há um enorme abatimento pela impossibilidade do golpe udenista e há a tristeza fingida pelo golpe que eles torcem dê o Lott no JK. Na Câmara discute-se lei eleitoral mas todo o mundo diz que não vai haver eleição."[26] Embora não pareça aos desavisados, a carta era uma homenagem ao dinamismo de Juscelino, que não dava bola para as cobranças militares e tinha superado o golpismo latejante da UDN. No meio do seu mandato (1958) e no final dele, como sabemos, promoveu eleições livres sem nenhum grande impasse.

Como político, Juscelino suscitava em Castelinho algumas dúvidas e muitas certezas: "Juscelino Kubitschek, se tinha do pessedista a tolerância e o realismo, não alcançaria jamais o grau de maturidade que tornava grave um homem como Nereu Ramos e suspicaz um político ladino como Benedito Valadares, ambos adversários do candidato mineiro. Ele foi sempre, pelo espírito e pelo entusiasmo, um jovem e, apesar de ter amargado adversidade, morreu jovem."[27]

É possível que estivesse confundindo juventude, que só se pode exibir até certa idade, com jovialidade, que se pode ter a vida inteira? Por que não poderia um político sorrir ou parecer simpático a seus seguidores, por que um político tinha de ser circunspecto e exibir cara de zangado? Castelinho certamente preferia os políticos udenistas, que não conseguiam sorrir e raramente eram populares, e ainda assim insistiu na tese: "Dele dizia Milton Campos, quando Juscelino exercia o governo de Minas, que parecia menos o governador do que o filho do governador." Para Castelinho, Juscelino tinha escassa habilidade política, mas a imagem final que lhe ficou do ex-presidente, "submetido a tantas provações, foi a gargalhada franca e alegre".[28]

É possível que tenha cometido um certo grau de ingratidão, até porque Juscelino nunca deixou dúvidas sobre o afeto que sempre devotou a Castelinho. Em pleno tempo de chumbo, enviou-lhe um cartão extremamente carinhoso, agradecendo algum favor, ou citação, não mencionado ou complementando alguma conversa inconclusa: "Você já atravessou o deserto? Somente os que o fizeram sabem quanto vale uma pétala de água. Muito obrigado."[29]

* * *

A construção de Brasília foi a obra mais ousada já feita por um presidente brasileiro, desde a instalação da República pelo marechal Deodoro da Fonseca. Juntaram-se ali a extraordinária coragem cívica de Juscelino Kubitschek, a genialidade artística de Oscar Niemeyer, o pragmatismo criativo de Lúcio Costa e a notável capacidade administrativa de Israel Pinheiro. Mas todas essas virtudes não foram suficientes para cativar os brasileiros, em especial os jornalistas, aqueles estranhos seres que vivem procurando agulha no palheiro para atanazar a vida dos outros. Mesmo assim, muitos se dignaram mover-se até Brasília no dia da inauguração da nova capital, Castelinho entre eles, para ver a festa. Foram na primeira leva os jornalistas credenciados junto à Câmara, ao Senado, à Presidência da República, e os que eram funcionários da Câmara e do Senado. No começo, relata Castelinho, havia muito mais jornalistas de São Paulo do que do Rio. Os cariocas esnobaram Brasília. Da mesma forma, como se São Paulo acreditasse mais na nova capital do que o Rio de Janeiro, no começo as sucursais dos grandes jornais tinham mais profissionais paulistas; a primeira sucursal a se constituir foi a do jornal *O Estado de S.Paulo*. Quando Castelinho organizou a sucursal do *Jornal do Brasil*, em 1962, numa casa da W-3 Sul, a maioria dos repórteres contratados era de São Paulo. Uma curiosidade é que quatro deles, todos primorosos jornalistas, eram gagos: D'Alembert Jaccoud, Flamarion Mossri, Antonio Carlos Scartezini e João Emílio Falcão. Castelinho gozava os quatro (embora ele mesmo, embora não fosse gago, tivesse péssima dicção), dizendo que, se eles escrevessem como falavam, o *JB* estava perdido.[30]

Uma de suas primeiras percepções sobre Brasília foi que a cobertura política mudara. No Rio de Janeiro, constatou, ela era muito peculiar: os jornalistas encontravam os políticos na Câmara e no Senado, conversavam, obtinham (ou não) as informações e iam embora escrever. Não se viam mais, não conviviam socialmente. Falavam por telefone, mas um não ia à casa do outro nem se encontravam em restaurantes. No máximo, um deputado que desejasse uma conversa mais prolongada convidava o jornalista para tomar um drinque, para almoçar ou, em raras ocasiões, quando havia um acontecimento muito grave, os repórteres iam à casa do político. Mas era um fato excepcional ver jornalistas nas casas dos políticos. Brasília mudou essa rotina. Acabou-se a convivência limitada. Desde a inauguração, os políticos passaram a chamar repórteres para irem a suas casas, pela simples razão de que todos tinham muito tempo livre e não havia outros locais onde naturalmente se encontrassem; e então era comum se reunirem em longos jantares que atravessavam a noite. Seguindo a regra, Castelinho convidava muitos políticos para irem a sua casa. No final da vida, retraiu-se. À sua casa, só levava os amigos.

Na inauguração, como a cidade ainda estava inacabada, tudo era improviso — e Castelinho ficou hospedado num dos poucos edifícios residenciais já concluídos, na Superquadra Sul 108, num apartamento que eles logo apelidaram "televisão de candango", porque as janelas não tinham cortinas. Assim, todos eram acordados no alvorecer pela luz intensa da alvorada, numa cidade que espargia luz para todos os cenários. Nesse apartamento, Castelinho ficou com alguns amigos — José Aparecido de Oliveira, Paulo Mendes Campos e Geraldo Carneiro entre eles. A propósito da extravagante hospedagem, Paulo Mendes Campos escreveu uma crônica evidentemente bem-humorada, embora pincelada de exageros, afirmando que em Brasília as pessoas que passavam na rua viam as outras dormindo nuas nos apartamentos. Era uma alegoria divertida, mas, numa cidade que se apregoava moderna e futurista, uma afirmação dessas confundia o leitor em vez de informar.

"A inauguração foi uma festa muito bonita, de muita emoção. Houve um desfile dos candangos, com o Israel Pinheiro à frente, desfilando com engenheiros e operários ali pela altura do Palácio do Planalto. Fogos de artifício, muita iluminação, foi uma noite muito bonita. Era muita emoção na cidade toda. Tinham vindo milhares de pessoas do Brasil todo, de avião e pela estrada de rodagem, que estava aberta de Belo Horizonte e de Goiânia para cá. Havia certo espanto com aquela cidade, construída em três anos. O que estava feito já era uma coisa espantosa: os palácios, o Congresso, onze ministérios, várias quadras residenciais."[31]

No início da década de 1960, todos os caminhos brasileiros apontavam para o Planalto Central, onde Juscelino construíra a nova capital, Brasília, que o jargão da época apelidou de Novacap, restando ao Rio de Janeiro o epíteto de Belacap. O Rio deixara de ser capital, sim, mas era bela e assim continuaria para todo o sempre. Agora, no entanto, as grandes decisões políticas, depois de 197 anos, deixariam de ser tomadas no Rio.

* * *

Pouco a pouco arrefecia o entusiasmo de Castelinho pela carreira literária. À medida que ele se engajava no jornalismo e galgava degraus que consolidavam uma carreira, à medida que ganhava salários suficientes para pagar suas contas percebia também que tinha muito mais vontade de ser escritor do que talento literário. E que a tentativa de fazer do jornalismo mero degrau para chegar ao reconhecimento de escritor era gradualmente vencida pela realidade diária. Ele não chegara a ser bom escritor, mas era, sim, excelente jornalista, cada vez mais reconhecido e admirado. "Confesso que tenho estado várias vezes à beira da convicção de que é inútil o compromisso literário (que a gente continua a assumir com tanta leviandade) em que não sei bem se me engajei ou se nele fui envolvido. Meu temperamento e meu realismo assimilam, porém, sem violentações maiores essas coisas que uma vaga tendência filosófica se encarrega de eliminar, confundindo suas causas e seus efeitos com as frustrações gerais da vida e das coisas."[32]

Para disfarçar sua decepção, apelava para a ironia: "Escrever ou ser Presidente da República. Fora desse dilema não há salvação. Se aos 35 ou 37 anos ainda não nos exprimimos à altura da nossa ambição, da nossa esperança, da nossa cruel e exigente vaidade, não há outra coisa a fazer senão insistir (Machado acertou mais tarde, olha o demônio se insinuando), insistir para vir a acertar afinal ou não acertar nunca. Se a gente estiver condenado à frustração, aceitemo-la onde ela dói mais, tendo a coragem de ser ruim ou medíocre na nossa própria vocação, na nossa própria vaidade, e não na dos outros. Só um destino excepcional poderá nos arrastar para fora da literatura, nunca um destino medíocre. Escrever ou ser presidente da república."[33]

E concluía zombando do que seria seu inexorável destino, no qual terminaria coberto pelas glórias que antes recusava: "Eu posso passar a vida sem escrever, posso passar a vida interpretando a política brasileira e escrevendo o Diário do Repórter* mas chegarei ao fim com vergonha, com a sensação de que dilapidei o tesouro."[34]

---

*Sua então coluna no *Diário Carioca*.

Aos poucos, percebia as fragilidades do seu texto literário e sentia a inevitabilidade de renunciar ao sonho. "Minha literatura está engasgada, assim com jeito de quem não presta. Sou esquemático e temo que se veja superficialidade somente onde penso que estou condensando. Não tenho embocadura para o trabalho, ou o jornal me exaure ou eu sou ruim mesmo."[35]

Enquanto isso, Fernando Sabino avançava, mesmo tropeçando. Acabara de escrever uma peça encomendada por Cacilda Becker, que rejeitou o texto. Em carta a Otto, Castelinho defendeu a qualidade do texto de Sabino, sempre escondendo personagens sob o signo das iniciais: "A peça do F. S. é bastante boa, com defeitos facilmente removíveis. [...] Tem a desenvoltura do 'E. M.', bom diálogo, bom ritmo. Cacilda, que a encomendou, torceu o nariz e quer fazer outra peça sobre a peça do F. S., o que é uma injustiça e uma bobagem. É mil vezes melhor do que o Millôr, tanto que o Millôr fez moita absoluta. Quanto a minha melhor compreensão da literatura de F. S., creio que ela decorreu do romance, que revela melhor o tipo de inteligência dele, certas qualidades que estavam em borrão nos livros anteriores, agora iluminados por uma afirmação clara. Vejo que com trabalho ele foi se conquistando e de nós todos é hoje o único que tem direito ao nome de escritor."[36]

Toda a atenção de Castelinho estava voltada para a literatura, apesar das exigências do trabalho jornalístico. Surpreendeu-se com o método de Dalton Trevisan, que buscava subsídios para contos pedindo a seus amigos que lhe relatassem histórias medonhas que conhecessem. "Dalton entregou o livro ao J. O.* com alguns contos a mais e foi tentar escrever um romance. Pediu a todo mundo aqui que lhe contasse histórias, casos estranhos, pois em Curitiba não há mais nada. Contei para ele tudo o que sabia, eu não acredito em histórias ou estórias, mas apenas na descoberta do ponto vital por onde começa a cárie, como naquele anúncio de pasta dentifrícia. Eu quero a cárie."[37]

---

*José Olympio, editor.

E ficou irritadíssimo com Carlinhos Oliveira, que publicou um artigo no *JB* desancando a literatura de Trevisan. "Ele chama o Dalton de "sr. Trevisan", diz que vem ao Rio com uma cadernetinha para tomar nota de casos escabrosos que os amigos lhe contam e com eles fazer contos em Curitiba. Há um travo de ressentimento no artigo todo."[38] Castelinho não se sentia confortável em presenciar aquele jogo de vaidades. Pouco lhe importava que tivesse deixado a chefia de redação do *Diário Carioca* no início daquele ano e isso tivesse reduzido seus ganhos. Mas tinha de se lembrar disso todos os dias quando chegava em casa, porque Élvia o pressionava a pedir um cartório para si, para recompor o orçamento doméstico abalado.

8

AVENTURA NA CIDADE AMALDIÇOADA

1960-1961

Castelinho conheceu Jânio Quadros no dia 20 de março de 1953, antevéspera da eleição para prefeito de São Paulo. Jânio, que teria sua primeira retumbante vitória eleitoral dali a dois dias, já se gabava de sua futura importância. "Já sei da sua curiosidade por minha pessoa. Veio pensando encontrar-me com uma dinamite na mão", jactou-se ao receber o repórter Castelinho, da revista *O Cruzeiro*, no seu comitê eleitoral, à rua Augusta. Foi a primeira vez que os dois conversaram e Castelinho, já um experiente repórter, não esperava encontrá-lo com uma dinamite nas mãos; tinha, tão somente, a curiosidade natural de um repórter político a respeito do jovem cometa em ascensão na política paulista.[1]

Jânio era uma figura nova na política paulista. Surgira há apenas seis anos; sua primeira disputa eleitoral, para vereador, em 1947, fora claudicante. Professor do Colégio Dante Alighieri, fora lançado candidato por seus próprios alunos, estimulados pela associação de pais de alunos da escola, a quem Jânio encantara depois de fazer, da sala de aula, laboratório para sua oratória histriônica, com o falar escandido e gestos típicos de uma descoordenação motora estudada, olhos giratórios que às vezes pareciam saltitantes nas órbitas. Na eleição obteve apenas 1.707 votos e ficaria na suplência do PDC se não fosse a estúpida cassação, pelo Superior Tribunal Eleitoral, de quinze candidatos comunistas eleitos pelo PST (Partido Social Trabalhista), no qual se aninharam depois da cassação do registro do PCB, em abril daquele ano. A cassação dos quinze abriu vagas para quinze suplentes, entre eles, Jânio. Fraquejou da primeira vez, mas, daí por diante, não pararia mais, escalando freneticamente os degraus da escada político-eleitoral. Em 1950, aos 33 anos, foi candidato a deputado estadual e multiplicou por dez a sua votação, alcançando 17.840 votos para a Assembleia Legislativa do Estado.

Em 1953, resolveu disputar a Prefeitura paulistana em condições aparentemente improváveis, mesmo para um jovem em rápida ascensão. Foi candidato por dois partidos à época medianos, PDC (Partido Democrata Cristão) e PSB (Partido Socialista Brasileiro), contra uma vigorosa máquina montada pelo governador Lucas Nogueira Garcez para eleger seu candidato Francisco Antônio Cardoso, secretário estadual de Saúde, apoiado por uma coligação heterodoxa aparentemente invencível — PSD, PTB, UDN (União Democrática Nacional), PR (Partido Republicano) e PSP (Partido Social Progressista). Os dois primeiros eram os principais partidos de sustentação do presidente Getúlio Vargas; a UDN era o principal partido de oposição no plano federal; o PSP era o partido do poderoso Adhemar de Barros, figura estelar da política paulista que se notabilizou pela dualidade pragmática "rouba, mas faz".

A matemática política indicava que seria impossível Jânio vencer. Mas, como a matemática política não existe e a lógica política nada tem de matemática, ele provaria que sua ascensão, marcada por um profundo desprezo aos partidos políticos e forte crença no seu forte magnetismo pessoal, que hipnotizava as pessoas, era mesmo irresistível. Jânio conquistou uma vitória esmagadora, com 65,8% dos votos contra apenas 26,6% de Cardoso. Como era seu feitio, ele priorizou seu projeto pessoal, ficando muito pouco tempo no cargo. Em 7 de julho de 1954, deixou a prefeitura para se candidatar ao governo do estado, numa formulação esdrúxula — o vice-prefeito Porfírio da Paz assumiu a prefeitura em seu lugar e, ao mesmo tempo, anunciou que seria candidato a vice-governador na chapa de Jânio. Em outubro de 1954, aos 37 anos e apenas sete anos depois de sua sofrível eleição a vereador, Jânio elegeu-se governador do estado, vencendo Adhemar de Barros por uma diferença pouco superior a 15 mil votos.

Sua eleição para o governo paulista abria largo e natural caminho para uma candidatura presidencial. E ele tentou ser candidato já em 1955, falhando nesta primeira vez. Quando seu mandato de governador acabou, em 1958, elegeu-se deputado federal pelo PTB do Paraná (a legislação eleitoral da época não exigia comprovação de domicílio eleitoral), mas ignorou o mandato. Na eleição presidencial de 1960, na sucessão de Juscelino Kubitschek, o favorito natural seria o marechal Henrique Duffles Teixeira Lott, candidato da forte coligação governista PSD-PTB-PSB-PST-PRT. Jânio era um candidato outsider, lançado pelo Partido Trabalhista Nacional (PTN) e apoiado pela coligação PTN-UDN-PR-PDC-PL — um universo que gamava toda a direita ideológica, mas cuja força vital estava na UDN.

A escolha de Jânio pelo PTN tinha um impacto político pequeno, mas o apoio da UDN dava densidade política a sua candidatura e significou uma vigorosa alavanca inicial. Na convenção que aprovou o apoio a Jânio, em novembro de 1959, Lacerda fez um discurso candente, pedindo ao partido que fizesse "uma aliança com o povo".[2] O apoio mais entusiasmado dentro da UDN veio do Movimento Renovador, adiante conhecido como grupo bossa-nova, um bloco formado por jovens parlamentares que pregavam um programa de ideias mais moderno, com algumas tinturas de esquerda. Os jovens deputados que o integravam, entre eles José Sarney, queriam aproximar o partido do seu candidato. "Jânio era outro estilo e nós precisávamos falar uma linguagem que nos aproximasse da linha de nosso candidato. Todos os atritos da UDN com Jânio tinham essa raiz."[3] Lacerda, a outra grande liderança da UDN, não aprovava esse caminho por achá-lo exageradamente audaz, mas Jânio ignorou as discordâncias de Lacerda; convocava os jovens deputados do grupo bossa-nova para participarem de seus comícios. Dizia: "Não quero a UDN de punhos de renda de São Paulo, quero a UDN de macacão."[4] O movimento acabou inoculando na UDN uma preocupação com a questão social, inédita no partido desde a sua fundação, quinze anos antes. Sarney levou essa questão a Lacerda, frisando que o partido não podia ser diferente do seu candidato, mas Lacerda, que receava o lado populista de Jânio, continuou reprovando; no máximo, ele aprovava a retórica da "aliança com o povo" — que não queria dizer muita coisa. O corolário foi inevitável: o grupo bossa-nova se afastou de Lacerda, que, em seus delírios conspiratórios, achava que Magalhães Pinto, presidente da UDN, incentivava o grupo para esvaziar sua liderança.

O Movimento Renovador foi lançado em 10 de fevereiro de 1960, no início da campanha, através de um manifesto redigido pelo então jovem deputado José Sarney, que pediu a seu amigo Castelinho que redigisse o texto final. Encurralado pelas ideias novas que surgiam no partido, Magalhães Pinto, presidente da UDN, sem saber que Castelinho tinha dado forma final ao manifesto, pediu-lhe que redigisse um texto de resposta. Castelinho escreveu a resposta ao manifesto que ele mesmo tinha finalizado.

Não era a primeira vez que isso acontecia. Em seus textos na *Tribuna da Imprensa*, Castelinho costumava criticar Epitacinho Pessoa, importante deputado petebista.* Epitacinho respondia em artigos publicados no *Diário Carioca* com artigos escritos... por Castelinho,

---

*Epitácio Pessoa Cavalcanti de Albuquerque, filho de João Pessoa, o pivô da Revolução de 1930, e sobrinho-neto do ex-presidente Epitácio da Silva Pessoa, era o principal líder do PTB na Paraíba. Morreu prematuramente em agosto de 1951, aos 40 anos.

que redigia seu artigo na *Tribuna* atacando o deputado paraibano e em seguida botava lauda nova na máquina e batia a defesa de Epitacinho, que entregava direto a Pompeu de Sousa, na redação do *Diário Carioca*; Epitacinho só leria o próprio artigo no dia seguinte, quando o *Diário Carioca* era entregue em sua casa. O que, ao primeiro exame, pode parecer uma proximidade pouco crítica entre jornalista e político era comum numa época em que jornalistas eram vistos como profissionais da escrita, sem ideias políticas próprias e sem vínculo com as ideologias vigentes.

Castelinho fez mais do que aperfeiçoar o texto do manifesto do Movimento Renovador. Ao informar a sua criação em sua coluna de *O Cruzeiro*, naturalmente em primeira mão (quem mais poderia conhecer a notícia inteira?), deu-lhe um nome mais charmoso — grupo bossa-nova. À época, tudo o que era inovador no Brasil era apelidado de "bossa-nova", em alusão ao movimento musical que surgira em meados dos anos 1950. O manifesto logo ganhou espaço e adesões na UDN, contrapondo-se, no partido, ao antigo grupamento conservador Banda de Música.[5] As ideias do manifesto foram rechaçadas pela Banda de Música, mas absorvidas por Jânio — política externa independente, reforma agrária, políticas sociais mais humanistas, meritocracia no serviço público e ampliação da indústria de base. Depois da renúncia de Jânio integrantes do bossa-nova derivaram para o arco da esquerda, aproveitando seu encaixe com as questões sociais. Um dos mentores do movimento foi José Aparecido de Oliveira; alguns participantes do grupo acabariam aliados a Jango, como Ferro Costa e Seixas Dória, e foram todos cassados pelo regime militar — Costa e Aparecido em 1964, no AI-1, e Seixas em 1966.

Para Castelinho, particularmente, estar próximo à UDN significava exorcizar o trauma guardado da ditadura getulista, símbolo da censura e das liberdades reprimidas. Essa vinculação era tão forte que certa vez ele aceitou um convite do deputado José Cândido Ferraz, da

UDN do Piauí, para ser delegado ao congresso estadual do partido em seu estado natal. Foi a única vez que atuou fisicamente dentro dos muros partidários.[6]

* * *

Designado por *O Cruzeiro* para cobrir a campanha de Jânio, Castelinho viajou o Brasil inteiro com ele. Passaram a se encontrar várias vezes por dia, viajavam juntos, almoçavam à mesma mesa e, nos fins de noite, quase sempre surgia oportunidade para uma conversa mais confidencial. Apesar da personalidade extravagante de Jânio, ao fim da campanha os dois estavam bem próximos. Enquanto viajava com Jânio, Castelinho foi capturando detalhes de sua personalidade e decifrando o seu discurso exótico, compreendendo os seus truques mercadológicos e a forma como ele se tornava, gradativamente, um fenômeno eleitoral diferenciado. Todos diziam que o candidato era excêntrico e as pessoas lotavam seus comícios exatamente para satisfazer a curiosidade de ver um candidato que todos diziam excêntrico; Jânio discursava e hipnotizava as plateias com seus gestos bizarros de teatro de fantoches, com suas explosões histriônicas e tiradas pseudointelectuais. Com essa combinação marqueteira ele galvanizava as pessoas e ganhava votos nos comícios, ao contrário do seu adversário, o marechal Lott, que os perdia a cada comício e a cada discurso chato.

Até então, os candidatos presidenciais eram formais, circunspectos e contidos. Juscelino Kubitschek, o presidente anterior, tinha na simpatia a sua marca pessoal, vivia sorrindo, como se estivesse permanentemente de bem com a vida, mas quando falava emitia uma voz de barítono e escandia sílabas, sem entonações claudicantes, usando frases formais com sintaxe erudita. Jânio mudou isso, lançando apelos mercadológicos que mudariam as campanhas eleitorais. Nos comícios, não fraquejava na estruturação da frase, sempre impoluta, como cabia a um professor de português; mas abusava de uma gestualidade farsesca, com inflexões extremas, às vezes guturais e agudas, para pontuar e sublinhar as afirmações, cabelos em desalinho, olhos esbugalhados para demarcar as exclamações. Adotou como símbolo uma vassoura, que já usara na eleição para a prefeitura, mas que até então só os paulistanos conheciam, propondo uma simbologia de que a vassoura "varreria" a corrupção e revestindo com uma roupagem popular eficaz a velha pregação moral da UDN, que Castelinho conhecera tão bem em sua passagem por Minas Gerais. Sua campanha mandou fabricar milhões de vassourinhas douradas em forma de pin que seus admiradores espetavam empolgados na lapela. Era um lema simples e óbvio, facilmente capturável pelas pessoas humildes e menos cultas. Afirmava fazer a *campanha do tostão contra o milhão*, slogan que copiara da campanha do general Carlos Ibañez del Campo, candidato vitorioso à Presidência do Chile em 1952. Era o complemento que faltava: se ele era o candidato do "tostão", era óbvio que o outro lado era "rico". Seu principal jingle[7] de campanha era uma marcha alegre que versava:

O homem da vassoura vem aí
já sei pra onde vou com a família
eu só queria, eu só queria
ver o homem da vassoura em Brasília

Ai, como eu ia me dar bem
nunca mais eu dependia de ninguém
ai, vai ficar tudo legal
em Brasília vai ter outro carnaval

Nenhuma referência a programa de governo, nenhum projeto para promover o benefício coletivo da população, tendo como alvo a melhoria das estruturas e o desenvolvimento do país; o apelo era individualizado e lançava a promessa de que cada cidadão-eleitor iria se "dar bem". Irresistível. A novidade que ele implantava era conquistar o eleitor cativando-o com emoções que abriam um novo horizonte para sua vida pessoal, não pela via da associação partidária na qual a candidatura se abrigava.

A campanha de Lott era de um formalismo quase monocórdico. Ele também lançou um pin para seus eleitores espetarem na lapela: era uma espada, fazendo alusão à espada de ouro que ganhara em 1956 por seu espírito legalista. Seu jingle era um dobrado militar sem nenhum charme, nada popular, arrastado, que mencionava seu nome junto aos de Tancredo Neves, San Tiago Dantas e Jango. Mas, enquanto ele era solidário com a campanha de Jango, o afilhado de Getúlio o traía descaradamente ao estimular a campanha Jan-Jan, que sugeria ao eleitor que votasse em Jânio para presidente e Jango para vice (à época, os votos para presidente e vice eram separados e não havia nenhum tipo de vinculação) — o mesmo Jânio que estimulara o lançamento da candidatura de Fernando Ferrari para tirar-lhe votos. Por todo o Brasil havia comitês da campanha Jan-Jan e até um jingle[8] de sucesso nas rádios:

O povo quer Jan-Jan
Pra que discutir com o povo
O povo quer, o povo é fã
Da infernal dobradinha Jan-Jan

Lott era uma indecifrável fieira de contradições. Para começar, era legalista, mas também, em sua essência, um ferrenho anticomunista; sua campanha, no entanto, tinha forte sustentação comunista, como disse Castelinho: "Ninguém duvida do pensamento e dos sentimentos do general Henrique Teixeira Lott, mas, como repórter, acompanhei-o em alguns comícios e observei que seus palanques eram armados pelo Partido Comunista. Pouco importava a retórica do velho general. A realidade é que ele estava no topo de um movimento que iria explodir com a posse de João Goulart e a ascensão de um dispositivo sindical-militar que parecia extremamente eficaz."[9]

O resultado da eleição foi acachapante: Jânio venceu em dezesseis estados, alcançando 48,3% dos votos válidos, e Lott, em apenas oito, com 32,9%; Adhemar de Barros, o antigo vice-rei de São Paulo, foi o terceiro colocado, com 19,5%, quedando batido por Jânio na disputa particular pela hegemonia em São Paulo. Foi uma vitória completa de Jânio.

* * *

Após a vitória, Jânio viajou para a Europa e encarregou seu futuro ministro da Justiça, Oscar Pedroso Horta, de articular a formação do governo. Pouco antes da posse, Horta chamou Aparecido — até então mero assessor de Magalhães Pinto e mentor político do Banco Nacional — a sua fazenda, em Louveira (SP). Aparecido levou junto o amigo Castelinho, que agora cobria para a revista *O Cruzeiro* a formação do governo e anteviu a oportunidade de se aproximar de Horta. Em Louveira, Horta mostrou a composição do futuro ministério a Aparecido e, de quebra, a seu companheiro de viagem. Perguntado por ele, Castelinho opinou que aqueles nomes formavam um ministério muito conservador. Horta explicou-lhe o conceito: "Você deve entender que, para fazer política revolucionária, tem que se ter um ministério conservador."[10] Era um velho mantra da política — conservadores são mais confiáveis para fazer mudanças polêmicas — e dava para perceber que Jânio, se não o inspirou, abraçaria esse princípio.

De tanto conviver com os atores da campanha, Castelinho ficara íntimo de Jânio e dos homens que comporiam o seu governo. No dia seguinte, véspera da posse presidencial, os três — Horta, Aparecido e Castelinho — viajaram juntos para Brasília e se hospedaram no Brasília Palace Hotel. No dia 31 de janeiro de 1961, Aparecido foi à posse de Jânio como um convidado comum e entrou na fila de cumprimentos;

quando chegou a sua vez, Jânio lhe perguntou: "O que você faz aqui?" Aparecido respondeu: "Vim cumprimentá-lo." E Jânio: "Não senhor, seu lugar é aqui ao meu lado, como meu secretário particular." E arrematou: "Amanhã, às 7 horas, no palácio."[11]

A prevalência de um projeto pessoal sobre a estrutura partidária que o abriga não era exatamente a característica que Castelinho mais apreciava num político, mas assim era o homem que ele tinha diante de si agora, no gabinete presidencial do Palácio do Planalto, e que reiterava o convite para que ele fosse secretário de Imprensa de seu governo. O convite inicial viera na véspera, expressado por Aparecido, já investido na função de secretário particular. Incluir Castelinho na estrutura de governo foi uma das primeiras medidas que Aparecido buscou concretizar, no primeiro dia do novo governo; cedo, no primeiro despacho com Jânio, ele disse que precisava blindar-se num palácio que — segundo a teoria da conspiração permanente, que Aparecido sempre professou com fé inquebrantável — estava organizado contra ele, um reles mineiro amigo de um bando de esquerdistas em meio a um batalhão de paulistas ultraconservadores; e uma paliçada indispensável seria ter Castelinho na Secretaria de Imprensa. Era um nome que Jânio conhecia muito bem e que aprovou na hora, sem questionamentos, autorizando Aparecido a concretizar o convite. No dia seguinte, sentados frente a frente, numa repetição do primeiro encontro, em 1953, Jânio convidou Castelinho formalmente e ouviu de volta um esperneio franco: "Olha presidente, eu não tenho nenhuma razão para vir trabalhar com o senhor. Não sou político, não estou participando dessa coisa, estou com minha vida organizada no Rio, sou jornalista, trabalho lá, trabalho n'*O Cruzeiro*, no *Diário Carioca*, minha mulher é juíza lá no Rio, não tenho nem como vir pra cá."[12] Enquanto Castelinho se debatia em explicações, Jânio chamou a secretária e passou-lhe um papelzinho com um nome anotado. Minutos depois a ligação se completou e um perplexo Castelinho se deu conta de que Jânio estava iniciando uma conversa com Leão Gondim de

Oliveira, diretor-presidente de *O Cruzeiro*. "Leão, eu quero que você me empreste o Castello por seis meses, são só seis meses, no máximo sete." É claro que Gondim cedeu — ninguém negaria o pedido de um presidente recém-assumido, que tem na mão uma caneta cheia de tinta.

Aquele pedido de cessão por seis meses, não mais que seis meses, seria mais um intrigante enigma que, se decifrado, poderia ajudar a explicar o ato da renúncia. Por que razão Jânio afirmava com ênfase repetida, no começo do governo, que ficaria apenas seis meses, no máximo sete, na Presidência? Isso já era um plano preconcebido entre ele e ele mesmo, não dito a ninguém? Ou será que seis meses depois ele dispensaria os serviços de Castelinho?

Mais tarde, Castelinho contou que não estava interessado em ser secretário de Imprensa, simplesmente não queria ser. "Eu estava ali para fazer a cobertura da posse", disse.[13] Não queria morar naquela jovem capital que Jânio apelidaria de "cidade amaldiçoada" e, no primeiro momento, nem se lembrou do vaticínio da quiromante na redação do *Diário Carioca*. E principalmente desconfiava daquele político no qual identificara "o descontrole dos gestos, o excesso de apóstrofes e da própria voz".[14]

Para justificar seus temores, Castelinho narrou tempos depois um episódio que poderia ter acontecido num asilo de loucos — mas ocorreu no cerne do governo brasileiro ao qual ele servia. Uma manhã, ao acompanhar o presidente do Peru, Manuel Prado Ugarteche, em visita a Brasília, o chanceler Afonso Arinos recebeu um chamado urgente de Jânio; respondeu ao mensageiro que mais tarde iria ao palácio porque não tinha como abandonar o visitante naquele momento. Jânio mandou um soldado numa moto interromper o cortejo entre dois eventos e entregar uma ordem cabal a Arinos: deveria dirigir-se ao palácio imediatamente. Arinos pediu desculpas a Prado e foi para o palácio. Chegou apreensivo e Jânio o convidou para acompanhá-lo num uísque àquela hora, meio-dia, no Palácio da Alvorada. Durante os tragos, conversaram amenidades; depois almoçaram; o tempo transcorreu e, pela aparência, Jânio não tinha nenhum assunto urgentíssimo a tratar com ele ou, se tinha, o guardava para um arremate empolgante da conversa. Terminado o almoço, Jânio colocou à mesa o que parecia ser a razão urgente do chamado: soubera que os deputados, na Câmara Federal, tinham se concedido um aumento que ele, Jânio, julgava indecente. Arinos, que era senador, defendeu o parlamento; explicou que não tinha sido bem assim, que o aumento era justificável, além do que a Câmara fazia parte de outro poder, em cujas decisões o Executivo não podia nem devia se intrometer. Jânio discordou e revelou sua fonte: o ministro Horta. Arinos fincou pé — a informação transmitida ao presidente não era correta. Jânio não parecia tão aferrado à questão; simplesmente aceitou o último argumento e mudou de assunto. Arinos iria para o túmulo, muitos anos depois, sem saber qual era, afinal, o assunto importante e muito menos qual era a urgência.[15]

* * *

O diálogo ao telefone com Leão Gondim de Oliveira se concluiu. Jânio repôs o fone no gancho e disse a Castelinho: "O assunto está resolvido." Um extenuado Castelinho, incapaz de dizer não, saiu do gabinete nomeado contra a vontade. Vigorou ali, acima de tudo, a extrema dificuldade que ele tinha de lidar com não amigos, só comparável à facilidade que tinha de lidar com amigos. Para ele, parecia haver um muro alto entre as pessoas; uma vez superado, ele se abria e conseguia dizer tudo; mas, enquanto não se abria, era um homem amuado, casmurro, quase grosseiro. "Castello era muito fechado com quem não conhecia. Era uma fechadura com as pessoas que não conhecia. Chegava à beira da brusquidão. Era tímido, também; a timidez transforma as pessoas em reações abruptas."[16]

Foi conversar com Francisco de Paula Quintanilha Ribeiro, um advogado formado no Largo de São Francisco, ex-presidente do Centro

Acadêmico XI de Agosto, naquele momento ministro-chefe da Casa Civil de Jânio. Ainda acuado, explicou: "Eu não quero vir pra cá, e fui compelido pela minha empresa a vir trabalhar aqui, ficar emprestado somente por seis meses. Agora, vou antecipar: eu não chego aqui às 6h30 da manhã, não há hipótese, eu não acordo antes das 9 horas em lugar nenhum. E não chamo ninguém de senhor, nem de vossa excelência, minha língua não dá, e não peço a ninguém licença para fumar." Quintanilha amenizou: "Ô, Castello, isso é para os outros, não é para nós, não." Esgotada a argumentação, Castelinho se deu enfim por vencido.

Nos primeiros dias em Brasília, sentiu-se desconfortável; mais que isso, causava-lhe irritação trabalhar no Palácio do Planalto, um ringue político onde se explicitava todo o repertório de perversões dos enfrentamentos cotidianos da política. Ele estava acostumado a analisar, à distância, as posturas políticas adotadas por líderes e partidos, mas não estava habituado a viver suas entranhas intramuros, não conjeturava o quanto essa pugna podia parecer abominável. De seus relatos, extrai-se a evidência de que a rotina de intrigas e rasteiras do palácio lhe dava engulhos. "A minha experiência foi válida, por que, na medida em que entrei no governo, eu percebi melhor quem é que manda, quem é que não manda. De fora, a gente tem a impressão de que quem está no palácio é quem manda, mas não manda não. Têm duas pessoas que mandam, o resto é figurinha, não manda nada. Pode ser ministro, não tem nenhuma importância, tem duas ou três pessoas que mandam."[17]

Trouxera com ele a habilidade de interpretar os movimentos de cada político e cada grupamento, mas faltava-lhe a malícia de planejar a rasteira, a paciência de esperar a hora certa para dizer e para não dizer, a capacidade de absorver golpes sem se mostrar grogue e o molejo para antever as intrigas e se esquivar delas. Sentia-se um ingênuo em meio a um universo de matreiros, incapaz de, na prática, antecipar os golpes que descrevia com raro talento em suas colunas:

"Nunca vi luta, ao mesmo tempo, tão sutil e tão dura, tão amena e tão cruel, como a que aproximou e afastou, durante sete meses, dois políticos eficientes, agressivos e avassaladores", escreveu sobre o ácido confronto de Horta e Aparecido.[18]

Mas por outro lado considerava politicamente interessante a intimidade com o poder, que ele nunca tivera nem pudera ter, como jornalista. "Foi muito útil do ponto de vista de entender o processo político. Até então eu nunca tinha estado do lado de dentro. Vivi intensamente aquelas coisas todas."[19] Aprendeu ali que um governo não é um todo homogêneo que busca impor seus planos e ideias, mas várias ondas que se superpõem e se chocam, se digladiam e muitas vezes se anulam, uma tentando destruir a outra para impor a ideia que abriga seus projetos e interesses. Não é um movimento harmônico, mas uma série de movimentos controvertidos e muitas vezes contrários, num duro e permanente enfrentamento dialético.

Cumpria sua função pela metade. Dentro do palácio, Aparecido subtraía-lhe o filé; toda tarde chamava os jornalistas para conversar e plantava notas maliciosas e, a juízo dele, necessárias, influenciando a opinião e as matérias dos repórteres que cobriam a Presidência. Mas o pior de tudo é que no começo de Brasília a maioria dos jornais cobria a atividade política por telefone, do Rio de Janeiro ou de São Paulo, ou então enviava jornalistas para cobrir algum evento determinado, apenas. E os mais importantes jornalistas cariocas e paulistas ligavam para Aparecido, não para ele.

Aos poucos os jornais começaram a acreditar na nova capital. A primeira sucursal estruturada na nova capital foi a d'*O Estado de S. Paulo*, montada pelo jovem e talentoso Fernando Pedreira, que se oferecera à direção do jornal para trabalhar em Brasília, coisa que poucos bons jornalistas cogitavam, àquela altura. Pedreira, ao contrário, via naquela mudança uma oportunidade única para ascender na profissão. Arregimentou oito repórteres e começou a cobrir Brasília convencionalmente. Comprou um Fusca e morava no Hotel Brasília

Palace, às margens do Lago Paranoá, mas alguns repórteres moravam em acampamentos improvisados, já que não havia apartamentos para todos. Fora o *Estadão*, apenas a *Última Hora* instalou uma pequena sucursal chefiada por Otacílio Lopes, que seria companheiro de Castelinho na prisão oito anos depois, em dezembro de 1968. Na cobertura da Presidência, os poucos repórteres alternavam entre Aparecido e Castelinho na busca de informações. Mas aos poucos foram percebendo que Aparecido tinha melhores informações — claro, vivia no gabinete presidencial, que Castelinho frequentava menos — e ainda por cima arriscava ilações que Castelinho não tinha coragem de fazer. "Zé Aparecido mandava em Castelinho, como, aliás, fazia com qualquer pessoa ou em qualquer lugar que ocupasse."[20] Um dia, durante uma conversa com os jornalistas, Castelinho derramou chá na mesa e, à frente dos repórteres presentes, Aparecido passou-lhe uma reprimenda. Nas noites brasilienses, como não havia restaurantes que pudessem recebê-los, era comum fazer reuniões na casa de alguém.

Aparecido provavelmente nunca lera um livro.[21] Embora filho de uma professora, não fora além do curso ginasial, feito no Colégio Arquidiocesano de Ouro Preto; carregou pela vida a frustração de não ter feito uma faculdade, porque o pai morreu cedo e ele arcou com o sustento da família, tornando-se radialista aos dezoito anos. Aos 25 anos, em 1955, coordenou a campanha vitoriosa de Celso Melo Azevedo para a prefeitura da capital mineira e acabou como chefe de gabinete. Nunca mais deixaria a política. Logo se ligaria a Magalhães Pinto, dono do Banco Nacional; elegeu-se deputado federal aos 33 anos e foi cassado aos 35. Nessas experiências aprendeu a ser ousado e a não medir palavras em suas conversas.[22] Certa vez, numa roda, à frente do então presidente José Sarney — que o nomearia governador de Brasília e ministro da Cultura —, disse que "a Presidência da República foi talhada para filhos de Minas Gerais, Rio Grande do Sul e São Paulo, e não para os filhos do Maranhão". De outra, governador do Distrito Federal, foi vaiado por populares na Rodoviária de Brasília e deixou o carro para enfrentar no braço as pessoas que o vaiavam, aturdindo seus seguranças. De outra, para zombar de seu ex-chefe Jânio Quadros, disse que o presidente renunciante "não sabia que Brasília não tem povo". Castelinho certa vez contou que Tancredo não gostava dele, mas temia deixá-lo solto porque faria marola contra.[23]

* * *

Jânio chegava ao palácio entre 6h30 e 6h45, uma hora absolutamente incompatível com o metabolismo de Castelinho, acostumado a dormir de madrugada e a acordar tarde. Logo nos primeiros dias, ele foi ao presidente e repetiu o que dissera a Quintanilha: não tinha como se adaptar àquele regime. Para reforçar o argumento deu-se mais uma hora de sono diário: "Eu gosto de dormir até as 10 horas, presidente." Jânio cedeu, o que para ele foi uma surpresa: "Vou abrir uma única exceção. Chegue à hora que desejar." Castelinho teve de ficar. Ficou, mas odiando ficar. Tempos depois, diria: "Minha sensação pessoal é que ele renunciou numa homenagem a mim porque eu não aguentava mais ficar no palácio."[24]

Quando começou a governar, Jânio estava proibido pelos médicos de tomar uísque e bebia apenas — porém em quantidades industriais — cerveja. Em algumas ocasiões quebrava a proibição médica e sorvia duas ou três doses de uísque. Como sofria de insônia, passava as madrugadas assistindo a filmes de caubói no Palácio da Alvorada em companhia de Eloá, sua mulher. Via dois ou três filmes por noite, o que levou o funcionário que projetava os filmes à exaustão em poucos meses.[25]

Arguto observador político, aos poucos Castelinho começou a perceber como funcionava, na prática, o ofidiário que o público ingênuo via como um grupo compacto e harmônico, como uma equipe afinada, disposta a implantar uma nova política uniforme e hegemônica. Não era bem assim: o Palácio do Planalto mais se assemelhava a um ringue de boxe. À medida que Jânio abraçava projetos e ações simpáticos à esquerda, numa ação para apropriar os ativos políticos que na eleição tinham apoiado Lott, as contrariedades se acentuavam, porque a UDN se irritava com aquela derivação em diagonal. Internamente, Horta não escondia sua discordância dessa trajetória inesperada; externamente, o agastamento crescia a olhos vistos na UDN e era manifestado com amplificação desmedida por Lacerda, um político tão imprevisível quanto Jânio, mas muito mais explosivo. Era difícil entender o rumo do governo. O descontentamento militar se evidenciou quando oficiais da Casa Militar quiseram devolver suas condecorações ao verem Ernesto Guevara de la Serna, o Che Guevara, agraciado com a Ordem Nacional do Cruzeiro do Sul. Na entrega da condecoração a Guevara,[26] no salão anexo ao gabinete presidencial, no terceiro andar do Palácio do Planalto, o então ministro cubano estava sonolento, aparentando cansaço. Quando Jânio lhe apôs a comenda, o homenageado fez um breve discurso de agradecimento e suas palavras mostraram que ele não entendia bem o que se passava ou que se esforçava para não dizer palavras inadequadas. Depois, aconteceu "um silêncio constrangido". Jânio pediu ao chefe do cerimonial: "Ministro, tire isso do Guevara." O diplomata recolheu o colar e o colocou na caixa aveludada, junto com a medalha e o diploma. Jânio e Guevara foram para o gabinete presidencial, onde o presidente lhe entregou uma carta a Fidel Castro, na qual pedia facilidades para retirar asilados que estavam na embaixada brasileira em Havana.[27]

* * *

A primeira grande operação comandada pelo secretário de Imprensa foi ordenada diretamente por Jânio, que o convocou ao gabinete e pediu que formasse uma cadeia nacional de rádio e televisão para exibir uma fala presidencial — deu a ordem, mas não contou o tema da sua fala. Até então, formava-se diariamente uma cadeia nacional de emissoras de rádio para transmitir a oficial *Hora do Brasil*, mas nunca fora formada no país uma cadeia nacional de emissoras de televisão, assim como aparentemente não havia aparatos técnicos capazes de permitir o encadeamento, pois inexistiam satélites de comunicação para distribuir o sinal. Mas Jânio queria uma cadeia nacional com todas as emissoras, rádio e televisão. Castelinho, no entanto, descobriu — teria sido via Aparecido? — que a TV Tupi, dos Diários Associados, conseguira montar, com apoio financeiro do Banco Nacional, um sistema de rebatimento de sinais entre Brasília e o Rio de Janeiro mediante uma sucessão de antenas de micro-ondas, um sistema moderno para a época, mas que, visto pela ótica contemporânea, seria um tanto precário e sujeito a quedas de sinal. Imaginou então um sistema em que a Tupi transmitiria a fala e as demais emissoras captariam o sinal a partir de aparelhos de televisão em suas sedes, sintonizados na Tupi, e os distribuiriam por suas redes próprias.

A TV Tupi montou sua parafernália no Palácio da Alvorada e a cadeia foi ao ar com êxito. Jânio começou a falar de forma contida sobre seu tema — a Portaria 204 da Superintendência da Moeda e do Crédito (Sumoc), que cortava subsídios para importações, mas, ao longo da fala, foi se exaltando e terminou esfalfado pelo crescendo do ritual histriônico. Quando a fala terminou e Jânio ainda arfava, os presentes na sala ouviram o locutor que encerrava a transmissão agradecer o "gentil patrocínio" do banco financiador da rede de antenas da TV Tupi, num merchandising de carona inesperado. Jânio passou num segundo do arfar à fúria ao ouvir a informação. Repreendeu duramente Castelinho, imaginando que aquilo fora montado por ele e Aparecido para favorecer o Banco Nacional e seu dono. Afinal, os dois eram mineiros — um natural, outro adotado — e Aparecido fora conselheiro político de Magalhães Pinto, o dono do Nacional e presidente da UDN. Jânio gritou com Castelinho: "Por muito menos do que isso Getúlio deu um tiro no coração. Não perdoarei isso jamais a você e ao Aparecido." Castelinho pensou em demitir-se, mas Aparecido, que não estava presente, mais tarde o acalmaria. No dia seguinte, a ira de Jânio se aplacou e ele esqueceu o episódio.

Antes de perceber que Aparecido lhe subtrairia as principais funções, Castelinho começou a pensar e agir como secretário de Imprensa da Presidência. Em março de 1961, apenas um mês depois da posse de Jânio, finalizou um projeto inovador e o mostrou a Aparecido antes de encaminhá-lo ao presidente. Sugeria que o governo incentivasse a iniciativa privada na montagem de uma agência noticiosa brasileira capaz de produzir noticiário nos países mais desenvolvidos para enviá-las aos jornais brasileiros; e de distribuir mundialmente fatos acontecidos aqui, garantindo que o Brasil teria uma versão para contrapor ao noticiário distribuído pelas agências internacionais. Pelo projeto, essa agência não deveria ser estatal, como à época eram os modelos da *Tass* soviética e da *France Press*, e, portanto, não seria criada para distribuir versões oficialistas, mas um noticiário com cor brasileira e atento aos interesses brasileiros. Propunha que o governo "sugerisse" aos donos dos principais jornais a criação dessa agência, que teria capital privado e participação minoritária do governo; atuaria com um quadro de correspondentes brasileiros em todos os países influentes, os quais produziriam material local sob uma ótica brasileira. Por fim, sugeria que o ponto de partida seria uma reunião com os dirigentes dos mais importantes jornais. Justificava: "Os acontecimentos internacionais chegam à opinião pública brasileira através de versões e interpretações de agências e correspondentes estrangeiros. Não temos uma visão brasileira, de ângulo próprio, do que se passa no mundo. Acrescente-se, a essa influência deformadora, outra: a de não termos veículos de informação no âmbito internacional. As notícias do Brasil no mundo são filtradas por correspondentes estrangeiros. Por idôneas que sejam, refletirão sempre interesses específicos alheios aos nossos." Jânio apôs no cabeçalho do projeto um despacho animador: "Excelente ideia. Sugiro a você, mais o Aparecido, terem os primeiros contatos. Esquematizado o plano, desejo conhecê-lo."[28]

O projeto não passou da primeira reunião. Cada dono de jornal queria ter maior influência sobre a futura agência; eles só se entenderam na hora de concluir que a execução do projeto alcançaria um custo proibitivo e que, portanto, ele só seria viável se o governo custeasse a aventura. Como Jânio não topou, o brilhante projeto de Castelinho foi sepultado logo após nascer.

* * *

Em seu depoimento publicado postumamente Castelinho reconheceu que Jânio era extremamente inteligente, sério, com alto senso de autoridade, sabia impor respeito, mas era também "um homem de humor muito variável". Era um histrião embora não tenha nomeado ninguém para o seu governo movido por interesses pessoais ou eleitorais.[29] Quando o ex-presidente morreu, em 16 de fevereiro de 1992, Castelinho dedicou-lhe as colunas de três dias seguidos — 17, 18 e 19 de fevereiro. Em sua longa carreira, não fizera isso com nenhum político nem mesmo com aqueles a quem devotava maior admiração.

Sua política externa, opinou Castelinho, foi arquitetada por ele mesmo sem o rigor dos planejamentos ancorados numa estratégia nacional. Na verdade, a política externa de Jânio era uma coletânea empírica e caótica de palpites arquivados em sua mente. Suas ideias na área tinham o aparente objetivo de servir ao país, mas tudo indica que serviriam mais a seu projeto pessoal; com elas Jânio pretendia cativar a admiração da esquerda e cooptar o eleitorado viúvo de Lott, dando uma temporária impressão de independência dos grandes blocos ideológicos mundiais. Essas ideias começaram a ganhar forma quando Jânio, ao deixar o governo de São Paulo, em 1958, viajou pelo mundo. Foi aos EUA, à Europa, à União Soviética, à China, ao Japão, à Índia, ao Egito, à Iugoslávia.[30] Voltou aparentemente encantado com o Movimento Não Alinhado, liderado por um tríduo formado pelo mítico marechal Tito, governante da Iugoslávia; Jawaharlal Nehru, pai de Indira Ghandi e então primeiro-ministro da Índia; e o lendário coronel Gamal Abdel Nasser, presidente do Egito.

Jânio observou que o Movimento Não Alinhado formava uma terceira via equidistante dos dois polos principais (EUA/Otan de um lado, a União Soviética/Pacto de Varsóvia de outro) e parece ter concluído que, aliando-se a ele, o Brasil demonstraria ter uma posição autônoma, independente, fugindo ao alinhamento automático aos EUA. Seria livre de vínculos com o capitalismo norte-americano e com o comunismo soviético, equidistante da direita e da esquerda convencionais. Era uma escolha um tanto amadora, que não levava em conta aspectos como o emaranhado de interesses comerciais, financeiros e estratégicos até então postos na mesa. Para sondar essa heterodoxia em política internacional, Jânio fez uma intrigante viagem a Cuba em abril de 1960, quando era um mero candidato a presidente e Fidel Castro, um jovem que assumira o poder há apenas quatro meses. Em termos eleitorais, a viagem servia para sinalizar aos eleitores de Lott que Jânio, apesar de apoiado pela UDN, podia estar mais à esquerda do que o marechal apoiado pelo PTB e pelos comunistas. De fato, seria impensável imaginar Lott fazendo uma viagem dessas.

Com Jânio já instalado no Palácio do Planalto, o respeitado embaixador João Augusto de Araújo Castro, então lotado em Tóquio, escreveu a Castelinho recomendando firmemente que Jânio comparecesse à Assembleia-Geral da ONU para defender seus princípios em política externa e, quem sabe, lá lançar sua adesão aos não alinhados. Aparentemente, imaginava que o então presidente se prestaria a protagonizar a cena política internacional, coisa que os presidentes brasileiros costumavam desdenhar, fosse por desconhecimento preciso do cenário mundial, por ausência de peso específico suficiente do Brasil ou, quem sabe, por caipirismo atávico. Sugeria que um discurso na Assembleia-Geral seria suficiente para caracterizar os principais aspectos da nova política internacional brasileira — e ele ainda poderia passar um dia em Washington para uma conversa com o então presidente John Kennedy, declarando-se como um interlocutor independente, e não mais um mero alinhado automático dos EUA.

"Já estive presente em seis Assembleias-Gerais da ONU e sei, por experiência própria, que a nenhuma, realmente, comparecemos."[31] A sugestão não prosperou.

Castelinho tinha dúvidas sobre a eficácia dessa política: "A posição do Jânio não era ideológica, ele achava que era preciso armar uma força de resistência à influência americana. Para fazer isso, o Brasil tinha de caminhar para o Terceiro Mundo e para a África. Isso chocou o Carlos Lacerda, que era um homem comprometido com a política americana no Brasil."[32] Na longa viagem que fez, Jânio levou um caderninho escolar onde, como um aluno aplicado, anotava impressões e declarações dos seus interlocutores, o que lhe era facilitado pelo excelente inglês que falava.

* * *

Foi uma atitude diferente de todas as que tomaria na vida: Castelinho escreveu um longo depoimento sobre o governo Jânio, sobre sua própria performance e sobre sua participação no governo ao lado de José Aparecido de Oliveira. E deixou uma recomendação de que esse depoimento só fosse editado após a sua morte. O livro *A renúncia de Jânio* foi publicado em 1996 por uma pequena editora de Brasília, seguindo suas recomendações. Da leitura, quatro aspectos surgem como essenciais para entender o seu depoimento. O primeiro era relatar o que se passou com ele, que limites seguiu e respeitou, que propostas fez, a fim de resguardar a sua própria reputação.

O segundo era tentar explicar, a seu modo, a renúncia, deixar claro, com a visão privilegiada de quem estava a seu lado no exercício do poder, que Jânio — como se imagina — tentou um artifício para amealhar poderes ilimitados, livre das amarras do Congresso Nacional, mas sem expor claramente a intenção sub-reptícia dessa tentativa. Renunciou abruptamente imaginando que "o povo" o traria de volta nos ombros para que ele, livre das amarras dos partidos e do

Congresso Nacional, exercesse, afinal, o seu verdadeiro papel (segundo sua visão) de missioneiro salvador do Brasil.

O terceiro era relatar de forma subjacente a heterodoxia, à época incompreensível, que envolvia o governo Jânio. Eleito com o apoio dos segmentos mais conservadores da política brasileira, então estratificados na UDN — conhecida como a expressão política da direita brasileira —, à testa de um ministério conservador, Jânio começou a avançar para objetivos e territórios que estavam fora do escopo e do programa da direita. Começou a governar com uma ambiguidade que impressionava a esquerda e assustava a direita. Seu primeiro grande sinal foi começar a praticar uma política externa que ignorava o alinhamento automático com os EUA e lançava acenos ao Movimento Não Alinhado — o que, mais que desagradar, irritou profundamente líderes que o apoiavam na véspera, como Carlos Lacerda, governador do estado da Guanabara; os udenistas, viciados pela tradição do alinhamento automático, não aceitavam o desacoplamento. O fato mais simbólico, no entanto, foi condecorar Che Guevara com a Ordem Nacional do Cruzeiro do Sul. Essas ações de Jânio, embora fossem direcionadas à política externa, tinham a direção estratégica da política interna — ele queria apropriar para si o espólio da esquerda derrotada e sem rumo que batera espetacularmente em outubro de 1960. A emissão de sinais de fumaça à esquerda encantavam Aparecido, que agia como um maquis ensandecido. Atropelava Horta e prometia flores de Jânio a variados setores esquerdistas. Horta, que pareceu não ter entendido a estratégia janista, fazia o contraponto convencional e exercitava o papel conservador típico de um governo da UDN. Um permanente confronto heterodoxo entre as ações dos dois permeou os sete meses do governo Jânio, sem que fosse possível determinar, no momento da renúncia, qual tinha sido preponderante. Aparecido tramava com Raul Ryff, secretário de Imprensa de Jango, então vice-presidente, para aproximá-lo de Jânio; flertava com Miguel Arraes, a grande liderança esquerdista do nordeste; arranjou polpudas verbas para um congresso da esquerdista União Nacional dos Estudantes, então dividida entre o PCB e a Ação Popular (AP); cortejava deputados do PTB e acionava seus aliados bossa-nova da UDN, em especial os deputados Seixas Dória (SE), Ferro Costa (PA), José Sarney (MA) e Aroldo Carvalho (SC). Mas acima de tudo atropelava os movimentos de Horta — e a nomeação de Castelinho para a Secretaria de Imprensa foi um caso marcante (Horta indicara outro nome).

O quarto era demonstrar como é um palácio de governo por dentro, como funcionam, nas microações diárias, as disputas, as estratégias e táticas, o confronto aberto ou dissimulado, as intrigas, as ciladas. Ele exemplifica isso ao descrever o permanente confronto entre Horta e Aparecido. A disputa entre eles começara logo após a eleição; Horta era o braço político de Jânio, que, eleito, partiu para uma longa viagem internacional, deixando-lhe a honrosa tarefa de montar o ministério, mas impondo-lhe uma restrição constrangedora (só poderia confirmar nomes que fossem aprovados por um conselho informal de cinco ou seis cabeças, entre elas Aparecido). Horta tentou driblar a restrição e fez um ministério a seu gosto, talvez porque não intuísse, à época, que Jânio foi eleito pela direita e queria fazer um governo à esquerda, e ainda tinha veleidades autoritárias. Das conversas com seus colegas de palácio Castelinho recolheu duas curiosas definições de Jânio — ambas assustadoras quando se imagina que esse homem já mandou no Brasil. A primeira verbalizada à época por Quintanilha Ribeiro, um dos melhores amigos do ex-presidente: "Jânio era para ser contido, ter suas manifestações dosadas, nunca para ser estimulado na rota do perigo."

A outra, da lavra de Horta, relatando o caso do indivíduo que matou a namorada a tiros após constatar que ela olhara para outro homem. "Esse cidadão poderia ter feito uma infinidade de coisas mais simples. [...] Ninguém sabe por que, entre tantas alternativas, escolheu a pior: matar a namorada. A renúncia é isto: o sujeito que mata a namorada. Infelizmente o nosso Jânio é um desses que matam a namorada."[33]

Em sua narrativa precisa daquele governo excêntrico, Castelinho revela dúvidas que também para ele ficaram sem resposta convincente nos últimos 33 anos de sua vida: Jânio teria feito do governo uma conspiração? Se sim, teria conspirado com (ou através de) Horta ou com (ou através de) Aparecido? Ou teria sido com ambos? Ou terá usado ambos para que empurrassem seu carro alegórico do poder absoluto enquanto, do alto, ele comandava o andamento da bateria?

Jânio parecia transitar por uma trajetória errática — ora tomava uma medida que soava importante ora se preocupava com níqueis, como foi a proibição das brigas de galo, que hoje até se justificaria por razões de sentimento humanitário, mas à época era apenas uma velha tradição brasileira. Poucos dias antes da renúncia, no dia 4 de agosto, Castelinho recebeu um dos famosos bilhetinhos de Jânio, no qual o então presidente pedia um vasto relatório sobre a performance dos responsáveis por cada agência do Banco do Brasil, do Banco do Nordeste e do Banco da Amazônia. Explicava que, de posse dessas informações, determinaria uma ampla troca de gerentes, "substituindo todos que não preenchessem as condições julgadas indispensáveis". Essa era uma medida que se justificaria se fosse tomada pelos dirigentes de cada instituição, mas era descabida para ser determinada por um presidente da República, cujas preocupações devem estar em altitude bem maior. A ordem de Jânio não indicava quem deveria produzir tal relatório e nem que critérios deveriam ser seguidos para julgar cada gerente. Se o relatório chegou a ser pedido a alguém, não houve tempo, sequer, para iniciar o trabalho, porque 21 dias depois o dono da ordem abandonaria o cargo.[34] Isso, no entanto, não impediu que Castelinho, mais adiante, escrevesse que Jânio fora o mais preparado dos homens que ocuparam a Presidência da República.

Agosto brotou no Planalto Central e Castelinho tinha um arranjo familiar improvisado. Vivia na ponte aérea entre a nova capital e o Rio de Janeiro, onde sua esposa, Élvia era juíza do Trabalho da 1ª Região e não tinha como ser requisitada pela Justiça Federal. Ele levou seu impasse pessoal a Aparecido, que prometeu requisitar Élvia de alguma forma para trabalhar em Brasília. Acabou conseguindo: quando vagou um posto de procurador-geral do Tribunal de Contas, Aparecido indicou Élvia. Era um belo salário, sete vezes maior do que ela ganhava no Rio. Élvia aceitou; tomou posse no cargo e voltou ao Rio para fazer a mudança. Às 20h30 de 24 de agosto, véspera da renúncia, Castelinho foi despachar com Jânio. O presidente perguntou-lhe: "A mulherzinha já chegou?" Castelinho contou que ela chegaria no dia seguinte. Jânio: "Parabéns." Quando acordou no dia seguinte, pouco antes de Élvia desembarcar em Brasília, Jânio já não era presidente. Élvia trouxera tudo, inclusive Lindaura, que era a cozinheira da família no Rio de Janeiro, aonde chegara em 1955, trazida pela esposa do embaixador Raimundo de Souza Dantas e, quando o embaixador foi removido para o exterior, cedeu-a à casa de Castelinho e Élvia (Lindaura ficou com eles por cinquenta anos e até hoje, aposentada, é chamada de "vó" pelos "netos" Mateus e Rodrigo). Quando desembarcou em Brasília era arrimo de família, porque Castelinho perdera o emprego horas antes.

No último dia efetivo de governo, Aparecido colheu a assinatura de Jânio no decreto que criou a Universidade de Brasília, um projeto sonhado e apresentado ao secretário particular por Darcy Ribeiro, mais um dos esquerdistas do chamado "arraial do Zé". Darcy passara meses frequentando o gabinete de Aparecido para caitituar o projeto. Seu amigo, Castelinho reforçou o lobby feito por Darcy e ajudou a pressionar Jânio para que assinasse o decreto. "A coisa mais importante na vida do Darcy foi a Universidade de Brasília", asseveraria Castelinho muito tempo depois que os dois encadearam uma amizade que durou até o fim da vida.[35] Foi um dos últimos papéis assinados por Jânio.

9
CERTEZAS E DÚVIDAS

1961

Castelinho acordou tarde no dia 25 de agosto de 1961 e foi convocado ao palácio com urgência. Por volta das 10h30, desceu do carro na garagem do Palácio do Planalto e encontrou Roberto Marinho, então dono do jornal *O Globo* e da Rádio Globo, que teria uma audiência com Jânio às 15 horas, mas chegara bem antes para ter outras conversas com assessores palacianos. Castelinho o cumprimentou e advertiu: "Dr. Roberto, o senhor não precisa subir. Eu vou lhe contar aqui confidencialmente: o presidente renunciou. E estou chegando para anunciar a renúncia dele." Faro natural de jornalista, Marinho só pensou em dar o furo: "Então preciso passar isso para o jornal agora." Castelinho objetou: "Eu lhe contei confidencialmente." Marinho não se deu por vencido: "Faltam só dez minutos!" Castelinho resistiu: "Só pode ser divulgado às 11 horas, o senhor vai esperar." Marinho mudou a marcha, intuiu que Castelinho perdera o emprego e lhe perguntou. "Você quer trabalhar no *Globo*?" Talvez fosse uma boa hora para falar de emprego novo, mas Castelinho, perturbado com os fatos, recusou polidamente.

A renúncia pegou quase todos de surpresa, menos os raros amigos de Jânio, que já conheciam sua instabilidade. Afinal, Jânio tinha renunciado ao cargo de vereador para concorrer a deputado estadual; ao cargo de deputado estadual para concorrer a prefeito; ao cargo de prefeito, para concorrer a governador; ao cargo de deputado federal, para se candidatar à Presidência; e à própria candidatura presidencial quando a UDN quis lhe impor um vice que ele rechaçava. Quis renunciar quando estava no governo de São Paulo por não suportar emocionalmente o abalo do assassinato de seu pai — uma questão meramente pessoal, de ordem psicológica, sem nada de política. Quando era prefeito, disse a Castelinho que cumpriria seu mandato "até o último segundo do último minuto, da última hora, do último dia" — mas não cumpriu o propósito, certamente porque não tinha nenhum compromisso com as promessas que fazia. Como quer que se chame essa obsessão de subir aos céus sem limite, como um daqueles foguetes interplanetários que começavam a corrida espacial, não havia nenhum indicativo de que agora, na Presidência, seria diferente.

Jânio cansou de emitir sinais prévios sobre a renúncia. Primeiro, ao renunciar a todos os cargos públicos que ocupou antes da Presidência (com exceção do governo estadual); segundo, quando requisitou auxiliares "somente por seis meses"; terceiro, por seus movimentos ambíguos nos dias anteriores; quarto, por sua conhecida ojeriza a conversas e negociações com parlamentares. Sim, não foi só Castelinho que ele convidara "por uns seis meses". Quando um dia Aparecido falou-lhe em demitir-se, Jânio lhe deu uma resposta desconcertante: "Sair sozinho, por quê? Sairemos juntos. Espere mais um pouco e deixaremos isso. Mas juntos." Depois aconteceria também com Otto Lara Resende. Convidado para integrar o governo em março de 1961, Otto resistia a Jânio, que lançou seu último argumento: "Você vai me dar cinco meses de sua vida. Não mais." Otto tentou desvencilhar-se e Jânio sublinhou, escandindo as sílabas: "São cinco meses só!"[1] Três casos são suficientes para acreditar que desde o começo Jânio tinha o propósito fixo de renunciar em agosto para tentar um golpe na diagonal.

Pouco antes da renúncia, o trabalho de Castelinho ficara mais árduo. A desconfiança de importantes segmentos políticos e da sociedade na política externa de Jânio influenciava a imprensa, que por sua vez influenciava a sociedade. *O Globo*, que começou dando apoio total ao novo presidente, passou a dividir o espaço do noticiário político — apoiava Jânio, mas noticiava com destaque também as diatribes de Carlos Lacerda contra ele. Do outro lado da rua, a imprensa juscelinista — o *Diário Carioca* e o *Correio da Manhã* — batia sem dó em Jânio, sendo que o *Diário Carioca* fazia campanha sistemática contra ele. A cada dia passado no Palácio do Planalto ficava mais difícil ser secretário de Imprensa de Jânio.[2]

Castelinho narra uma conversa enigmática de Jânio com o chanceler Afonso Arinos que presume intenções maliciosas ao presidente que logo renunciaria. No dia 24 de agosto de 1961, véspera da renúncia, Arinos recebeu, no Rio de Janeiro, uma chamada telefônica de Jânio: "Ministro, onde está Jango hoje?" Jango estava em viagem ao exterior, mas Arinos não sabia em que país. Prometeu verificar. "Verifique agora. Eu espero no telefone", insistiu Jânio. Arinos apurou com assessores e respondeu: em Hong Kong. "Longe, não é?", ironizou Jânio com uma risadinha. E mais não disse nem o chanceler lhe perguntou.

À época, não havia meios instantâneos de comunicação, os voos eram reduzidos, o que ampliava em muito as distâncias e a infraestrutura aérea era limitada. Estar em Hong Kong era, literalmente, estar do outro lado do mundo, o que significa dizer que, numa emergência institucional, Jango levaria no mínimo dois ou três dias para voltar ao Brasil. Esse hiato institucional era precioso para os aparentes planos de Jânio. Deixa indícios de que, com a renúncia, ele pretenderia criar uma perplexidade nacional que levasse a uma hesitação institucional, pois era sabido que as Forças Armadas se colocariam contra a investidura de Jango na Presidência e isso conduziria a um impasse político insondável. As coisas que ele imaginou — se é que teria mesmo imaginado —, deveriam acontecer dentro desse hiato.

Pouco antes da renúncia, Jânio e Jango tinham se desentendido porque o presidente mandara investigar possíveis irregularidades nos institutos de Previdência, geridos no governo anterior por aliados de Jango. Em protesto, o vice-presidente fizera uma carta dura que Jânio se negou a receber, apresentando um despacho desafiador: "Devolva-se, por não estar vazada em termos e por não corresponder à verdade." Preocupado com o rompimento, Leonel Brizola, governador do Rio Grande do Sul, procurou Castelinho no palácio para contar-lhe que Jango planejava viajar para o exterior, visitar muitos países, inclusive União Soviética e China, e essa viagem poderia dar uma oportunidade para reaproximar o presidente do seu vice. A ideia era pedir que Jânio escrevesse cartas aos chefes de Estado dos países que seriam visitados para Jango as entregar, o que prestigiaria os encontros — e de quebra descongelaria a relação dos dois. Castelinho consultou Jânio, que aceitou a ideia na hora, e logo informou a boa-nova a Brizola, aduzindo que o presidente cobrara apenas que Jango fosse se despedir dele, ocasião em que receberia as cartas em mãos. Jango foi se despedir, recebeu as cartas e os dois fizeram as pazes. Dias depois Jânio mostraria que, ao renunciar, jogava com a ausência de Jango para dificultar sua posse.

Esse comportamento errático de um lado e do outro já era conhecido por Castelinho. Políticos agem assim, se bem que Brizola, no caso, exorbitava, porque no passado recente dissera coisas pesadas contra Jânio — e agora agia para se aproximar dele. Logo após a eleição que consagrou Jânio, em fins de 1960, Castelinho foi a Porto Alegre em companhia de Pompeu de Sousa (que participara da campanha de Lott) e Autran Dourado (que fora chefe de gabinete de Juscelino) para a inauguração da sucursal do *Diário Carioca*. Na casa do jornalista Lucídio Castello Branco, irmão de Castelinho, os três conversaram com Brizola e o notaram muito exaltado com a derrota de Lott e a vitória de Jânio. Talvez "exaltado" seja pouco para explicar o irado inconformismo que o governador evidenciava. Iracundo, bradava que pegaria em armas para impedir a posse de Jânio. A certa altura, disse a Pompeu: "Você, Pompeu, que é amigo do general Lott, e você, Autran, que é secretário do presidente Juscelino, vocês têm que agir, porque nós não podemos assistir à posse do Jânio Quadros. Temos que nos armar, reunir, impedir essa posse." Era mais uma das típicas bravatas de Brizola e por isso nem Pompeu deu o recado a Lott nem Autran o levou a Juscelino, ainda presidente. Ainda bem, porque teriam queimado a língua. Nove meses depois, poucos dias antes da renúncia, Brizola já era aliado incondicional de Jânio e foi alertar o presidente de que sua política de governo seria contestada pelo sistema militar, como se estivesse preocupado com o mandato de Jânio e só quisesse o seu bem; na ocasião, insistiu que ele deveria trocar os generais de comando para escapar a um golpe. Jânio não deu bola para o conselho, pois nem sequer conhecia os generais que comandava. Castelinho sabia disso muito bem: "Nunca cultivou relações militares, nunca fez política militar, nem antes nem depois da Presidência."[3]

Brizola não mudaria no curso dos anos. Logo depois da posse, num passe de mágica muito comum em sua trajetória política, mudou o discurso e aderiu a Jânio no maior entusiasmo. Aliás, Castelinho acabaria sendo intermediário da aproximação dos dois e talvez Brizola tenha recorrido a ele para essa função porque jamais conseguiria intermediários na gente da UDN que cercava Jânio e que demonizava o governador gaúcho. A técnica não mudaria ao longo do tempo. Ainda era ditadura militar quando Brizola, surpreendentemente, começou a disparar elogios a um constrangido general-presidente João Figueiredo, até pouco antes, seu adversário ferrenho. E repetiria a fórmula na década de 1990, quando governador do Rio de Janeiro, passou a cortejar o presidente Fernando Collor, que o derrotara pouco antes e a quem ele dirigira críticas duríssimas. Quando se aproximou de Collor, Castelinho tentou explicar seu pragmatismo: "Já se viu que ele não tira o pé do chão, apesar de um passado em que caiu do cavalo por revolucionarismo quixotesco, apesar ou por isso mesmo. [...] Seu comportamento leva sempre em conta sua situação em cada momento."[4]

* * *

O relato que Castelinho fez do ato de renúncia é factual. Cinco ou seis dias antes da renúncia, numa conversa a sós acontecida no Palácio Laranjeiras, sede do governo da Guanabara, Carlos Lacerda botou as cartas na mesa ante Jânio. Disse-lhe que o epicentro de sua política externa, que desmontava o alinhamento automático entre Brasil e EUA, era totalmente inaceitável e que prosseguir nela levaria a um rompimento da aliança que o elegera. Falou durante largo tempo e Jânio ouviu calado, quase todo o tempo com um meio sorriso enigmático nos lábios — podia ser apaziguador, podia ser irônico. A Lacerda pareceu que ele aceitava sem questionamentos o arrazoado que lhe era apresentado, segundo o relato de Sérgio Lacerda, filho do então governador do Rio, a Max da Costa Santos, então assessor do Ministério da Fazenda, que o confidenciou a Castelinho. Quando Lacerda acabou de falar, Jânio disse poucas palavras. Teatralmente, levou a mão direita ao peito e desabafou: "Meu amigo, não queira me matar do coração." Era como se dissesse: "Estas são as razões para tanto frisson? Se é, eu cedo." Lacerda tranquilizou-se. Mas Jânio não cederia. Só disse aquilo para iludir Lacerda.

Quando se percebeu enganado, dias depois, Lacerda virou bicho — e Lacerda encarnando um bicho não era uma coisa simples. Agendou uma entrevista na televisão com âmbito em sua cidade-Estado, o Rio de Janeiro, para o dia 24 de agosto. A data, por si só, já era lúgubre; nela, apenas seis anos antes, Lacerda detonara um presidente, que foi levado a atirar no próprio peito para sair morto do palácio e entrar vivo na História. Agora, preparava-se para detonar outro. Horta e Aparecido ainda tentaram se articular para impedir a fala; por sugestão deles,

Castelinho conversou com a TV Tupi para saber detalhes da operação, o que pareceu à direção da emissora uma sutil pressão para solicitar que a aparição de Lacerda fosse cancelada. Mas Lacerda acabou indo ao ar e apresentou denúncias gravíssimas. Afirmou, com sua voz de barítono enfurecido, que Horta, o ministro da Justiça, o convidara por duas vezes para participar de um golpe, com a decretação do estado de emergência e o fechamento do Congresso Nacional. E que Jânio, na conversa que ambos tiveram no Palácio das Laranjeiras, demonstrara concordância com a conspiração urdida por Horta — "conspiração" sempre fora a palavra mais usada nas usuais e explosivas diatribes de Lacerda e agora voltava à cena para dar tons de gravidade máxima à denúncia.[5] Esta última denúncia não era verdadeira.

No dia 25 de agosto, Jânio acordou antes das cinco da manhã. Primeiro telefonou a Quintanilha Ribeiro, disse-lhe que havia tomado uma decisão — mas não disse qual — e pediu-lhe que fosse para o Palácio do Planalto com o chefe da Casa Militar, general Pedro Geraldo de Almeida. Em silêncio, tomou café com Eloá e seguiu para o palácio. Chamou Quintanilha e Pedro Geraldo ao gabinete e lhes comunicou que estava renunciando. Não queria ir, sequer, à cerimônia comemorativa do Dia do Soldado, na Esplanada dos Ministérios, mas foi demovido por seus dois auxiliares. Foi à cerimônia com a expressão vaga de um autista, voltou ao palácio e juntou em seu gabinete, além de Quintanilha, Pedro, Horta e Aparecido. Castelinho conta as palavras ditas, que Aparecido lhe relatou: "Chamei-os para dizer-lhes que renunciarei agora à Presidência. Não sei assim exercê-la. [...] Não exercerei a Presidência com a autoridade alcançada perante o mundo nem ficarei no governo discutido na confiança, no respeito e na dignidade indispensáveis ao primeiro mandatário."

Jânio pediu a seus auxiliares que saíssem para ele redigir a carta de renúncia e determinou que Horta informasse sua decisão aos ministros da Guerra, da Marinha e da Aeronáutica, à época politicamente decisivos. Horta relatou a novidade a eles e os ministros, perplexos, pediram para falar com Jânio. O presidente logo recebeu o general de exército Odílio Denys (Guerra), o almirante de esquadra Sílvio Heck (Marinha) e o tenente-brigadeiro Gabriel Grün Moss (Aeronáutica), no gabinete presidencial, no qual também estavam Horta, Quintanilha, Pedro Geraldo e Aparecido — muitas testemunhas para uma conversa importante.

Jânio explicou-lhes as razões da renúncia sem explicá-las, como já fizera com seus auxiliares diretos. Quando acabou, os ministros militares estavam patetizados, sem conseguirem avaliar os desdobramentos possíveis da crise anunciada. "Presidente, não faça isso", balbuciou Grün Moss. "Esse é o maior golpe que sofro na minha vida", externou contristado o almirante Heck, muito ativo no golpe que ajudaria a concretizar apenas três anos depois e que seria desdobramento natural daquela decisão que agora conheciam. Denys, mais experiente e controlado, fez um apelo explícito, sem deixar margem a dúvidas de interpretação. Disse entender as dificuldades e, referindo-se a Lacerda, afirmou que Jânio devia saber que "esse moço é assim mesmo". Pediu que Jânio lhe determinasse as medidas que deveria adotar, e não economizou palavras: topava intervir no estado da Guanabara, prender Lacerda e fechar o Congresso. Grün Moss completou o tom de meridiana sinceridade militar: disse que Jango não poderia assumir o governo. Era, talvez, o que Jânio queria ouvir. O presidente renunciante dispensou as homenagens e recusou os apelos:

— Meus amigos, poupemo-nos esses constrangimentos, quando nada em homenagem ao meu gesto. Minha decisão é definitiva.

Castelinho finalizou seu relato: "Os ministros silenciaram. O presidente agradeceu-lhes a colaboração e a lealdade. Sobre a mesa, um papel no qual Jânio escrevera já umas dez linhas. Era a carta de renúncia."[6] Saíram todos e ele voltou à mesa para completar a carta. "Sinto-me porém esmagado. Forças terríveis levantam-se contra mim e intrigam ou difamam, até com a desculpa da colaboração. Se permanecesse, não manteria a confiança e a tranquilidade, ora quebradas e indispensáveis ao exercício da minha autoridade. Creio mesmo que não manteria a paz pública."[7]

Ao se despedir dos poucos assessores que o levaram à Base Aérea de Brasília, de onde embarcaria para São Paulo, Jânio lançou um último olhar sobre a vastidão de Brasília. "Cidade amaldiçoada. Espero nunca mais vê-la", disse. E subiu a escada do avião. Já estava dentro do aparelho quando desceu de um carro, esbaforido, seu ajudante de ordens, major Chaves Amarante, que se dirigiu para a escada do avião. O general Pedro Geraldo o advertiu: "O senhor não pode embarcar." O major mal explicou-se: "Desculpe, general, mas vou com o presidente." Ele recebera ordem de Jânio para resgatar, no palácio, a faixa presidencial e, naquele momento, a vestia sob a farda. Embarcou e a porta do avião foi fechada.[8]

* * *

Jânio se formara na Faculdade de Direito do Largo de São Francisco em 1939, no mesmo ano em que Castelinho ingressava na Faculdade de Direito da Universidade Federal de Minas Gerais. Em sua turma estavam Ulysses Guimarães, de quem nunca seria próximo, e Francisco de Paula Quintanilha Ribeiro, de quem nunca mais se separaria. Na faculdade, Quintanilha foi presidente do Centro Acadêmico XI de Agosto, tendo Jânio como secretário-geral. Para sobreviver durante o curso, Jânio dava aulas particulares a 2.500 reis cada. Desde a candidatura a prefeito, mudara seu estilo, passando a exercer o papel estudado de histrião populista. Fazia minicomícios subindo em caixotes, comia sanduíches sentado no meio-fio, cabelos desgrenhados. Em seu último comício de candidato a prefeito, em 1953, no Largo do Arouche, fez centenas de pessoas acenderem velas para simbolizar a mensagem de Confúcio — uma luz na escuridão. Burilava meios para despertar a emoção das pessoas. Candidato a governador, exibia nos palanques uma gaiola com um grande rato branco que insinuava a condição de ladrão de seu arquirrival Adhemar de Barros. Quando era candidato a presidente, fez comício em minha cidade, Macaé (RJ); logo que chegou foi descansar no Palace Hotel, ao lado da pracinha da prefeitura, onde ocorreria o comício. Menino curioso, entrei no Palace Hotel e subi a escadaria para o primeiro andar. A porta da suíte estava aberta e vi Jânio em frente a um grande espelho orientar um assessor que lhe espargia cuidadosamente o conteúdo de uma lata de talco Gessy sobre a parte traseira da lapela e nos ombros do seu paletó escuro, para simular uma demagógica e popularesca caspa. Já presidente, passou a usar um *slack*, veste tradicional dos funcionários públicos indianos, que conhecera durante sua viagem à Índia. Adorava exotismos.

Para Castelinho, no entanto, bastavam duas histórias para entender Jânio. A primeira contada por Quintanilha Ribeiro. Estudante de Direito, Jânio foi ao escritório de seu professor Vicente Rao, em São Paulo. À saída do elevador, cruzou com um homem de feições e roupas estranhas, que acabara de deixar o escritório de Rao. Momentos depois, Rao trouxe o homem pela mão; era o vidente Sana Khan, que pediu para ler a mão de um assustado Jânio. E profetizou a Rao: "Professor, estamos diante de alguém com um destino excepcional e estranho. Vejo este moço prefeito, deputado, governador de São Paulo e presidente da República. Será assassinado, como Lincoln, no segundo período de governo, numa cidade do interior." Conhecida a posteriori, a profecia incomodou até mesmo o incrédulo jornalista Castelinho, apesar do rotundo fracasso em sua derradeira parte — como se sabe, Jânio não voltou à Presidência, embora pretendesse, e definitivamente não morreu assassinado. Mas parece que a profecia impregnou as decisões de Jânio, levando-o a desafiar as lógicas do razoável, uma vez que o poder definitivo estava fadado a cair-lhe inexoravelmente no colo.

A segunda história requer um preâmbulo. Em abril de 1960, já indicado candidato da UDN à Presidência, Jânio ia fazer seu primeiro comício em Rio Branco, no Acre, quando soube que seu candidato a vice Leandro Maciel — que ele queria defenestrar — não subiria no palanque com Fernando Ferrari, que era do PTB e se lançara candidato independente a vice (o que era permitido pela legislação de então), como forma de esvaziar o outro candidato a vice do PTB, João Goulart. Jânio convidara Ferrari a ir. Enquanto udenistas discutiam, Jânio abandonou o comício, foi embora e renunciou à candidatura, deixando a UDN como refém de sua atitude. Mas o partido acabaria cedendo e encontrando outro candidato para vice (o mineiro Milton Campos, grande admiração de Castelinho). Jânio reassumiu a candidatura num gesto espetaculoso que pode ter servido de inspiração quando já estava na Presidência, imaginando, num corolário místico, que após a renúncia seria irrecusavelmente levado de volta ao trono nos ombros do povo, como garantira o vidente Sana Khan. Em dezembro de 1960, Jânio já eleito, Castelinho encontrou no Grand Hotel Plaza de Roma o empresário Roberto Selmi Dei, que financiava as aventuras eleitorais janistas. Selmi Dei, de quem Jânio disse ser "um doce de coco", lhe revelou que a renúncia à candidatura de abril de 1960 tinha sido decidida naquele mesmo quarto de hotel em dezembro de 1959.

Pouco antes, em Istambul, enquanto era entrevistado por Castelinho, a cada vez que o garçom trazia mais bebidas, Jânio passava a nota para Selmi Dei e dizia: "Roberto, meu bem, querem o seu autógrafo." Nesta noite, Jânio deu a Castelinho uma entrevista que era um mimo de extravagância verbal e demagogia política, cheia de lugares-comuns, signos primários e admirações patéticas. "Venho da Ásia e de contatos com homens como Nehru e Nasser. Enganam-se os que imaginam, na nossa terra ou fora dela, que eu seja a missa de sétimo dia da Petrobras. Petróleo é soberania", disse, numa entrevista publicada em *O Cruzeiro*. Sobre a reforma agrária, hipnótica meta que atormentaria Jango, Jânio fez uma afirmação que assustaria a UDN: "Cabe a nós, democratas, promovê-la ao longo da lei para que outros não a promovam acima da lei." E foi mais longe: "Não sou contra nem a favor dos EUA, mas a favor do Brasil e das nações centro e sul-americanas." Por fim, antecipou indicações para decifrar os futuros caminhos de sua errática política externa, baseado em impressões passageiras e observações imprecisas. Afirmou, um tanto ingenuamente, que Nasser era a "figura mais impressionante" que já conhecera na vida e contou que jantara com ele no Cairo, sentado a sua esquerda, enquanto à direita sentava-se Ernesto Che Guevara. Parecia encantado com os cenários que passara a frequentar. Levou Castelinho e outro repórter para apresentar a Ben Gurion. O velho fundador do Estado de Israel cumprimentou os dois e disse em francês: "Não recebi os senhores porque não gosto de jornalistas." E logo explicou: "Eu também já fui jornalista." Jânio achou muita graça. Castelinho riu amarelo.

Depois dessas duas histórias e dos pedidos de cessão por "apenas" seis meses, nada mais que isso, Castelinho começou a entender em que tipo de encrenca tinha se metido. "Comuniquei a Aparecido, antes de irmos trabalhar no palácio, que estávamos convocados a participar de uma tragédia ao lado daquela figura tensa, inexplicada e patética de Jânio Quadros."[9]

Não seria a única vez que Castelinho bateria forte em Jânio. Numa entrevista, deu uma resposta irônica a uma pergunta de Ziraldo Alves Pinto sobre as prováveis razões da renúncia: "Tenho um elenco de fatos e um elenco de hipóteses. Mas por que renunciou eu não sei. E acho que ele também não sabe."[10] O *Pasquim* demorou a chegar às mãos de Jânio. Quando chegou, seis meses depois, o ex-presidente escreveu a Castelinho, como numa reprimenda, anexando um pequeno recorte retirado do pé da página 9: "Isso é seu? Que eu não saiba, acho difícil. Mas entender que eu não saiba é emprestar-me uma irresponsabilidade inaceitável. Imaginei que merecesse mais carinho [...]" Terminou o bilhete com a expressão: "Com abraços e respeito à 'Juíza'", referindo-se a Élvia, como se lembrasse a Castelinho que mandara Aparecido conseguir-lhe uma boa colocação em Brasília, em 1961 — e que esse "favor" lhe seria devido.[11]

* * *

Jânio renunciou e voou para São Paulo, onde não tinha mais residência — e ficar em casa de um amigo seria um incômodo, ante o inevitável cerco que a imprensa lhe faria, em busca de explicações. Acabou hospedado na Base Aérea de Cumbica enquanto aguardava o dia do embarque num navio cargueiro para a Europa. Castelinho e Aparecido foram para lá. "Não farei nada por voltar, mas considero minha volta inevitável", disse-lhes Jânio. E disse mais: "Pode ser que o processo demore mais que o previsível, um ano ou até dois. Mas é inevitável."[12] Na Base Aérea, Castelinho recebeu telefonema de um assustado Leonel Brizola, que queria detalhes sobre o acontecido. Brizola se transformara mesmo: de incendiário líder do PTB que pregara a luta armada para impedir a posse de Jânio, agora aderira com tal empenho que, na conversa, propôs a Castelinho que Jânio fosse resistir — a quê, a seu próprio gesto? — no Rio Grande do Sul.

Quando deixava a Base Aérea de Cumbica, Castelinho encontrou o major Chaves Amarante, fiel ajudante de ordens de Jânio. Amarante contou-lhe que informou Jânio de que trouxera consigo a faixa presidencial, cumprindo determinação do agora ex-presidente. Jânio não deu a menor importância ao fato, menosprezando a sua própria ordem. Simplesmente disse ao major que a devolvesse a alguém. Perplexo entre as duas ordens díspares, Amarante revelou a Castelinho que, à falta de alguém mais oportuno, pensava devolvê-la ao então comandante do Segundo Exército, um certo general chamado Arthur da Costa e Silva.[13]

Dirigindo ele próprio um carro DKW-Vemag sob a garoa de uma São Paulo nublada e cinzenta, Jânio cumpriu o último ato de sua renúncia, rumo ao porto de Santos, acompanhado apenas por dona Eloá. Lá embarcou no cargueiro *Uruguay Star* para a Europa.

Enquanto Jânio saía do jogo de forma bizarra, Castelinho começou lentamente a analisar seu engajamento explícito num governo — e num governo que tinha se esfarelado sem explicações palpáveis. Muito tempo depois, disse numa entrevista: "Surpreendia-me que

Aparecido, na mesma medida em que demonstrava cotidianamente amizade e confiança, sentisse permanente necessidade de afirmar um comando político mais do que evidente, como se não lhe bastassem, da minha parte, ausência de espírito competitivo e total renúncia a aspirações do poder."[14]

Dentro do governo, a forma de entender aquele processo apenas o incomodou; depois que deixou o governo, as coisas começaram a ficar claras para ele. Por exemplo: como jornalista, cabia-lhe exercitar a extraordinária capacidade de identificar, classificar, analisar e narrar a cadeia de fatos políticos de maneira a formar elementos que depois comporiam um acervo historiográfico. Mas dentro do governo como teria enfrentado as cobranças e exigências sem perder a ética? Como o papel do jornalista isento conviveu com o agente governamental? Teria ele, no governo, garantido uma boa performance sem solapar a ética do jornalismo?

Depois que saiu do governo as respostas afloraram com meridiana clareza. No governo, ele fora jornalista todo o tempo e recusou-se a ser político em qualquer tempo. Por isso não se incomodou quando Aparecido avançou para exercer o papel político que, por função estrita, lhe caberia. "Aparecido percebeu que eu não desempenharia a Secretaria de Imprensa politicamente e ele mesmo pôs-se a suprir a deficiência: reunia os repórteres, influindo decisivamente no preparo das notícias, filtrando interpretações, orientando na valorização do que seria o interesse político do governo, a máquina publicitária."[15]

Quando o governo desmoronou, voltou para a planície e para seu emprego em *O Cruzeiro*. Pediu, no entanto, uma quarentena de seis meses para expurgar seu passado recente no palácio.

* * *

Sete meses após a renúncia, Jânio voltou da Europa de navio, com desembarque marcado para o porto de Santos. O governo do presidente João Goulart e do primeiro-ministro Tancredo Neves operou para esvaziar o desembarque, antecipando a atracação do navio para as sete da manhã da Quarta-Feira de Cinzas de 1962. Mesmo assim, lá estavam nas docas milhares de trabalhadores e populares, que ouviram e viram o Jânio de sempre — desgrenhado, cabelos em desalinho, punhos da camisa social desabotoados, desconexo. Ali mesmo, Jânio resolveu falar à Nação para explicar a renúncia. Ao ouvir o discurso pelo rádio, em Brasília, veio à cabeça de Castelinho a explicação de Horta ("Um ministério conservador para concretizar um programa revolucionário"), mas ao revés: era "uma explicação revolucionária formulada por uma mente conservadora".[16]

Nos dias posteriores, Castelinho viajou a São Paulo para cobrir como jornalista intermináveis reuniões de Jânio com seus seguidores fiéis para discutir o seu futuro imediato. Havia duas hipóteses em jogo: Jânio seria candidato ao governo de São Paulo, para começar a reconstruir a carreira política interrompida, ou cumpriria uma campanha nacional para explicar as razões da renúncia. Como a segunda não tinha substância lógica, Jânio optou pela primeira — e optou mal. Na eleição de 1962, Adhemar de Barros deu-lhe o troco das derrotas anteriores. Foi a primeira eleição perdida por Jânio, que depois disso só venceria mais uma — para a Prefeitura de São Paulo, em 1985. Nos anos seguintes, "se esvaziou como um balão furado"[17] e amargaria, na interpretação do povo que o elegeu, o triste papel de bufão sem causa.

O último encontro entre Castelinho e Jânio aconteceu em maio de 1989. Jânio tinha deixado a prefeitura de São Paulo e especulava-se que poderia ser novamente candidato à Presidência da República naquele ano — não foi, como se sabe, abatido pela doença. Após a conversa, Castelinho pernoitou na casa de Jânio, no Morumbi, por imposição do ex-presidente. No dia seguinte, foi escrever sua coluna na sucursal do *Jornal do Brasil* em São Paulo, onde o então diretor da sucursal, Ricardo Setti, o encontrou. Jânio disse a Castelinho que, não fosse a doença, "passaria de trator" sobre os adversários na eleição presidencial. Fora da disputa, terminou apoiando o ex-vice-presidente Aureliano Chaves, candidato do Partido da Frente Liberal (PFL), formado pelos dissidentes do Partido Democrático Social (PDS). Na conversa Castelinho mencionou a candidatura de Fernando Collor, que crescia rapidamente nas intenções de voto. Com a voz esganiçada, esgares típicos e o escandir proposital das sílabas, forçando o sotaque paulista, Jânio perguntou-lhe: "E quem é este senhor?" Como era de sua característica, no segundo turno Jânio apoiou "aquele senhor".[18]

* * *

Quando saiu do governo que derreteu, Castelinho foi à direção de *O Cruzeiro* negociar sua situação. A revista queria que ele voltasse à ativa imediatamente. "Recusei. Não ia escrever reportagens sobre o governo, ainda mais porque *O Cruzeiro* passou a fazer uma violenta campanha contra Jânio. David Nasser, importante e polêmico repórter de *O Cruzeiro* na época, toda semana publicava uma descompostura, um retrato do Jânio bêbado. Aquilo era uma campanha paga, porque David Nasser era um homem sem idoneidade. Ele recebia dinheiro para fazer aquilo. Então eu me recusei a voltar para *O Cruzeiro*."[19] Tirou dois meses sabáticos, numa quarentena para expurgar seu vínculo com o oficialismo palaciano, e depois voltou a trabalhar, mas sem qualquer alegria. Na mudança para Brasília, licenciou-se do *Diário Carioca*; quando voltou ao trabalho e continuou morando em Brasília pediu demissão, mas o jornal não concretizou sua saída. "Vou morrer licenciado do *Diário Carioca*."[20]

Em outubro de 1961, uma operação surpreendente sacudiu o mercado de imprensa: Nascimento Brito, genro da condessa Pereira Carneiro, dona do *Jornal do Brasil*, comprou de Carlos Lacerda, então governador do estado da Guanabara, por 10 milhões de dólares, a *Tribuna da Imprensa*. Comprou, em termos. Nas mãos de Carlos Lacerda, a *Tribuna* fora, desde 1949, uma metralhadora giratória que cuspia fogo sobre Getúlio, Jango, Brizola e o PTB. A compra de Nascimento Brito não foi um negócio empresarial, mas um negócio político. Naquele momento, a UDN fazia oposição moderada ao governo Jango. A maioria dos udenistas, conduzida com mão de seda pelo presidente do partido, Magalhães Pinto, pensava se aproximar de Jango e até participar do governo. Jango dava razões para isso; precisava acumular forças e, no início débil de governo, fazia seguidos acenos a setores conservadores, inclusive à UDN. De olho na sucessão presidencial de 1965, Magalhães via essa corte com simpatia; o único segmento da UDN que continuava a guerrear Jango era Carlos Lacerda e seu pequeno grupo de liderados. Lacerda não dava contemplação: para ele, Jango era um inimigo, não um adversário. Sua casamata para desfechar essa guerrilha permanente sempre fora a *Tribuna da Imprensa*. Um setor ponderável da UDN pavimentava o caminho de um acordo com Jango e via a *Tribuna* de Lacerda como um impasse a contornar. Era imprescindível neutralizar a trincheira de onde ele e seu grupo disparavam todos os dias contra o governo. O sobrinho de Magalhães Pinto, José Luiz de Magalhães Lins, executivo do Banco Nacional, montou a operação que abriu os cofres do banco para fazer o empréstimo — que nunca seria pago — de 10 milhões de dólares com que Brito comprou a *Tribuna* para calar a voz estridente de Lacerda. Há quem diga que Lacerda precisava de dinheiro para pagar dívidas acumuladas da campanha a governador da Guanabara em 1960; há quem especule que, eleito governador, não precisava mais da *Tribuna*, pois teria um palanque natural.

Após a venda, a *Tribuna* foi dirigida por dois jovens jornalistas, Zuenir Ventura e José Itamar de Freitas. Mas Brito logo pediria ao novo diretor de redação do *JB*, Alberto Dines, que assumisse o cargo em janeiro de 1962, para passar lá todas as tardes e "dar uma arrumadinha" no jornal. Além da "arrumadinha", Dines deveria cuidar de um alvo específico: estavam vetados, a partir dali, os artigos tonitruantes de Lacerda contra Jango. "Não quero a *Tribuna* batendo no governo

Jango", recomendou Brito. Durante a transição, o filho de Lacerda, Sérgio, continuou na superintendência da *Tribuna* e foi o primeiro a reclamar do veto aos artigos do seu pai. A ele, Dines informou claramente a nova orientação do novo dono.[21]

Brito marcou data para que a *Tribuna* estreasse cara nova. A direção de redação foi entregue a um editorialista do *JB*, o jornalista e poeta Mário Faustino. Como Faustino não era um bom "cozinheiro" — termo usado para se referir ao jornalista que conhece o mecanismo completo de um jornal —, outro editorialista do *JB* foi com ele para a *Tribuna*, o jornalista Hermano Alves. Uma das primeiras ações de Hermano foi viajar a Brasília para convidar Castelinho, que já era chefe da sucursal do *JB*, para fazer uma seção diária de análise política no novo jornal. Castelinho aceitou o convite e sua primeira coluna saiu na *Tribuna* do dia 1º de janeiro de 1962. Mas a nova fase da *Tribuna* não deu muito certo: a primeira edição saiu com 24 horas de atraso, já chegando velha às bancas. Brito imediatamente demitiu Faustino. Nos meses seguintes, outros equívocos foram desgastando o jornal; além das trapalhadas, a nova *Tribuna* começou a soar estranha a seu público natural, formado pela classe média que votava na UDN e não simpatizava com Jango. Essa gente não queria ler um jornal que afagava o governo federal e as vendas em bancas caíram abruptamente. Pouco tempo depois, o jornalista Hélio Fernandes recebeu um convite para almoçar com o advogado Miguel Lins, tio de José Luiz de Magalhães Lins. No almoço, Miguel perguntou-lhe se aceitaria comprar a *Tribuna*; Hélio se surpreendeu e disse que não tinha dinheiro para tal aventura. Lins lhe disse que dinheiro seria o menor problema — ele apenas assumiria o ativo e o passivo da *Tribuna*; no passivo, lógico, estaria embutido o empréstimo do Banco Nacional. Hélio aceitou a proposta. Assim, num gentil obséquio do Banco Nacional, a *Tribuna* voltou indiretamente às mãos de Lacerda, de quem Hélio era aliado em qualquer trincheira. Assim, em julho de 1962 uma nova venda da *Tribuna* foi formalizada. Brito abriria mão de quase tudo, menos do autor da coluna política, Castelinho, a quem convidou para transferir a coluna diária para o *JB*. Castelinho aceitou sem pestanejar; acompanhara toda aquela movimentação do xadrez político e percebera que a grande aventura da *Tribuna* estava por terminar. Brito transmitiu a boa-nova a Dines: o chefe da sucursal Brasília seria o novo comentarista político do *JB*.[22] A Coluna do Castello estrearia no dia 3 de janeiro de 1963 no *JB*, que seria sua casa por mais de trinta anos.

Mas a operação de venda da *Tribuna* tivera um importante bastidor político. Quando Jânio renunciou e a posse de Jango foi colocada em xeque por Lacerda e pelos militares conservadores, um empresário destacou-se na defesa da legalidade e da posse de Jango — José Luiz de Magalhães Lins, vice-presidente do Banco Nacional e sobrinho de Magalhães Pinto. Quando Jango finalmente assumiu o governo, ainda sob regime parlamentarista, Magalhães Pinto liderou a ala moderada da UDN, fazendo um nítido contraponto a Lacerda, líder da ala incendiária. Magalhães respondia aos acenos de Jango e evidenciava sua simpatia com a negociação para a UDN integrar o governo. Quando Jango foi empossado, José Luiz acompanhou o presidente em visita a vários jornais cariocas, cujos donos eram seus amigos. Ganhou de tal forma a confiança de Jango que chegou a indicar pelo menos um ministro — o gaúcho Egydio Michaelsen, para o Ministério da Indústria e Comércio.[23] Entre os dois estabeleceu-se um clima de confiança e intimidade. Foi nesse momento que foi arquitetada a compra da *Tribuna*, removendo o quisto udenista radical que perturbava aquela aliança heterodoxa. O planejamento político da compra foi comandado por José Luiz e seu tio Miguel Lins.

Em fins de 1962, foi iniciada a campanha para o plebiscito, marcado para 6 de janeiro de 1963, no qual o eleitorado escolheria entre o parlamentarismo (que havia sido imposto a Jango) e o presidencialismo (que ele queria ressuscitar para governar com plenos poderes). O tesoureiro da campanha a favor do presidencialismo foi José Luiz de Magalhães Lins, que teve uma performance magnífica, arranjando dinheiro com empresários para fazer uma campanha tão convincente e rica que, ao final, foi elogiado por Darcy Ribeiro, chefe da Casa Civil de Jango, que dele disse ter sido o melhor chefe de campanha que já vira na vida. A campanha do "não" (o plebiscito indagava ao eleitor se apoiava ou não o ato institucional que implantou o parlamentarismo) foi massacrante. Tinha um jingle[24] que caiu na boca do povo, a bordo de um trocadilho infame que desqualificava o sistema parlamentarista mediante uma argumentação popularesca:

Em casa que muitos mandam
Ninguém pode acertar
É pra lamentar, é pra lamentar

Finalizava fazendo o elo entre a vitória do "não" e um governo pleno de João Goulart: "Desse jeito, minha gente, é melhor o Jango Goulart." Funcionou, e o presidencialismo venceu por larga margem — angariou 9.457.448 votos contra apenas 2.073.082 votos do parlamentarismo, o sistema de governo que Jango fora obrigado a engolir em 1961.

Quando venceu o plebiscito e foi reinvestido na Presidência com plenos poderes, Jango passou a depreciar a aproximação com a UDN de Magalhães Pinto e conduziu seu governo cada vez mais para a esquerda. Magalhães percebeu os primeiros sinais logo após o plebiscito e logo entendeu que Jango não precisava mais da aliança. Silenciosamente, retirou-se para os arraiais da UDN e levou consigo o seu fiel timoneiro José Luiz. Da mesma forma que retirara a *Tribuna* de Lacerda, José Luiz operou para devolvê-la, agora que Jango virara adversário. Nas mãos de Hélio Fernandes, a *Tribuna* voltou a ser tão lacerdista quanto era antes — Jango cometera o pecado de unir seus adversários que estavam divididos. Magalhães e a *Tribuna* de Hélio foram dois faróis a iluminar a trajetória do golpe de 1964. Magalhães seguiria com os governos militares até o inferno, tendo sido signatário do AI-5 (gesto do qual se arrependeria amargamente). Já a *Tribuna* ziguezagueou um tempo, mas, quando ficaram claros os objetivos dos militares, logo passaria para a oposição ao regime militar, tornando-se tão oposicionista quanto o *Correio da Manhã*.[25]

José Luiz voltou a cultivar sua amizade com Lacerda e a manteve acesa mesmo quando ele caiu em desgraça com o regime militar; angariou recursos com grandes empresários para que Lacerda criasse a Editora Nova Fronteira. Na década de 1970, os filhos de Magalhães Pinto forçaram sua saída da direção do Banco Nacional, que logo depois entraria em decadência.[26] Mesmo após sua saída do banco continuou falando com os jornalistas mais importantes do país todos os dias. Com Castelinho, por exemplo, a amizade perdurou até a morte do jornalista.

* * *

Castelinho via Brasília pragmaticamente, não pela via do olhar torto e preconceituoso das pessoas que se dispõem a criticá-la sem conhecer seus atributos ou relativizar suas vulnerabilidades. Quando uma jornalista lhe perguntou se Brasília afetava a prática do jornalismo, ele lhe deu duas respostas. A primeira foi sobre a relação entre Brasília e a prática jornalística: "Falta ainda a Brasília a atmosfera que completa a informação e lhe dá a dimensão do reflexo da opinião pública." Do ponto de vista do trabalho jornalístico, ele apontou problemas de controle e dissonância na distância entre sucursal e sede, considerando os órgãos de imprensa de outros estados. Essa dissonância resulta no esfriamento da notícia e na busca de reduzir os graus de responsabilidade. O editor, na sede, quer notícias com fontes para minimizar a possibilidade do erro; já o repórter, para escapar a riscos, troca a busca de informações pela busca de declarações, o que significa um retrocesso jornalístico, segundo ele. "Só quem deve falar a um jornal é quem tem importância especial ou quem está envolvido como personagem num episódio específico", afirmou.

A segunda foi sobre a relação entre governantes e a prática jornalística: "Brasília facilitou, na primeira fase, anterior à censura, o contato do jornalista com as fontes oficiais de informação. Depois de 1968, o governo tornou-se sigiloso e as fontes de informação foram postas sob rigoroso controle. Hoje há uma liberação, mas persiste o vício do controle, disfarçado agora na seleção de repórteres e canais de confiança política, e não propriamente jornalística. Ainda não se restabeleceu a disputa pela notícia em pé de igualdade entre os diversos repórteres e os diversos canais. Ainda não há livre acesso, mas acesso seletivo."[27]

10

A SEGUNDA DITADURA

1958-1964

No final da década dos 1950, o *JB* era um jornal em clara evolução. Sofrera um baque em 1954, quando morreu o seu grande timoneiro, Ernesto Pereira Carneiro, que ostentava com orgulho o título de conde papal, recebido do Vaticano em 1919 por ter ajudado a enfrentar a epidemia de gripe espanhola que assolara o Rio de Janeiro e que vitimara personalidades como o presidente eleito Rodrigues Alves. O conde assumira o jornal exatamente naquele ano, 1919, depois que os antigos proprietários não conseguiram pagar vultosos empréstimos feitos para custear a custosa importação de papel-jornal ao tempo da Primeira Guerra Mundial. Com a morte do conde, sua mulher Maurina Dunshee de Abranches Pereira Carneiro, a condessa, assumiu a direção do jornal. Optou por modernizar o *JB*, até então um simplório jornal de pequenos anúncios. Encomendou um projeto inovador e convidou para tocá-lo Odylo Costa (Filho), um jornalista brilhante e criativo. Sua primeira grande sacada foi criar um suplemento literário, dirigido pelo jornalista Reynaldo Jardim; para as outras funções, contratou uma equipe de jovens jornalistas talentosos, muitos formados no *Diário*

Carioca (que fizera sua grande reforma alguns anos antes) e na *Tribuna da Imprensa*. Mas, se era brilhante, Odylo tinha um ponto fraco: negligenciava a organização interna. Certa vez o editorialista Wilson Figueiredo escreveu o editorial do dia seguinte e deixou o texto sobre a mesa do diretor de redação, para que ele aprovasse. Odylo saiu para um jantar e não deixou o editorial com a rubrica de "aprovado", como fazia sempre. Já às 22 horas, angustiado, Wilson conseguiu descobrir onde Odylo jantava, ligou para dizer que o editorial sumira e a página ainda estava aberta. Odylo jurou que não vira as laudas sobre a mesa. Wilson já pensava em escrever novamente o editorial quando Odylo ligou: encontrara as laudas no bolso interno do paletó. "Mande um carro buscar", comentou com um Wilson pasmo com aquela prova canhestra de falta de atenção.[1]

Em agosto de 1958, Odylo cometeu um erro infantil e, para ele, fatal. Numa tarde, recebeu na redação uma foto curiosíssima de um encontro do presidente Juscelino Kubitschek com o secretário de Estado norte-americano John Foster Dulles, que estava em visita ao Brasil. A foto mostrava Dulles sentado e Juscelino de pé, com os braços abertos e as mãos espalmadas para fora, sorrindo, como se reclamasse alguma coisa do secretário de Estado. O que ocorrera no encontro, de fato, era bem diferente. Um fotógrafo não pegara o aperto de mão dos dois porque seu flash speedgraph — que demorava para carregar — falhara na hora; pediu, então, a Juscelino que voltasse a apertar a mão de Dulles para capturar a foto; em vez de repetir o cumprimento, naquele momento Juscelino reclamava com o fotógrafo. Mas Odylo, um udenista empedernido que fazia tudo para complicar a vida do pessedista Juscelino, resolveu colocar na foto uma legenda maliciosa. "Tenha paciência, *mister*", estampava o título que encimava a foto na primeira página da edição de 6 de agosto daquele ano. Furibundo com a brincadeira maliciosa, Juscelino reclamou com Nascimento Brito, o genro da condessa, que, incontinente, demitiu Odylo.[2] No dia seguinte, convidou Castelinho para deixar *O Cruzeiro* e passar a ser o diretor de redação do *JB*. Amigo de Odylo desde os tempos do Piauí, amizade renovada quando se reencontraram no Rio, Castelinho polidamente recusou: "Olhe, Brito, eu sou muito amigo do Odylo, de modo que não tenho condições morais de substituí-lo. Fica pra outra oportunidade, mais adiante eu vou trabalhar com você. Agora eu não vou, não." E contou: "O pessoal da redação me fez apelos, Araújo Neto, Jânio de Freitas, Hermano Alves, todos pediram para eu aceitar, mas eu não podia agredir o Odylo, aceitando o lugar dele."[3] Iria quatro anos depois.

* * *

Depois de dois mandatos curtos, o jornalista Alberto Dines assumiu a direção de redação do *JB* para dar continuidade à reforma que Odylo começara a implantar, seguindo o projeto original. "Austeridade em matéria de colunas e textos assinados era uma das marcas do *JB* desde o tempo da reforma de Odylo Costa."[4] O *JB* deixado por Odylo tinha duas colunas políticas: a tradicional rubrica Coisas da Política, escrita por Heráclio Salles, mas que não levava a sua assinatura; e o Informe JB, de Pedro Müller, única coluna assinada no primeiro caderno. Foi esse espaço que Castelinho ocuparia a partir de janeiro de 1963, novamente convidado por Brito, desta vez para escrever uma coluna assinada.

O nome da coluna surgiu quase automaticamente. "Sentei com Castelinho para definir a página e o formato da nova seção. O encontro durou alguns minutos apenas, ele não era de muita conversa, falava pouco e baixo, quase um resmungo. Pensei que, se o noticiário político começava na página dois, o lógico seria lá ancorar a nova coluna. Então, qual seria o nome? Castelinho lembrou de um combativo jornalista norte-americano, Max Lerner, cujos artigos eram distribuídos a dezenas de jornais sob a rubrica The Max Lerner Column. Sapequei: Coluna do Castello. Ele titubeou, assustado com a perspectiva de ver o seu nome no título, mas acabou aceitando. Não por vaidade, mas porque percebeu que se ensaiava uma nova experiência, o jornalismo de autor."[5] Esta seria uma marca registrada da gestão de Dines. Ele incentivaria o jornalismo de autor no *JB*. Os artigos de José Carlos de Oliveira eram publicados num espaço assinado como "Carlinhos Oliveira"; logo após, o jornalista Zózimo Barroso do Amaral foi contratado pelo *JB* e sua coluna social, que se tornou tradicional no Rio de Janeiro, também ganhou o seu nome. A regra só não funcionaria com Armando Nogueira; quando Dines lhe falou em assinar a coluna com seu nome, Armando pediu para repetir o título que sua coluna tinha no *Diário Carioca* — Na Grande Área.[6]

A Coluna do Castello foi um sucesso desde o primeiro dia. "Castelinho encontrou imediatamente a entonação apropriada — informação de bastidores combinada com a análise personalizada, distanciamento crítico e malícia. Tudo isso num estilo enxuto e aliciante. O leitor saía da primeira página e, em seguida, mergulhava no emaranhado da política explicado por um escritor de talento."[7]

Castelinho construiu um modelo de repórter político que se reproduziu pouco na crônica política brasileira. No Rio, convivia com os políticos enquanto apurava informações, mas não todo o tempo. Por isso, era possível manter distância crítica deles; era-lhe possível criticar um político ou um acontecimento sem temer encontrar-se com o personagem socialmente e ouvir dele a cobrança de um desmentido ou uma versão diferente. Quando encontrava os personagens, no dia seguinte, a distância crítica mantinha o decoro e preservava certos limites na reclamação. Em Brasília, passou a chamar ainda mais a atenção e Castelinho teve de reinventar-se para atuar lá. Com pouquíssimos lugares para ir, na Brasília dos anos 1960 ou 1970, o repórter encontrava o político que criticara a qualquer momento e em qualquer lugar público ou privado aonde fosse. "Esse mundo pequeno te dava uma convivência ombro a ombro com todo mundo. Não tinha muito lugar para onde ir. O repórter rodava nos mesmos lugares. Castelinho tinha que ser cuidado, não só no sentido pessoal, mas no sentido como se fosse um ícone que você tivesse dentro de casa."[8]

Nos primeiros tempos, a "entonação" mencionada por Dines era bem diferente do que seria mais adiante. "Minha coluna no começo era diferente do que é hoje. Tinha uma massa de informações muito maior, menos análise e mais informação. Eu vivia a vida política do país aqui em Brasília o dia todo. Eu ia de manhã e de tarde para a Câmara."[9] No processo de endurecimento do regime militar Castelinho foi paulatinamente obrigado a redigir informações em linguagem indireta, quase cifrada, não explícita, usando um estilo de símbolos e entrelinhas para descrever fatos e análises. "Procuro dizer as coisas que estão proibidas de maneira que eu as possa dizer."[10] Noutra oportunidade, ele explicaria isso de forma mais clara: "As notícias podem ser dadas diretamente, explicitamente, ou indiretamente, implicitamente, como ocorre habitualmente nos períodos de controle da imprensa, durante os quais o jornalista tenta a comunicação com o seu público mediante mensagens cifradas."[11] Quando veio a redemocratização, ele assumiu um estilo definitivo, maduro e com total liberdade para analisar os acontecimentos políticos.

A estreita intimidade de Castelinho com o melhor da literatura portuguesa e brasileira — em particular, Eça de Queiroz, Machado de Assis, Mário de Andrade e Carlos Drummond de Andrade — emprestou grande qualidade a seus textos jornalísticos e literários, tanto no jornal quanto nos poucos livros que escreveu. Ele produzia textos excepcionais, tão precisos quanto enxutos, tão ricos quanto esclarecedores. Mas a observação atenta de sua produção jornalística permite perceber que ele continha o brilho do texto em prol do encadeamento da ideia e da facilitação do entendimento de suas análises. O seu texto jornalístico é preciso, enxuto e correto, mas sem o brilho dos textos literários; nele, o que brilhava era a clareza, o discernimento, a consistência e a lucidez da análise que ele fazia da cena política. É de crer que a relativa pobreza estilística do texto jornalístico fosse intencional, para amplificar o realce da qualidade da análise, esta, sim, a sua preocupação essencial.[12]

A lógica construtora da análise era sustentada pela precisão descritiva dos fatos. Mas o objeto fundamental de Castelinho ao escrever sua coluna era o contexto; a essência da análise se concentrava numa perfeita construção e elucidação dos contextos apresentados, e os fatos mencionados serviam a esse objetivo. Essa fórmula brilhante foi única e fazia dele um autor diferenciado no jornalismo brasileiro, que privilegiava o rumo inverso — se no plano geral os fatos narrados precisam ser ancorados por contextos, em Castelinho os contextos é que precisavam dos fatos para sustentá-los e enriquecê-los.[13]

Ele pôde sustentar essa formulação por tanto tempo porque dispunha sempre de muitas informações e apropriava muitas versões obtidas junto a suas inúmeras fontes de qualidade — fatos e informações nunca lhe faltaram, nem mesmo nos momentos mais agudos do regime militar, e para ele tinham significado de lances que podiam alterar (ou que alteravam mesmo) a relação de forças no tabuleiro do xadrez político. O que lhe interessava não era simplesmente revelar os fatos e as informações, mas enxergar, compreender e explicar o jogo do poder que, nos lances do dia a dia, alteravam continuamente a relação de forças.[14]

Traço marcante no texto da Coluna do Castello era a veracidade incontestável que ele conseguia agregar ao seu texto. O principal aspecto a fortalecer essa característica era o hábil, estratégico e decisivo enxerto de espaços de narração na massa argumentativa da análise. Esses enxertos de precisa narração davam um vigor persuasivo dos fatos ao todo argumentativo. Para complementar o tom veraz ele nomeava os protagonistas das ações conflitantes, sem se envolver com eles e com seus papeis na ação política. Assim, os transformava em uma espécie de "aliados autorais". Com esses atributos, o texto de Castelinho potencializava, em solidária imbricação, duas grandes marcas constantes da estética discursiva do jornalismo: a veracidade e o conflito.[15]

A leitura atenta e metódica da Coluna do Castello, em intervalos de tempo representativos, produz, ainda que em indícios não mensuráveis, a revelação de um jornalista que trabalhava com método, e com um método único. Castelinho não atuava como simples acumulador e distribuidor de informações — embora também o fosse. Mas, segundo os indícios do texto, ele se revelou como apurador de fatos, um cuidadoso garimpeiro de detalhes que, incorporados ao relato, tinham a função de atribuir ao fato revelado (ou nele realçar) significados políticos. Ao mesmo tempo, com o hábil e quase sempre discreto manuseio dos detalhes — às vezes na escolha inteligente de um adjetivo ou na opção por um verbo sintetizador — Castelinho revestia de sentidos preponderantes os conflitos dos embates pelo poder. Essa era uma das características mais marcantes de Castelinho na sua identidade de jornalista-autor.[16]

Por fim, a análise da obra jornalística de Castelinho detecta que outra vertente importante do seu método de trabalho estava na qualidade, na diversidade e na complementaridade das fontes com as quais interagia para construir seus conteúdos de articulista de referência. Com o enorme exército de fontes que o procuravam, Castelinho podia exercitar meticulosamente a acurácia, atendendo ao extraordinário princípio de Samuel Buckley — boas fontes garantem a qualidade da informação transmitida; um exército de boas fontes garante uma profusão de informações de boa qualidade. Com esse caudaloso exército de boas fontes era possível cotejar e apurar as informações, sopesando a informação prestada por uma com a versão apresentada por outra. Note-se que, na maior parte de sua carreira jornalística, Castelinho não procurava as fontes — elas é que se aprestavam a ele para contar suas histórias e versões.[17]

Nos dias atuais é muito comum ouvir um jornalista dizer que "cultiva" suas fontes. "Jornalista honesto não cultiva fontes. Jornalista honesto tem fontes. Jornalista que cultiva fonte está fazendo negócio — e mau negócio — com suas fontes. E as fontes não são idiotas. Fonte é como assombração: sabe para quem aparece."[18]

Esse conjunto de cuidados metodológicos explica a poderosa influência que Castelinho exercia na discussão política nos círculos formadores de opinião e nos ambientes sofisticados do poder político. Essas fontes, que usavam (e usam) o jornalismo como linguagem e espaço para sua ação pessoal ou institucional, forneciam as informações — ou, às vezes, explicações — que garantiam a preservação e o vigor da característica linguística própria do discurso jornalístico de Castelinho: o seu caráter vigorosamente asseverativo, que lhe dava esse atributo invejável de ser acreditado. Quando (e se) trabalha com um método de diversidade e complementaridade das fontes, o jornalista alcança o seu mais nobre papel sociocultural: o de organizador e socializador do conhecimento existente. Castelinho alcançou esse estágio.[19]

No dizer de suas fontes, Castelinho sabia captar os fatos, juntá-los ou desdobrá-los e interpretar a notícia. Raramente os fatos eram isolados; e, quando associados, isso facilitava a antecipação da compreensão. Ele tinha um conhecimento muito grande dos homens e dos fatos; e uma forma de conversar que misturava um ar de simpatia com uma dose enorme de confiança.[20] Acima de tudo, Castelinho emprestou à prática jornalística sua intensa experiência de vida. "Era um sujeito muito vivido. Tinha mais vivência que estudo. Leu muito a vida inteira, mas principalmente viveu. Ele tomou a sério a arte da conversa. E escrevia bem, escrevia limpo."[21]

Mas a verdadeira percepção das análises de Castelinho só é alcançada com a continuidade das leituras da coluna, dia após dia. A coluna não se esgota em cada uma de suas unidades; ela representa um enredo que tem capítulos, que ganha continuidade ao longo do tempo. Os livros que reúnem seus artigos diários não são colchas de retalho — como habitualmente são os livros de textos compilados — mas um todo harmônico que tem seguimento. "É por isso que o livro *Os militares no poder* faz sentido. A leitura continuada das colunas publicadas ganha densidade e explica completamente os fatos e atitudes dos personagens da política brasileira."[22]

Teóricos buscaram classificar a modalidade de jornalismo construída na Coluna do Castello. Castelinho realçava a interpretação sofisticada dos fatos e oferecia ao leitor uma visão completa do que poderia advir: "O êxito de Carlos Castello Branco como comentarista pode ser explicado por sua capacidade de prever o futuro, não como um vidente, mas como um observador do presente e conhecedor do passado. A Coluna do Castello tornou-se referência por oferecer ao leitor e, principalmente, à classe política as possibilidades de desdobramentos dos fatos da atualidade e do surgimento de novos acontecimentos. Muito mais do que prever, Castello, através de seus comentários, orientou e influiu na dinâmica dos próprios fatos."[23]

Mas o mérito maior não está em prever e acertar (ou não) as previsões: "As características que distinguem o comentário de outros formatos opinativos são a continuidade, a contextualização dos fatos, o direcionamento para um ponto de vista, porém sem conclusões explícitas e, principalmente, a especulação sobre o futuro. Esta última característica esteve presente em todas as fases da produção de Carlos Castello Branco, permitindo afirmar que fazer previsões sobre o futuro é uma das funções secundárias do comentário, pois os demais elementos como a informação, a explicação e a exposição de causas funcionam como alicerces para a exposição de consequências futuras para os acontecimentos do presente."[24]

A simpleza do jornalismo praticado nas redações e a despreocupação com uma metrificação teórica do trabalho jornalístico fizeram com que Castelinho fosse tratado a vida inteira como colunista, criando-se uma nominação a partir da nominação dada a seu espaço na página. De fato, a pressa do jornalismo cotidiano deixa pouco tempo para imaginar conceitos teóricos sobre o que se faz nas redações — simplesmente vai se fazendo no dia a dia. O tratamento de "colunista" teve variações próximas: Castelinho foi chamado de analista político, jornalista político ou cronista político. Nas redações, ninguém se preocupou em saber qual delas era mais lógica. Mas nos laboratórios teóricos das faculdades de

Comunicação essa diferença foi estudada e a conclusão foi que Castelinho era, de fato, um comentarista político. "O comentário também se dedica a tratar a atualidade. No entanto, o estilo não se associa ao literário [...]. O comentário dedica-se a captar os fatos, perceber a importância, traduzir a abrangência e os desdobramentos para o público. O jornalista que se pretende comentarista deve ter visão sistêmica sobre a área que comenta, assim como relacionamento sinérgico com as fontes principais. [...] O comentarista é um observador que se faz formador de opinião e que apresenta não apenas visão holística, mas sugere caminhos a partir da observação que faz do ambiente."[25] O comentarista "explica as notícias, suas circunstâncias, suas consequências e tem como características a atualidade e a continuidade, ou seja, uma necessária articulação com os comentários tecidos anteriormente sobre o mesmo assunto, que, colocados lado a lado, traduzem a evolução dos fatos, obviamente pela ótica do comentarista".[26]

Castelinho era um comentarista porque escrevia diariamente e porque seus comentários (ou colunas) se encaixavam perfeitamente ao longo do tempo, formando uma sequência lógica que retratava um painel da História do período comentado. O que ele fazia era uma análise que pode ganhar a nominação de comentário, porque ele adotava um formato do jornalismo opinativo em que a opinião não está explicitamente colocada. O comentarista vai argumentando; se ele é lido na sequência das análises diárias que publicou, o leitor encontrará o fio da meada do todo, da história maior. É um formato que não tem conclusão; a conclusão, na verdade, é passar para o dia seguinte. "O conjunto das colunas de Castelinho, se lido em sequência, forma um elo contínuo que pode receber o nome de História do Brasil."[27] De fato, a sequência das colunas, ao longo dos dias, meses e anos forma um sentido homogêneo e encadeado. "A gente pode acompanhar a História do Brasil através dos artigos de Castelinho. Há um elo de compreensão histórica, de análise dos acontecimentos que lhe dá uma noção profunda da História do Brasil. Os outros historiadores se limitam a descrever fatos históricos. Castelinho não; ele interpreta os fatos no dia a dia e, ao fazer isso, faz História."[28]

Castelinho foi o jornalista de análise que consolidou esse estilo. O estilo começou com ele e se esgotou nele, talvez porque seus sucessores não souberam repeti-lo. "O fato é que jamais se repetiu, porque aquele estilo exige um talento muito grande, um amplo conhecimento dos fatos, cultura geral. Castelinho não escrevia nada sem colocar no texto uma dose útil e interessante de conhecimento cultural. Notava-se que era um homem que lia muito."[29]

Evandro Carlos de Andrade, que foi diretor de jornalismo da Rede Globo de Televisão, disse que Castelinho foi o maior jornalista brasileiro: "Eu digo mais: foi e é, continua sendo. Considero Castelinho um ponto histórico importante no jornalismo brasileiro. Tivemos como precursor Tobias Monteiro, o primeiro jornalista de análise. Ele, que pegou os fatos e os analisou no livro *Pesquisas e depoimentos*, fez reportagens sobre a abolição, não só descrevia, mas também interpretava os fatos. Castelinho nunca fez jornalismo de declaração, fazia jornalismo de análise. Com o regime militar, os jornalistas ficavam com medo e passaram a fazer essa coisa de jornalismo de declaração. Para não se comprometerem, metiam vírgulas — 'Fulano declarou o seguinte...' Esse é um mal que o regime militar fez ao jornalismo brasileiro."[30]

O historiador Hélio Silva, seu amigo pessoal, escreveu a Castelinho para comentar uma coluna e falou de uma vida: "Você representa uma espécie rara no jornalismo brasileiro. Espero que não em extinção: o comentarista político, o analista diário da vida política nacional, que a interpreta informando, esclarecendo ou norteando a opinião pública." Compara Castelinho a jornalistas notáveis com quem convivera na primeira metade do século XX, como Eduardo Salamonde, redator-chefe de *O Paiz*; João Lage, diretor de *O Paiz*; Edmundo Bittencourt, diretor do *Correio da Manhã*; Antônio Azevedo Amaral, jornalista e médico; Mário Rodrigues, fundador de *A Manhã* e *A Crítica*, jornais cariocas; José Maria dos Santos redator de jornais cariocas e paulistas; Sertório de Castro, chefe da sucursal do *Estadão* no Rio de Janeiro, e Pedro da Costa Rego, articulista do *Correio da Manhã* e *Gazeta de Notícias*. E arremata: "Vou colher a visão do fato político, das tendências da hora que passa, da atuação dos homens que vivem a hora presente, é nessa leitura matinal e inicial da Coluna do Castello."[31]

Castelinho tem uma explicação sobre seu trabalho, depois de mais de 8 mil colunas no *Jornal do Brasil*. "Escrevo pensando que estou sempre praticando um ato de extrema transitoriedade. Jornalismo é coisa que se faz todo dia e dura o tempo que dura o jornal. É uma alternativa subalterna, superficial, pelo próprio contingenciamento da feitura do jornal. Daí que o jornalista é leviano e não pode dizer coisas com muita nitidez, tal é a pressão dos acontecimentos e a escassez de tempo que tem para escrever."[32]

Ele procurava escrever as coisas com cuidado para não atingir, mesmo não intencionalmente, a honorabilidade dos seus personagens. "Não pretendo falar mal de ninguém, ou melhor, pretendo dizer certas coisas sem ferir. Benedito Valadares um dia me contou ter um problema porque estava escrevendo suas memórias, onde [sic] Gustavo Capanema ficava mal, e comentou: 'mas o que é que posso fazer, se ele entrou mal na vida?' Para mim, ele sempre entra bem. Procuro não usar expressões que deem um caráter personalista; não quero agredir ninguém pessoalmente. Minha intenção é só analisar mas, se sinto que a pessoa está em má posição, não recuo por causa disso. Algumas vezes acho que o cidadão vai ficar agredido e no dia seguinte me surpreendo com um telefonema de agradecimento."[33] Mas isso não queria dizer, absolutamente, que ele aprovava o repórter passivo na hora da entrevista: "O entrevistado é que precisa se defender. A posição do repórter deve ser sempre de ataque, seja estimulando as vaidades, descobrindo o ponto fraco, para aí extrair o que quer. O entrevistado é uma fortaleza e você deve escolher qual a melhor maneira de abordá-lo."[34] Na hora de escrever, Castelinho perdia a agressividade: "Chateaubriand certa vez me disse: 'Castello, nunca seja sutil em jornal.' Mas chega um momento em que temos de ser sutis, senão estamos liquidados."[35]

Castelinho tinha duas referências básicas para colher seu material de trabalho — ou alguém lhe telefonava para contar-lhe coisas ou ia procurá-lo para conversar ou ele encontrava suas fontes em almoços, jantares e eventos sociais (ele mesmo, nos últimos anos de seu trabalho, não ia entrevistar ninguém). "Nessas reuniões, ainda que não obtenha sempre informações, fazem-se contatos que podem ser úteis depois. Faço reportagem política desde 1949 e depois dessa longa experiência os políticos me procuram naturalmente, pois acham que a coluna é um bom veículo e que sou um jornalista idôneo; não sou porta-voz nem emissário de ninguém. No começo o relacionamento era importante para identificar quem tem ou não tem notícia, quem sabe e quem não sabe. Quando comecei, percebi que tinha uma massa de informações maior que a dos colegas, e com isso era grande o espírito competitivo. Eu vivia cercado de outros jornalistas que ficavam preocupados em saber o que eu havia conseguido apurar. Mas descobri que as pessoas dão o que se pede. E, enquanto a maioria dos jornalistas pedia favores e empregos, eu pedia notícia."[36]

O maior comentarista político da História brasileira não cultivava ideais com a política. "A política é um pouco ofício de bandido." E explicou os motivos singelos pelos quais escrevia uma coluna política: "Escrevo a coluna sem nenhum objetivo, a não ser dar informações. Não tenho nenhum interesse em salvar o Brasil, mas também não quero que ele se afunde, porque a gente mora aqui."[37]

Dois anos depois de ter dado nome à Coluna do Castello, Alberto Dines conheceu Max Lerner, que foi modelo para nomear a coluna. Contou-lhe que a sua fórmula havia inspirado um dos pilares do jornalismo político brasileiro. O norte-americano ficou feliz. Respondeu: "Não é pela fórmula. Um jornalista vale pelo que escreve."[38] Apesar de tê-lo copiado na nominação da coluna, Castelinho foi enfático quando lhe perguntaram qual o melhor colunista político que já lera. "Walter Lipmann. Tem padrão cultural e capacidade de visão, é muito superior ao resto."[39]

* * *

Sobreviria um período de grandes tensões. Após a renúncia de Jânio e a posse do presidente da Câmara dos Deputados, os militares começaram a se movimentar para impedir que Jango voltasse ao país para tomar a posse que a Constituição lhe assegurava. O governador Leonel Brizola, no Rio Grande do Sul, arregimentou as forças militares locais para defender a posse do presidente constitucional. A Castelinho ficou claro que Jango podia até ter êxito na posse, mas não teria condições políticas para governar: "A submissão de João Goulart, a negociação feita [aceitar a implantação do parlamentarismo para viabilizar sua posse] retirou dele as condições para governar."[40]

Houve uma intensa mobilização para garantir a posse de Jango e impedir que houvesse uma fratura institucional. A negociação concluiu pela divisão do poder — Jango exerceria a Presidência, mas o país passaria a ter um regime parlamentarista, com Tancredo Neves como primeiro-ministro. Tancredo era uma solução confiável para o empresariado e para os segmentos de direita, em geral, mas talvez não acreditasse, ele próprio, que aquela seria uma alternativa duradoura. "Tancredo, pessedista com vocação trabalhista, exerceu sem convicção e sem autonomia a chefia do governo."[41]

A solução parlamentarista ajudava a evitar a crise maior, mas figurava como uma solução pontual, imediatista, porque era rejeitada pelas principais lideranças que sonhavam em se eleger presidente na eleição seguinte mas não queriam ficar sujeitos às limitações do novo regime — sonhando ser presidentes, queriam mandar sozinhos, não com um primeiro-ministro no gabinete ao lado. Juscelino e Lacerda pensavam assim. Em Minas, Magalhães Pinto também era contra o parlamentarismo pela mesma razão. Jango acatou o parlamentarismo, tomou posse e imediatamente iniciou uma campanha para fazer um plebiscito e perguntar ao povo o que ele queria. O povo nem conhecia bem as virtudes do parlamentarismo, contudo foi bombardeado pela propaganda oficial desfechada pelo novo governo e mais as opiniões dos líderes que queriam ser presidentes sem ter um primeiro-ministro dividindo o poder com eles. O presidencialismo foi restaurado no plebiscito de 6 de janeiro de 1963.

Castelinho previu com razoável margem de precisão o que aconteceria. Embalado na expressiva vitória eleitoral do presidencialismo, Jango se estribaria no apoio popular para montar um governo homogêneo com seus aliados próximos, dispensando os aliados mais distantes. "Apesar de irem revelando as apurações os resultados previstos, votos apurados largamente favoráveis ao presidencialismo e abstenção em escala apreciável no interior do país, o impacto dos números, nestas primeiras horas, põe o governo e pessoalmente o presidente João Goulart num clima de vitória que haverá de estimulá-lo a adotar as decisões políticas pressentidas."[42]

Com os poderes restabelecidos, Jango jogou-se nos braços da esquerda que o apoiava — eram variados matizes, estamentos diversos, corporações diferentes que atiravam em todas as direções. Havia o movimento pela reforma agrária, muito influenciado pelas Ligas Camponesas do deputado Francisco Julião, na extrema esquerda; havia as lideranças sindicais, com uma pregação corporativista, visando a salários e benefícios trabalhistas; havia o PCB, que representava a esquerda puramente ideológica; havia o PTB, seu principal instrumento de luta parlamentar, que negociava e articulava mal no Congresso, além de representar uma colcha de retalhos ideológica; havia os nacionalistas, com sua agenda estatista; e havia a algaravia militar, desde os sargentos que pregavam o golpe pela esquerda até os generais que conspiravam para executar o golpe à direita. Por último, havia um território de bravatas de todas as categorias, até mesmo o blefe descarado. A palavra da moda era reforma; exigia-se reforma de tudo, a começar pela agrária e a terminar no voto dos analfabetos, uma heresia para a época.

O contencioso vinha de dentro de casa. "O sr. Leonel Brizola revelou a colegas seus da Câmara que nada o afastará do propósito de dar combate aos Estados Unidos, ao Congresso e a setores do governo do presidente João Goulart. Acha ele que, independentemente da opinião do chefe do governo, estará, assim, não só atuando de acordo com suas próprias convicções, como assegurando ao presidente João Goulart, para os momentos difíceis que se aproximam, uma margem de apoio popular que não teria de outra maneira. Disse o sr. Brizola que, com sete meses de governo tenso como uma corda de violino, o presidente Jânio Quadros estava às portas da impopularidade e obrigado a pensar na substituição dos seus ministros. Com o sr. João Goulart, que governa em outro estilo e em meio a condições mais difíceis, o ponto de saturação virá, no seu entender, dentro de seis meses no máximo, prazo em que terá de deitar fora o ministério e rever suas posições políticas."[43]

A esta altura, a palavra da moda foi, aos poucos, sendo trocada: deixava de ser "reforma" para ser "golpe". Em nome das reformas, os dois lados se acusavam de conspirar para patrocinar um golpe. No meio do ano de 1963, enquanto tentava resolver os problemas da bizarra "guerra da lagosta" com a França, Jango tinha dificuldades para cacifar seu ministro da Fazenda, San Tiago Dantas, que ia aos EUA para negociar a política financeira brasileira. Mais uma vez os maiores incômodos partiam do próprio círculo governamental: "Acentua-se na Frente Parlamentar Nacionalista, formada compactamente por elementos do PTB e por figuras de outros partidos inclinadas a apoiar o governo, a discordância com a orientação em vigor nos assuntos financeiros."[44]

Pouco antes disso, em fins de 1962, um ano e três meses após a renúncia, de sua casa em 46, Upper-Grosvenor St., Londres, Jânio Quadros escreveu a Castelinho para confidenciar-lhe que voltaria ao Brasil em fevereiro de 1963. Contava, naturalmente, que Castelinho anunciasse a novidade em sua coluna, que já era um oráculo político para o país. "Volto para trabalhar e lutar por minhas ideias. Não tenho dúvidas de que, a longo prazo, e talvez, antes cedo do que tarde, prevalecerão. Diga ao Aparecido e ao Quintanilha que deles não recebi sequer uma linha, o que prova que não tem funcionado esse serviço de alfabetização de adultos."[45] Nos seus primeiros dias de *JB*, Castelinho publicou uma nota de rodapé na coluna sob o título "A volta de Jânio": "O sr. Jânio Quadros programou sua viagem (por mar) de volta ao Brasil para o dia 15 de fevereiro próximo. O ex-presidente afirma-se disposto a retornar imediatamente à luta por suas ideias, que acredita estarão vitoriosas mais cedo do que se admite geralmente."[46]

Enquanto isso, Jango era pressionado por todos os lados. No decorrer de março de 1963, a Frente Parlamentar Nacionalista exigiu que Jango declarasse o embaixador dos EUA, Lincoln Gordon, *persona non grata* ao Brasil. Como se sabe, Jango não seguiu o conselho e, como se sabe, Gordon seria figura de proa na articulação do golpe que um ano depois deitaria por terra o presidente.

Jango vivia acuado pela pressão desfechada pela UDN e pelos governadores adversários, principalmente Carlos Lacerda e Magalhães Pinto. "Uma série de providências estão sendo adotadas, no sentido de policiar as manifestações do Governador Carlos Lacerda pelo rádio e a televisão, de maneira a que esses instrumentos de divulgação não sejam utilizados como veículos de ataques pessoais de tentativas de agitação da opinião pública. O governo não pensa em impedir o acesso do governador à TV, mas pretende policiar suas declarações de maneira a retirar do ar as estações no momento em que os pronunciamentos do sr. Lacerda se encaminharem para ataques pessoais."[47]

A ação de Lacerda, que manejava sua tradicional metralhadora giratória para atingir o âmago do governo, criava uma permanente tensão que se desdobrava em crise política e tinha objetivos bem mais decisivos do que simplesmente acender o fogo do debate. "A crise política criada pelo sr. Carlos Lacerda não é uma crise específica da

UDN, embora atinja sobretudo e em primeiro lugar a estrutura desse partido. As inspirações da atitude do governador da Guanabara são mais amplas e mais profundas, pois o que pretendeu, antes de mais nada, foi assinalar uma posição radical no quadro geral da crise brasileira, abrindo caminho para uma atitude de resistência que, acredita, terminará por se impor não apenas à UDN como aos demais partidos do centro liberal e conservador."[48]

Com esse tipo de ameaça velada, para Jango ficava cada vez mais difícil governar. De fato, aproximando-se do que Brizola previra em junho de 1963, Jango fez uma grande reforma no seu ministério. Tentou, sem êxito, atrair setores mais moderados. A UDN bossa-nova, então liderada por José Aparecido, por exemplo, recusou participar do governo. Jango precisava da bancada do PSD para manter sua sustentação, mas o PSD era antirreformista; até participava, mas remando para trás, numa postura mais conservadora. Em julho, todos se preocupavam em tomar a temperatura das Forças Armadas a cada momento ou a cada espirro de mau humor: Castelinho informava que, apesar de algumas manifestações na Vila Militar, a mais importante caserna da época, não havia um estado de rebeldia, mas "um estado de descontentamento". O então ministro da Guerra, general Jair Dantas Ribeiro, garantia, no entanto, que "a disciplina será mantida".[49]

Finalmente chegou a hora da reforma do ministério. Castelinho deu a Jango a receita para montar o seu novo ministério, com atenção para a ampliação de suas bases no Congresso — dando um passo atrás na sucessão de medidas esquerdizantes, para desgosto de seus aliados radicais de esquerda. A recomendação tinha tópicos listados de 1 a 14, e explicava: a reforma será completa, excluídos os ministérios militares; o objetivo declarado era recompor as bases políticas do governo, com a eliminação dos setores radicais; para isso, todos os ministros deveriam vir do Congresso; Jango pretendia atrair para um governo de centro-esquerda o PSD (que teria quatro pastas), os moderados do PTB, Magalhães Pinto e a bossa-nova da UDN (que teria dois ministérios, um deles para Aparecido), os seguidores de Jânio Quadros (que teriam duas pastas) e seguidores de Miguel Arraes (o que garantiria uma coloração de esquerda). Jango negociou com Arraes, Juscelino, Amaral Peixoto e pretendia conversar com Magalhães. O principal eixo seria aprovar uma reforma agrária que fosse palatável para os conservadores.[50] Alguns dias depois Magalhães disse que ele e a bossa-nova não estavam interessados em participar do governo. Três dias depois Castelinho anunciava que Jango fracassara na tentativa de atrair novas áreas para apoiar o governo. Finalmente, no dia 15 de julho Castelinho escreveu uma coluna cujo título dizia tudo: "Decepção e desânimo com nomes do novo ministério."[51]

Brizola saiu enfraquecido das negociações para o novo ministério, mas Jango, ao menos, conseguiu se acertar com o governador de São Paulo, Carvalho Pinto. No fundo, entretanto, permaneciam as desconfianças generalizadas entre esquerda e direita, um enigma que Jango não conseguiria decifrar e que sobreviveria até o golpe, alguns meses depois.

Em meados de agosto outro título da coluna de Castelinho causava apreensões: "Udenistas acreditam em golpe e Juscelino mostra-se apreensivo."[52] Cansado de articulações improdutivas, Jango resolveu ir direto ao povo e compareceu, no dia 25 de agosto, Dia do Soldado, a um comício na Cinelândia, no Rio de Janeiro. Segundo Castelinho, o tempero ideológico do comício foi dado por oradores radicais, em especial José Serra, o presidente da UNE, e dirigentes do Comando Geral dos Trabalhadores (CGT), central sindical brasileira.[53] Curiosamente, Jango passou a ser acusado pela própria esquerda de estar preparando um putsch, um golpe militar com aparência de movimento de massas. Castelinho registrou que Jango executava uma "política conciliatória sem centro de gravidade". E que a última crise apenas precederia a próxima.[54] Não restava dúvidas de que a reforma ministerial fora um fracasso; e já se dizia que Jango planejava uma nova recomposição ministerial. "O pessimismo é de tal ordem, mesmo entre aqueles que pela função política ou administrativa devem manter o tônus de otimismo possível, que não há quem creia na perdurabilidade de uma situação que se desenrola sem centro de gravidade. Falar hoje na Câmara ou nos altos gabinetes da República com um político governista é o mesmo que falar com um político de Oposição, as premissas são idênticas e a conclusão é a perplexidade apreensiva e o receio do futuro imediato."[55] Nesse ambiente de crises, todos os partidos lançavam candidato à sucessão, a mais de dois anos da próxima eleição — só em Minas, dois candidatos potenciais, Magalhães, pela UDN, e Juscelino, pelo PSD, tinham seus nomes mencionados.

Uma dura entrevista de Carlos Lacerda ao jornal norte-americano *Los Angeles Times* precipitou um clima mais tenso no governo; quase encurralado, Jango enviou mensagem ao Congresso propondo o estado de sítio. Talvez fosse uma medida precipitada, mas logo se viu que era mera cortina de fumaça, logo desfeita porque o próprio PTB, a sua base congressual, ficou contra o pedido, rejeitado por larga maioria. Mal pensada e mal articulada, a mensagem saiu pela culatra; serviu apenas para assustar ainda mais o PSD, afastá-lo mais da base do governo e consolidar sua aproximação informal com a UDN. Só restava um caminho a Jango: aprofundar a radicalização cada vez mais.

Ao ver que a centro-direita fechava-lhe as portas, Jango voltou-se para a esquerda e se reaproximou de Brizola. Cogitava convidá-lo para o novo ministério, mas Brizola declarou publicamente que só aceitaria um deles — o cobiçado Ministério da Fazenda. Jango continuava fixado em obter nas ruas o apoio que o Congresso lhe negava para fazer as chamadas reformas de base. Era uma característica do exercício da política na época, à falta de meios de comunicação mais eficazes, buscar nas ruas o apoio popular. Fazer comícios, sentir o contato direto pele a pele com o eleitor, ainda era um artifício muito forte, embora pouco a pouco fosse se estabilizar um novo formato, o virtual, possibilitado pela expansão dos sinais de televisão. Castelinho comentou um novo comício que estava marcado para o dia 20 de dezembro, no qual Jango anunciaria novas medidas reformistas cogitadas em seu governo — a regulamentação da remessa de lucros das empresas estrangeiras, o monopólio estatal da importação de petróleo e a caducidade de contratos de concessão com empresas estrangeiras. O governo já prometia o famoso "decreto da Supra", que faria a reforma agrária pelo viés da esquerda.[56]

A primeira advertência clara do que viria três meses depois aconteceu pouco antes da virada do ano: "Peritos em assuntos militares estão convencidos de que algo de anormal aconteceu na última semana de dezembro, possivelmente entre as datas de 27 e 31. O que se teria passado não se limitaria ao território do Rio Grande, atingindo outras áreas, inclusive Brasília, onde chegou a se registrar prontidão."[57] Alguns dias depois a advertência se renovou: "O Estado-Maior das três Armas estaria não só inteirado das modernas teorias sobre guerra revolucionária como preparado para intervir no processo, desde que a evolução do mesmo atinja a fase da ação direta. Nos períodos iniciais do processo, as forças regulares teriam poucas condições de repressão, limitando-se à observação e identificação dos campos de luta para se fazerem presentes no momento oportuno."[58]

O golpe era notícia de todo dia, só não se sabia de que lado ele viria, se dos militares e da UDN, se de Jango. "A guerra psicológica de advertência movida pela UDN contra o presidente da República atingiu os seus objetivos com mais rapidez do que a alegada mobilização para a guerra revolucionária do sr. Leonel Brizola. O que era uma convicção da UDN e de setores puramente oposicionistas tornou-se um receio definido do PTB e uma preocupação silenciosa mas obsessiva do PSD. Todos temem o golpe."[59]

Jango não recuava. Logo depois, contra-atacou: "O presidente João Goulart encara a ofensiva da UDN, a partir da denúncia da guerra revolucionária, como manifestação de desespero de uma elite tradicionalmente comprometida com as técnicas do golpe de estado. Referindo-se especificamente às sucessivas declarações do Sr. Bilac Pinto, em recentes conversas, disse o sr. João Goulart que o presidente da UDN vem se revelando um perigoso leitor de Sherlock Holmes, mas que deverá ficar advertido de que qualquer tentativa de derrubar o governo pela força 'vai custar muito sangue'."[60]

A um mês e meio do golpe que realmente viria, Castelinho afirmou ter recebido dois documentos, cujas autorias não revelou, que analisavam o possível golpe de Jango. Segundo esses documentos, Jango pretendia "elevar a temperatura política até ao ponto da fusão constitucional e obter do Congresso a aprovação das emendas à Constituição" que ele queria. Em seguida, fecharia o Congresso, decretaria um novo sistema eleitoral, a lei agrária e a convocação de uma Constituinte para referendar sua reeleição. A análise concluía que Jango se identificava com a "campanha brizolista", que rotulava como "uma revolução jacobina de esquerda, do tipo fidelista original". Só que Jango usaria essa revolução para chegar à ditadura pessoal, no estilo do peronismo argentino, o que se colocaria como alternativa à revolução brizolista.[61]

Muitos dias antes, Castelinho analisou a esteira de receios ante o novo comício marcado por Jango para o dia 13 de março, em frente à sede do Ministério da Guerra, no Rio de Janeiro, que seria televisionado para todo o país: "O comício do dia 13 no Rio, com a assinatura do decreto da Supra, está sendo encarado com apreensões nos meios políticos oposicionistas e até mesmo governistas. Não falta dentro do Governo quem preveja que a manifestação popular na Guanabara, com a presença do sr. João Goulart, e o anúncio de que o Poder Executivo adotou as providências adequadas a provocar a revolução no sistema agrário do país possam ser tomados como uma espécie de senha para invasões de terra em larga escala e o consequente surto de choques e agitações em várias regiões do interior."[62]

Todos os pressupostos estavam colocados em seus devidos lugares, todos os atores já finalizavam seus papéis no cenário. No dia 13, o comício incendiou o país.

* * *

Março foi um mês assustador para todos os lados em conflito naquele começo de 1964. No dia 3, Castelinho alertava que o próprio governo estava preocupado com a repercussão dos preparativos do comício do dia 13, interpretado como o "gatilho do golpe" (da esquerda). Era sabido que lideranças comunistas organizavam os grandes eventos políticos, mas até então isso fora feito com discrição; dessa vez, tudo era feito e dito às claras.[63]

O Congresso funcionava em convocação extraordinária, que terminaria no dia 9, e a sessão legislativa ordinária só começaria no dia 14, um dia após o comício da Central do Brasil. Com isso, levantou-se a suspeita de que o governo pretendia considerar o período entre 9 e 14 de março como recesso parlamentar, o que permitiria ao Executivo declarar uma intervenção federal no estado da Guanabara por meio de decreto presidencial, sem passar pelo Congresso. Juscelino, candidatíssimo à eleição presidencial de 1965, receava o boato de que Jango seria lançado candidato à reeleição no comício, contando com uma mudança matreira e casuística da Constituição. Dizia-se que nos dias seguintes haveria invasões de terras em larga escala, sobretudo em Pernambuco, Paraíba, Rio de Janeiro, Bahia e Minas Gerais. Havia indícios de que greves generalizadas seriam declaradas nos dias subsequentes ao comício. E, por fim, durante o comício o ministro da Guerra restringiria a ação do Exército às calçadas do quartel-general da Praça Duque de Caxias — a medida era um convite a manifestações extremadas em quaisquer outros locais do Rio de Janeiro.[64]

No dia do comício Castelinho escreveu uma intrigante coluna. Revelava uma exposição feita a Jango durante um churrasco numa das granjas da Presidência da República pelo general Assis Brasil, chefe da Casa Militar. O general expôs o dispositivo planejado para protegê-lo de ameaças golpistas, de forma a garantir a execução das chamadas reformas de base. O dispositivo, teria relatado o general, asseguraria tranquilidade para todo o mandato de Jango e seus efeitos se estenderiam a um futuro de médio prazo, para dar posse ao presidente que seria eleito em 1965. Qualquer um que ganhasse as eleições tomaria posse, menos Carlos Lacerda, cuja eventual vitória seria imposta "pelos grupos econômicos e pelas forças reacionárias". Jango, relatou Castelinho, teria ouvido tudo em silêncio.[65] Assis Brasil passaria as últimas semanas do governo garantindo que o esquema de sustentação militar de Jango era eficaz e estava blindado. Funcionaria. Mas não funcionou.

No dia 29 de março, a Coluna do Castello tinha um conteúdo que podia propiciar várias leituras, de acordo com o desejo do leitor. Começava relatando uma bravata — que logo se veria não ter nenhuma sustentação real — do novo ministro da Marinha, almirante Paulo Mário, que teria sido escolhido numa lista tríplice oferecida por lideranças sindicais ao presidente da República. "Meu Deus, como é dura a luta contra o imperialismo agonizante", teria sussurrado o almirante ao chegar ao ministério para tomar posse. Escreveu Castelinho: "Na verdade, ele assumiu o poder na Marinha como chefe de uma comissão revolucionária, como delegado da confiança dos marinheiros e não como expressão da autoridade e da hierarquia. O comando que ele impôs à oficialidade é todo ele um comando que vem de baixo para cima, representativo dos anseios e do predomínio da marujada e dos fuzileiros e não um órgão de cúpula com a força oriunda da ordem instituída e hierarquizada."[66] Como se viu nos dias posteriores, quem agonizava não era o imperialismo, mas o governo de Jango.

Castelinho estava em casa com seu amigo, o deputado José Sarney (do grupo bossa-nova da UDN), quando viram pela janela da sala do apartamento, decolar do aeroporto de Brasília o Coronado da Varig, que fora reservado para transportar o presidente em fuga para Porto Alegre, e entenderam tudo: Jango jogara a toalha.[67]

11
FORÇA BRUTA
1964-1967

Consumado o afastamento de João Goulart, o presidente da Câmara dos Deputados, Ranieri Mazzilli, foi empossado na Presidência, mas todos sabiam — inclusive ele próprio — que aquilo era uma encenação passageira, um mero ato provisório. A força provinha dos militares e por eles seria exercida; estava claro que era deles a vitória e, portanto, deles viria o novo presidente, de uma forma ou de outra, e não do poder civil. Isso se comprovou quando, nos primeiros dias de abril, o general Arthur da Costa e Silva, o mais antigo portador de quatro estrelas no almanaque dos oficiais do Exército, invadiu o Ministério da Guerra, à avenida Presidente Vargas, no centro do Rio, e se autodeclarou ministro — e de lá ninguém o removeu. O ministro da situação anterior, general Jair Dantas Ribeiro, estava internado no Hospital do Exército e presumia-se que ele caíra junto com o presidente que o nomeara. Portanto, havia uma vacância, um vácuo político que logo foi ocupado.

Instável na Presidência, Mazzilli ainda tentou manobrar para permanecer. Levou ao Rio de Janeiro os deputados Ulysses Guimarães e Martins Rodrigues, ambos do PSD, para conversar com os generais que articulavam a institucionalização do golpe. Na conversa, os três puderam ler o rascunho de um ato institucional (que não tinha número porque deveria ser único), o que era um privilégio, já que o marechal Castello Branco, que logo assumiria a Presidência da República eleito indiretamente, só soube do ato depois que ele foi editado.[1]

No dia 9 de abril os chefes militares do movimento que se intitulava "revolução vitoriosa" anunciaram o Ato Institucional, que não era previsto pela Constituição de 1946 mas que afirmava mantê-la; e além disso suspendia as garantias constitucionais ou legais de vitaliciedade e estabilidade por seis meses — estes, sim, previstos na Constituição —, além de dar aos chefes militares provisórios o direito de cassar mandatos e suspender direitos políticos. No dia seguinte veio a primeira lista de cassados, com 102 nomes liderados por dois ex-presidentes, João Goulart e Jânio Quadros, dois governadores, Miguel Arraes (Pernambuco) e Seixas Dória (Sergipe), 41 deputados, entre eles, Leonel Brizola (GB) e lideranças de esquerda, como Luís Carlos Prestes, do PCB. Era apenas o começo que levaria ao desatino institucional.

O que Costa e Silva fizera com o comando militar não se repetiria no comando civil; ninguém tinha força ou coragem de sentar-se à cadeira presidencial e impor uma solução, nem mesmo quem estava provisoriamente sentado nela. Castelinho anotou isso: "Como estão vagas a Presidência e a Vice-Presidência, poderá haver eleição igualmente para vice-presidente da República, segundo transpirava ontem dos conselhos políticos."[2] E foi além: "Crescem os indícios, a esta altura, de que o sr. Ranieri Mazzilli, traumatizado pela rapidez e informalidade dos acontecimentos e constrangido pela escassa faixa de tempo assinalada à sua interinidade, não conseguiu vencer os obstáculos à constituição de um governo capaz de superar a tutela militar e de se impor a pressões contraditórias. Sem encontrar a justa linha e o ponto de equilíbrio em que fixar sua autoridade, o presidente em exercício estaria conformado com a precipitação das eleições indiretas para a quarta-feira ou, se possível, para antes disso. Seria esse igualmente o pensamento dos governadores vitoriosos, não só do sr. Magalhães Pinto [governador de Minas Gerais] como igualmente dos srs. Adhemar de Barros [governador de São Paulo], Carlos Lacerda [governador da Guanabara] e Ildo Meneghetti [governador do Rio Grande do Sul]."[3]

Castelinho transmitia mais. Com a situação nova, ainda era muito difícil estabelecer uma correlação de forças realista. Ninguém tinha uma ideia precisa de sua capacidade de mando ou de mobilização. Para piorar, naquele primeiro atribulado momento cada liderança civil pensava menos no destino do país e mais em sua própria situação, ante a ascensão do poder militar. Um dos que adotou posição ambígua foi Juscelino, que ambicionava ser candidato a presidente na sucessão de Jango e queria garantir condições para que cronograma e regras da eleição fossem mantidos. "O sr. Juscelino Kubitschek tornou-se, no entanto, dentro dessa tendência, que reflete o clima do Estado-Maior militar, um fator de perturbação política, pois iniciou discretas mas efetivas sondagens para um entendimento com o PTB visando a assegurar a eleição de um novo presidente, civil ou militar, capaz de desviar a revolução vitoriosa dos caminhos da intolerância que estariam sendo trilhados por alguns de seus chefes civis e militares."[4]

Ainda no mesmo dia Castelinho fez as primeiras advertências sobre a intolerância do novo regime, que se espraiaria num crescendo pelos vinte anos seguintes e atingiria seus estertores entre os anos de 1968 e 1976: "A palavra de ordem surgida dos bastidores da revolução vitoriosa é 'acabar com o comunismo'. A firme disposição do comando militar de realizar essa política, que estaria sendo executada com conotações terroristas neste ou naquele ponto do país, provocou apreensões não só entre os deputados e senadores da esquerda como até mesmo entre aqueles que, no esquema vitorioso, se recusam à adoção de técnicas extremadas. O governador de Minas estaria entre os que condenam a intolerância e o expurgo e o sr. Juscelino Kubitschek pretenderia elevar o PSD a cobrir essa posição, embora correndo os riscos inerentes a manifestações desse tipo."[5] Nos primeiros tempos, ninguém conhecia limites que os militares respeitariam — e logo se veria que eles não respeitariam nenhum limite.

No dia 11 de abril confirmou-se o prognóstico e um domado Congresso Nacional varreu Mazzilli da Presidência e elegeu indiretamente, por 361 votos a favor e 72 abstenções, o marechal Humberto de Alencar Castello Branco para ser o novo presidente da República. Dos que restaram no Congresso, ninguém teve coragem de votar contra, nem mesmo o então senador Juscelino Kubitschek. Juscelino, aliás, tinha uma única e exclusiva preocupação desde o fim de seu mandato, em 1960: pavimentar o caminho para sua volta ao poder, nas eleições marcadas para 1965. O Congresso que "elegeu" o marechal estava desfalcado; muitos parlamentares esquerdistas haviam fugido, sabedores da caça às bruxas desfechada pelos militares insuflados pela UDN. Nos primeiros movimentos do governo do marechal Castello Branco era possível perceber que o poder empalmado pelos militares ainda guardava tinturas constitucionais de aparência; mas a cada dia que passava, logo se veria, mais o fígado azedo e revanchista dos derrotados de 1950/1954/1955 determinaria rumos autoritários.

A cassação de Jânio Quadros, que nada tinha de esquerdista, foi a primeira grande surpresa. Castelinho explicou como o nome dele foi incluído na relação.[6] Ao ficar pronta, a lista tinha 101 nomes. O general Arthur da Costa e Silva, integrante do triunvirato militar que dava (e tirava) todas as cartas até a posse do marechal Castello Branco, chegou a uma reunião do Alto-Comando "revolucionário", leu-a e deu por falta do nome de Jânio. Ficou irado. Virou-se para seus pares, o brigadeiro Francisco Melo e o almirante Augusto Rademaker, e reclamou: "O nome de Jânio Quadros não está aqui, então vocês não têm nada contra ele." E vociferou em tom de ultimato: "Nós vamos começar com o nome desse filho da puta!" Pegou uma caneta e acrescentou à mão o nome que faltava.

Tinha boas razões — íntimas, pessoais — para tanta ira. Quando era comandante da Segunda Divisão de Infantaria, em São Paulo, entre novembro de 1955 e janeiro de 1956, o então general de brigada Costa e Silva compareceu a um evento do qual participava também o então governador paulista, Jânio Quadros. Num gesto extravagante e desrespeitoso, típico de sua personalidade, Jânio deu um beliscão (ou uma palmada, há duas versões sobre o fato) nada delicado na bunda de dona Yolanda Costa e Silva, esposa de Costa e Silva. Em vez de disfarçar o impasse social, dona Yolanda optou por agravar o constrangimento: imediatamente contou ao marido que tinha sido bolinada por Jânio. Costa e Silva não reagiu na hora, mas guardou o rancor do lado esquerdo do peito. Muito tempo depois do beliscão fatídico e da cassação inexorável, Castelinho contou a Jânio a razão pela qual tinha sido cassado. Jânio riu muito e comentou, dando o fato por veraz: "Presume-se que eu tenha bom gosto."

* * *

Castelinho sempre achou que conhecera o seu primo distante, o então coronel Humberto de Alencar Castello Branco, num ônibus em que os dois estavam, vindo do Grajaú para o centro do Rio de Janeiro. Os dois foram apresentados por Pompeu de Sousa, que fora uma espécie de chefe do coronel quando, à época da Segunda Grande Guerra, trabalhava para a Comissão Rockefeller na elaboração de um noticiário de rádio; nesse noticiário, o então coronel Castello Branco fazia comentários militares que eram apresentados semanalmente a Pompeu para aprovação. Quando finalmente o conheceu melhor, o marechal, já presidente, desmentiu a Castelinho aquela versão e lembrou que os dois haviam se conhecido na Escola Superior de Guerra (ESG), num episódio duplamente constrangedor. Convidado para fazer uma conferência organizada pelo então coronel Castello Branco, Castelinho chegou atrasado e perguntou a uma moça que parecia ser recepcionista: "Quem é o coronel Castello Branco?" A moça o apontou, no palco, e Castelinho arrematou: "Puxa, mas que homem feio!" Nenhum problema se a moça a quem perguntou não fosse a irmã do coronel e depois não reproduzisse o comentário desditoso ao irmão. Castelinho ficou ruborizado quando ouviu esta versão e coraria muito mais porque o marechal repetiria este relato pelo menos outras três vezes, em conversas coletivas com o jornalista.

Numa delas, repetiu a história, notou o embaraço de Castelinho e tentou remediar, puxando outra história que teve final mais constrangedor ainda. Preocupado em aproximar o ditador da imprensa, Luiz Viana Filho, chefe da Casa Civil do novo governo, convidou alguns jornalistas para conversar com o marechal, que iniciou o encontro relatando a história passada na ESG. Como ninguém riu ao final, o marechal prosseguiu na tentativa de ser agradável. Evocou um possível parentesco com Castelinho e contou ter sabido que um jornal uruguaio publicara uma nota informando que o melhor comentarista político do Brasil era filho do presidente da República. Contou e achou, ele mesmo, muita graça da história. Castelinho não achou nenhuma. Com sua proverbial acidez, rebateu no ato: "Eu li coisa parecida, presidente, mas não era exatamente isso." O marechal arriscou perguntar o que ele lera. E Castelinho: "Li que o jornal uruguaio *La Época* comentou que o melhor comentarista político do Brasil é filho do ditador de plantão." A graça foi bruscamente soterrada por uma avalanche de mal-estar e a conversa continuou, daí por diante, num tom árido, estritamente protocolar, sem dar bons frutos jornalísticos.[7]

Castelinho depois diria que o marechal não era uma boa fonte de informação além de, incrivelmente, achar de si mesmo exatamente o contrário do que Castelinho dissera: "Era vaidoso e achava-se bonito."[8] A ser verdade a assertiva de Castelinho, a boutade na ESG teria azedado definitivamente a relação dos dois primos. Mas Castelinho nunca se incomodou com isso. Sua costumeira franqueza já havia produzido coisas assim antes, e continuaria produzindo outras depois. Logo que o marechal Castello Branco foi indicado presidente, perguntaram a Castelinho se eram parentes. "Longe, mas estamos nos aproximando." Embora reconhecendo que de fato eram primos em segundo grau, nunca se esmerou em recitar algumas platitudes que reconciliassem a relação familiar perdida. Pelo contrário, disse coisas que pioraram a situação: "Ele era muito parecido com minhas tias velhas do Piauí."[9] Era o Castelinho de sempre, que não fazia concessões para ganhar a simpatia das suas potenciais fontes. Com ele, era assim: ou a pessoa estava disposta a ser sua fonte e a dar informações ou nada feito. Ele não "cultivava" fontes. Sobre o parentesco, a verdade é que o pai de Castelinho, o velho Christino, e o marechal Castello Branco tinham em comum o mesmo trisavô, contou afinal Castelinho numa entrevista;[10] sendo assim, eram primos em terceiro grau, e não parentes distantes; e Castelinho, portanto, era primo em quarto grau do marechal. De fato, era um parentesco muito distante. Em alguns momentos pessoas os acharam — Castelinho e o marechal Castello Branco — parecidos. Ele mesmo relatou que a filha de Fernando Lara Resende, que ele levara para a gerência administrativa do *JB* em Brasília, certa vez viu uma foto do marechal na capa de uma revista e bradou: "Mãe, olha o tio Castello" (identificando Castelinho). A mãe corrigiu. A menina virou umas páginas e, ao topar com uma foto do marechal Eurico Gaspar Dutra, atestou: "Mas esse aqui é ele!"[11]

* * *

Samuel Wainer soubera aproximar-se de Getúlio Vargas e, mais tarde, de seu apadrinhado João Goulart, ganhar a simpatia e a confiança dos dois para, adiante, arrancar polpudos financiamentos do primeiro para criar o seu jornal, em 1951, e do segundo, para mantê-lo. Criou um mito, a *Última Hora*, jornal que defendia os interesses do getulismo, do trabalhismo* e do nacionalismo. Filho de imigrantes, com

*Especialmente do Partido Trabalhista Brasileiro, criado por inspiração de Getúlio e comandado por Jango.

espírito aventureiro, pobre, mas com grande ambição de ascender na vida, Samuel tinha muitos talentos, segundo Castelinho. Um deles era falar várias línguas, o que lhe abria portas inimaginadas. "Mas não era um bom repórter. Ele trabalhava a notícia para causar emoções, para expressar sentimentos populares."[12] Durante boa parte da década de 1950 e no início da década de 1960, um dos principais colunistas da *Última Hora* era o cáustico Paulo Francis, a quem todos os políticos queriam agradar para não serem destroçados por sua pena ferina. Francis ligou-se mais a Brizola que a Jango e essa ligação era um desgosto para Wainer.[13]

Wainer levou sua mulher Bluma a tiracolo numa visita a Luís Carlos Prestes, encarcerado pela ditadura getulista, e lhe propôs transformar sua revista *Diretrizes*, então com boa circulação, em órgão da Frente Popular do Partido Comunista. Na bucha e à frente de Bluma, Prestes respondeu-lhe: "Olha, Samuel, eu não faço nenhum negócio com você, porque você não passa de um aventureiro de esquerda." A dura conversa foi, anos depois, revelada pela própria Bluma a Castelinho. Era mais uma entre tantas aventuras que envolveram tentativas de fazer jornais no Brasil. *Diretrizes*, em certo período da guerra mundial e numa manobra asquerosa, fora simpática à Alemanha hitlerista. Quando o pacto germano-soviético foi assinado, imediatamente antes de começar a Segunda Grande Guerra, Wainer recebia dinheiro da embaixada da Alemanha para elogiar o pacto, embora a ligação da revista com o Partidão já induzisse que ela o apoiasse porque fora firmado por Stalin. Essa história foi contada por Castelinho para sugerir que Wainer mordia nas duas pontas: abiscoitava o ouro de Moscou e, ao mesmo tempo, mamava nas tetas de Berlim.[14]

Acima das ideologias, Castelinho tinha uma visão pragmática sobre a prática de empresários do ramo jornalístico pegarem dinheiro com empresas — e eventualmente com governos estrangeiros — para fazerem seus jornais, trocando recursos por apoio. Para ele, fazer jornais dependia, sim, de receber financiamento de empresas, capitalistas, homens de negócios. "Mas a grande maioria dos donos de jornal recebia financiamentos como empresa, não recebiam dinheiro como uma gorjeta pessoal."[15]

Castelinho teve muitas admirações no jornalismo brasileiro. No primeiro período de sua atuação jornalística, grandes jornalistas eram aqueles que produziam grandes artigos e que, por isso, eram classificados como formadores de opinião — por isso ele cita, de sua primeira fase, José Eduardo Macedo Soares, o criador do *Diário Carioca*, Assis Chateaubriand, o fundador dos Diários Associados, e Pedro Costa Rego, diretor de redação do *Correio da Manhã*; de sua segunda fase, Rafael Corrêa de Oliveira, Osório Borba e Carlos Lacerda. Mas nunca lhe ocorreria citar nessa seleção nomes como Samuel Wainer e David Nasser.

* * *

Tudo teria começado quando Edouard Mallet mandou às ruas de Londres, no dia 11 de março de 1702, o primeiro jornal diário inglês. Chamava-se *The Daily Courant* e era muito simples: uma página *all-type* com duas colunas, o título (*The Daily Courant.*) no alto, assim mesmo, curiosamente seguido por um ponto final; logo abaixo do título, entre dois frisos, a data. A parte da frente da única página era de "news" ("notícias"), conceito que à época era muito vago e costumeiramente se misturava com a opinião do dono e as de seus amigos; a parte de trás trazia anúncios.

A afirmação de que *The Daily Courant* foi o primeiro diário inglês é questionada pelos habitantes da região centro-leste da Inglaterra. E em parte eles têm razão: um ano antes do jornal de Mallet ir para as ruas de Londres, o novel *Norwich Post* passou a ser o informante diário dos moradores de Norwich. A primazia do *The Daily Courant*, portanto, não deve ser tomada como cronológica, mas política, posto que Londres era muito, mas muito mais importante que Norwich, e as "notícias" londrinas tinham influência consideravelmente mais impactante para os destinos ingleses — e, por conseguinte, para os destinos do mundo.

O *Daily Courant* era editado e impresso pela mulher de Edouard, Elizabeth Mallet, numa sala vizinha à taverna *Kings Arms*, na Fleet Street. Elizabeth era uma editora consciente: advertia seus leitores de que o objetivo do *Courant* era publicar notícias vindas do estrangeiro sem fazer comentários de sua própria lavra, partindo do princípio de que seus leitores teriam sensibilidade suficiente para refletir sobre as notícias por si mesmos. Por isso, muitos a consideram um dos primeiros exemplos de jornalista a trabalhar com o conceito da imparcialidade. Apesar de seu puro-sangue jornalístico, Elizabeth logo venderia o *Courant* para Samuel Buckley, cuja primeira ação foi começar a publicar "notícias" originadas no entorno de Londres.[16] Outra versão relata que Elizabeth simplesmente entregou a Buckley a direção editorial do *Courant*.[17] Uma ou outra versão não muda a inovação extraordinária que aconteceria a seguir. Buckley foi além da ideia de publicar notícias locais, e aqui nasce a importância da existência do *Courant* para o mundo jornalístico: ele passou a editar o jornal sob um conceito estrito de objetividade. Tornou-se o primeiro jornalista a se preocupar com o relato preciso dos fatos, tratando notícia como notícia, puramente, sem comentários, à diferença do que então fazia a imprensa nascente.

Buckley foi adiante: separou fato e opinião, notícias de artigos. De um lado, publicava notícias extraídas de fatos apurados — as *news;* à parte, caracterizadas como tal, vinham as opiniões, os *comments*. Buckley teve aguda percepção para impor essas mudanças marcantes no momento especial em que a Inglaterra debatia com vigor as ideias liberais de John Locke. Nesse debate o papel da imprensa nascente era fundamental — e separar notícia de opinião, mais fundamental ainda.

"Podemos supor que Buckley pretendia agregar ao seu jornal uma imagem de credibilidade e independência como condição de sucesso."[18] O estudo da experiência do *Courant* revela extremo cuidado com a apuração dos fatos, impondo rigor à escolha das fontes. Atribui-se a Buckley a ideia de apurar com acurácia (*accuracy*), ou seja, com precisão garantida pelo rigor dos procedimentos de apuração e checagem. Havendo acurácia na seleção das fontes, haverá maior possibilidade de que as notícias sejam corretas.

Elizabeth morreu em 1706, mesmo ano em que desapareceria Locke, e o *Courant* circulou apenas até 1735, mas as marcas dessa aguerrida aventura jornalística ficariam para sempre. Tudo o que Buckley fez foi inovador. Para se ter uma ideia, o *Journal de Paris*, primeiro diário francês, só surgiria 75 anos depois. Na América, o *Pensylvania Packet* apareceria ainda mais tarde, em 1784. Em português, o primeiro jornal diário foi o *Diário Lisbonense*, lançado em 1809; no Brasil, a imprensa diária foi inaugurada pelo *Diário do Rio de Janeiro*, em 1821.[19]

A experiência do *Courant* foi tão marcante que atravessou os séculos para delimitar conceitualmente o papel de Castelinho como comentarista que lidava com fatos para transmitir a primazia da análise ao leitor. Castelinho executava sua apuração com primorosa acurácia e deixava claro em seu texto o que era fato e o que era opinião.

* * *

Na convivência com o primeiro governo militar os jornalistas logo perceberiam que a cobertura política mudara. Antes, os presidentes civis falavam abertamente aos repórteres e nunca cogitaram de qualquer hipótese de censurar as informações obtidas — no máximo, em raras ocasiões, podiam humildemente pedir ao repórter que não publicasse tal ou qual informação. Agora o marechal presidente Castello Branco até conversava, mas usualmente arrematava com um pedido para não publicarem o que ele dissera. Falava, sim, mas queria que suas palavras ficassem em segredo, guardas no recôndito inútil da memória exclusiva dos jornalistas. Mas isso era só o começo. A coisa iria piorar.

O primeiro sinal de que havia censura do regime militar adveio de um movimento estabanado. Certo dia Castelinho escreveu uma coluna com informações que revelava um equívoco do governo Castello Branco; a coluna foi transmitida por telex por volta das 14 horas e no início da noite o Palácio do Planalto emitiu uma nota oficial desmentindo as informações que só seriam publicadas na coluna do dia seguinte. Naquela noite, a nota emitida pelo palácio chegou a ser lida no plenário da Câmara dos Deputados pelo líder do governo, Ernani Sátiro. Ficou evidente que o governo grampeara os aparelhos de telex do *JB* — e, seguramente, das outras redações de Brasília — de forma a se antecipar e descobrir na véspera o que seria publicado no dia seguinte. A descoberta desse tipo matreiro e rudimentar de espionagem sobre a imprensa não surpreendeu os jornalistas políticos. Era sabido por muitos que o Serviço Nacional de Informações (SNI) do governo Castello Branco, comandado por Golbery do Couto e Silva, censurava telefones e telex dos grandes jornais para complementar o trabalho dos informantes plantados nas redações.[20]

Jango exilado no Uruguai, Lacerda quase calado, e logo seria cassado em 1968, Juscelino cassado e silenciado, Jânio exilado em Londres. "Virei rato do British Museum à cata de elementos para a 'História do Povo Brasileiro' a que me aventurarei com o Afonso Arinos. Não faltam dados e incidentes interessantes", choramingava o ex-presidente que renunciara ao mandato em carta a Castelinho. Quanto ao livro prometido, foi editado em 1968 e não fez o sucesso esperado por seus autores.[21]

* * *

Vieram cedo os primeiros sinais de que a então chamada "Revolução de 1964", que teria nascido para restabelecer a democracia plena e logo deveria entregar o poder aos civis, mudara drasticamente de rumo e propósitos, afogada pelo radicalismo e pela sede de poder dos militares. Logo após o golpe, pretendeu-se que a sua institucionalização se faria através de um ato institucional, mas os primeiros meses começaram a mostrar uma invulgar pressão do que mais tarde se chamaria "linha dura" dos militares sobre o seu primeiro presidente militar, o moderado, mas pressionável, general Castello Branco. Primeiro ele cedeu à pressão para suspender os direitos políticos de Juscelino Kubitschek, em junho de 1964, mediante vagas acusações de corrupção. No mês seguinte o Congresso aprovou, aparentemente sob pressão militar, a prorrogação do mandato do general, que iria até 31 de janeiro de 1966 e agora era estendido para 15 de março de 1967. "Decepcionei-me, ainda timidamente, a partir do momento em que Castello Branco aceitou a prorrogação do mandato. Percebi que era o primeiro passo para a implantação de um regime militar no Brasil", diria Castelinho.[22]

Havia evidências de que a institucionalização inicial não era suficiente para estabelecer um controle político do Estado e que a adoção gradativa de instrumentos mais duros se tornaria uma constante dos militares, na busca desesperada de um controle absoluto. Cassado Juscelino, prorrogado o mandato, o regime subterrâneo que se fortalecia na caserna exigia mais poderes, mais monstrengos jurídicos. Olhando para trás, hoje, é possível visualizar claramente um roteiro para a ditadura militar absoluta; mas, à época, a oposição moderada existente teimava em acreditar que entregar cabeças ajudaria a saciar a fome da hiena. Assim é que o PSD reagiu suavemente à suspensão dos direitos políticos de Juscelino, sua maior liderança.

Em outubro de 1965 a oposição elegera governadores de cinco estados;[23] eram oposicionistas moderados, mas a surpresa de perder Minas e Guanabara assustou o governo militar. Entre saltos e sobressaltos, o regime pariu mais um monstrengo, o maior deles até então, o Ato Institucional nº 2, editado em 27 de outubro de 1965 — eram 33 artigos que instalavam a ditadura para quem ainda tinha dúvidas. Os antigos e tradicionais partidos foram extintos, inclusive a UDN, que forjara e apoiara o golpe; a eleição do presidente e dos governadores passaria a ser indireta; as intervenções em estados e municípios passaram ao arbítrio do presidente; o estado de sítio poderia ser decretado à revelia do Congresso. Como as eleições de governadores passaram a ser indiretas, o regime passou a promover cassações pontuais de mandatos de deputados estaduais da oposição para quebrar a maioria eventual nas assembleias. O Brasil acordou do AI-2 com um cenário político bipartidário. Em lugar dos tradicionais partidos, agora havia uma dualidade maniqueísta — Aliança Renovadora Nacional (Arena) e Movimento Democrático Brasileiro (MDB). "Quando [Castello Branco] fez o AI-2, isso [a implantação de um regime militar] ficou consumado", diria Castelinho.[24] Esse marco ficou para ele como o momento em que Milton Campos, que ele tanto admirava, pulou do cavalo. "Quando percebeu que Castello Branco ia ser compelido a assinar o Ato-2, foi a ele e falou: "Minha missão está cumprida e me demito do Ministério da Justiça. Aí Castello Branco disse: 'Dr. Milton, o senhor me desculpe mas não tem motivo para desertar numa hora em que o senhor sabe que enfrentamos muitas dificuldades e tenho que tomar medidas que não quero tomar, que são contra a minha índole.' 'Presidente, há uma diferença entre um presidente e um ministro. O presidente não pode pedir demissão, o ministro pode.' E saiu."[25] A tradução desse ato era: a velha UDN guardiã da moral desembarcava do regime que forjara um ano e meio antes.

Na coluna que escreveu no dia seguinte ao anúncio do AI-2, Castelinho registrou tudo com resignação: "Como era esperado, veio o Ato Institucional. Completo. Isso pressupõe obviamente uma férrea união militar, somando todos os grupos de origem revolucionária, brandos e duros, em torno da afirmação do poder incontrastável da Revolução. O Marechal Castello Branco, que procurou alcançar os objetivos por persuasão, trocou suas táticas pelas dos radicais, munindo-se dos instrumentos do poder absoluto para atingir as metas que não obteve da colaboração dos políticos."[26]

Era um passo firme no caminho da ditadura absoluta. O general-presidente Castello Branco entregara os pontos ao endurecimento e ao adiamento das promessas democráticas. Com a cassação de Juscelino, a prorrogação do mandato e a edição do AI-2, o general-presidente atendeu à vontade da linha dura e pavimentou-se o caminho para a eleição do general Costa e Silva.

* * *

Em fevereiro de 1966, o general Arthur da Costa e Silva, ministro da Guerra, já praticamente montara um comitê de campanha, chefiado pelo então general Jayme Portela, que abordava políticos e jornalistas, no intuito de inflar seu nome e fortalecer sua candidatura à sucessão presidencial à revelia do marechal Castello Branco. Os militares tinham gostado do poder e descartavam, sem muita cerimônia, os antigos líderes civis que os convocaram para o golpe em 1964, embora fazendo agora um tipo de política fadada ao insucesso: um exemplo disso foi a atitude de Portela, que vivia soprando informações favoráveis a seu candidato nas orelhas de todo jornalista que lhe passasse ao alcance, mas tão logo Costa e Silva foi "eleito" fechou-se em copas e nunca mais permitiu que um jornalista ultrapassasse o umbral do seu gabinete.[27]

Numa coluna, Castelinho denunciou que o SNI gravara telefonemas do senador Daniel Krieger, um dos grandes aliados políticos do marechal-presidente Castello Branco no Congresso. E pior: gravara telefonemas românticos para uma namorada que o experiente senador mantinha em Brasília. O presidente leu e mandou o então coronel Danilo Venturini à casa de Castelinho para descobrir quem o informara a respeito. Venturini alimentava a ilusão de pressionar Castelinho e, no mínimo, fazê-lo desmentir a informação. Disse-lhe: "O SNI não tem equipamento para gravar telefonemas." Rápido e fagueiro, Castelinho replicou: "Então foi o Exército que gravou. Corra lá e diga ao presidente que é a sucessão na rua." Ele queria dizer que agentes da candidatura do general Costa e Silva tinham gravado Krieger, com a intenção de desmoralizá-lo e enfraquecer o seu chefe imediato, o marechal-presidente Castello Branco.

Para Castelinho estava claro que o general Castello Branco não cumpriria os propósitos que levaram ao golpe de 1964 — uma rápida regeneração institucional do país e a preparação para novas eleições com candidatos civis. Com pouco mais de um ano de militares no poder, o que se via era uma nova candidatura militar assombrando o futuro democrático. Em fevereiro de 1966, escreveu: "fontes políticas ligadas ao governo federal manifestam o receio de que se tenha tornado irreversível a insatisfação do presidente da República com os processos escolhidos pelo ministro da Guerra para lançar-se candidato."[28] Os "processos escolhidos" se baseavam na força bruta do esquema militar que, àquela altura, Costa e Silva liderava, empunhando a espada. Mas tornar isso público, como fez Castelinho, teve o condão de expor a primeira grande divisão política do regime militar e contrapôs o presidente a seu ministro. Castelinho apenas fazia o que sempre fizera — relatar situações políticas estritas —, mas isso não era pouco para Costa e Silva e sua turma da linha dura. Castelinho começava definitivamente a parecer indigesto para o general e seus seguidores.

Dois dias depois, Castelinho revelou em primeira mão que o marechal-presidente Castello Branco enviara carta aos ministros militares advertindo-os, sem rodeios, para o perigo de se instalar uma ditadura militar — e essa carapuça era obviamente lançada sobre a cabeçorra de Costa e Silva. Esta desagradável exposição pública foi debitada por Costa e Silva, mais uma vez, na conta de Castelinho.

Passaram-se alguns dias e Castelinho fez nova advertência — esta, direta — a Costa e Silva. "Seu problema com o marechal Castello Branco começou no dia em que se declarou candidato à Presidência da República, surpreendendo o chefe do governo, que muito naturalmente aspiraria a ter o comando do próprio dispositivo e guardar para si a iniciativa do desencadeamento da questão."[29] Nos dias posteriores, Costa e Silva jogaria os lances definitivos em que impunha sua candidatura a um vencido marechal Castello Branco, que perdera o comando da própria sucessão. E ainda havia praticamente todo o ano de 1966 para percorrer entre percalços e confrontos.

Castelinho sobreviveu ao regime militar porque conseguia relatar as situações políticas sem usar palavras agressivas e alinhando as informações com naturalidade, relatando os conflitos como um efeito da dialética política, sem pretender jogar maliciosamente um agente político contra outro. Não usava de subterfúgios, embora já tivesse, nos primeiros anos do regime militar, começado a utilizar as tais entrelinhas, a tal "linguagem cifrada", que ao leitor desatento pareceria linguagem cifrada. Mas o leitor atento percebia que a estrutura do texto harmonizava os fatos e suas interpretações, costurando uma análise que, por fim, acabava lhe transmitindo uma ideia perfeita do que acontecera.

Como, nesse ambiente, conseguir driblar as proibições e fazer análise política? "O pressuposto da análise são certas informações que tenho e que não posso tornar explícitas. De 1968 para cá mudou muito o caráter da coluna. Antes era uma grande massa de informações. Hoje o cidadão que conhece os fatos sabe que por trás da coluna se pode percebê-los, já que não podiam ser ditos."[30]

Ele tinha raras fontes militares, nenhuma na linha dura, que desprezava, mas muitos militares que ambicionavam altos postos no Executivo tentaram se acercar dele. Teve uma proximidade amistosa com os coronéis (depois generais) Carlos Meira Mattos e Otávio Costa. Quando era candidato à sucessão do marechal Castello Branco, o general Costa e Silva o convidou para um almoço, pretextando ser simpático. Para alimentar o papo, perguntou-lhe: "Ô, Castello, você nunca teve aspirações políticas?" Castelinho respondeu na lata: "Tive.

Quis ser ministro da Guerra." Consta que Costa e Silva ficou meio apatetado, parecendo não entender a ironia. Não lhe era uma reação incomum: apesar de seus seguidores propagarem que ele foi primeiro de turma na escola militar, o velho general não primava pelo brilho da inteligência. Castelinho conta que na primeira entrevista que deu à televisão, ainda ministro da Guerra do governo Castello Branco, foi um desastre; perto, o ministro da Justiça Milton Campos ouvia a fala e, a cada bobagem que Costa e Silva falava, sussurrava para si mesmo: "Ah, senhor! Ah, senhor!"[31]

O primeiro sinal de divisão grave nos meios militares foi detectado por Castelinho: o general Mourão Filho, a quem se atribuía o movimento pioneiro do golpe de 1964, procurara a oposição para sondar se seu nome seria aceito como candidato contra Costa e Silva.[32] Era a primeira das aventuras abortadas de generais descartados (e insatisfeitos) que procurariam a oposição — isso aconteceria nos anos seguintes com os generais Albuquerque Lima e Euler Bentes Monteiro.

Mas Castelinho, do seu posto único de resistência, continuou a beliscar o general: "O general Costa e Silva continuará por mais vinte dias exposto à chuva e ao sereno. O presidente da República comunicou ao senador Daniel Krieger, líder do governo, que até o dia 31 deste mês, data marcada para a constituição da Arena, partido do governo, não tomará qualquer decisão, iniciativa ou providência relacionada com a sucessão presidencial."[33]

Na sequência dos dias, Castelinho noticiava — e realçava — a tendência do marechal-presidente Castello Branco para fazer uma sucessão dentro de parâmetros constitucionais. Depois do AI-2 ficara claro que era inexequível a sucessão por um civil, mas tentava-se dar, pelo menos, um cunho de ordem e institucionalidade à sucessão — e Castelinho funcionava como um porta-voz dessa intenção. Nesse papel, anunciou, no dia 20 de março de 1966, a possível candidatura do marechal Cordeiro de Farias, velho e respeitado líder militar. Mas essa tendência refluiu nos dias posteriores. Logo Castelinho informou: "O general Costa e Silva é hoje o candidato em clima de triunfo." E admitia que ele tinha vencido a batalha da consolidação de sua candidatura.[34] Ponto para Ataliba.

Nos meses seguintes a sucessão se resolveu, o clima serenou e Castelinho amainou as críticas contra Costa e Silva. A candidatura do novo marechal passou a ser vista com alguma simpatia até por uma parcela da oposição, destacou. Costa e Silva não é exclusivamente o candidato da linha dura, pontuou em outra ocasião — embora ele o fosse, também. Nessa época Costa e Silva conversava com jornalistas do Rio de Janeiro, mas esnobava os de Brasília, em especial Castelinho. Essa meia lua de mel durou pouco: "Depois veio o AI-5 e aí ninguém queria conversar, nem do lado de lá nem do lado de cá."[35]

Em setembro, às vésperas da eleição indireta de Costa e Silva, sucessivas declarações de Carlos Lacerda voltaram a turbar o ambiente político. Lacerda deixava claro que partiria para a oposição ao regime militar. E vieram de Castelinho, no início de setembro, as primeiras notícias sobre a formação da Frente Ampla, que reunia os três principais líderes civis da oposição — Lacerda, Jango e Juscelino.

Quando o Congresso Nacional elegeu indiretamente Costa e Silva, por 294 votos, presidente do Brasil, a esperança de redemocratização se sustentava mais na imaginação das pessoas do que nos fatos reais. No fundo, a eleição do marechal linha-dura carimbava a volta de Ataliba e seus sequazes — era questão de tempo, mas eles voltariam à ativa, pelo simples fato de que Costa e Silva estimulava uma participação maior e mais vigorosa dos militares que, desde o início do regime militar, viam nele a voz tonitruante da extrema direita que pontificava na caserna. Dizia-se que o novo marechal fora primeiro de sua turma no Colégio Militar, mas de todos os lados pipocavam insinuações de que não primava pelo brilho intelectual. Mesmo sem experiência política, mas com muito conhecimento da política militar, ele encurralou o presidente Castello Branco, a quem se atribuía intenções de entregar o poder aos civis. E foi exatamente como porta-voz do poder militar que ele se consolidou.

No dia seguinte à eleição de Costa e Silva, Castelinho anotou em sua coluna que o senador Auro de Moura Andrade — o homem que, na Presidência do Congresso, declarara vago o poder de Jango dois anos antes — depositava todas as suas esperanças de democracia em nada mais que um mero e simplório *wishful thinking*. O que dissera Auro? "Disse que procurou salientar em seus discursos que a eleição do marechal Costa e Silva marca o ponto de partida para um futuro em que seja atingida a normalidade do funcionamento das instituições."[36] A leitura dos fatos do momento não recomendava uma conclusão como esta. A liberdade se tornava um desejo cada vez mais distante. As esperanças se esvaeceram. Os dias brasileiros viraram noites de tormenta.

12

TUDO ESCURO

1967-1974

Nasceu em 1968 a grande divisão contemporânea das esquerdas brasileiras. Estabeleciam-se ali dois grupos que prometiam lutar por um regime socialista que traria a redenção para o povo brasileiro, mas cada um lutaria à sua maneira — e as maneiras de cada um eram bem diferentes. Isso ficaria bem claro na Passeata dos Cem Mil, no Rio de Janeiro: uma parte cantava que "o povo organizado derruba a ditadura" e outra, que "o povo armado derruba a ditadura".[1] O primeiro grupo, da chamada esquerda democrática, à frente o Partidão, simpatizantes, aliados e esquerda democrática em geral, se filiava à tese da via eleitoral para alcançar as liberdades democráticas; por essa via, era essencial promover a conscientização do povo para estabelecer as condições da transição para as liberdades democráticas. A segunda, da chamada esquerda revolucionária, priorizava a vitória pelas armas, liquidando as Forças Armadas para implantar o socialismo já. Ao longo do tempo viu-se que a vitória pelas armas não passava de uma fanfarronice irresponsável. As passeatas contra a ditadura daquela época eram bicéfalas: "Estava na rua porque desde março a liderança radical forçava choques com o governo, mas fora a frente política costurada pela caciquia moderada que abrira a avenida para o povo."[2] Trocando em miúdos, era mais ou menos isso: a esquerda democrática organizava e negociava a realização das passeatas nas quais a esquerda "revolucionária" pregava seus refrãos cheios de provocações às Forças Armadas.

Na Passeata dos Cem Mil, bem em frente à estátua de Tiradentes, na antiga Câmara dos Vereadores, Vladimir Palmeira prometeu: "A partir de hoje, para cada estudante preso, as entidades estudantis promoverão o encarceramento de um policial."[3] Isso não correspondia à correlação de forças e à organização dos adversários que se enfrentavam. Era apenas uma bravata tola e inconsequente que Vladimir e seus colegas estudantes não podiam fazer cumprir, porque não teriam, sequer, onde deixar preso um policial. Foi esse tipo de bravata, muito comum à época, que alimentou a ideia romântica e irresponsável da luta armada, aliciou e recrutou centenas de jovens que caminharam para a prisão, a tortura e, em muitos casos, a morte; e, por outro lado, enfureceu os militares e justificou, do ponto de vista deles, o endurecimento. O fecho de tudo se deu com a bravata mais infantil e irresponsável, um discurso tolo feito no plenário da Câmara dos Deputados pelo deputado Márcio Moreira Alves (MDB-GB), no dia 2 de setembro de 1968, pedindo que as moças brasileiras não se casassem com jovens oficiais. O governo militar quis processá-lo e a Câmara negou a licença necessária para fazê-lo. Quando acabou a votação no plenário, enquanto a oposição cantava o Hino Nacional, Castelinho só olhava e observava aquele festival infantilizado de tolices inúteis. Quando alguém lhe pediu para cantar o hino, ele justificou: "Até hoje não sei cantar o hino." Não sabia cantar o hino, embora, mesmo não sendo católico, soubesse rezar o Pai-Nosso e o Credo. A negativa da licença, por parte da Câmara, que parecia uma derrota dos militares, era uma vitória de pirro; deu à caserna o pretexto para endurecer geral. Próximo a Castelinho, o pai de Moreira Alves lhe perguntou:

"E agora, doutor, o que é que vem?" Soturno, Castelinho foi franco: "Vem o ato. Fuja com seu filho."

Estava certo. O Ato Institucional nº 5 viria no dia 13 de dezembro de 1968, um monstrengo que solapava toda a cultura jurídica da História do Brasil, com um preâmbulo de seis parágrafos e doze artigos, tudo datilografado em quatro folhas de papel. Proibia o sol, o vento, a chuva, o sorriso e a alegria de viver. À frente, como inspiradores dele, não vinham os generais de quatro estrelas que pareciam comandar, mas majores e coronéis da linha dura, como aqueles que ameaçaram devolver suas condecorações modestas quando Che Guevara recebera de Jânio a Ordem Nacional do Cruzeiro do Sul, em 1961.

* * *

A meteorologia em Brasília é conhecida e imutável — tempo seco entre abril e outubro, chuvas entre novembro e março. Em dezembro e janeiro o tempo é severo, com chuvas torrenciais quase todos os dias. Mas, naquele ano de 1968, o tempo se mostrava especialmente rigoroso à medida que os dias passavam. O governo era exercido pelo marechal Arthur da Costa e Silva, o homem que desde os primórdios do golpe fora o melhor intérprete da linha dura e se tornara o inimigo figadal de Jânio Quadros por causa de uma apalpada na bunda da sua mulher. Costa e Silva era, desde o começo, a fina flor da direita desvairada e sem limites. Ainda assim, em boa parte de seu governo não houve censura à imprensa, embora a progressão do endurecimento assustasse as pessoas e, principalmente, os jornalistas, que aliviavam as coberturas e, em especial, as opiniões mais críticas. No fundo, a imprensa, temerosa do humor — ou da falta de humor — dos militares, passou a conter as críticas ao governo antes que a censura chegasse.

Naqueles primeiros dias de dezembro a tormenta se anunciava preocupante a quem detinha informações políticas abalizadas. Castelinho estava ansioso, mas já tinha nervos curtidos para avaliar e enfrentar ditaduras; sabia, como elas chegavam, como agiam e como resistiam para cair. Suas preocupações eram amenizadas pela aproximação de duas datas magnas, ambas pessoais — os vinte anos do casamento com Élvia, no dia 11 de dezembro, e o aniversário dela, no dia 13. Ele optou por comemorar os dois eventos numa só festa e escolheu o dia 13, uma sexta-feira, sem imaginar que iria combinar festa com tragédia, alegria com terror.

No dia 13, os primeiros convidados chegaram à casa da QI-13 sob o signo do medo. Políticos, assessores e jornalistas esperavam o pior para as próximas horas — pelo menos era o que indicavam as poucas informações que vazavam do Palácio do Planalto. "Todo mundo chegava na expectativa do pior."[4] Os grupos se formavam em frente à televisão, aguardando com nervosismo os noticiários da noite, que logo confirmariam a tragédia: o governo de Costa e Silva anunciara o AI-5 e o Brasil entrava, naquele momento, na mais negra noite de toda a sua história. Frio como sempre, Castelinho curtiu a festa; por volta de 1 hora da manhã, chamou Élvia a um canto e sussurrou: "Olha, eu vou ser preso ao amanhecer. Estou muito cansado, vou me deitar e você vai tocando a festa e se despedindo dessa gente toda."[5]

Para Castelinho, o noticiário da televisão não contara nenhuma novidade. Ele já conhecia o rascunho do Ato, sabia que viria e o que viria, tanto que muito antes da festa mandou sua coluna para o *JB*, sob o título "Primeiras impressões sobre o Ato de ontem". O primeiro parágrafo da coluna explicava tudo: "Ao Ato Institucional de ontem não deverá seguir-se nenhum outro ato institucional. Ele é completo e não deixou de fora, aparentemente, nada em matéria de previsão de poderes discricionários expressos. A experiência do governo Castello Branco, que teve de editar atos desse tipo por quatro vezes, terá aproveitado ao redator do novo édito." Não precisava dizer mais nada; escrevendo pelas entrelinhas, ele expressava o que era, em sua essência, um governo militar: quando se via acuado, reagia com o que tinha mais à mão, a força bruta.

Até aquele dia não houvera censura ostensiva à imprensa, mas o duro palavrório do AI-5 não deixava margem para dúvidas — a linha dura vencera em toda extensão e dali por diante a besta andaria solta, babando sobre as redações. Castelinho tinha certeza de que seria preso no dia seguinte porque sabia bem o que escrevera nos últimos meses e anos, ao narrar a gradativa ascensão da linha dura e a progressão do endurecimento, não raro mencionando questões que importavam em cuidadosas críticas ao governo Costa e Silva e às lideranças militares mais radicais.

Enquanto Castelinho dormia, no térreo a festa rolava sem a menor alegria. Élvia foi despedindo os convivas e, aos poucos, começou a acomodar os parentes que se hospedavam com eles. Por volta das 3 horas da madrugada, Evandro Carlos de Andrade, que saíra pouco antes, acordou Castelinho com um telefonema de alerta: "Charles, cuidado. Quando saí, vi um monte de camburões em volta da sua casa. Acho que vieram prender você."[6]

Às 6 horas da manhã a campainha da casa soou. A empregada Arlinda atendeu; eram dois investigadores do Dops que perguntavam por Carlos Castello Branco e disseram que tinham ordens para levá-lo preso. A moça subiu assustada e acordou Castelinho. Nada mais era imprevisível naquele roteiro de péssima qualidade e triste lembrança sobre um tempo em que as pessoas eram presas porque queriam ser livres e porque pediam liberdade para as outras. Élvia desceu na frente e percebeu que havia dois policiais na porta da frente e outros na porta de serviço, atrás. Castelinho desceu, mandou os dois entrarem, disse à empregada que servisse cafezinho a eles e pediu tempo para trocar de roupa. Subiu e dormiu por mais dez minutos. Os dois homens entraram e tiveram sua atenção atraída pelos muitos quadros pendurados nas paredes da sala. "Engraçado esses quadros todos", disse um deles. "O homem é pintor ou o pintor é esse aí?", referindo-se ao sobrinho Sérgio, um jovem de barba espessa, que continuava dormindo num sofá da sala. "Estou intrigado. Há tanto tempo no ramo e nunca ouvi o nome desse homem que mandaram a gente levar", disse o outro. Ao que Élvia retrucou: "É para o senhor ver que eles não têm razão." Quando Castelinho desceu novamente, um deles perguntou-lhe: "Por que o senhor não leva uma maletinha?" Élvia perguntou: "Para onde vocês estão levando meu marido?" Os tiras disseram que não podiam revelar — era a marca daqueles tempos de opressão, prender sem dizer para onde o preso ia —, não bastava prender, tinha também de deixar imersas em medo as pessoas em volta.

Levaram-no, soube-se horas depois, para o quartel do Batalhão de Polícia do Exército (PE), em Brasília. Lá, Castelinho encontrou Otacílio Lopes, que trabalhava na *Última Hora*; às 6h30 da manhã foi recebido por um gentil coronel Epitácio Cardozo, comandante da PE: "Jornalista Castello Branco, a que devo a honra da visita a essa hora?" Castelinho não perdeu o embalo: "Ah, coronel, deve haver algum engano, a essa hora eu não costumo visitar ninguém. Eu estou sendo trazido pra cá, o senhor vê lá o que faz."[7] O coronel instalou Castelinho na sala de um major e foi se informar para descobrir a que se devia a ilustre "visita". Duas horas depois o preso foi levado para a sala do capitão; mais duas horas e foi transferido para a enfermaria, mesmo sem estar doente — e o coronel Epitácio ainda tentava descobrir as razões da prisão, embora elas fossem relativamente óbvias até mesmo para uma freira de educandário.

Enquanto o coronel não voltava Castelinho conversava com alguns oficiais. Ironizou: "Vocês dão o golpe para prender logo a mim e ao Otacílio?"[8] Na madrugada seguinte, chegou ao quartel o advogado Heráclito Sobral Pinto, que fora preso em Goiânia. Castelinho viu quando ele entrou arrastado por alguns militares, gritando e esperneando, mesmo aos 76 anos de idade. Um coronel tentou enquadrar a prisão como um ato democrático e invocou as soluções de uma "democracia à brasileira". Sobral, sempre com ironia à flor da pele, rebateu: "Ô, coronel, não existem soluções à brasileira. As soluções são universais. O que existe é peru à brasileira."[9]

Depois de Sobral, a frequência foi aumentando: chegaram presos os então deputados Mário Covas, Martins Rodrigues e José Carlos Guerra; no Rio de Janeiro, o ex-governador Carlos Lacerda, incentivador-mor do golpe de 1964, ficou preso em um quartel com os jornalistas Hélio Fernandes e Oswaldo Peralva; Juscelino Kubitschek foi detido nas escadarias do Theatro Municipal e levado para outro quartel, na Baixada Fluminense. O AI-5 logo seria usado para expulsar da universidade expoentes da cultura brasileira: Caio Prado Júnior, Fernando Henrique Cardoso, Florestan Fernandes, Luiz Hildebrando Pereira da Silva e outros pensadores e cientistas. A atriz Marília Pêra, que estrelava a peça *Roda Viva*, muito visada pelo Comando de Caça aos Comunistas (CCC), foi presa e trancafiada no mictório de um quartel. Caetano Veloso e Gilberto Gil, presos em São Paulo, tiveram as cabeças raspadas e foram tangidos durante dias por vários quartéis do Rio de Janeiro; acabaram isolados em Salvador e exilados à força. O general João Figueiredo diria depois que os militares tinham "partido para a ignorância" e o general Golbery do Couto e Silva, cultor do pensamento militar, que havia muitas contas pessoais a ajustar.[10]

Para Castelinho e seus "colegas" na Polícia do Exército, em Brasília, estabeleceu-se uma rotina — nas manhãs os presos podiam caminhar no pátio durante uma hora para tomar banho de sol. No terceiro dia, Castelinho foi chamado para o interrogatório, a cargo de cinco coronéis, à frente o coronel Gilberto Job, todos sentados a uma mesa comprida, cada um com um maço de papéis nas mãos. Foram muitas perguntas, quase sempre sem lógica, muitas repetidas ou feitas de forma diferente, nenhuma objetivamente inteligente, e tudo era gravado. Queriam saber quem era a fonte de determinada informação, por que razão ele escreveu assim e não assado, que filiação partidária ou ideológica ele tinha, se havia comunistas na redação — esse tipo de coisas que costumam encasquetar os militares (ou pelo menos encasquetavam os militares daquela época). Ao fim de duas horas e quarenta minutos eles se deram por satisfeitos.

Os presos dormiam cedo, por volta das 22 horas. Mas numa noite Castelinho foi novamente convocado por volta de 23 horas; os oficiais lhe entregaram papéis em branco e pediram que ele se sentasse em frente a uma máquina de escrever e datilografasse respostas para perguntas que repetiam as mesmas questões suscitadas no primeiro interrogatório. Era a checagem do depoimento inicial: repetir tudo para ver se as respostas eram coincidentes ou se ele cairia em alguma contradição. Castelinho olhou a capa do processo montado sobre sua prisão; tinha um título interminável — "Investigação sumária para apurar a participação do jornalista Carlos Castello Branco nos fatos que levaram a Câmara dos Deputados a negar licença para processar o deputado Márcio Moreira Alves".[11]

Depois desse segundo interrogatório o rigor foi afrouxado. Alguém tentou visitar os presos e, sem obter êxito, deixou para eles um livro de José Américo de Almeida; como todos eram versados nas superstições e crendices da política, ninguém tocou no livro; puseram-no sobre uma mesa, no saguão da prisão, e lá ele ficou até que alguém, certamente não um dos presos, o levasse consigo.* Até mesmo uma prisão ditatorial se transformava lentamente numa prisão à brasileira, como o peru invocado por Sobral Pinto: com o passar dos dias, o banho de sol passava da hora e ninguém cobrava recolhimento às celas. Com a convivência inevitável, as conversas com os oficiais foram se tornando amistosas. Por fim, os presos passaram a almoçar na cantina dos oficiais. No quinto dia, veio permissão para que recebessem visitas. Aparentemente, a essa altura o reinado da comunidade de informações, o DOI-Codi, tinha perdido o interesse naqueles presos e os deixou sob guarda integral dos oficiais comuns, que não eram torturadores e nem agiam com brutalidade — e nem sabiam direito o que eles estavam fazendo ali.

Enquanto Castelinho estava preso, um dos amigos que mais se mexeu para libertá-lo foi José Luiz de Magalhães Lins, bem mais que

*Uma superstição corrente na política brasileira rezava que José Américo de Almeida dava azar.

Nascimento Brito.[12] Enquanto as articulações externas não produziam efeito, no quinto dia de prisão Castelinho se declarou em greve de fome. O coronel Epitácio capitulou rápido. Chamou-o e disse: "Olha, o senhor está solto, com uma condição: tem de passar no gabinete do coronel Meira Mattos, que quer falar com o senhor." Castelinho aceitou e perguntou: "Posso ir no meu carro?" (Seu carro fora deixado no estacionamento do batalhão de Polícia do Exército.) O coronel permitiu.[13] A greve de fome, que levara à recusa do almoço daquele dia, foi imediatamente esquecida: "Eu não podia discutir condições."[14] A obrigação de falar com Meira Mattos era alvissareira para Castelinho. O coronel, em janeiro de 1967, presidiu a comissão que produziu o polêmico "Relatório Meira Mattos", com propostas para mudar o ensino superior brasileiro. Quando a comissão encerrou os trabalhos, em abril de 1968, as primeiras informações sobre o relatório foram dadas por Castelinho: "No Ministério da Educação anunciava-se ontem que ia ali começar a mudança. Cinco diretores seriam demitidos, em função do relatório da Comissão Meira Mattos. [...] Não se sabe se os novos diretores serão nomeados pelo sr. Tarso Dutra [então ministro] ou se pelo novo ministro. Admite-se, todavia, que os atuais estejam caindo para que fique o atual ministro, assim como se fossem anéis que se vão para salvar os dedos. De qualquer forma, cumpre assinalar que também o sr. Tarso Dutra não é poupado pela Comissão Meira Mattos, cujo relatório não é lisonjeiro para o ministro."[15] A leitura avançada é simples: Castelinho já conhecia Meira Mattos desde que ele fora subchefe da Casa Militar do marechal Castello Branco e tinha com ele uma relação amena e respeitosa. O coronel o chamara para colocá-lo sob suas asas.

Quando entrou, Castelinho ouviu do coronel uma explicação esquisita, segundo seu próprio relato: "Castello, eu li seu depoimento, está tudo certo, tudo o que você disse está certo. Agora, o erro desse negócio é que o pessoal não entendeu que a revolução não acabou, a revolução continua. O negócio é que sai uma cavalgada, os cavalos saem na frente, no galope. Aí, de repente, vai freando. Você não pode frear uma cavalgada de repente, tem que ir parando aos poucos, tem cavalos que vão andando, outros vão correndo. Fica difícil. A coisa vai prosseguir por muito tempo, e nós não estamos interessados que acabe já não, vai demorar mais, vai demorar muito tempo."[16] E deu uma explicação sucinta para a edição do AI-5: "O que houve foi uma crise de incompetência política do presidente da República. Se não aceitasse o AI-5, seria deposto."[17] Eram peculiaridades da desordem política, moral e jurídica que o Brasil vivia — um coronel desfechava ameaças a um marechal que, bem ou mal, exercia a Presidência da República.

Castelinho não entendeu nem procurou entender o sentido da hipérbole equina descrita pelo coronel, mas fez o jogo de cena: "Eu estou sabendo de tudo agora. Pretendia passar o Natal com minha família em Teresópolis, onde tenho uma casa. Posso ir?" Meira Mattos cobrou-lhe uma última condição: "Pode, mas passe no general Brasil e deixe sua direção. Qualquer coisa a gente manda te buscar de novo."[18] Ninguém mandaria buscá-lo, mas a coluna ficou fora das páginas do *JB* por vinte dias — só voltaria no dia 3 de janeiro de 1969, cheia de novidades que Castelinho já intuía quando partiu no rumo de Teresópolis para curtir um longo e tenso Natal. Já sabia, por exemplo, que a censura desabaria sobre a imprensa em geral, sobre ele, em especial, e como ele deveria escrever daí por diante para se livrar dela, sem propriamente se autocensurar. Nem havia como escrever a coluna enquanto durasse aquele estado insensato de absoluta inconsistência jurídica, sem saber se seria processado, se voltaria a ser preso — ou não. Passou vinte dias descansando; quando voltou, as novidades não diziam respeito a novas informações, mas a um novo estilo de escrever, incorporando-se ao jornalismo pós-censura — escrever com meias palavras, escolhidas a dedo para não despertar a ira dos radicais da linha dura nem deixar de informar as pessoas, tentando passar as informações ao leitor pelas entrelinhas, mais ou menos como logo aprenderiam a agir os compositores da música popular, igualmente perseguidos pelos censores, que vetavam as menções muito explícitas mas deixavam passar insinuações em linguagem indireta. E curiosamente um número elevado de leitores logo passou a entender as cifras e apreender a nova forma de passar informações. A pouca inteligência e a cultura limitada dos censores eram uma grande vantagem que jornalistas e intelectuais tinham sobre o estado da censura prévia. Em quase todo lugar — e quanto mais bestial fosse, tanto isso era mais verdade — a censura sempre foi burra.

Quando encontrou o jornalista Oswaldo Trigueiro, tempos depois, Castelinho ouviu dele uma interpretação curiosa ao formato indireto de passar informações aos leitores: "Ô, Castello, você está fazendo uma coisa espantosa. Está reinventando a língua portuguesa."[19] Os censores não percebiam o que um jornalista era capaz de perceber.

Castelinho ainda foi detido algumas vezes, contou Élvia, mas apenas para responder a perguntas, sem dormir na cadeia.[20] Era buscado sempre às 5 ou 6 horas da manhã. Quando Élvia perguntava quem estava mandando prendê-lo ou para onde o levariam — e ela perguntou isso todas as vezes —, diziam não poder informar, com exceção de uma única vez, em que citaram o nome de um coronel (que o mandara prender), o qual depois Élvia esqueceu. Minutos depois o telefone tocou; alguém queria falar com "o jornalista Castello Branco". Élvia perguntou quem era — do outro lado da linha estava o coronel que determinara a prisão. Furiosa, ela desabafou: "Coronel, o senhor não tem vergonha? Não se respeita? O Castello acabou de ser preso por ordem sua. Só peço uma coisa: quando quiserem prender meu marido mandem buscá-lo às 8 horas, que é quando ele acorda."

Numa das prisões, Castelinho ficara em casa porque teria de comparecer a um almoço na embaixada norte-americana em homenagem a um dos Rockfeller e Élvia fora para o jogo de biriba habitual, na casa do deputado Teódulo de Albuquerque (Arena-BA); naquele dia, participariam também do jogo o então vice-presidente da República, Pedro Aleixo, amigo de Castelinho desde Minas Gerais, o advogado Antônio Carlos Osório e o dono da casa. No começo da tarde o jornalista André Marques, no plantão de sábado, atendeu o telefone da sucursal do *JB*; do outro lado, uma voz de homem disse que era de uma loja de eletrodomésticos e que precisava confirmar o endereço de Carlos Castello Branco para entregar uma geladeira recém-comprada. André nem desconfiou — deu o endereço da SQS 208, um apartamento funcional do DNER, onde Castelinho morava.*

Na verdade, o telefonema provinha de outra "loja" — uma que dava e vendia terror e torturas a adversários do regime. Por volta das 16 horas da tarde, o telefone tocou para Élvia; era Castelinho avisando que estava sendo levado para o Dops; os agentes estavam em sua porta. Ela voltou à mesa de jogo e contou o que se passara; Pedro Aleixo fechou-se em absoluto mutismo. Ao fim do jogo, Élvia foi para casa chorando, não por Castelinho, mas pela humilhação a que Pedro Aleixo era submetido pelos militares: era vice-presidente da República e não podia fazer nada por um amigo detido, nem mesmo buscar saber como ele estava sendo tratado na prisão.[21] No início da noite, Castelinho, que ainda aguardava para prestar depoimento, pediu para falar com o delegado. Levado a ele, disse: "Quero apenas comunicar ao senhor que fui convidado para um jantar hoje na embaixada americana e aceitei o convite. Como é um jantar sentado, se o senhor for me reter aqui por mais tempo eu pediria que telefonasse para a embaixada dizendo que não vou ao jantar." Cinco minutos depois foi liberado e saiu do Dops direto para o jantar.[22]

De outra feita foi conduzido para o Dops de manhã e levou um interminável chá de cadeira, sob alegação de que o delegado que iria interrogá-lo não chegara. Castelinho cansou; chamou um investigador e disse que tinha um compromisso importante em casa àquela hora e não podia ficar mais. Explicou o compromisso: um jogo de biriba com o deputado Djalma Marinho e o vice-presidente da República, Pedro Aleixo. O investigador duvidou. Castelinho deu-lhe o número do telefone de casa, pediu que ele ligasse e falasse com o vice-presidente para confirmar a história. O investigador ligou; do outro lado, a pes-

*Seu apartamento era no quarto andar; no sexto, o senador Arnon de Mello, pai do então jovem Fernando Collor de Mello, ocupava dois apartamentos que ele reformou para transformar em um só.

soa que atendeu se identificou: "Sou o deputado Djalma Marinho. Quer falar com quem?" E o policial: "Com o vice-presidente Pedro Aleixo." Djalma passou o telefone e a voz calma se apresentou: "Sou o vice-presidente Pedro Aleixo. Quem quer falar comigo?" Nesta tarde Castelinho não depôs; foi liberado antes de o delegado chegar.[23]

Em todas essas convocações, a rotina era sempre a mesma. Ele era levado cedo, tomava um fastidioso chá de cadeira durante horas e finalmente era chamado para responder a uma saraivada de perguntas idiotas. Invariavelmente queriam saber quem era a fonte dessa ou daquela matéria, ou quem a redigiu, ou quem foram as fontes que transmitiram as informações. Ele dizia sempre que não lembrava. Repetiam a mesma pergunta de formas diferentes, mas todas previsíveis, como um peru bêbado que gira em torno de si mesmo.

Castelinho se impressionava muito com a violência da repressão e seus efeitos. No fim da década dos 1960, visitou, em Londres, o então embaixador Sérgio Corrêa da Costa; numa conversa, falou-se que Helena Bocayuva, filha do ex-deputado Bocayuva Cunha — que exercia o paradoxo de pertencer à ala radical do PTB e frequentar o jetset carioca — e amiga de todos, estava sendo procurada pelos órgãos de informação porque era namorada do jornalista Fernando Gabeira por ocasião do sequestro do embaixador norte-americano Charles Burke Elbrick. Castelinho contou que Helena fugira para o exterior e indagou se não estaria em Londres. À mesa, Maria Ignez Corrêa da Costa Barbosa, mulher do jovem diplomata Rubens Barbosa (que servia em Londres) e filha do então embaixador, que era muito amiga de Helena, garantiu que ela não estava em Londres. E arrematou: "Se estivesse, estaria hospedada na minha casa." Castelinho nunca se esqueceu desse diálogo. Por muitos anos, sempre o lembrava, sugerindo que Maria Ignez era uma mulher muito corajosa, capaz de enfrentar o regime militar para proteger uma perseguida — mas ela não objetivava enfrentar o regime, queria só demonstrar seu afeto por Helena, que fora sua colega na faculdade. A história, no entanto, mostra como Castelinho, em sua índole pacífica, ficava impressionado com desafios ao regime militar.[24]

As prisões desconcertavam o *JB* e o próprio Castelinho. Preocupado em que as pressões continuadas do regime acabassem afetando o jornal e sua coluna, em abril de 1969 Castelinho teve uma minuciosa e franca conversa com Nascimento Brito, conhecido como Maneco nas rodas chiques do Rio de Janeiro, para expor suas preocupações. Desde o endurecimento do regime, em 1968, os dois tinham conversado muitas vezes sobre a paulatina falta de teto para continuar analisando política ante um regime que odiava política. Na conversa de abril, Brito lhe pediu que amenizasse as críticas ao governo e ao regime. Não adiantou muito. Castelinho não se preocupava em alvejar o regime militar, mas continuava priorizando análises que cobrassem a volta à democracia num regime que se constituíra para propiciar um ambiente democrático — e, ao revés, se tornara uma ditadura. O que se via naquele momento era que as pressões da junta militar, os chamados "três patetas",[25] sobre o *JB* — e principalmente sobre a Coluna do Castello — tinham chegado a um grau de franca e absoluta hostilidade, numa guerra aberta. Brito sabia bem que seu jornal era sustentado por uma boa cobertura nas áreas política e cultural, mas sabia melhor ainda que o prestígio do *JB* devia muito a duas colunas — a de Castelinho, na página dois, e a de Zózimo Barroso do Amaral, no Caderno B. E ele, como um empresário atilado, não queria — talvez fosse mais indicado dizer "não podia" — dispensar nenhum dos dois, porque fechar suas colunas significava perder leitores e prestígio e, no corolário, leitores.

O final do governo Costa e Silva fora extremamente difícil para o *JB*. Mas o mandato da junta militar dos "três patetas", quando o governo passou a exercer um absolutismo clássico e brutal, estava sendo pior. A histeria da repressão superava todos os padrões morais e políticos; "o que se apresentava como uma militarização das operações policiais tornou-se uma policialização das operações militares."[26] As torpezas do regime não tinham mais limites; a insegurança chegou a tal ponto que a "eleição" de Garrastazu Médici para suceder os "três patetas" gerava esperança de que as coisas melhorassem. "A reação do meu pai sempre foi de defesa, não só no caso do Castelinho. Cansamos de defender repórter que tinha errado. A nossa posição com Castelinho não foi diferente. A conta que o *JB* pagou foi uma conta boçal sobre esse assunto. Mas cada um com a sua consciência. Pelo menos a gente pode olhar para trás e dizer: olha, eu não me arrependo."[27]

* * *

O azedume de Castelinho com o *JB* de Brito se arrastava há mais de um ano. Quando o estudante Edson Luiz de Lima Souto foi assassinado pela polícia nas manifestações do Calabouço, em março de 1968, o *JB* subscreveu a cantilena de que Edson Luiz não era estudante, forjada pela ditadura para desqualificar o protesto do Calabouço e passar a impressão de que muitos dos que protestavam não eram estudantes — à época, quando se falava de estudante pensava-se em estudante universitário. Edson Luiz, um paraense que viera para o Rio de Janeiro para fazer o segundo grau no Instituto Cooperativo de Ensino, que funcionava no restaurante Calabouço, de fato não era um estudante universitário, mas estudava. A amigos, Castelinho criticou amargamente a atitude do jornal, que rotulou como "uma calhordice". Curioso é que, na mesma manifestação em que Edson Luiz foi morto, houve vários estudantes feridos e um deles, Benedito Frazão Dutra, morreria ao ser atendido no Hospital Souza Aguiar, no centro do Rio, mas ninguém se lembrou de amplificar o seu martírio.

De longe, Castelinho se informava sobre a desenvoltura de Brito junto à fina flor da ditadura militar e, seguramente, a desaprovava. E, mais do que desaprovar, via-se como empecilho ou obstáculo para um acordo entre os ditadores e o jornal. Por tudo isso, desde as primeiras conversas com Brito, em abril de 1969, Castelinho intuíra que a coluna não tinha mais oxigênio e que sua missão no *JB* estava a ponto de se encerrar. Ligou para o amigo Fernando Pedreira, então dirigindo o jornal *O Estado de S.Paulo*, e fez-lhe uma sondagem. Contou que os espaços no *JB* se estreitavam e perguntou se o jornalão paulista abrigaria sua coluna. Pedreira lhe disse que, de sua parte, o receberia de braços abertos, até porque o *Estadão*, sob infernal censura, era crítico obstinado do governo ditatorial e calharia receber em suas páginas um símbolo da democracia, a coluna do maior comentarista político do país. Castelinho pediu-lhe que levasse a questão ao velho Júlio Mesquita Filho; Pedreira consultou o dono do *Estadão*, que gostou da ideia e autorizou a contratação. Castelinho guardou a carta na manga e continuou a conversar com Brito no decorrer de 1969.[28]

Praticamente todo o primeiro semestre de 1969 fora vivido sob a expectativa de reabertura do Congresso, fechado no AI-5. Em maio de 1969, Costa e Silva revelara intenção de revogar o AI-5. Não queria passar à imprensa como um ditador que estuprara as instituições democráticas: previa então um processo de distensão política que começaria com a reabertura do Congresso. Convidou o jornalista Carlos Chagas para ser seu secretário de imprensa. Chagas aceitou e recebeu instruções para divulgar as intenções do marechal-presidente a conta-gotas, porque ele receava assustar seus aliados linha-dura. Começou a fazer reuniões com os juristas que elaborariam os novos instrumentos que substituiriam o AI-5. A ideia era fazer uma reforma constitucional na qual alguns princípios do AI-5 seriam incorporados à Carta Magna.[29]

Mas a reabertura do Congresso era o passo que comprovaria uma boa-fé do governo militar em redemocratizar o país; sem ela, a promessa inexistia. Depois de várias predições, Castelinho cravou: "As direções parlamentares consideram que tudo está pronto para que o Congresso volte a funcionar a partir do dia 1º de agosto, admitindo-se como provável a convocação para alguns dias antes, a fim de que sejam eleitas as Mesas diretoras da Câmara e do Senado."[30] Errou. Mais alguns dias e ele parece ter desistido de acreditar na reabertura: "O efeito óptico que gera nos desertos o fenômeno da miragem parece repetir-se, entre nós, com a reabertura do Congresso. O observador sente-se inseguro ao verificar que as previsões apenas incidem sobre duas camadas de ar diferentemente aquecidas. Na medida em que nos aproximamos de uma data marcada para a suspensão do recesso, o efeito se desvanece e o que surge como a realidade é o calor da esperança dos políticos posto em contato com a algidez do sistema revolucionário, sem que na verdade se produza qualquer fato novo."[31] No dia 19 de agosto, Costa e Silva foi transportado para o Rio de Janeiro com sinais da isquemia cerebral que o mataria em dezembro. Ao seu embarque, na Base Aérea de Brasília, com o rosto meio envolto por um cachecol para esconder a paralisia facial decorrente da isquemia, compareceram poucos assessores. Um deles foi Marcus Vinícius Pratini de Moraes, chefe da assessoria especial do general-presidente. Logo um boato começou a varrer Brasília — o general-presidente estava gravemente enfermo. Castelinho ligou; Pratini contou-lhe o que sabia e lhe pediu que não publicasse. Logo ligou Evandro Carlos de Andrade, a quem Pratini não confirmou a doença. Em seguida apareceria em seu gabinete, que ficava ao lado do gabinete presidencial, o embaixador dos EUA, John Tuthill: "O que aconteceu com seu presidente?" Pratini disse-lhe que Costa e Silva não tinha nada, a não ser uma incômoda gripe.[32]

Nas semanas posteriores, deu-se uma situação insustentável: o general-presidente estava imobilizado numa cama, o vice-presidente Pedro Aleixo fora impedido de assumir, mas todo o noticiário era de que Costa e Silva ainda comandava o país. "É tal o empenho das autoridades em declarar e demonstrar que nada de anormal ocorreu no país em seguida ao acidente de saúde do presidente Costa e Silva que já se pode admitir que o projeto de reforma constitucional e o ato de reabertura do Congresso continuam na ordem do dia, na simples espera de que a mão do presidente obedeça de novo ao impulso da sua cabeça para assinar os documentos. A abertura política se seguiria imediatamente ao restabelecimento das condições físicas do marechal, pois está condicionada tão somente à plena aptidão do chefe do governo."[33] No dia 16 de setembro a Coluna do Castello, então única fonte confiável do noticiário político não submetida à censura prévia, teve sua publicação suspensa. Castelinho quis inserir um comunicado no jornal dizendo que a coluna fora suspensa, para orientar os leitores, mas nem isso foi permitido pela junta dos três patetas ou aceito pelo *JB*.

Em 25 de outubro, o general Emílio Garrastazu Médici foi eleito presidente em pleito indireto pelos farrapos que restavam do Congresso Nacional, tomando posse no dia 30 — havia urgência em extirpar a excrescência patética dos "três patetas" e dar um mínimo de institucionalidade ao regime militar. Em nova conversa com Castelinho, Brito usou de franqueza e lhe confessou que era seu propósito conduzir o jornal para uma cobertura favorável ao governo Garrastazu Médici. Não disse — e nem precisava dizer, Castelinho podia entender tudo — que já tinha se acertado com o novo governo e isso importaria em favorecimento na publicidade para o *JB*, fim das ameaças e do cerco que tinham asfixiado o jornal nos anos anteriores. Brito já vinha tentando agradar aos generais de plantão desde o início de 1968, até então sem obter êxito. Mas quando o nome de Garrastazu Médici se impôs como novo general-presidente, em substituição aos "três patetas", o dono do *JB* foi rápido e ofereceu o apoio incondicional do jornal ao novo governo em troca do fim do cerco fiscal e benesses publicitárias. A partir daí, duas versões sustentam movimentos que parecem opostos, mas podem ter a mesma gênese, figurando um como o "plano B" do outro. Uma delas conta que Brito pactuara com os filhos de Garrastazu Médici, Sérgio e Roberto Médici, e com o chefe da Casa Civil, Leitão de Abreu, o apoio pleno ao governo e uma sustentação pública para a futura reeleição de Garrastazu Médici.[34] Um dos filhos nega com veemência que tivesse em algum momento negociado a reeleição do pai. "Quem temia a reeleição do meu pai era [João] Figueiredo, que sonhava ser presidente."[35] A outra é que o pacto de Brito fora celebrado apenas com Leitão de Abreu, a quem, num dado e preciso momento futuro, o *JB* apoiaria para suceder Garrastazu Médici, sob uma encenação da transferência do poder aos civis.[36]

13

ARROZ DE HAUÇÁ

1968-1973

A partir da posse de Garrastazu Médici, Nascimento Brito passou a ser interlocutor frequente do novo ministro-chefe da Casa Civil Leitão de Abreu. Pode ser que, nessas conversas, tenha negociado com êxito a incolumidade da coluna de Castelinho, dentro de condições críticas. Mas o teor dessas conversas nunca foi revelado por nenhum dos dois nem por Castelinho, que dele provavelmente teve conhecimento, por via direta ou indireta. Não se sabe, sequer, se essas conversas teriam sido decisivas para manter Castelinho em seu espaço tradicional ou se a manutenção da coluna teria sido negociada de outra forma, por meio de outros interlocutores. Acima de tudo, paira sobre essa questão um ar de mistério. O fato é que a coluna voltou à página 2 do *JB* no dia 4 de novembro, cinco dias depois da posse do general Garrastazu Médici, com um texto intitulado "Propósitos que se identificam".

Era um texto moderado que claramente pretendia exibir um tom cauteloso, palatável até mesmo para as bestas-feras que comandavam a censura. A abertura da coluna foi assim: "Os discursos de crítica que se proferem no Senado e na Câmara podem ser encarados como uma contribuição oposicionista ao esforço geral de recuperar as instituições políticas. Deputados e senadores enfrentam as incertezas da hora e, com isso, reafirmam sua crença nos valores permanentes do regime, buscam situar os limites da resistência e da tolerância e concitam o Congresso a reencontrar a autoestima e autoconfiança sem as quais se tornará impossível a existência digna de órgãos legislativos."[1] Não era propriamente uma análise; talvez fosse mais uma advertência aos incautos, algo como se dissesse que o mar não estava para peixe. O próprio Castelinho reconheceria mais tarde que havia uma linha divisória entre seus textos de antes e de depois do AI-5. "Até o dia 13 de dezembro de 1968 minha coluna tinha um caráter: [era] densamente informativa e ostensivamente formativa. A partir de então, mudou. Passou algumas semanas proibida e quando voltei tive que enfrentar uma nova realidade. Tive que partir para a informação implícita. Tornei-me quase um ensaísta para poder transmitir minhas informações em mensagem cifrada."[2]

O texto da primeira coluna da "nova" fase era propositadamente ambíguo, um clássico do "gênero" entrelinhas, elaborado sob medida para engabelar os militares radicais e, ao mesmo tempo, mostrar-lhes que, da parte dele, Castelinho, havia apenas intenção de fazer análises responsáveis e não de alimentar conspirações para arrojá-los do poder. Alguns militares influentes no regime tinham noção do jogo que se jogava. Certo dia desses tempos negros, Pompeu de Sousa foi tratar algum problema da Editora Abril com o general Antônio Bandeira, então pilotando o Comando Militar do Planalto. Mal sentou-se e Bandeira começou, do nada, a desfiar uma catilinária sobre o regramento militar para a imprensa: "Dr. Pompeu, esse assunto de censura é muito grave. Os senhores intelectuais deveriam colaborar conosco. Os censores são policiais sem condições de fazer esse trabalho. Nós, militares, também não temos muita flexibilidade para perceber certas coisas. O senhor veja [...]" Na breve interrupção para tomar fôlego, Pompeu percebeu que ele tinha o recorte da Coluna do Castello daquele dia sobre a mesa e um lápis vermelho nos dedos. Bandeira continuou: "Está aqui a Coluna do Castello. Li a coluna toda com um lápis vermelho na mão. Castello disse tudo o que não podia dizer. Não deu para eu baixar o lápis vermelho uma vez." Pompeu não sabia se o general estava feliz ou desconsolado, em seu papel frustrado de Ataliba tardio. O fato é que ele estava elogiando o "gênero entrelinhas", o caráter cifrado do texto de Castello. O que não ficou claro é se isso vinha para o bem ou para o mal. Castelinho respondeu a esta dúvida com uma afirmação patética: "Muitas vezes tenho que escrever para dar a impressão de que não sei."[3]

No tempo dos militares era assim: eles esperavam sempre um permanente e babado elogio; para aqueles que não estavam dispostos a elogiar, era preciso escrever um texto quase infantilizado, pacificador, explicativo, para não entornar o copo de algum coronel da sempre apoplética linha dura. Mas mesmo o general Bandeira, com seu biótipo lombrosiano de "gorila-mor", conseguia perceber que o texto de Castelinho — que dava como exemplo — era cifrado e se sentia satisfeito (ou impotente?) diante dele.

Tudo isso deixava a imprensa escaldada porque o governo Garrastazu Médici fora empossado sob as mesmas promessas de democracia que já tinham sido feitas, debalde, pelos governos Castello Branco e Costa e Silva, que jamais cogitaram cumpri-las ou se cogitaram não avançaram do primeiro verbete. E o que se podia enxergar com a sequência furiosa do endurecimento e da censura era uma paulatina inviabilização da imprensa. Noticiar o quê, se metade das notícias políticas era proibida? No limite, os jornalistas mais experientes começaram a enveredar pelos textos cifrados, mas aquilo iria até que escala? De repente, de tanto usar cifras, corria-se o risco de deixar de fazer jornalismo. "Um coronel uma vez me disse: 'O senhor escreve o que está escrevendo e não lhe acontece nada porque sabemos que só nós entendemos isso.'"[4] E aquilo tudo ainda podia piorar. Todos sabiam, no entanto, que, do ponto de vista dos militares, ainda havia obstáculos a vencer e que esses obstáculos trariam cada vez mais dificuldades para a imprensa. Apesar de debilitada, a guerrilha urbana não tinha sido liquidada — e esta era uma fatura da que o governo Garrastazu Médici fazia questão de liquidar — e logo surgiriam os focos de guerrilha rural, que parecem ter assustado mais ainda os militares. Quer dizer: o tempo de guerra declarada ainda não fora superado e quem ia pagar essa conta era a imprensa.

Estava cada vez mais difícil fazer uma coluna política. Castelinho percebeu em 1970 que, deprimido pelas cassações sucessivas e pelo fechamento, o Congresso se estiolara. Não tinha mais informações para dar e assim era inútil frequentá-lo. Quebrando um hábito de mais de vinte anos, adquirido ainda no Rio de Janeiro, em 1949, quando começou a operar como um jornalista político, Castelinho deixou de frequentar o Congresso.[5]

* * *

José Antonio assevera que foi seu pai quem aproximou Castelinho de Leitão de Abreu, embora outros depoimentos apontem um caminho diferente. A par disso, acumulam-se copiosos indícios de que, ao sentir-se ameaçado pelo pacto feito por Brito, Castelinho começou a montar a sua própria estratégia para ganhar apoio e manter a coluna, acima das tratativas de Brito, e na contramão delas. Desde os tempos do governo Costa e Silva ele fizera amizade com o chefe da assessoria do general-presidente, Marcus Vinícius Pratini de Moraes, um jovem gaúcho de apenas 27 anos, que o admirava desde menino, quando via o pai ler seus comentários em *O Cruzeiro*. No começo de tudo, Pratini, um exímio gaiteiro, formou um grupo musical com alguns altos funcionários do governo mais alguns profissionais consagrados da música, como Jacob do Bandolim e Pernambuco do Pandeiro. Os saraus musicais na casa de Pratini eram animados e Castelinho era sempre convidado; costumava dizer que lá estavam os que iam "pela música" e os que iam "apesar da música"; quando não havia música, jogava-se biriba. Nas conversas, Pratini ouvia o que para ele era novidade: que o governo estava prendendo e torturando estudantes. "Nessas conversas eu fiquei sabendo muita coisa do lado negativo do governo Costa e Silva. Comecei a receber de Élvia informações sobre o tratamento que estavam dando a pessoas presas. Ela narrou alguns casos dramáticos. Castelinho me dava uma visão muito ampla da política. A qualidade das informações dele era muito confiável."[6] Do outro lado da corda, dentro do palácio, algumas pessoas lhe transmitiram um certo desagrado com suas novas amizades. Pratini não deu ouvidos e hoje presume que essas pessoas devem ter confiado que ele escolhera aqueles amigos depois de fazer uma certa triagem ideológica. E sempre dizia aos críticos que Castelinho e seus amigos não eram radicais, nem perigosos. Pelo sim, pelo não, isso pode ter favorecido a imagem que o entorno de Costa e Silva tinha de Castelinho.

Tempos depois o filho do novo general-presidente, o engenheiro Roberto Médici — que era secretário particular para assuntos especiais do pai —, pediu ao então senador José Sarney que fizesse uma aproximação dele com Castelinho. Guardava boas razões. Desde há muito, tinha o hábito de informar-se politicamente lendo a Coluna do Castello todos os dias; além disso (ou por causa disso), admirava seu autor de longa data. Sarney ofereceu um jantar em sua casa, no qual a pièce-de-resistence foi um arroz de hauçá, prato africano que junta arroz cozido sem tempero com carne-seca e molho de acarajé, especialmente para celebrar a aproximação dos dois. Quando foram apresentados, Roberto o cumprimentou com uma frase bem-humorada: "Dr. Castello, o senhor é uma ferida que eu tenho de coçar todos os dias." Referia-se, por óbvio, à Coluna do Castello, que cobrava democracia insistentemente e criava situações incômodas para os governos militares. Todos acharam muita graça da piada e os dois se sentaram lado a lado, selando um relacionamento que duraria até a morte de Castelinho. Roberto, um exímio violonista, logo se juntaria aos saraus musicais de Pratini e os três selaram uma sólida amizade. Agora Castelinho tinha dois amigos que levavam boas informações sobre ele para o palácio e, de quebra, lhe traziam boas informações do fechado governo. De vez em quando os encontros aconteciam na casa de Castelinho e Roberto Médici desfiava com talento ao violão o repertório de Frank Sinatra.[7]

Na verdade, foram esses dois gaúchos — Pratini e Roberto — que fizeram a aproximação de Castelinho e um terceiro gaúcho, Leitão de Abreu. A partir de então, certamente, os três passaram a zelar pela boa imagem de Castelinho junto ao quarto poderoso gaúcho, o general-presidente. Pelas narrativas obtidas, foram amizades sinceras, mas naquele instante eram também amizades oportunas para todos. Para Roberto porque, dali por diante, não precisaria coçar sua ferida com preocupação todos os dias. Para Pratini porque logo seria ministro da Indústria e Comércio (MIC), aos 29 anos de idade, em 1970, e teria um conselheiro experiente a seu lado (Castelinho escreveu-lhe o discurso de posse e depois lhe deu importantes conselhos para montar a assessoria do MIC).[8] Para Leitão porque, num momento em que a imprensa era arredia, ele tinha uma válvula de escape confiável na principal coluna política do país para dar vazão a suas ideias políticas. E para Castelinho porque, no período mais duro do regime militar, ser amigo do filho do general-presidente, do chefe da Casa Civil e do ministro da Indústria e Comércio equivaleria a blindar-se como intocável. Castelinho ouviu de Roberto — e cuidou de disseminar a informação — que a primeira leitura do general-presidente Garrastazu Médici todos os dias era a sua coluna.[9] Com esse privilégio, quem ousaria tirar da página 2 do *JB* a coluna que o general-presidente lia prioritariamente todas as manhãs? E, se o fizesse, como explicar ao general-presidente que o autor fora demitido para proteger o seu governo? Seguramente não seria Nascimento Brito, que esqueceu por uns tempos as pressões para amenizar o tom; por seu turno, Castelinho esqueceu que fora alvo de pressões — e a coluna voltou a ser publica-

Arquivo de família

No Liceu Piauiense. Teresina, 1936.

Arquivo de família

Travessia do rio Parnaíba entre Teresina e Flores, 1937.

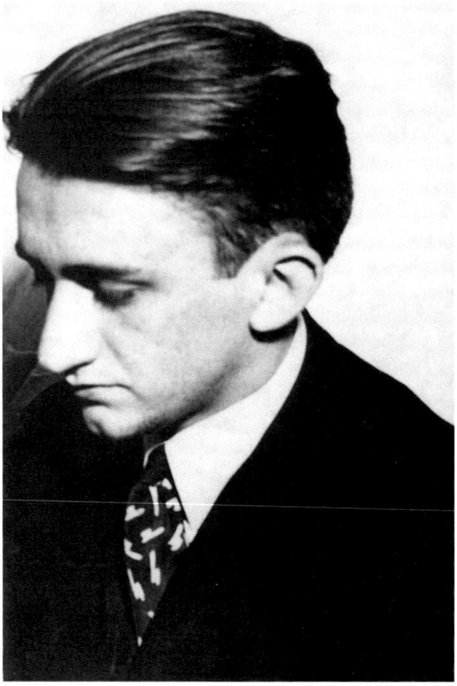

Arquivo de família

Castelinho em três momentos de sua juventude em Belo Horizonte (em sentido horário): 1937, 1939 e 1943.

Castelinho (à direita, de calça listrada) com o ilustrador José Emilio Cunha (ao centro, em pé), e seus colegas (da esquerda para a direita) Claudio Ribeiro, Paulo e Wilson Castello Branco. Belo Horizonte, 1944.

Arquivo de família

Bodas de ouro dos pais de Castelinho, Christino Castello Branco e Dulcilla Santanna Castello Branco.

Da esquerda para a direita: Castello, Amélia, Dulcilla, Hélio, Lucídio, Christino e, ao centro, Maria Dulce. Rio de Janeiro, 1946.

Arquivo de família

No casamento com Élvia. Rio de Janeiro, 1948.

Arquivo de família

Lua de mel do casal.
Paris, 1949.

Arquivo de família

Em uma de suas caminhadas diárias com Élvia. Brasília, 1984.

Arquivo de família

Entre Magalhães Pinto (à esquerda) e Tancredo Neves (à direita) no lançamento de *Continhos brasileiros*. Belo Horizonte, 1958.

Acervo/CPDoc JB

Nas asas da Panair.

Londres, 1960.

Ao lado de Jânio Quadros, como secretário de Imprensa. Brasília, 1961.

Arquivo de família

Com o marechal Castello Branco. Brasília, 1964.

Da direita para a esquerda: Pedro, Luciana, Castello, Élvia e Rodrigo, 1971.

Com Pompeu de Sousa. Brasília, 1975.

Arquivo de família

Com José Aparecido. Brasília, 1976.

Arquivo de família

Campanha do sindicato, 1977. Com Armando Rollemberg, Clóvis Sena, Hélio Doyle, Ronaldo Paixão, Rosalba Mata Machado, Carlos Marchi, Célia Ladeira, Andrei Almeida e Amália Maranhão, entre outros.

Recebendo o Prêmio Maria Moors Cabot. Nova York, 1978.

Evandro Teixeira/CPDoc JB

Em sua posse na ABL, com Tancredo Neves, Hugo Napoleão, José Sarney
e Marcus Villaça, 1983.

Rogério Reis/CPDoc JB

No dia de sua posse na ABL.

Evandro Teixeira/CPDoc JB

Antonio Carlos Magalhães, José Sarney, Castelinho,
Saraiva Guerreiro e Austregésilo de Athayde, no dia da posse na ABL, 1983.

Evandro Teixeira/CPDoc JB

Posse de Castelinho na ABL, 1983.

Chico Caruso

Chico Caruso

Ziraldo

Arquivo de família

Inauguração da Sala Carlos Castello Branco no Palácio do Planalto: da esquerda para a direita, Marisa Letícia, Lula, Élvia, Lindaura Nunes Brandão, José Alencar e Ricardo Kotcho, 2003.

Thiago Marchi

Placa em homenagem a Castelinho, inaugurada pelo então embaixador brasileiro Rubens Barbosa. Mount Street, Londres.

Praça onde fica a placa em homenagem a Castelinho. Mount Street, Londres.

da sem que ninguém suscitasse o antigo contencioso. Na verdade, o apoio do *JB* ao governo Garrastazu Médici tivera como pressuposto que Castelinho era um obstáculo; mas o que Brito queria fazer pela via subterrânea — dar apoio a um governo ditatorial em troca de favores e benefícios — foi atropelado por uma solução estratégica de Castelinho, que passou a ter livre tráfego nos gabinetes mais recônditos do palácio e lá obtinha as mais precisas informações do âmago do governo. Se não ajudava o governo, pelo menos não atrapalhava. Se o governo tinha tanta preocupação com o que Castelinho poderia escrever, essa preocupação se amenizou com a aproximação amistosa dele com Leitão, Pratini e Roberto Médici. "Nossa conversa sempre foi franca. Nunca contei uma mentira para ele. E ele nunca me falhou. Eu sempre fui um confidente dele, o homem certo que sabia das coisas do governo. Nunca procurei tapeá-lo."[10]

Castelinho, que já era visto com respeitoso distanciamento, passou a ser encarado com certa simpatia no fechado círculo de governo. Passou a visitar o inexpugnável gabinete de Roberto Médici todas as semanas, muitas vezes em companhia de Pompeu de Sousa. Falava com Leitão de Abreu, que era inacessível ao restante da imprensa. Ninguém arriscava questionar aquela proximidade, até porque Roberto Médici fazia valer sua condição de filho, entrava no gabinete presidencial à hora que queria e só recebia ordens diretas do pai. Amigo de Roberto, não foi difícil para Castelinho ganhar a confiança de Leitão de Abreu. De certo modo, com o passar dos tempos os dois disputavam a "plantação" de suas informações na Coluna do Castello. Com essas duas fontes preciosas, Castelinho sabia quase tudo o que acontecia ou que iria acontecer no governo mais fechado do regime militar.

O governo Garrastazu Médici era difícil de cobrir porque não tinha nenhuma estratégia de Comunicação. Ou tinha: não informar nada, não usar a imprensa para nada — até porque a imprensa mais estouvada não precisava ser temida ou afagada, pois estava sob controle da censura. Mas na Coluna do Castello as informações circulavam saudavelmente e nela as análises eram circunscritas aos fatos conhecidos. Embora Castelinho nunca tenha conseguido conversar diretamente com Garrastazu Médici, foi incluído na comitiva oficial da viagem presidencial aos EUA, em 1971, com o gentil apadrinhamento de Roberto e Pratini, e apresentado pelo general-presidente ao então presidente norte-americano Richard Nixon como "o mais importante jornalista brasileiro", o que era mais uma homenagem do que um privilégio.

Mas o acesso a Roberto Médici se limitava a Castelinho e Pompeu. Por volta de 1972 o jornalista Carlos Chagas pediu a Pompeu de Sousa que o apresentasse a Roberto Médici; Pompeu consultou Roberto, que recusou.[11]

Castelinho e Roberto ficaram amigos para valer. Um dia, um angustiado Castelinho foi ao gabinete de Roberto para fazer um pedido desesperador. Seu filho Pedro fora preso num bar do Rio de Janeiro portando uns cigarros de maconha. Hoje certamente nem detido seria, dada a insignificância do crime, mas à época essa era uma prisão inegociável, a não ser com a intervenção do alto poder. Castelinho implorou pela ajuda de Roberto, que foi pedir autorização ao pai para intervir e soltar Pedro. O general-presidente não tergiversou: "Pode intervir em meu nome." Roberto agiu prontamente; falou com o secretário de Segurança do Rio de Janeiro e Pedro foi solto algumas horas depois. O jovem seria novamente preso em Brasília, tempos depois, portando dois "dólares"* de maconha. Um hábito na turma que frequentava em Brasília era apelidar os parceiros invertendo as sílabas do nome — Pedro era "Dropê", e o apelido consta da ficha policial feita à época. A partir de abril de 1972, Pedro respondeu a processo na Quarta Vara Criminal de Brasília.[12] Assustado com o processo, Castelinho apelou mais uma vez para um amigo. Pediu ao então ministro Pratini de Moraes que o tirasse urgentemente de Bra-

*Cigarros, no jargão do momento.

sília. Pratini mandou que ele colocasse terno e gravata pela primeira vez na vida e o enfiou num avião da FAB; na pista de Congonhas, o entregou ao irmão Rodrigo, que estudava e morava na capital paulista e lá "Dropê" ficou meses, até que o processo na justiça de Brasília caísse no esquecimento e fosse mandado para o arquivo.[13]

A amizade de Castelinho e Roberto se manteve intacta após Garrastazu Médici deixar a Presidência. Castelinho fez a Roberto confissões que só repetiria a seus melhores amigos, como o desejo irrefreável que teve, por anos, de livrar-se do jugo que Nascimento Brito permanentemente lhe impunha no jornal.[14] Até sua morte, sempre que ia ao Rio de Janeiro ligava para Roberto, convidando-o para conversas ou um jantar. Quem procurasse o filho do general-presidente no último dia do mandato de seu pai, por exemplo, o encontraria na casa de Afrânio de Melo Franco Nabuco, o Afraninho, tocando violão para Castelinho e sua turma.[15] A pedido de seu amigo Pratini de Moraes, Castelinho aconselhou o governo Garrastazu Médici a negociar uma trégua com o jornal *O Estado de S.Paulo*. Primeiro foi feito um jantar na casa de Pratini com Júlio de Mesquita Neto; numa segunda etapa, novo jantar, com a presença do ministro Leitão de Abreu, chefe da Casa Civil. Não deu certo.[16]

Mas o que conquistou Garrastazu Médici, e o deixou emocionado, foi a coluna que Castelinho escreveu à sua saída do governo, um misto de elogios comuns ao cenário da época e entrelinhas reveladoras. "O general Emílio Médici inicia hoje a última semana do seu governo. Durante quatro anos e meio ele assegurou ao país ordem e progresso, criando além do mais uma atmosfera de otimismo e uma expectativa de grandeza, circunstâncias que ajudam a impelir o crescimento de uma nação. Apesar dos aumentos de custo de vida dos últimos meses, ele deixa a Presidência cercado de simpatia popular, propiciada pelo impacto da sua obra e pela identificação de seus sentimentos com os sentimentos do brasileiro comum. Ele comunga com as paixões do povo, vibra e sofre sob a inspiração dos fatos que fazem vibrar e sofrer o homem comum e há, na sua ação pública, um toque de humanidade que destoa do tipo de regime que lhe foi dado conduzir. Há nos seus gestos um sinal de bondade tanto quanto em sua vida e na sua família, um toque de singeleza e modéstia que torna os Médicis uma boa gente."[17]

"Certamente que outras coisas ocorreram na sua Presidência. Ele não se furtará às responsabilidades que lhe couberem pela alta investidura que teve, muito embora se saiba que um governo como o dele, expressão de um movimento revolucionário, envolve zonas de sombra sob as quais nem sempre ou quase nunca está a figura do presidente da República."[18]

Mesmo nos textos mais elogiosos, Castelinho conseguia colocar nevralgicamente críticas necessárias, embora recorrendo quase sempre a uma linguagem amena e cifrada. Mas é inegável que ele tinha coragem de dizer coisas que ninguém mais conseguia colocar nas páginas, e isso era mais importante porque ele sempre escapou da censura prévia. Quando Garrastazu Médici passou o governo a seu sucessor, Ernesto Geisel, era claramente perceptível que seu governo fora o menos criticado do ciclo militar, embora muito dessa imunidade se devesse à ação da censura; outra parcela deveu-se ao papel de Castelinho, que usou suas relações de confiança para publicar informações que o governo não tinha como passar a outros jornalistas. E ainda foi o único jornalista a publicar críticas ao governo.

* * *

No Brasil do general Garrastazu Médici, jornais como o de Samuel Buckley não teriam grande futuro. As reencarnações de Ataliba tinham revivido com força e aterrorizavam a liberdade de imprensa em todo o país. Os novos Atalibas já não usavam chapéu-panamá nem impecáveis ternos de linho S-120, assim como nem precisavam frequentar as redações; não tinham rostos e usavam apenas o telefone para distribuir suas ordens de proibições. Nas redações, quem as recebia seguramente sabia o que deveria fazer com elas — em primeiro lugar, distribuir a editores e redatores, que deveriam cumpri-las rigorosamente. Eu descobri como era num dia em que, pelos idos de 1973, atendi o telefone da chefia de reportagem na redação de *O Globo*. Do outro lado uma voz comum, nem soberba nem impositiva, me pediu que pegasse um papel e fosse anotando; e foi desfiando o que *não podia* ser publicado no dia seguinte. Descobri também que aqueles telefonemas, que eram dados com rigorosa pontualidade todos os finais de tarde, tinham o dom de provocar a atenção das redações para notícias que, muitas vezes, nem eram conhecidas. Nós, jornalistas, ficávamos sabendo de coisas que de outra forma nem desconfiaríamos, mas que de toda forma não podíamos publicar. No caso, lembro que uma das proibições daquele dia era noticiar direta ou indiretamente uma palestra de dom Hélder Câmara na Sorbonne. Fui olhar os aparelhos de telex das agências noticiosas internacionais, que ficavam numa sala ao fundo da redação e nenhuma delas, nem mesmo a *France Press*, emitira qualquer matéria sobre a palestra de dom Hélder. A censura fora mais realista que as agências. Isso tudo havia sido copiado do DIP de Getúlio Vargas. Castelinho conta que o DIP emitia comunicados diários aos jornais informando o que era proibido noticiar, e isso atraía a mesma atenção: "Aquilo era uma grande fonte de informações para nós."[19]

O lançamento do filme *Laranja mecânica*, de Stanley Kubrick, em 1971, foi uma festa em Londres e outras capitais. Certo de que pouco depois do lançamento o filme teria sua exibição proibida no Reino Unido, não por ação da censura, que lá inexistia, mas do próprio diretor, irritado com as acusações de que o filme era muito violento. Kubrick determinou que seu filme só fosse exibido em território britânico após sua morte. Quando retornou ao Brasil, em 1972, Maria Ignez Corrêa da Costa Barbosa se surpreendeu em saber que *Laranja mecânica* tinha sido proibido pela censura do governo Garrastazu Médici, que o rotulou como inapropriado à boa moral e aos bons costumes. No máximo, em Brasília, ela pôde rever o filme numa cabine privada de projeção. Aqui, *Laranja mecânica* só seria liberado em 1978, assim mesmo com bizarras e dançantes bolinhas pretas que cobriam as partes mais íntimas dos corpos nus dos atores.[20] Esta foi apenas uma das histórias estúpidas que mancharam os anos de chumbo — havia muitas outras, cada qual mais extravagante que a outra.

Castelinho contou que nunca recebeu pressões diretas do regime ou da censura, embora o *JB* tenha sofrido muitas pressões originadas dos mais variados quadrantes por causa dele.[21] Talvez não tenha sido censurado porque os censores não tinham coragem de fazê-lo, ante sua respeitabilidade pública; ou talvez porque aqueles que mandavam nos censores temessem as boas amizades que, sabidamente, ele tinha dentro do Palácio do Planalto. Mas certamente ele não foi censurado porque todos — militares e censores — sabiam que ele era duro nas críticas mas não era um incendiário irresponsável. Criticava, mas criticava com termos civilizados.

O governo Garrastazu Médici começara sob um fechamento absoluto mas — por mais que se esforçasse — não podia ser pior que a tragédia da junta militar dos "três patetas". Além disso, nos primeiros movimentos parecia vocacionado a permitir ventos liberalizantes. Mas os ventos sopravam muito devagar, mudavam preocupantemente de direção e jamais chegaram à página dois do *JB*. As dificuldades para Castelinho escrever prosseguiram, mas pelo menos ninguém mais cobrava a supressão drástica da sua coluna. O excesso de realismo de Nascimento Brito fora vencido na parte final do governo Garrastazu Médici.

O primeiro discurso do novo general-presidente fora um primor de falta de interesse no diálogo com os políticos e Castelinho não o deixou passar em branco: "Esse desengajamento do general resultou no puritanismo com que, de fora, apreciou os embates políticos e estará na base do quase, orgulho com que se declarou 'incompetente na mecânica da composição, do conchavo, da barganha'. Há uma gradação agressiva nas três expressões escolhidas para caracterizar uma arte tão difícil e tão incompreendida quanto é a arte de governar. Toda arte, como toda atividade humana, é sujeita a deformações de todo tipo, a política tanto pode servir à expressão de grandes homens como dos menores e dos mais mesquinhos. Hoje, com algumas semanas de exercício da Presidência, o General já terá identificado a sua missão com a missão política, exercício do poder como o supremo exercício da arte política. Ele se sentirá cada vez mais desejoso assim de tornar-se competente, não no conchavo e na barganha, mas na composição."[22]

Apesar das pressões que sofria, Castelinho escrevia e publicava o que outros não ousavam escrever ou não conseguiam publicar, abrindo importantes frestas pelas quais era possível enxergar o negrume da noite ditatorial. Para ele, na verdade, nunca faltaram informações, embora faltasse liberdade plena de usá-las; e, quando falta liberdade, a solução, para o jornalista, será tentar escrever "dizendo as coisas, mas escondendo as notícias" (ou, quem sabe, dizendo as notícias, mas escondendo as coisas) para enganar o potencial censor, fazendo-o crer que o autor da matéria desconhece as notícias (ou as coisas) que, no fundo, o levaram a redigir aquele texto, "partindo mais para o geral e ficando menos no particular, no detalhe".[23]

Em maio de 1970, Castelinho forçou a mão — e essa publicação seria o preâmbulo de um novo calvário. Noticiou o documento pastoral emitido pela XI Assembleia-Geral da Conferência Nacional dos Bispos do Brasil (CNBB). Era um documento cuidadoso, mas com densidade e profundidade suficientes para incomodar os militares. Já no começo o texto tocava num assunto azedo — as torturas nas prisões do regime. "Os bispos reconhecem expressamente que o governo se empenha no esforço de desenvolvimento [...]. Admitem, por outro lado, que os excessos atribuídos a autoridades, se comprovados, 'dificilmente poderiam corresponder a uma orientação oficial do governo', no qual identificam força suficiente para reprimir e punir os abusos, em nome da consciência nacional."[24]

Tanto quanto Castelinho, os bispos também usavam a linguagem das entrelinhas para tentar dizer coisas que o governo proibia dizer; e davam uma no cravo e outra na ferradura, criticando a violência do governo e da esquerda armada. "Com relação à contestação ao regime, os bispos condenam enfaticamente o terrorismo, inclusive pelas razões de prejudicar o esforço de desenvolvimento e de solução adequada dos problemas reais. Distinguem entre o direito da discrepância e seu abuso, a subversão, contra a qual se definem."[25]

Castelinho bota explicitamente o dedo na ferida mais sensível da ditadura militar, a denúncia de que o regime torturava seus presos: "A parte mais grave do documento, na sua feição crítica, é aquela em que se opõe ao desmentido oficial de que não há presos políticos no país nem existe a prática de torturas nos presídios, a afirmação de que 'é relevante a incidência dos casos de tortura'. Tal afirmação, como se sabe, seguiu-se a um debate interno na assembleia, no qual interveio o próprio ministro da Justiça, que se empenhou formalmente em defender a tese do governo contra as informações acolhidas pela Conferência dos Bispos."[26]

A CNBB aliviou a responsabilização direta do governo, noticia Castelinho: "O episcopado admite, portanto, como sérias as denúncias recebidas, mas não atribui os fatos a uma orientação oficial e manifesta a convicção de que caberá ao próprio governo investigá-las para eliminar o peso do desprestígio internacional e para tranquilizar a família brasileira. Acreditam os bispos que o governo dispõe de força suficiente para ajustar o país a essa conquista da humanidade, qual seja a repulsa total a toda e qualquer espécie de tortura. Os bispos, portanto, não acusam o governo, antes o convocam para eliminar uma prática, que admitem existir — o que deve ser contudo previamente comprovado pelo próprio governo."[27]

Os bispos adotaram linguagem semelhante à que Castelinho criou para fugir à censura: um formato indireto, palavras amenas e o recurso aparentemente ingênuo de que os mandatários deviam desconhecer os absurdos que eram cometidos. A redação da coluna (e também do documento da CNBB) usava a fórmula clássica que depois se disseminou, de isentar o governo e culpabilizar os oficiais dos porões. Essa fórmula jogava o governo contra os oficiais dos porões, e vice-versa. O documento não denunciava expressamente a tortura, mas deixava claro que ela existia nos porões da ditadura; atribuía ao próprio governo a tarefa de investigá-la, como se os mandatários do momento não soubessem que ela existia e, tomando conhecimento dela, se sentissem obrigados a honrar seus mandatos, eliminando-a. Todos sabiam que a coisa não funcionava assim; todos sabiam que os mandatários, mais do que saber que se torturava, aprovavam e recomendavam a tortura como forma eficaz de combater os grupos guerrilheiros. Mas naquele momento de trevas essa forma indireta era a única maneira de atravessar as paredes espessas da censura.

Essas não eram questões que sensibilizassem o general-presidente Garrastazu Médici. Seu estilo era simplesmente ignorar o que não lhe agradava. Seus assessores eram proibidos de levar-lhe certo tipo de notícia, contou Castelinho ao fazer seu necrológio. "Lembro-me de que uma carta de Eunice Paiva, viúva do ex-deputado Rubens Paiva, por pessoa bondosa foi posta sobre sua mesa de cabeceira certa noite. Antes que o dia amanhecesse, o mensageiro, insone, empurrou a porta do quarto do presidente e, como a carta permanecesse intocada, de lá a retirou para entregá-la ao general Fontoura, chefe do SNI."[28] Que, por sua vez, destinou-a à lata do lixo, como se não merecesse nem consideração nem resposta.

* * *

A relação de Castelinho com o *JB* nunca foi tranquila. Depois das pressões de 1968/69, o ano de 1971 repetiu a ladainha; internamente, o *JB* continuava a funcionar sob um clima irrespirável, com reclamações constantes de Nascimento Brito sobre textos que eram quase ingênuos mas nos quais ele via críticas ácidas ao governo militar. Por fim, Brito lhe propôs que passasse a evitar temas da atualidade política, escrevendo sobre outras áreas que ele dominava bem, como memória política e cultura. Castelinho aguentou enquanto teve nervos, mas no começo de outubro de 1971 escreveu a Brito e pôs um pedido de demissão no papel, alegando que não via mais horizontes para continuar escrevendo a coluna no *JB*, embora se dispusesse a continuar precariamente na chefia da sucursal Brasília.

A carta dizia:

> Desculpe-me por ter levado alguns dias a ruminar nossa última conversa e a tirar dela todas as consequências, ou seja, concluir que a coluna acabou. Penso que assim alcança a sua intenção de resolver uma questão delicada. E creio ter chegado a tempo àquela conclusão, pois a experiência dos últimos dias, em que tentei ampliar as fronteiras, indicou-me claramente que todos os temas de que possa tratar têm conotação política e sobre eles incidem, portanto, as restrições.
>
> Da vez anterior que tratamos do assunto, a situação se apresentava de modo diferente da de hoje. Antes, eram manifestações do governo, de desagrado pela maneira como eu desenvolvia meus temas. Pressupunha-se então que ambos procurávamos, você e eu, uma rota possível no estreito canal que nos deixavam. Hoje, você, segundo me disse, está com o governo e deseja dar-lhe total cobertura no presente e no futuro. Minha coluna tornou-se assim apenas um obstáculo. Vamos removê-lo. Estou escrevendo hoje, sábado, dia 2, a última, e assim, quando você vier a Brasília, ao encontro do professor Leitão de Abreu, estará com essa página virada e com sua pauta limpa.
>
> Agradeço-lhe mais uma vez tudo o que fez, ao longo desses nove anos e nove meses, para me assegurar ampla autonomia profissional. Não tenho engajamentos políticos de qualquer espécie. Compreendo que você os tenha e desejo-lhe boa sorte nesse caminho.
>
> Ficarei à frente da sucursal enquanto puder ser útil ao *Jornal do Brasil* e a você. Mas, se minha presença aqui se tornar desnecessária ou incômoda, não tenha constrangimento.

Muito obrigado também pelas reiteradas atenções pessoais que você tem me dispensado. Abraço afetuoso do Carlos Castello Branco.[29]

Em outros tempos, Brito lhe daria apenas uma recomendação parecida com o seu mantra durante todo o governo militar: "Aqui no *JB* não se pode escrever contra Delfim Netto, contra a Igreja e contra a iniciativa privada."[30] Mas naquele momento as recomendações eram mais abrangentes, pois o jornal tinha compromissos negociados para apoiar firmemente o governo Garrastazu Médici e, no juízo exarado por Brito, a Coluna do Castello destoava daquele propósito. O teor da correspondência trocada pelos dois indica que Castelinho, num primeiro momento, aceitou a pressão e tentou, por um curto período, escrever a coluna sobre outros temas, não políticos. Dias depois desistiu e voltou a escrever a Brito, apresentando um novo pedido de demissão com uma carta educada, mas dura:

> Depois de uma semana de experiência, quero confessar a você que me parece extremamente difícil, senão impossível, continuar a escrever uma coluna política sem tratar de política ou tratando-a de modo tão condicionado que é o mesmo que não tratar.
>
> Compreendo que você, como chefe da empresa, tenha graves razões para me colocar o problema nos termos em que o fez. Mas espero que você também compreenda as minhas dificuldades, tanto mais quanto supunha estar colaborando com o jornal; através de uma análise desapaixonada da situação do país, e com o governo, a cujos problemas penso ser sensível. Acho que o debate político, do ângulo moderadamente crítico, que é o meu, ajuda a manter abertas certas perspectivas do interesse do próprio governo. Não tenho engajamentos políticos de qualquer espécie, a não ser com certos princípios essenciais ao exercício da nossa profissão e da nossa cidadania. Sei que esses princípios são também os seus, o que não o faz esquecer as responsabilidades especiais que lhe dá o comando de uma grande empresa.

Quando em abril conversamos sobre dificuldades relacionadas com a minha coluna, dispus-me a atender seus apelos, pois naquela oportunidade pudemos identificar facilmente o mal-estar causado por certos temas bem como os focos sensíveis do sistema. Nós juntos procuramos o modo de contornar a situação e acho que o fizemos com êxito, pois a coluna sobreviveu com suas características essenciais, embora contida sob vários aspectos. Desta vez não vejo francamente nada de semelhante. Não localizo descontentamentos ou irritações especiais com o que tenho escrito, inclusive sobre o famoso modelo político. Como você sabe, a ideia do modelo foi lançada pelo ministro da Justiça e pelo Roberto Campos e depois desenvolvida pelo líder do governo no Senado, pelo presidente da Câmara, pelo deputado Etelvino Lins e outros, todos da Arena. Limitei-me a examinar o tema, identificando intenções — e que não deixou de ser um serviço impessoal e imparcialmente prestado.

As atividades que você exerce o sintonizam com certas realidades que me escapam. E você certamente dispõe de informações mais numerosas e autênticas do que eu. Uma coisa e outra o terão levado a reexaminar o problema da coluna que, pelo visto, se tornou um embaraço. O que eu proponho a você, agora, é remover esse embaraço, aliviando a empresa e me poupando de um constrangimento.

Creia que é com sacrifício que o faço, após nove anos e nove meses de uma colaboração sempre prestigiada por você. Como conheço sua delicadeza de sentimentos, prefiro tomar a iniciativa. Comunico assim que escreverei a coluna somente até o próximo domingo. O Dines terá tempo de pensar no melhor aproveitamento do espaço que eu venho ocupando.

Quanto à chefia da sucursal, quero deixá-lo à vontade para uma decisão. Continuarei a exercê-la, se isso for de interesse seu e da empresa, mas aguardo suas ordens.

Cabe-me, finalmente, agradecer as atenções que tenho invariavelmente recebido de você e a generosidade e compreensão com que sempre resolveu os problemas pessoais e de serviço que lhe levei no curso da nossa convivência.[31]

Essa troca de mensagens tinha antecedentes notórios. Nos últimos anos Castelinho dissera mais de uma vez a vários amigos que Brito tinha ciúmes dele, do brilho de sua coluna e de sua inserção independente no mundo político.[32] Durante o mês de outubro de 1969 a coluna já desaparecera da página 2 do *Jornal do Brasil* por pressão direta dos militares; mas agora a pressão vinha diretamente do dono do jornal e isso acrescentava um tom dramático à situação. Em 1969, as pressões foram contornadas com a ajuda de Roberto Médici e Pratini de Moraes; agora, não havia o que nem como negociar.

O pedido de demissão foi recusado por Brito, possivelmente por duas razões: uma, ele tinha temor de perder a principal grife do *JB*; duas, seria difícil explicar a demissão de Castelinho a sua sogra, a condessa Pereira Carneiro, que era a presidente formal da empresa e venerava Castelinho. No auge da crise interna, Castelinho escreveu algumas colunas antecipando informações sobre a visita que o general-presidente Garrastazu Médici faria ao presidente norte-americano Richard Nixon em dezembro. Era uma sagaz e intencional menção: com ajuda de Roberto Médici e Marcus Vinícius Pratini de Moraes, ele fora incluído na comitiva oficial e esse era um fato inegavelmente prestigioso. Como reclamar das críticas dele ao governo se o próprio governante o reconhecia como ilustre e o convidava a integrar a comitiva oficial na mais importante visita diplomática dos últimos anos? Embora não estivesse feliz com o que ele escrevia, não havia razão evidente para Nascimento Brito demiti-lo sem gerar um enorme questionamento público.

O ano de 1972 transcorreu num clima de crescente pressão de Brito sobre Castelinho, e essa pressão era proporcional ao endurecimento do governo e aos decretos discricionários emitidos pelo ministro da Justiça, Alfredo Buzaid. Havia a pressão interna do *JB* e, paralelamente, isso era agravado pelo caminho discricionário do governo. Élvia temia que Castelinho, de tanta preocupação, pudesse ser acometido por um mal súbito. Em setembro de 1972, antes de embarcar para Roma, onde encontraria a filha Luciana, ela foi intimada por Roberto Médici a promover um almoço de despedida que teria como prato principal o mesmo arroz de hauçá que Sarney servira — e que ela sabia fazer muito bem. O evento, num sábado, juntou poucos amigos, entre eles Roberto e Pompeu de Sousa. A certa altura os decretos secretos de Buzaid atravessaram o cardápio e a conversa azedou. Élvia interveio para acalmar os litigantes. Quarta-feira, no embarque, ela ouviu de Castelinho que não se preocupasse com ele e que deveria perder a expectativa ansiosa de que ele poderia ser preso. Para culminar, nos dias posteriores, a pressão de Nascimento Brito sobre ele para aliviar as críticas ao governo militar se tornava insuportável. Ele pouco criticava o governo, àquela altura; se nem aqueles débeis reclamos de democracia podiam ser publicados, o que mais poderia escrever?

Como Élvia estava na Itália, Castelinho pegou uma carona no jatinho de Nascimento Brito para o Rio, juntamente com o advogado Miguel Lins e o chefe da sucursal São Paulo do *JB*, Walter Fontoura. Não há registros da conversa durante o voo, mas, qualquer que tenha sido, ela não fez bem a Castelinho, que começou a se sentir mal. Enquanto os três parceiros de voo tomavam uísque, ele — logo ele — recusou, dizendo que estava com forte pressão de gases estomacais, e pediu uma Coca-Cola para forçar arrotos. Quando chegaram ao Rio, Miguel Lins o levou para sua casa; ele continuou sentindo forte pressão no peito e acabaram suspeitando de que podia ser um enfarte. Acabou sendo levado para o Hospital Pró-Cardíaco, em Botafogo. Era mesmo um mal cardíaco, mas o hospital não quis iniciar o atendimento sem que Castelinho — cujo plano de saúde não fora aceito — desse um cheque-caução num valor de que ele não dispunha no banco. Esperou padecendo as dores até encontrar um amigo que pudesse ajudá-lo naquele impasse financeiro; finalmente encontrou José Luiz de Magalhães Lins, que lhe mandou imediatamente um cheque pessoal em branco. Só então o atendimento começou.

Na sexta-feira, em Roma, Élvia chegou ao hotel e encontrou um recado urgente do embaixador do Brasil pedindo que lhe telefonasse a qualquer hora. Soube, então, que Castelinho estava preso, mas não numa cadeia militar, mas a uma cama de UTI: sofrera um enfarte do miocárdio. O embaixador relatou que lhe tinha feito uma reserva para retornar ao Brasil no sábado. Élvia ligou para o hospital e soube que Castelinho estava relativamente bem.

Quando desembarcou no Rio, Élvia foi direto para o hospital e encontrou Castelinho com cateteres que introduziam fortes medicações. Meio inconsciente na cama, ele arrancou os inúmeros fios de monitoração cardíaca a que estava conectado, pedindo que o libertassem daqueles "fios do SNI". Os médicos, então, introduziram o cateter pela perna. Abatido pela doença, ele não conseguia escrever e a coluna ficou sem ser publicada a partir de 23 de setembro — só voltaria ao *JB* no dia 31 de dezembro.

O maior incômodo, no entanto, foi que enquanto ele estava hospitalizado a direção do *JB* mandou a Brasília o chefe da sucursal São Paulo, Walter Fontoura, com a dupla missão de substituí-lo e investigar desmandos ou irregularidades que supostamente teriam acontecido sob sua chefia. Fontoura diz ter recebido de Carlos Lemos, chefe de redação no Rio, a missão de dar "uma vassourada" na sucursal enquanto Castelinho estivesse ausente; havia indícios de problemas administrativos e de leniência no comando da redação, a qual teria sido transformada em um "antro de indisciplinas". Lemos negou categoricamente que tivesse dado essas ordens. Foi expresso e direto: "Isso é mentira. Nunca dei uma ordem dessas." Alberto Dines reforça: Fontoura não recebeu nenhuma ordem da redação do Rio de Janeiro. Fontoura alega que não viajou como "interventor" e que, antes de ir para Brasília, esteve no hospital para pedir informações e instruções a Castelinho sobre como agir em Brasília. As investigações conduzidas por ele não identificaram nenhuma irregularidade administrativa, mas detectaram o que ele chama de "alguns problemas" na redação:

a chefia "cobrava pouco"; os repórteres homens "se vestiam mal" e "se apresentavam barbudos" para trabalhar; as moças iam trabalhar "de barriguinha de fora". "Não era possível ter uma equipe assim. Você não pode mandar uma repórter cobrir um funeral com a barriguinha de fora", defende-se Fontoura. Ele baixou uma determinação de que os homens deveriam fazer a barba diariamente e se vestir com mais apuro; as mulheres deveriam trabalhar com roupas mais "compostas". Um repórter que, segundo ele, distribuía maconha dentro da redação foi sumariamente demitido. Ao final Fontoura mandou um relatório para a sede, relatando que a sucursal era povoada de "subversivos" e "cabeludos", relatando que muitos repórteres "não simpatizavam" com o governo militar. Contou também que Castelinho negligenciara a gestão, pois ia almoçar, bebia muito e depois passava a tarde dormindo num sofá em sua sala.[33] O ponto mais controvertido da intervenção foi a demissão de um estagiário que, supostamente, não tinha "aparência física digna de trabalhar no *JB*".[34] O estagiário em questão era Geraldo Costa Manso, que usava barba para disfarçar cicatrizes de espinhas da adolescência no rosto e adiante se revelaria um brilhante repórter na TV Globo, morrendo prematuramente, vítima de um acidente vascular cerebral. Era feio para o *JB*, mas brilhou na tela da Globo. Esse conjunto de apurações não condizem com a ideia prévia de "pedir instruções a Castelinho sobre como agir".

No hospital, quando soube da "vassourada", Castelinho escreveu uma carta a Dines qualificando Fontoura como "um jovem executivo ansioso por oportunidades de aprimorar suas técnicas de trabalho". E acrescentou: "Não havia, até o dia em que a deixei doente, nenhum subversivo na sucursal, povoada de cabeludos como qualquer centro onde se reúnem jovens."[35] Fez uma leve crítica a Fontoura: "O Walter, hoje um executivo, mais ainda um jornalista experimentado e competente, deve ter, ao fim de tudo, constatado a verdade e inclusive identificado algumas precipitações em que incorreu, como a dispensa por falta de aparência física adequada de um jovem repórter, que seguramente é tão bem dotado para a profissão quanto os melhores que temos conhecido ao longo da nossa vida profissional." E defendeu-se das acusações de desmandos administrativos: "Eu estava ali para produzir notícias e não papéis para a gerência, os quais, embora inevitáveis no estágio atual da civilização, sempre me pareceram subproduto da nossa atividade."[36] O resultado da crise e da investigação foi que Castelinho acabou pedindo afastamento da direção da sucursal, permanecendo no *JB* apenas como comentarista político. A direção da sucursal foi entregue ao jornalista Haroldo Hollanda.

Mas o jornal continuava a viver um ambiente difícil. Aplacado o drama de Castelinho, começou o de Alberto Dines. No dia 2 de dezembro de 1972, um sábado, ao chegar para o plantão de fim de semana, o diretor de redação encontrou sobre sua mesa um envelope pardo; abriu-o e topou com um bilhete de Bernard da Costa Campos, transmitindo instruções de Nascimento Brito para que o material anexo fosse publicado com destaque na edição do dia seguinte, domingo. O material continha uma longa entrevista em que o até então comunista Adauto Freire revelava um minucioso conjunto de informações sobre o Partido Comunista Brasileiro e se confessava agente da CIA. Até a véspera Adauto fora membro da Comissão de Relações Exteriores do PCB, indicado diretamente por Luís Carlos Prestes; de repente, resolvera renunciar à militância, entregando dirigentes do PCB e neutralizando seu papel como agente da CIA, na qual tinha o codinome, pelo qual seria jocosamente chamado doravante, de "agente Carlos". A entrevista estava pronta, escrita nas tradicionais laudas verdes do *JB*; indicava qual seria a manchete e o texto da chamada de primeira página, título interno e texto interno, tudo pronto. Num tempo de acesa perseguição política-ideológica, o material colocava em risco a vida das muitas pessoas ali deduradas, muitas delas jornalistas. Mas não cabia a Dines, naquele momento, questionar a qualidade, veracidade e oportunidade da entrevista; segundo as instruções recebidas, ele deveria, apenas, editá-la no jornal do dia seguinte. Tudo aquilo era uma surpresa: em nove anos de *JB*, nunca lhe chegara uma determinação como aquela, que parecia, claramente, uma "notícia" urdida pela alta inteligência do submundo da repressão, do SNI à CIA. Dines ficou inconformado, mas distribuiu as ordens para que a edição fosse providenciada. No dia seguinte, pediu demissão. A publicação foi um rombo nas fileiras do PCB, que ainda estava na clandestinidade e provocou a elaboração de um avassalador relatório interno do partido, redigido pelo dirigente Hércules Corrêa, sob o sugestivo título "Que merda é essa?" A avaliação do relatório era que Adauto logo seria inevitavelmente desmascarado como agente da CIA e resolvera "personificar" a denúncia para cumprir uma última tarefa que desmantelasse o PCB. O *JB* serviu apenas de mensageiro-serviçal do recado, que foi o preâmbulo dos ataques ao PCB que começariam por dizimar vários membros do Comitê Central, assassinados pela repressão, e terminariam nas prisões e mortes de militantes do Partidão em 1975 e 1976.

Tudo acontecera bem na época do enfarte de Castelinho, que a essa altura já estava repousando em casa, num apartamento que alugara à rua Joaquim Nabuco, em Copacabana, vizinho ao de Dines. Castelinho convocou o diretor de redação a fazer-lhe uma visita e lhe rogou que não se demitisse. "Se você sair, vai ser bom para você, mas muito ruim para nós. Vai ficar muito pior." Ele era bom conselheiro; conhecia a gestação das crises internas do *JB* melhor que ninguém. Dines ficou, mas sua batata continuou assando.[37]

Em meados de 1973, o advogado Miguel Lins, tio de José Luiz, fez várias reuniões em sua mansão de estilo normando à avenida Visconde de Albuquerque, no Leblon, para pactuar uma cobertura tática do *JB* para apoiar a candidatura de Leitão de Abreu à sucessão de Garrastazu Médici. A ideia era patrocinar a indicação de um civil para caracterizar o encerramento do ciclo militar, mas mantendo os padrões de conservadorismo e dureza do regime com a ascensão de um nome plenamente confiável aos setores mais conservadores. Castelinho esteve presente em pelos menos duas dessas reuniões.[38] Tudo indica que essa conspiração não trazia o imprimatur de Garrastazu Médici. "Papai nunca pensou em Leitão de Abreu. Sabia o quanto ele era medíocre."[39] Leitão, na verdade, fora indicado para a Casa Civil do governo Garrastazu Médici pelo general Aurélio de Lyra Tavares, que era seu cunhado. A conspiração para fazê-lo candidato presidencial gorou, como se sabe, abortada pela articulação mais bem urdida pelos irmãos Geisel, os generais Orlando e Ernesto, e pelo general Golbery do Couto e Silva. Os militares não estavam, naquele momento, nem um pouco dispostos a ceder o lugar aos civis, mesmo que o civil indicado fosse tão gaúcho quanto a sequência anterior de generais e tão conservador quanto eles todos, ou mais ainda. Mas sussurros acusaram Alberto Dines de não haver dado, à tentativa, a devida cobertura tática do *JB*. E, ao fracassar, a conspiração ainda faria Geisel destilar ódio contra o *JB*.

O calvário de Dines continuou em setembro. No dia 11, ele já estava jantando em casa quando o secretário da oficina lhe informou por telefone que, no noticiário sobre o golpe militar no Chile, a censura proibira mencionar a morte do presidente Salvador Allende em títulos na primeira página, fosse para abrigar a versão de que ele fora morto ou para informar um suicídio heroico. Furioso, ele voltou à redação e bolou uma primeira página primorosa — apenas um longo texto em corpo médio, sem manchete e sem títulos, noticiando tudo sobre o golpe. O truque cumpria a ordem da censura, que proibiu menção à morte de Allende em títulos, não em textos. Naquela noite Bernard da Costa Campos, o braço direito de Brito, se aproximou dele e objetou: "Você tem certeza de que isso está certo?" Fez a pergunta como quem anunciava discordância. Dines disse que estava seguro do que fazia e manteve o formato. No dia seguinte, recebeu dezenas de cumprimentos, menos de Brito, provavelmente envenenado por Bernard.[40]

No mês seguinte veio a guerra do Yom Kippur e o *JB* fez uma cobertura rigorosamente imparcial. Mas era época da crise do petróleo e o então presidente da Petrobras, general Ernesto Geisel, fizera declarações que sinalizavam simpatia aos países árabes, o que apontava para uma mudança na posição diplomática brasileira. A esta altura já se sabia que Geisel seria o futuro presidente e Brito recolheu essa fala como uma sinalização da tendência que iria modelar a posição brasileira nas questões do Oriente Médio — e não seria ele a desagradar publicamente o futuro general-presidente, já desagradado na conspiração pró-Leitão de Abreu. Sempre de olho nas polpudas verbas federais de publicidade, o dono do *JB* não queria correr riscos. Demorou um tempo até que o mau juízo feito por Brito sobre a cobertura da guerra do Yom Kippur chegasse a Dines. Brito qualificara a cobertura como pró-Israel e, sem avisar a Dines, enviara o repórter Juarez Bahia para percorrer os países árabes e produzir um farto material favorável aos árabes — com o objetivo de mostrar como o *JB* estava sintonizado com o futuro presidente. Dias depois, a secretária de José Luiz de Magalhães Lins, Cinésia, ex-mulher de Octávio Bonfim, o primeiro chefe de reportagem de Castelinho, em Minas, contou a Dines o que ouvira do chefe da segurança do *JB*, que acompanhara Brito numa visita ao Banco Nacional: "Vamos limpar o *JB* dos judeus." Judeu, Dines botou as barbas de molho, apesar de pouco antes ter sido nomeado diretor da Jornal do Brasil S.A.

No dia 6 de dezembro de 1973, Brito chamou Dines a sua casa. O diretor de redação do *JB* entrou sobraçando muitos papéis, presumindo um longo despacho com o chefe. Antes que sentasse, Brito lhe disse secamente: "Você está demitido por indisciplina." Dines não questionou a decisão. Virou as costas e foi embora. No dia seguinte, o *JB* comunicou ao distinto público leitor a demissão daquele que fora seu diretor de redação durante onze anos com uma nota seca e fria, de três linhas, na página 3, detalhando que Dines seria substituído por Walter Fontoura. *O Globo*, por ordem de Roberto Marinho, comentou a demissão com uma nota na coluna Swann em que elogiava a brilhante carreira jornalística de Dines.[41] De Brasília, Castelinho viu aquilo tudo com máxima apreensão.

* * *

Daí por diante, o maior drama de Castelinho não era propriamente ir ao médico; isso, ele faria sem reclamar; mas o impasse sobrevinha sempre no momento em que o médico perguntava — e ele não tinha como fugir à verdade — quantas doses de uísque ele tomava por noite.[42] Seu médico carioca, Américo Piquet Carneiro, tio de seu grande amigo João Geraldo, recomendara que ele bebesse menos. Ele então passou a resumir suas noites a duas doses de uísque, transformadas em pelo menos quatro com a adição de muita água e gelo, para o prazer durar mais. Pouco tempo depois, um jantar no Rio de Janeiro colocou-o ao lado do médico Paulo Niemeyer, que observou Castelinho regateando o limite de duas doses com o garçom. Soube que o médico lhe recomendara um máximo de duas doses por noite. Niemeyer abriu a pasta, tirou o receituário e escreveu: "O jornalista Carlos Castello Branco pode beber quantas doses diárias quiser de uísque" — e assinou no rodapé. De imediato, Castelinho esqueceu toda a confiança que tinha no seu médico de muitos e muitos anos e, num preito de eterna gratidão à flexibilidade e à generosidade da ciência de Niemeyer, aderiu sem questionar a sua recomendação: no ato, chamou o garçom e pediu a terceira dose. A partir daí deixou de colocar água no uísque e deixou de respeitar o número de doses. Mas continuou sempre lúcido: foi um "porrista" que nunca perdeu o juízo.[43]

E não era só na hora de beber. Gostava de cozinhar nas casas de amigos. Quando ficou amigo de Pratini de Moraes, no final dos anos 1960, juntavam-se para cozinhar; mas a geladeira da casa de Castelinho era velha e ineficiente. Pratini ligou para um diretor da Springer Admiral e pediu-lhe que vendesse uma geladeira nova a Castelinho. Com a geladeira nova, a cozinha ficou mais bem equipada.[44] Em casa, pedia constantemente a Lindaura que fizesse os pratos que adorava, atropelando a dieta. Os mais requisitados eram carne-assada com molho de ferrugem e a "galinha da Júlia", um frango assado com recheio de farofa, no qual a farofa tinha de ser feita com cebola dourada na manteiga, pimenta-de-cheiro e farinha-d'água. Na sobremesa, saboreava "bolo podre", compota de bacuri, doce de buriti, biscoito de polvilho salgado, tudo regado a goladas de cajuína que intercalava com uísque. Em casa, os almoços de fim de semana tinham sempre quantidades aumentadas porque nunca se sabia quantas pessoas chegariam de improviso para compor a mesa. Quando lhe foi diagnosticado um câncer no esôfago, Castelinho teve de, afinal, baixar a bola — e então o prato mais repetido era "batidinho de abóbora com quiabo e carne moída".[45]

* * *

A sucessão de Garrastazu Médici estava decidida em agosto de 1972, quando a censura reiterou a proibição de a imprensa tratar da próxima troca de guarda no Palácio do Planalto. Em agosto de 1971, um ano antes, o general Golbery do Couto e Silva, que fora defenestrado no governo Costa e Silva e permanecera fora no governo Garrastazu Médici, informou em carta ao capitão Heitor Ferreira, seu escudeiro, que a sucessão estava encaminhada. "Não lhe digo qual o nome na pauta porque você vai ter um chilique. (Moita! É preciso não queimar! — Alemão.)" Alemão era o codinome do general Ernesto Geisel, ex-chefe da Casa Militar no governo Castello Branco. No início daquele mês, Garrastazu Médici encontrara Geisel no Palácio Laranjeiras e lhe disse: "Seu Ernesto, faltam vinte meses e sete dias." Estava embalado por uma pesquisa Ibope que lhe dava 82% de aprovação popular.[46] Mas, em 1973, Garrastazu Médici ainda sonhava com uma virada de jogo que lhe permitisse entronizar no cargo o seu amigo general Adalberto Pereira dos Santos, comandante do Terceiro Exército, sediado no sul — a virada não aconteceu e Adalberto acabaria como vice-presidente de Geisel. Antes de decidir-se por Geisel, Garrastazu Médici perguntou a seu chefe da Casa Militar, general João Figueiredo, se Geisel continuava amigo de Golbery; Figueiredo sabia que sim, porém mentiu a Médici e disse que os dois não se encontravam havia dois anos. Para fechar a indicação, não consultou o Alto-Comando, como era tradição; tomou a decisão final numa reunião com os generais Orlando Geisel, ministro do Exército, Carlos Alberto Fontoura, chefe do SNI, e João Figueiredo, chefe da Casa Militar. Mais tarde, quando constatou que a informação de Figueiredo não era verdadeira, Garrastazu Médici arrependeu-se, mas aí Geisel já estava quase aboletado na cadeira presidencial. Tempos depois, confessou a um amigo, o general Candau da Fonseca, que era tio de dona Celeste, esposa de seu filho Roberto Médici: "Se tivesse de morrer de remorso, já teria morrido por escolher o Geisel." Candau então lhe disse que ele era o único culpado, por ter decidido sozinho, sem ouvir os generais que integravam o Alto-Comando. "Você é o único culpado", disse-lhe Candau. Garrastazu Médici então expressou todo seu arrependimento numa frase simbólica sobre Geisel: "Eu o escolhi como quem escolhe uma puta num cabaré."[47]

14
BRANCA, BRANCA, BRANCALEONE
1974-1977

Os crédulos já tinham engolido as promessas de democracia do marechal Castello Branco e depois tiveram de digerir o AI-2; voltaram a se animar com as promessas de democracia de Costa e Silva e foram obrigados a tragar o AI-5; na terceira vez, dormiram com as promessas de democracia de Garrastazu Médici e acordaram de ressaca. Em 1974, enfim, tinham boas razões para ficar escaldados quando o general Ernesto Geisel prometeu uma abertura lenta, segura e gradual. A essência do governo não mudara tanto; a mudança mais objetiva consistia na troca de um general católico por um luterano, mas ambos eram igualmente conservadores; nenhum deles fora batizado no altar da democracia e ambos descriam de seus símbolos, como o sistema representativo, o equilíbrio entre os poderes e as garantias individuais. Havia, no entanto, uma diferença a favor de Geisel — ele não prometeu democracia às cegas, como seus antecessores, mas classificou-a com adjetivos que traduziam ressalvas indispensáveis ao regime e seus patrocinadores, os militares. Ao contrário de seus antecessores, percebia que o poder não poderia ser eternamente desempenhado pelos militares, que o regime militar tinha prazo de validade, que esse prazo estava vencendo e que era preciso começar a pensar na entrega do poder a médio prazo, mas que isso careceria de uma longa negociação. Era preciso examinar e absorver a fadiga dos materiais e respeitar os percalços do projeto econômico, como a crise do petróleo. Por isso chegou falando em distensão, mas distensão lenta, segura e gradual. "O presidente Geisel é que lançou as palavras. Eu sei que isso [repeti-las] aborrece os militares. Já que a gente se aborrece com a presença deles no poder, podemos, ao menos, irritá-los com coisas mínimas, como a palavra 'distensão'."[1]

E era preciso antecipar o desarme do aparelho de repressão e tortura que deturpara o conceito das Forças Armadas e transformara os militares em polícia política e os quarteis, em câmara de tortura. Mas isso teria de ser feito segura, lenta e gradualmente, em termos que preservassem a instituição militar. Ou seja, era preciso tempo. "Os homens do esquema de Castello Branco tinham tradição militar, compromisso de restaurar a legalidade, sobretudo Golbery, um conspirador, um articulador político. E trataram de montar o projeto da distensão: da abertura lenta, segura e gradual."[2]

No começo, o governo Geisel sofreu solavancos. Quarenta dias após sua posse, eclodiu a Revolução dos Cravos em Portugal com ponderável participação comunista, trazendo como corolário a independência das antigas colônias portuguesas na África e a ascensão ao poder dos movimentos guerrilheiros de esquerda. O governo recorreu a antigos estudos feitos no Itamaraty no início da década de 1960 por dois jovens diplomatas e que por muitos anos ficaram engavetados. Esses estudos oportunizavam o interesse brasileiro na África negra, recomendavam uma aproximação estratégica entre o Brasil e os movimentos guerrilheiros de esquerda, atalhando o governo colonial português e preparando uma relação amistosa com os novos governos que surgiriam das independências de Angola, Moçambique, Guiné Bissau, Cabo Verde e São Tomé e Príncipe. Não se tratava, ali, de ideologia, mas de estratégia nacional. Eles foram desengavetados pelo chanceler Mário Gibson Barboza, no governo Médici, e serviram de base ao começo de uma política africanista tímida mas realista. Isso só foi possível porque idiossincrasias pessoais de Médici ajudavam. É difícil entender como isso pode ter acontecido, enquanto Juscelino Kubitschek, símbolo da democracia brasileira, tinha uma inexplicável afeição pessoal por António de Oliveira Salazar, o sanguinário ditador que submeteu Portugal às trevas durante 38 anos — assim como por Alfredo Stroessner, o ditador corrupto que dominou o Paraguai por 35 anos —, Médici, símbolo da fase mais dura do regime militar, tinha ojeriza pelos dois.

Apesar das enormes distâncias ideológicas que separavam a ditadura brasileira e os movimentos revolucionários das antigas colônias — Movimento Popular de Libertação de Angola, MPLA, liderado por Agostinho Neto; Frente de Libertação de Moçambique, Frelimo, de Eduardo Mondlane e Samora Machel; Partido Africano para a Independência de Guiné e Cabo Verde, PAIGC, de Amílcar e Luís Cabral —, o governo Geisel não hesitou em reconhecê-los prontamente e estabelecer um novo patamar de relações diplomáticas e comerciais com os novos países africanos que surgiam.[3]

Castelinho noticiara, dois anos antes, o estudo feito por Alberto da Costa e Silva e Ovídio Cabral de Melo ainda na década dos 1960. Quando veio a Revolução dos Cravos, ele analisou com ênfase as suas repercussões e soube ligar as pontas — ela redundaria na independência das antigas colônias portuguesas na África. Chegara, portanto, a hora de o Brasil fazer prevalecer seus interesses estratégicos e se aproximar delas, a despeito das distâncias ideológicas. Tratava-se de um novo mundo que falava português num terceiro continente, além da América e da Europa. Os seus comentários foram inovadores, já que no primeiro momento ninguém percebera a dimensão dos novos movimentos da diplomacia brasileira. No fundo dos comentários sobre a revolução portuguesa Castelinho deixava entrever que se acendera uma chama de esperança de que o fim da ditadura portuguesa poderia inspirar o fim da ditadura brasileira.

* * *

Antes mesmo da posse Geisel começou a consagrar o epíteto de uma abertura política "lenta, segura e gradual". Esse slogan pretensioso traduzia a intenção de manejar acelerador e freio em dosagens homeopáticas, adaptadas às conveniências militares. A abertura não podia ser rápida para não cacifar demais a oposição e não podia ser frouxa para não comprometer os parâmetros de proteção da instituição militar. Proteger a instituição militar implicava, naquele momento, uma tarefa suja — dar cobertura aos militares que atuaram nos porões dos DOI-Codi espalhados pelo país.

Em janeiro, dois meses antes da posse de Geisel, Castelinho já sinalizava aragens de abertura. "Há indícios de que o futuro governo do general Ernesto Geisel tentará modificar as relações entre o sistema e a imprensa, suprimindo certas práticas que geram mútuo constrangimento e possibilitando crescente distensão. Os problemas entre imprensa e Governo agravaram-se concomitantemente com o agravamento, em 1968, das manifestações subversivas e a adoção de uma política repressiva mais rígida, à qual julgou indispensável o controle indiscriminado do noticiário jornalístico. Hoje, a situação mudou. [...] O governo não se inclinaria, desde logo, pela supressão pura e simples do controle a que estão submetidos os órgãos de comunicação. O que se suprimiria é o tipo de censura, atualmente adotado, para que uma melhoria de relações fosse gradativamente tornando desnecessário o uso de um instrumento que não causa benefícios ao governo e gera prejuízos morais e políticos à imprensa e ao público. [...] Uma coisa mudaria desde logo: o tipo de comunicação, atualmente em uso, por via policial, da proibição de notícias que as autoridades da segurança consideram prejudiciais ou tendentes a favorecer o jogo dos subversivos, seria suprimido. Em seu lugar, iniciar-se-ia um trabalho de esclarecimento e persuasão por meio de canais adequados."[4]

A imprensa era a instituição-chave nesse processo e Castelinho sabia disso melhor que ninguém, porque já vivera do outro lado do balcão e já sofrera os efeitos de duas ditaduras. Certa vez, o jornalista Evandro Carlos de Andrade verbalizou a questão da imprensa ante a ditadura militar com mira perfeita numa conversa na redação de *O Globo*, no Rio de Janeiro. Ele disse que, em tese, bastava uma única medida para decretar uma nova democracia da noite para o dia — conceder plena liberdade de informação à imprensa. O resto viria no corolário. Queria dizer mais: que a liberdade de imprensa era o passo número um na luta pela democracia. Ante este comentário de Castelinho, cabia perguntar como esperava o governo Geisel alcançar um grau de confiança nas relações com a imprensa brasileira, depois de um passado recente tão doloroso e pouco confiável.

Para começar, pensava ele, era essencial graduar ao mais alto nível uma secretaria de Imprensa que fosse confiável aos dois lados, governo e imprensa. Geisel lá colocou seu filho adotivo, Humberto Esmeraldo Barreto que, embora inexperiente no setor, foi hábil para construir boas relações com os jornais e com os jornalistas. Quando o governo anunciou essa novidade, Castelinho disse algo semelhante ao que dissera Evandro pouco tempo antes, lembrando-se também de sua curta experiência no setor: "Esse canal não poderia ser outro, segundo as especulações correntes, que uma ativa Secretaria de Imprensa da Presidência da República, a qual se pretenderia bastante categorizada para que tivesse, a qualquer momento, a possibilidade de contato com os jornais em todos os seus níveis, da mais alta direção à reportagem. Essa secretaria, que nunca foi exercida no Brasil em termos próprios, seja por incompreensão dos governantes, seja por insuficiência dos jornais ou dos titulares que têm passado pelo posto, entre os quais concretamente se inclui este colunista, deveria ser agora atribuída a alguém que não só tivesse a possibilidade daqueles contatos como a credibilidade necessária a informar com segurança e a dissuadir com propriedade a exploração (não a publicação) de notícias em moldes que pudessem afetar o trabalho do sistema de segurança. Com isso se alcançaria, a meio caminho, a meta governamental de liberar gradativamente os veículos de comunicação e se prepararia a próxima convivência da imprensa com órgãos remanescentes da Revolução em clima de mútuo respeito e compreensão."[5]

Na véspera da posse de Geisel, Castelinho reverberou uma vez mais o seu mantra pelo retorno à democracia — era democracia o que faltava no Brasil. "Nestes dias de excitação suscitada pela mudança de governo persiste, malgrado certos desestímulos, a expectativa de que o general Geisel, como Presidente da República, iniciará o processo de retorno do país aos quadros constitucionais. Não se espera dele ação idêntica à do marechal Castello Branco, a quem serviu, cuja obstinação acompanhou no dia a dia, mas cujos erros de tática política teve ocasião de verificar, ficando, portanto, em condições de evitá-los. Os desestímulos a que se alude são notadamente a percepção das exatas dimensões da missão atribuída ao senador Petrônio Portella, quanto à escolha de governadores e à constituição do Ministério."[6]

Mas nesses propósitos o governo Geisel enfrentaria duas colisões frontais. A primeira foi o resultado das eleições gerais de 1974. Ninguém percebera a dimensão do ronco surdo que brotava das ruas, mas a abertura das urnas revelou uma derrota que faria o governo tirar o pé do acelerador, puxar o freio de mão e recuar no cronograma do projeto de abertura. A oposição venceu amplamente as eleições para o Senado: nos 22 estados então existentes, o MDB venceu em dezesseis e a Arena, partido do regime militar, em apenas seis (e, assim mesmo, em alguns estados com candidatos que depois passariam à oposição, como Teotônio Villela, em Alagoas, e Mendes Canale, em Mato Grosso). Para a Câmara dos Deputados, a Arena conquistou 203 vagas e o MDB, 161. Quatro anos antes, sob intensa campanha pelo voto nulo, a Arena elegera 46 senadores e o MDB, apenas cinco; na Câmara, das

310 cadeiras em disputa, a Arena ocupou 223 e o MDB, só 87. Ou seja, a oposição conquistara 74 cadeiras novas na Câmara. Era um avanço que desequilibrava a distensão lenta, segura e gradual. "O resultado da eleição de 1974 criou para o presidente problemas graves."[7]

Castelinho comentou o fantástico avanço da oposição: "A partir desta eleição do dia 15, o sistema revolucionário deverá conviver com uma nova realidade. Embora os resultados negativos para o governo tenham se dado em escala muito acima da prevista, essa nova realidade foi deliberadamente elaborada pelo governo do general Ernesto Geisel, o qual, segundo todas as indicações, pretendia lançar experimentalmente as bases de viabilização de seu projeto de distensão política. Não cremos que os resultados, examinados em correlação com a situação nacional, sejam desestimulantes para o governo, para a Revolução ou para o país. Para os dois primeiros, não se alteraram substancialmente os dados do Poder."[8]

Castelinho procurava amenizar, mas o resultado era inibidor para o governo. Em suas contas, no pleito seguinte, em 1978, a oposição teria larga chance de fazer maioria na Câmara dos Deputados e alguma de consegui-la no Senado, que elegeria dois terços de seus integrantes. Isso desequilibrava a intenção de uma negociação lenta, segura e gradual. Ela deixara de ser segura, pelo menos para o governo, que então optou por gerar um monstro: em 1977, editou o "pacote de abril", segundo o qual um terço do Senado seria eleito de forma indireta, criando o famigerado senador biônico. Com isso, a oposição poderia fazer maioria na Câmara, mas nunca no Senado.

Castelinho continuou cobrando as promessas de Geisel com relação à liberalização da imprensa e redução da ação repressiva. "Como se sabe, vinculada ao problema da liberdade de imprensa, está a questão da política repressiva tal como vem sendo praticada desde 1968. O Governo não é solidário com essa política, mas o fato é que até aqui não dispôs de instrumentos adequados a eliminá-la do quadro nacional."[9]

* * *

A segunda colisão frontal foi um corolário da primeira. Após liquidar os grupamentos de guerrilha urbana e de guerrilha rural, o aparato militar de repressão, mantido e alimentado pela linha dura, voltou seu alvo para uma repressão brutal contra o Partido Comunista Brasileiro (PCB). Desde sempre o Partidão, como simpaticamente era apelidado, militava pacificamente no MDB e pregava a redemocratização pela via eleitoral, pregando a conscientização gradual do eleitorado e repudiando os métodos da luta armada. Por que reprimir um segmento que pregava a luta política pacífica e se engajava na disputa do voto? Atacar o PCB era uma estratégia da linha dura para obstaculizar o avanço da abertura e para impedir a desmobilização dos DOI-Codi, dando-lhes uma meta antes insuspeitada. A partir de 1973 e até 1975, um terço do Comitê Central do Partidão foi assassinado, inclusive pessoas que Castelinho conhecera no começo de sua carreira jornalística, e a quem tanto se afeiçoara, como Orlando Bonfim. O ataque mais agudo ocorreria em outubro de 1975, quando dezenas de militantes, em sua maioria jornalistas, foram presos em São Paulo. Um deles, o jornalista Vladimir Herzog, foi assassinado sob tortura no DOI-Codi paulistano. Geisel reagiu e advertiu os militares que não permitiria mais assassinatos nas celas.

O assassinato de Herzog criou uma situação ambígua. Em vez de condenar o assassino, a reação militar parecia culpar a vítima e quem se preocupara com ela, inclusive a imprensa. Três dias após a morte do jornalista, o senador Franco Montoro (MDB-SP) discursava sobre o fato e foi aparteado por seu colega Leite Chaves (MDB-PR), que condenou o fato de a repressão estar entregue às Forças Armadas, e não à polícia. Ao fazer essa óbvia constatação, Leite Chaves entrou no índex dos militares e ficou sob ameaça de cassação; acabou obrigado a retirar o seu aparte dos anais da sessão. No dia 4 de novembro, o senador reposicionou da tribuna, com termos negociados, o seu discurso, para não ser cassado.

Castelinho só tratou do assunto, e cuidadosamente, no dia 2 de novembro, uma semana após o assassinato. "Colocado no seu contexto exato de problema político, o caso criado em São Paulo com o episódio da morte de um jornalista preso pelos serviços de segurança encontrou sua solução possível, a solução política. O Presidente dera a indicação de que naquele momento o aspecto político da questão sobrelevava aos demais e dirigiu-se ao centro das tensões, acompanhado tão somente dos seus auxiliares na Presidência. Seu comportamento viril diante dos acontecimentos não excluiu assim a indispensável maleabilidade com que devem ser encarados os problemas políticos e mediante a qual, malgrado a excitação dos seus porta-vozes parlamentares, pôde obter da Oposição atitude compreensiva suficientemente lata para eliminar fatores de gestação ou alimentação de crises. [...] O General Geisel, que enfrentou a mais grave crise política do seu Governo, dela saiu fortalecido e é curioso assinalar que esse fortalecimento se deve ao fato de ter, possivelmente pela primeira vez, se comportado politicamente como um Chefe de Governo."[10] Todos pisavam em ovos para conter a fúria dos assassinos.

A população não sabia, mas dentro do governo enfrentavam-se Geisel e o aparato repressivo. Três meses depois, em 17 de janeiro, o operário Manoel Fiel Filho foi assassinado no mesmo local e de forma parecida. Em reação fulminante, Geisel demitiu, após dois tensos dias, o comandante do Segundo Exército, general Ednardo D'Ávila Mello. Castelinho deu imediata cobertura ao ato presidencial: "A decisão do Presidente Ernesto Geisel de substituir o Comandante do Segundo Exército foi uma fulminante resposta à informação oficial de que outro prisioneiro político morrera por asfixia causada por enforcamento nas prisões do DOI-Codi daquele Exército. Não se aguardou conclusão de inquérito policial-militar instaurado para apurar o episódio, reprodução em curto intervalo do alegado suicídio do jornalista Vladimir Herzog. Bastou a reiteração da morte, em circunstâncias que agravam as dúvidas suscitadas pelo relatório divulgado sobre o caso

Herzog, para tornar evidente que o Comando do Segundo Exército perdera o controle sobre os métodos de trabalho remanescentes em alguns setores do sistema repressor de São Paulo. [...] A decisão agora adotada pelo Chefe do Governo, além de dar efetividade à sua repulsa à violação de direitos humanos nos presídios políticos, servirá a um só tempo de advertência aos que por acaso se afeiçoaram a bárbaras práticas de interrogatório de pessoas detidas para averiguação ou em flagrante de atos subversivos. [...] Há outras práticas a banir, como a substituição da prisão por sequestro, a sonegação de informações à Justiça, o desaparecimento puro e simples de pessoas das quais a família jamais terá notícia."[11]

Para caminhar com segurança no que escrevia, Castelinho também era lento e gradual; agora, ele subia lenta e gradualmente o tom. Em junho de 1976, o cartunista Henfil enviou-lhe um bilhete pedindo socorro. "Te leio todo dia. É tão bom que me empolgo e sempre mando presentes para você. Tenho mandado Fradim [personagem de suas tiras], recebeu?" Sim, Castelinho recebera e guardara; era um grande admirador de Henfil. O bilhete lhe transmitia informações sobre pessoas presas. Henfil citou Jandira Gitirana Praia Fiúza e Cleto Praia Fiúza, ex-alunos da Universidade Federal Fluminense, que permaneceram presos mesmo já tendo cumprido integralmente suas penas de seis meses. Ao final do bilhete, Henfil pedia a Castelinho que "desse um toque", na coluna, sobre o julgamento de César de Queiroz Benjamim, ex-militante do MR-8 e mais jovem réu da ditadura militar. Finalizava: "Vê aí o que pode fazer para sacudir a poeira da burocracia, que arquiva pessoas."[12] Mandou, junto, uma carta que recebera de seu irmão Betinho, então exilado, que rotulava Castelinho como "o maior cronista e analista político do Brasil e não sei se talvez do mundo".

Dois dias depois, Castelinho atendeu ao pedido de Henfil. Sob o título "Repressão e justiça", publicou a seguinte nota no pé da coluna: "Terça-feira o Supremo Tribunal Federal deverá julgar um pedido de habeas corpus de César de Queiroz Benjamin, preso aos dezessete anos em 1971, declarado inimputável pelo Supremo, beneficiado por um alvará de soltura e mantido em cárcere até agora. Trata-se de um curioso episódio da luta entre a repressão e a Justiça que assinala o reinado do Ato nº 5."[13]

* * *

No começo, éramos cinco jovens e intimoratos jornalistas — não porque cultivássemos a coragem, mas talvez porque não conhecêssemos o alcance e a força do pesado braço do mal. Armando Rollemberg, Andrei Almeida, Hélio Doyle, Oswaldo Morgado e eu concluímos que deveríamos montar uma chapa para disputar a sucessão no Sindicato dos Jornalistas Profissionais do Distrito Federal, até então em mãos de pelegos, dirigentes cordatos com a ditadura. Pensávamos instalar em Brasília um bastião avançado da luta pela redemocratização e fazer coro com movimentos de outros estados, principalmente de São Paulo, onde os jornalistas enfrentavam uma dura cruel desde 1975, quando Vladimir Herzog fora assassinado nos porões do DOI-Codi. Não tínhamos medo, mas também não éramos ingenuamente radicais. Tínhamos a percepção de que a nossa chapa não poderia ser encabeçada por cinco jovens jornalistas esquerdistas. Mas, se não nós, quem? O velho Pompeu de Sousa, diretor da sucursal da *Veja* no DF e amigo de Castelinho desde os anos 1940, era o nosso mentor e foi ele quem sugeriu o nome de Castelinho para encabeçar a chapa. Nossa primeira reação foi que ele dificilmente aceitaria. Mas Pompeu, amicíssimo dele, se dispôs a atuar na doutrinação e no convencimento. Não lhe seria difícil: os dois conversavam quase todos os dias e isso era facilitado porque as duas sucursais, a da *Veja* e a do *JB*, eram em edifícios vizinhos. Ademais, eles eram amigos há mais de trinta anos. Como conspirador experiente, Pompeu convocou para auxiliá-lo na tarefa D'Alembert Jaccoud, chefe de redação da *Veja* (e que fora chefe de redação do *JB* quando Castelinho montou a sucursal de Brasília) e Abdias Silva, também piauiense, repórter do *JB* e editor, com ele, de *A Mocidade*, no Liceu de Teresina, 45 anos antes. Esta era a parte fácil. A parte difícil era que Castelinho nunca se engajara em nada, a não ser na barca furada de Jânio — e nessa atribulada navegação solitária aprendeu que nunca mais deveria repetir gestos aventurescos.

Primeiro, Pompeu fez-lhe uma sondagem e, surpreendentemente, não recebeu uma resposta negativa, o que já era animador. Marcou, então, uma conversa em grupo, juntando todos. Expusemos nosso plano, dissemos que não queríamos incendiar Brasília e que o candidato a vice-presidente seria outro veterano que ele conhecia muito bem, o respeitável e competente Abdias Silva; seria uma cabeça de chapa piauiense. Castelinho ouviu calado. Acabamos de falar e fez-se um silêncio preocupante. Castelinho não descartou sua aceitação, mas advertiu que sempre fora um individualista e que, por isso, não se achava o nome ideal. Nós insistimos e ele pediu 24 horas para pensar. No dia seguinte, em nova conversa, aceitou ser o candidato. Deu razões emocionais: disse que faria isso em homenagem a Rodrigo e olhou para Hélio Doyle, que tinha nascido no mesmo lugar, ano, mês, dia e hora que Rodrigo — 11 de novembro de 1951, às 8 horas, em Brasília. Tangido pelas boas recordações, mencionou sua amizade com o pai de Armando Rollemberg, Armando Leite Rollemberg, signatário do Manifesto dos Mineiros que fora deputado por Minas Gerais. Além disso, o pai de Andrei, Alberto Almeida, era amigo de Élvia. Eu não podia dizer que propriamente fosse amigo de Castelinho, mas era seu colega de trabalho (eu, mero repórter da editoria política, ele, consagrado comentarista) no *JB* e sempre recebia dele gestos de simpatia e respeito. Aquela conversa, portanto, era uma conspiração entre amigos. As razões políticas, ele não precisava mencionar.

Saímos dali felizes; aquele pequeno exército brancaleone que ia a campo bater-se de frente contra a ditadura militar tinha agora um general e tanto. Mas tínhamos de superar certa estranheza das pessoas.

Nunca fora o estilo de Castelinho fazer política fora da coluna e muito menos engajar-se numa luta que estava no cardápio das oposições e que era de franco posicionamento contra a ditadura. O irmão Lucídio Castello Branco, também jornalista, que mora até hoje em Porto Alegre, é o que chega mais perto de explicar o enigma. Conta que à época Castelinho lhe telefonou para perguntar o que ele achava. E ele, que participara de várias entidades de jornalistas no sul, o aconselhou a concorrer, frisando que era uma luta democrática.[14]

Convencido Castelinho, o primeiro passo era criar uma base que funcionasse como ancoradouro da nossa campanha eleitoral. Demo-nos conta de que a Associação Brasileira de Imprensa (ABI) não tinha uma sede na capital da República — e deveria ter, para bem representar os jornalistas brasileiros. Montamos uma estratégia pela qual incentivaríamos a instalação de uma representação da ABI, indicaríamos para dirigi-la o jornalista Pompeu de Sousa e faríamos dela o nosso palanque para a campanha eleitoral do sindicato. Eu tinha boas ligações na ABI; fizemos uma vaquinha, comprei uma passagem e embarquei para o Rio de Janeiro, onde o jornalista Davit Fichel Chargel, meu amigo pessoal, marcou uma audiência com Prudente de Moraes Neto, presidente da ABI. Primeiro, sugeri a criação de uma representação da ABI na capital federal. Não foi preciso argumentar muito; Prudente comprou a ideia no primeiro momento e ainda se perguntou como não tinha pensado naquilo antes. Disse, então, que seria interessante ter um jornalista antigo e respeitado na direção da futura ABI-DF. Muito arguto, Prudente percebeu que eu apresentara apenas uma parte da argumentação. "Quem, por exemplo?", perguntou. Ganhei confiança e falei: o melhor nome, segundo os jornalistas brasilienses, era Pompeu de Sousa.

Pompeu era um jornalista extraordinariamente competente e queridíssimo em Brasília. Trafegou da esquerda à UDN e da UDN à esquerda. Na juventude, fora um protocomunista. Em 1954 cumpriu o polêmico papel de porta-voz da "república do Galeão", inquérito paralelo instaurado na Aeronáutica para apurar o assassinato do major Rubens Vaz, guarda-costas de Carlos Lacerda, morto por sicários getulistas; um ano depois conspirava com o general Lott para garantir a posse de Juscelino Kubitschek. Em Brasília, era visto como um esquerdista perigoso pela repressão e acabaria eleito senador pelo PSB em 1986, na primeira eleição direta da capital. Foi um dos fundadores da Universidade de Brasília. Com Prudente, implantara a reforma do *Diário Carioca*, na metade dos anos 1950. Dele, diria Castelinho: "O que fica dentro de mim é o Pompeu único na sua variedade, aquele que dizia que sem paixão nada se fazia de grande."[15]

Como senador pelo Distrito Federal, já no fim da vida e desfilando uma esvoaçante cabeleira branca, apresentou um projeto de lei definitivo — estabelecia que era proibido legislar contra a liberdade de imprensa. Quando falei no nome de Pompeu, seu antigo colega no *Diário Carioca*, Prudente estacou: admirava-o, não achava, evidentemente, que ele fosse um elemento perigoso, mas pensava que seu esquerdismo de rompantes apaixonados era demais para a ABI explicar aos militares. Prudente tinha esse defeito: era um conservador, embora não caçasse bruxas, e estava em sua natureza ser cuidadoso com os governos autoritários — já aprendera muito nos tempos de Getúlio ditador. Com estudada suavidade me rebateu: "Pompeu seria um nome ótimo se não fosse tão estouvado, tão radical. Ele é muito radical [...]" — e alongou o "muito". E, antes que eu tivesse assimilado o golpe, completou: "Eu acho que tenho o nome ideal. É o senador Danton Jobim."

Senador pelo MDB do Rio de Janeiro, Jobim era tão governista quanto qualquer senador da Arena — e, em alguns casos, era mais. Exercia seu mandato com estrito rito de obediência ao regime militar. Era, tanto quanto Prudente, conveniente em suas atitudes oposicionistas. Não queria de forma alguma incomodar os militares. Se fosse indicado diretor da ABI-DF seguramente não concordaria em ceder-nos a futura sede para nossas reuniões e debates. Voltei do Rio com duas notícias, uma ótima e uma péssima — a boa é que nossa ideia vingou, teríamos a ABI-DF; a ruim é que o diretor seria Jobim.

A lembrança do nome de Jobim era tanto mais constrangedora porque ele e Pompeu tinham convivido em dois grandes momentos do jornalismo brasileiro. O primeiro, no curso pioneiro de jornalismo inaugurado na Faculdade de Filosofia, Ciências e Letras da Universidade do Brasil, no qual Jobim era o catedrático e Pompeu, seu assistente (indicado, aliás, por Castelinho). O segundo momento foi quando conduziram, Jobim como diretor do jornal e Pompeu como chefe de redação — e mais Prudente —, a reforma gráfica e editorial do *Diário Carioca* na década dos 1950. Aquela reforma mudaria a imprensa brasileira para sempre, impondo novidades trazidas dos grandes jornais norte-americanos, como a adoção do lead (abertura das matérias jornalísticas), da diagramação vertical, o fim do "joelho" (interrupção das matérias para continuação em outra página) e a incorporação de uma linguagem mais objetiva e menos opinativa nas matérias. Até então, os jornais eram extensões naturais dos engajamentos político-ideológicos dos repórteres e redatores; o jornalismo era excessivamente opinativo e apaixonado.

Nas semanas seguintes, Prudente cumpriu um rigoroso e pontual calendário. Com uma diligência fora do comum, comprou um amplo conjunto no Edifício Central Brasília, no Setor Bancário Norte, para ser a sede da ABI na capital, e o mobiliou. Pediu-nos para preparar a festa de posse de Jobim. A esta altura, tínhamos conseguido a adesão de importantes jornalistas de alcance nacional — além de Rubem de Azevedo Lima, Carlos Chagas aderiu com entusiasmo a nossa pré-campanha. O mais discretamente possível, alugamos o salão de festas da sede urbana do Clube do Congresso, onde cabiam umas trezentas pessoas, para a festa da posse. Sem que Prudente soubesse, elaboramos um abaixo-assinado que recebeu mais de seiscentas assinaturas de jornalistas de Brasília.

No dia do evento, o Clube do Congresso estava lotado. Feliz com o sucesso, Prudente foi para a mesa e chamou, para integrá-la, Danton Jobim, Pompeu de Sousa e Castelinho. Quando ia iniciar a sessão,

Carlos Chagas levantou-se na plateia, pediu a palavra pela ordem e disse que queria encaminhar à mesa dos trabalhos um abaixo-assinado firmado por mais de seiscentos jornalistas de Brasília. Acrescentou que as duas linhas iniciais estavam propositadamente em branco para que ali firmassem, aderindo ao abaixo-assinado, Prudente e Jobim. Ato contínuo, entregou o papel a Prudente.

O abaixo-assinado era curto e grosso: pedia que Pompeu de Sousa fosse indicado diretor da ABI-DF. Prudente leu, chegou ao final das poucas linhas com uma indizível perplexidade, mas não hesitou. Tirou a caneta do bolso, assinou em primeiro lugar e passou o papel para Jobim, que também não passou recibo: pegou a mesma caneta e assinou em segundo lugar. O papel voltou para as mãos de Prudente, que declarou, por unanimidade, a indicação de Pompeu para diretor da representação da ABI-DF.

Estava pavimentado o caminho para a campanha. "Tínhamos, além do nosso vigor juvenil, o apoio moral dos jornalistas consagrados e a parceria da ABI, o que significava um passo gigantesco. Com o apoio agora explícito da ABI, ganhamos um amplo espaço para fazer nossas reuniões e pregações."[16]

* * *

Desnorteado com o resultado eleitoral de novembro de 1974, o governo tratou de se precaver com o avanço inusitado e inesperado da oposição. E abriu uma frente nova para combater os males debitados na conta do *JB*. Havia ali, para Geisel, uma velha conta a liquidar, originária da aventura de Brito e Miguel Lins para emplacar a candidatura Leitão de Abreu contra ele. O governo começou atacando com cortes significativos da publicidade governamental para o jornal, numa época em que o peso da publicidade governamental era determinante; e completou o ataque com uma rigorosa blitzkrieg fiscal. "A Receita Federal acampou dentro do jornal. O cerco publicitário começou por volta de 1976 e seguiu inalterado até o momento em que nós devolvemos o canal de televisão, porque vimos que não havia acordo possível. O cerco fiscal esgotava a direção do jornal, do ponto de vista gerencial, porque tínhamos de mobilizar a energia da empresa para explicar coisas banais todos os dias."[17] No fim, os fiscais da Receita exibiram um troféu: glosaram uma transferência hoje equivalente a 40 mil dólares, feita numa conta da condessa de maneira errônea, para cobrir despesas de uma viagem longa. "Mas o desgaste emocional foi brutal."[18]

Havia no ar, no entanto, indicações de uma possível abertura e o senador Petrônio Portella, principal negociador político do governo, acalmava Nascimento Brito e lhe pedia que esperasse um pouco: "Aguenta a mão que vai abrir", dizia. Mas o mundo real dizia o contrário a Brito, quando percebia a extensão dos cortes publicitários e o rigor da investigação da Receita Federal dentro do jornal. "Não havia segurança nenhuma. E ao mesmo tempo nós lá sentando a ripa — Castelinho, editoriais."[19]

Desde 1968, o *JB* vivera numa gangorra. Primeiro, adquiriu junto aos militares o estigma de adversário do regime com as coberturas corajosas da edição do AI-5; a edição de 14 de dezembro de 1968 não saía da cabeça dos militares. Até aquele dia o *JB* fora obediente e enquadrado, mas no dia seguinte ao anúncio do AI-5 foi às bancas com uma cobertura primorosa sobre o dia mais trágico da História recente do país. No dia 13 de dezembro à noite chegou à redação uma tropa de majores e capitães do Exército para censurar o jornal. Desacostumados à rotina na feitura de um jornal, quiseram se acomodar na redação, mas o diretor de redação, Alberto Dines, os convenceu a ficar numa sala de reuniões, alegando que dividir a redação com os jornalistas ocasionaria um constrangimento para os dois lados. Nesse primeiro dia os editores conseguiram enganá-los; mostraram uma diagramação de primeira página e depois a mudaram na oficina. No frontispício da primeira página, do lado esquerdo do título, inseriram uma burlesca previsão meteorológica: "Tempo negro. Temperatura sufocante. O ar está irrespirável. O país está sendo varrido por fortes ventos. Máxima: 38°C em Brasília. Mínima: 5°C em Laranjeiras (residência presidencial)"; do lado direito, colocaram uma "moldura" de pura provocação: "Ontem foi o Dia dos Cegos." Ainda assim, mais da metade da página 3, espaço nobre da cobertura política, ficou coberta por anúncios classificados, que substituíam matérias censuradas pelos oficiais. *O Estado de S.Paulo* também criticava duramente o regime militar e era muito censurado por isso, mas não fazia uma cobertura jocosa e galhofeira como o *JB*. No segundo dia, sabedores de que tinham sido enganados, os censores chegaram furiosos e se instalaram na redação e na oficina, fiscalizando a edição e a impressão do jornal. A partir dali o *JB* ficou marcado para morrer e um espaço generoso do cadafalso era reservado para Castelinho, que estava preso em Brasília. No Rio de Janeiro, Dines seria preso no dia 22 de dezembro, após fazer um duro discurso contra a censura como paraninfo da turma de Comunicação da Pontifícia Universidade Católica. Na noite de Natal, sem saber que ele é judeu, os carcereiros lhe ofereceram o beneplácito de jantar em casa com a família, com o compromisso de voltar à cadeia na tarde do dia 25; Dines se converteu ao catolicismo por uma noite. Sua prisão foi afrouxada no dia 27, mas ele respondeu a um incômodo Inquérito Policial Militar (IPM), no qual lhe perguntaram, entre outras coisas, por que um jornal católico como o *JB* tinha um judeu como diretor de redação.[20] Quando voltou à redação do *JB* ouviu de seu colega Carlos Lemos que os censores não tinham aparecido na noite anterior. Logo entendeu o porquê — Brito tinha feito um acordo para autocensurar o jornal.

No ano seguinte, tangido pelos interesses econômicos, Brito fechou um acordo para apoiar o governo Médici e o jornal teria vida tranquila por quase cinco anos, fazendo sua autocensura. Como prêmio, ganharia do governo Médici duas concessões de televisão, uma no Rio e outra em São Paulo. Esses canais seriam fundamentais para o *JB* enfrentar a concorrência do seu principal rival no mercado do

Rio de Janeiro, *O Globo*, que já tinha seu canal há quase cinco anos — e o transformara na mais qualificada rede de televisão do país. O governo Médici deu ao *JB* os canais da antiga TV Record no Rio de Janeiro e em São Paulo; e à Editora Abril os canais da antiga TV Excelsior. O preço pago foi a crise com Castelinho e a quase perda de seu comentarista político.

* * *

Nascimento Brito dizia ter uma boa razão para não gostar que Castelinho citasse muito Sarney em sua coluna: ele era muito amigo de Roberto Marinho, dono de *O Globo* e fundador da Rede Globo de Televisão, e era proprietário da retransmissora da Globo no Maranhão.[21] Mas Sarney dá outra explicação, mais amena: o que Brito não perdoava era a sua amizade com a condessa Pereira Carneiro, Maurina Dunshee de Abranches Carneiro, nascida em Niterói mas filha de João Dunshee de Abranches de Moura, um pesquisador da história do Maranhão. Essa vinculação às origens maranhenses fez com que ela escolhesse Odylo Costa Filho para comandar a grande reforma do *JB*, na década de 1950. A partir daí, Brito, seu genro, teria criado ojeriza por Odylo, que mais adiante ele terminou demitindo, e por todos os amigos dela. Por essa via torta, Brito se aproximou muito de Renato Archer, adversário ferrenho de Sarney no Maranhão.[22]

Esta era uma das birras de Brito com Castelinho — achar que Castelinho dava "excessiva proteção" ao governo José Sarney.[23] "A birra era do Brito. Castelinho nunca protegeu meu governo em nada, em absolutamente nada. Ele sempre foi crítico. Nos momentos em que tinha de criticar, criticou. Basta ler as colunas que estão aí para a História. Essa conversa nunca existiu."[24] A outra birra alvejava a frequência com que ele citava José Aparecido de Oliveira e Jânio Quadros;[25] Aparecido, no juízo de Brito, era um político de menor expressão. Nesse aspecto ele tinha certa razão, mas Castelinho nutria um carinho especial por Aparecido e por Jânio e, talvez inconscientemente, dava-lhes na coluna uma dimensão sempre maior a que eles de fato desfrutavam e isso é tanto mais verdade no caso do primeiro. Quanto a Jânio, é impressionante a quantidade de vezes que Castelinho noticiou candidaturas suas a cargos importantes (como a frustrada candidatura presidencial em 1989) que não se concretizaram, seja por falta de condições objetivas seja por falta de confiança nele, depois da renúncia mal explicada de 1961. De fato, parecia que sua coluna abrigava balões de ensaio de Jânio.

Brito não gostava de Sarney por razões estritamente empresariais. Em 1985, o *JB* estava encalacrado em uma enorme dívida, da qual o Banco do Brasil (BB) era credor da maior parte. O jornal estava negociando um refinanciamento com o banco quando Sarney tomou posse na Presidência — e Brito tinha como favas contadas que o novo presidente ajudaria na solução do problema, não só porque era jornalista de origem como também tinha sido grande amigo da condessa Pereira Carneiro. Sarney mandou que os dirigentes do *JB* fossem conversar com Camilo Calazans, então presidente do BB. A conversa concluiu bem e a negociação chegou a um bom termo final; no fim, Calazans chegou a dizer que estava tudo resolvido e que o refinanciamento já fora aprovado pelo Conselho de Administração do BB. Brito considerou que a boa conclusão era uma deferência a ele que, muito tempo antes, fora advogado de carreira do BB até que se casou com Leda, filha da condessa. Nessa tarde, ele agradeceu a Calazans e partiu para uma audiência com Sarney, que o recebeu festivamente. Repetiu-se no Palácio do Planalto a conversa do "tudo resolvido". Passou um tempo e o trato desandou. Brito teria descoberto que Sarney, pouco depois de recebê-lo, ligou para Calazans e mandou suspender o acordo com o BB. Quando descobriu, Brito escreveu-lhe uma carta pessoal em termos escatológicos e pediu a seu diretor em Brasília que a entregasse em mãos a Sarney. "Eu não li a carta, mas, pelo que sei, ele chamou Sarney de todos os palavrões conhecidos. Arrisco dizer que, se Tancredo não tivesse morrido, o *JB* estaria vivo até hoje."[26]

Na verdade, o *JB* chegara ao fundo do poço alguns anos antes. Num dia de 1982, o ministro Leitão de Abreu conversava em seu gabinete com o diretor do *JB* em Brasília, Luiz Orlando Carneiro. Num dado momento, olhou para o relógio — eram umas 18 horas — e contou-lhe que o governo anunciaria dali a pouco a maxidesvalorização da moeda. Luiz Orlando perguntou se podia revelar a medida a Nascimento Brito e Leitão pediu-lhe que esperasse mais alguns minutos; de toda maneira, esperando ou não, seria impossível consertar o estrago na fração de alguns minutos. "A queda do *JB* começou aí, com essa medida. Não foi a construção da sede nova, na avenida Brasil, que complicou o *JB*. Foi a maxidesvalorização que multiplicou a nossa dívida a um montante impagável."[27] A dívida fora contraída para construir a JBIG, uma moderna gráfica desenhada para competir com a gráfica da Bloch Editores, então a melhor do Rio de Janeiro. A dívida pela montagem da JBIG era em dólares. Para se equilibrar, o *JB* teve de vender os dez andares que lhe couberam na construção do enorme prédio em seu endereço tradicional, à avenida Rio Branco, 110, no Rio de Janeiro, no qual trinta andares tinham ficado para o Banco de Boston e dez para o jornal.

Antes disso, sob intenso cerco fiscal, o *JB* jogara a toalha das concessões de televisão em setembro de 1978, pouco antes do fim do governo Geisel. Mal o governo Figueiredo tomara posse, em 15 de março de 1979, o general Octávio Aguiar de Medeiros, chefe do SNI, começou a operar para ser o candidato à sucessão do chefe — e logo começou a ser criticado por Castelinho. Vingou-se na medida: incentivou, dentro do governo, o lançamento de uma nova licitação, pela qual as concessões antes destinadas ao *JB* e à Abril foram parar nas mãos da Bloch Editores (tornando-se a TV Manchete) e de Silvio Santos (formando o SBT). Trinta e cinco anos depois, a família dá o troco: o general Octávio Aguiar de Medeiros, então chefe do SNI, "comandou o ataque terrorista ao Riocentro".[28]

À época, o general Medeiros disse a Figueiredo que entregar as concessões ao *JB* e à Abril equivaleria a "cultivar urtiga no quintal", porque esses dois grupos fariam "um jornalismo sério", o que significava um jornalismo fora dos controles do governo. Figueiredo foi convencido pela arenga de Medeiros, que estimulou Adolfo Bloch e Silvio Santos a entrarem na concorrência. Eles entraram e ganharam.[29]

Pouco antes de anunciar o resultado da licitação, o ministro das Comunicações, Haroldo Corrêa de Mattos, chamou o diretor do *JB* em Brasília e lhe comunicou que os vencedores seriam a Bloch Editores e Silvio Santos, contrariando o parecer técnico do ministério, que recomendara o *JB* e a Editora Abril. Disse: "O presidente prefere os outros dois, sabe como é, confia mais neles. Em compensação, eu estou autorizado a conceder ao *JB* dois canais VHF.* No futuro esse sistema será muito importante." Era um prêmio de consolação para compensar a perda da licitação principal. Luiz Orlando foi encaminhado a um especialista que daria explicações técnicas. A pedido de Luiz Orlando, um técnico foi enviado pelo ministro para explicar o que eram esses novos canais à diretoria do *JB*, no Rio. Quando o técnico terminou a explanação, Brito lhe disse que não tinha interesse nos canais VHF — e deve ter respondido com o fígado porque, depois de perder um sistema de canais UHF, a oferta soava mesmo como um "cala-boca".

Para entender melhor essa disputa é preciso dar luz a dois aspectos. O primeiro é que o *JB* vinha perdendo terreno para *O Globo* desde a década de 1960, quando a recém-inaugurada TV Globo passou a apoiar o seu jornal e o *JB* começou a cair nas vendas, enquanto *O Globo* avançava, principalmente após a reforma gráfica e editorial no início dos anos 1970; o segundo é que Brito conduziu a disputa empresarial para o campo pessoal e passou a alimentar uma rixa com Roberto Marinho, proprietário de *O Globo* e das Organizações Globo, chegando às raias do exagero. Por ocasião da guerra das Malvinas, em que a ditadura militar argentina desafiou o poder bélico inglês, o *JB* apoiou a Inglaterra. Brito nem sequer chamava as ilhas de Malvinas: dizia

*Canais de TV de baixa potência e pequeno alcance.

Falklands. Quando a guerra acabou ele foi agraciado pelo governo inglês com a medalha de Cavaleiro do Império Britânico (Knight of the British Empire), que lhe foi entregue na embaixada britânica, em Brasília. Quando a cerimônia acabou, Brito saiu orgulhoso, ostentando a medalha na lapela. No carro, disse Luiz Orlando, que o acompanhava, batendo a mão na medalha e colocando ênfase nas palavras: "Esta aqui o crioulo não tem." O "crioulo" era Roberto Marinho.[30] De fato, ele era Cavaleiro do Império Britânico, mas Roberto Marinho tinha uma visão empresarial muito mais abrangente.

* * *

Em 1977, Castelinho lançou seu mais bem-sucedido livro, *Os militares no poder*, pela Editora Nova Fronteira, de Carlos Lacerda, com uma primeira edição de 5 mil exemplares (outros dois volumes seriam lançados em 1978 e 1979). É uma alentada seleção de colunas que conta a história do governo do seu primo, o marechal Humberto de Alencar Castello Branco, e de seus sucessores imediatos. Lido do começo ao fim, dará ao leitor um notável painel do que foi o primeiro governo militar e como ele se enredou nas pernas do radicalismo militar e pôs a perder o projeto de restauração democrática que pretendia executar em seu início. É talvez o melhor exemplo de como Castelinho escrevia uma coluna diária cujo somatório forma um espelho da História do Brasil de sua época.

As noites de autógrafos do primeiro lançamento foram memoráveis. Poucos dias antes de uma delas, ocorrida no Rio de Janeiro, a 18 de maio de 1977, a presidente do *Jornal do Brasil*, a condessa Pereira Carneiro, enviou a Castelinho o seguinte cartão: "No dia 18 — sua noite de autógrafos — lá estarei para lhe dar o meu carinhoso abraço, cheia de entusiasmo pela sua magnífica e gigantesca obra."[31] A condessa gostava dele e a recíproca era verdadeira; certa vez Castelinho chegou a pedir ao então ministro da Indústria e Comércio, Marcus Vinícius Pratini de Moraes, que oferecesse um jantar a ela em sua casa, em Brasília.[32]

De Jânio Quadros chegou o seguinte cartão: "Espero que o título da obra não impeça ou dissolva sua noite de autógrafos [...]." No rodapé, o ex-presidente pediu que Castelinho o recomendasse a Carlos Lacerda.[33]

Poucos saíram tão orgulhosos dessa noite de autógrafos como eu. Ela aconteceu no momento em que montávamos a chapa para disputar o Sindicato dos Jornalistas Profissionais do Distrito Federal, na qual ele figurava como presidente e eu, como secretário-geral. À guisa de elogio pelas articulações bem-feitas e pela ousadia demonstrada, Castelinho me honrou com a seguinte dedicatória, que guardo até hoje do lado esquerdo do peito: "Ao Carlos Marchi, meu chefe político, com o abraço do Carlos Castello Branco — Rio, maio de 1977."

15

O MILITANTE DA LIBERDADE

1977-1980

Na campanha para o sindicato, nós falávamos de coisas que a ditadura militar não gostava de ouvir — democracia, liberdade de imprensa, fim à censura, garantias individuais. Pregávamos a falta de liberdade para debater política e pedíamos autonomia sindical, num tempo em que o Ministério do Trabalho ameaçava por qualquer deslize político ou ideológico a liberdade dos dirigentes sindicais. Éramos declaradamente contra a ditadura. Essas foram as lutas que sustentávamos enquanto fomos oposição sindical, desde 1975. Apoiamos firmemente o Sindicato dos Jornalistas Profissionais de São Paulo à época da repressão que prendeu e torturou dezenas de jornalistas e assassinou Vladimir Herzog. Nossa campanha formou uma frente amplíssima que ia da extrema esquerda à direita democrática; o comando político, no entanto, era uma algaravia de esquerda, com representantes de todos os partidos clandestinos — ali estavam PCB, PCdoB, AP, Ala Vermelha, MR-8, posadistas e outras tendências trotskistas.

No começo, nossa principal preocupação era que Castelinho talvez não fosse um candidato simpático ao eleitorado. Até então, ele saía pouco de sua sala de trabalho no *JB* e quase sempre para almoçar com seus amigos; quando encontrava jornalistas em eventos, cumprimentava poucos. Na idade madura, seguia falando pouco e ignorando os que não considerava amigos. Como era um monstro sagrado do jornalismo, jovens repórteres se sentiriam gratificados com um mero cumprimento dele; esse comportamento que poderia soar antipático era um estorvo em nossa campanha. Era difícil pedir-lhe que mudasse; ele era assim desde quando começou a montar a sucursal do *JB*, em 1963, desde muito antes. Quando cumprimentava alguém, no entanto, o "premiado" ficava feliz. Certa vez ligou para Antonio Carlos Pereira, que comandava o fechamento noturno no *Estadão*, pedindo que fosse falar com ele no *JB*. Até então, eles apenas se viam de longe na cobertura do Congresso, mas não eram próximos e a ele Castelinho costumava dedicar um cumprimento seco, não mais que isso. A conversa foi curta — Castelinho queria saber detalhes técnicos sobre a cobertura do *Estadão* —, mas a partir daí, quando se encontravam, Antonio Carlos passou a receber cumprimentos mais efusivos. "A diferença é que, quando a gente se encontrava, ele me cumprimentava amavelmente, e não cumprimentava as outras pessoas que estavam comigo, nem amavelmente nem de forma nenhuma."[1] Mas um alívio se instalou em nossa campanha quando percebemos que entre os jornalistas de Brasília não havia nenhum sentimento de antipatia por Castelinho; pelo contrário, havia um sentimento de admiração que se traduziria em apoio e em orgulho de tê-lo como presidente do nosso sindicato.

Ademais, ele não foi um candidato burocrático. Aos poucos, se empolgou com a receptividade do eleitorado de jornalistas e algumas vezes chegou às raias do populismo em seus breves discursos aos eleitores. Passamos a sair duas ou três vezes por semana para visitar as redações, expor nosso programa e pedir votos, quase sempre à hora do almoço — porque era uma hora em que os jornalistas não estavam trabalhando e porque era um horário confortável na agenda dele. Castelinho tornou-se um candidato voluntarioso: sentia-se liberado para dar opiniões e fazer críticas ao governo militar; fazia discursos bem mais claros do que as entrelinhas que quase sempre haviam permeado suas colunas nos últimos anos.

A eleição seria em outubro de 1977. Meses antes, a ditadura nos deu uma ajuda inestimável para convencer a parte hesitante do eleitorado quando editou o famigerado "pacote de abril", que fechou temporariamente o Congresso Nacional, ampliou o mandato presidencial de cinco para seis anos e criou uma assombração jurídica — o cargo de senador biônico (a partir das eleições de 1978, um dos três senadores de cada estado seria nomeado pelo governo militar). Antes do "pacote de abril" muitos jornalistas moderados receavam nos apoiar; depois do "pacote", que postergou vergonhosamente as promessas de democracia, a campanha deslanchou em adesões. A ditadura irritara os hesitantes.

Com a vitória eleitoral no sindicato,* a nova situação herdou o Clube da Imprensa de Brasília, às margens do Lago Paranoá, construído pelo antigo sindicato com verbas doadas pelo regime militar. A partir da nossa gestão, o presidente do clube seria eleito em eleições diretas (antes, o seu presidente era o presidente do sindicato). Castelinho acompanhou a campanha dos candidatos. Uma manhã, contrariando seu espírito antiesportivo, foi até a quadra de futebol de salão, chamou um dos candidatos, o jornalista Márcio Braga, e cobrou dele: "Em vez de fazer campanha você está jogando futebol de salão?" O primeiro presidente eleito do clube foi o jornalista Etevaldo Dias. No Clube da Imprensa foi criado em 1978, pouco depois de nossa vitória no sindicato e em homenagem ao "pacote de abril", um bloco carnavalesco que se tornou referência da cidade — a Sociedade Armorial Patafísica e Rusticana O Pacotão — que até hoje sai às ruas nos carnavais de Brasília sob a Presidência de Charles Preto, personagem misterioso que

*Não é possível dar números da eleição porque o SJP-DF não encontrou os livros de atas da época.

circula incógnito pelas noites do Beirute, o mais tradicional bar das madrugadas brasilienses, e nunca foi visto à luz do sol. Antigamente, era o bloco dos jornalistas; hoje é da cidade inteira.

* * *

O nome de Castelinho na cabeça de chapa pregou um enorme susto na ditadura militar. À época, ninguém concebia as razões que o teriam levado, aos 57 anos, a aceitar um engajamento político, numa posição de alta visibilidade — era a liderança máxima —, numa disputa francamente contrária à ditadura militar. Até hoje muita gente se interroga sobre as razões que o teriam movido a entrar na disputa, que significava, necessariamente, escolher um lado, numa época em que o Brasil era obrigatoriamente maniqueísta, repartido entre eles — que impunham o rigor inclemente da ditadura, da censura, da repressão — e nós, que queríamos restaurar a democracia. "Nunca entendi por que ele foi presidente do sindicato."[2] Sempre se diz que, à luz da questão ética, o jornalista não pode escolher um lado. Castelinho, ao contrário, mostrou o momento da exceção: quando de um lado está a luta pela liberdade e do outro está uma ditadura que cerceia a liberdade de informação, expressão e opinião, e que suprime as garantias individuais, o jornalista não só pode como deve escolher um lado. Pompeu de Sousa costumava dizer que só os postes eram completamente imparciais.

Era simples entender a postura de Castelinho. O ponto número um de nossa plataforma era lutar pelo restabelecimento da plena liberdade de imprensa, de informação e de opinião, com garantias para que essa liberdade fosse permanente e inquestionável. Este talvez tenha sido o ponto que convenceu Castelinho a ser candidato: afinal, depois de hesitar anos entre a luta liberal e o comunismo, nos anos 1940, depois de presenciar e condenar as aventuras golpistas dos anos 1950 e 1960, depois de ver a liberdade de imprensa e as garantias individuais serem sucessivamente golpeadas em todos esses decênios, sempre mirando tudo com olhar crítico e equidistante, sem participar diretamente (mas participando quando trazia a luz aos leitores), ele achou que seria hora de marcar uma posição franca. "Castelinho era um liberal no sentido inglês. Tinha enorme apreço pela liberdade, sabia que ela não vinha de graça, que custava alto preço, sabia que você tem de fazer certas concessões, que ela não existe em estado puro."[3]

Na verdade ele já fizera isso em outras etapas de sua vida, embora com discrição e sob a capa do trabalho jornalístico. Castelinho se engajou pela primeira vez numa proposta política quando se posicionou contra a ditadura getulista, nos anos 1940, por amor às liberdades, em particular à liberdade de imprensa. Era um engajamento pleno de coração, mas não ocasionou uma filiação, institucional ou clandestina, que obedecesse a uma estrutura ou grupo organizado; era uma performance, como ele dizia, individualista, para lutar contra a falta de liberdades que asfixiava o homem brasileiro, que represava o jornalismo e limitava a capacidade de informação dos cidadãos. A ditadura dos militares era mais uma a atingir em cheio a liberdade de apurar, escrever e opinar — como fora, antes, a ditadura getulista.

"Sou um inconformado com o regime de restrições decorrentes dos atos institucionais. Todos os governos da revolução* foram de boa qualidade, mas sou substancialmente contra o regime político em que se amparam esses governos. No meu comentário tenho, hoje, um grau de participação na medida em que contesto o regime. Não estou dentro do jogo político, sou apenas contrário ao regime — não ao governo. E, se isso é motivo para estar preso, eu já deveria estar."[4] Naqueles dias, declarar-se contra o regime era um ato de coragem cívica e pessoal. Não era absolutamente comum que jornalistas se expressassem dessa forma. Observe-se que a entrevista mencionada foi

*Costumava-se, à época, chamar de "revolução" o golpe de 1964.

publicada seis meses antes da prisão massiva de militantes comunistas em São Paulo, em cujo bojo foi assassinado sob tortura o jornalista Vladimir Herzog.

O segundo engajamento de Castelinho não tinha matriz ideológica: quando ele aceitou o convite de José Aparecido para trabalhar no governo Jânio Quadros, o fizera por amizade e pela crença (certamente ingênua) de que aquele governo pudesse trazer mudanças significativas na forma de governar o Brasil. Ele reconheceria isso mais tarde: "Foi de resto por ele [Aparecido] que cheguei a Jânio. Foi por ele e, de certo modo, para ele. Foi sua amizade que me envolveu para um tipo de coisas estranhas ao meu temperamento. É verdade que seu esforço de fazer de mim um militante encontrou campo propício na disponibilidade de espírito de quem chega aos quarenta anos ainda sem plano de vida e algo inclinado a uma oportunidade ao acaso."[5] Castelinho não regateava a crença nos amigos que escolhia. Não foi só com Aparecido. Admirou Gustavo Capanema, e se tornou amigo dele, a despeito de saber que fora ministro da Educação e Cultura na ditadura getulista. A admiração forjou a amizade e Castelinho acabou sendo confidente do competente político mineiro.[6]

Seu terceiro engajamento foi escrever diariamente, na Coluna do Castello, avassaladores libelos contra a ditadura militar, condenando a falta de liberdades nas linhas ou nas entrelinhas e realçando todas as possibilidades da restauração democrática, sonhando diariamente com ela. Mesmo nos momentos mais escuros, a coluna espargia luz, enquanto esperança de regresso aos tempos democráticos, ou falta de luz, como lampejo que estimulava outros a lutarem contra os ditadores. Foi ali, naquele espaço de alto a baixo na página dois do *JB*, que se evidenciou, todos os dias da ditadura, não o mero estado de coisas da política, mas o termômetro da luta pela democracia e pela liberdade.

Seu quarto engajamento seria explícito, direto, perceptível, palpável — e corajoso: era mostrar-se candidato a um cargo sindical e, com sua candidatura, anunciar a todos os ventos a sua oposição franca à ditadura e à falta de liberdades no Brasil.

* * *

No auge da repressão do governo militar do general-presidente Garrastazu Médici, em 1971, Castelinho ganhou o importante Prêmio SIP-Mergenthaler de imprensa. O ofício da SIP, Sociedad Interamericana de Prensa, que lhe informou a vitória dizia que o prêmio fora concedido "en reconocimiento de su labor en defensa de la libertad de prensa".[7] O historiador Hélio Silva, um dos poucos a cumprimentá-lo, escreveu-lhe: "Eu não fui getulista. Antes, me mantive sempre em oposição ao seu governo, ou melhor, ao sistema ditatorial. Era cronista parlamentar em 1926, quando Getúlio Vargas foi eleito deputado na vaga de Rafael Cabeda. Fizemos amizade. Ele gostava de conversar na sala do café, adorava anedotas mas nunca o vi contando uma. Gostava de fazer os outros encenarem peças." Lembrou que Getúlio muitas vezes o fizera retroceder à estaca zero. "Os ressentimentos passam e nada constroem. Seu jornalismo sadio, este constrói."[8] O Prêmio SIP-Mengenthaler foi entregue a Castelinho no dia 25 de outubro de 1971, na assembleia anual da SIP, em Chicago.

Em 1978, ganhou outro prêmio estrangeiro, o Maria Moors Cabot, uma espécie de Pulitzer latino-americano, instituído em 1938 e que anualmente é concedido pela Escola de Jornalismo da Universidade de Colúmbia a jornalistas que se destacaram nas Américas, numa bela cerimônia tradicionalmente realizada na rotunda da Low Memorial Library, no campus principal da universidade, na cidade de Nova York. Ao longo de muitos anos, alguns personagens mencionados neste livro ganharam o Maria Moors Cabot, como Assis Chateaubriand (1945), Orlando Dantas (1948), Carlos Lacerda (1953), Danton Jobim (1954), Roberto Marinho (1957), M. F. Nascimento Britto (1967). A tradição da Escola de Jornalismo de Colúmbia era que o agraciado de um ano sugerisse nomes para o ano seguinte. O jornalista Alberto Dines — que mais tarde seria professor-visitante em Colúmbia — ganhou em 1970 e ficou amigo do reitor Ellie Abel. Sugeriu que nos anos seguintes o prêmio fosse entregue a Júlio de Mesquita Neto, que não aceitou porque era uma tradição na família Mesquita não receber prêmios também entregues a Assis Chateaubriand; o prêmio foi então redirecionado ao jornal *O Estado de S.Paulo* e entregue, em 1974, ao diretor de redação Fernando Pedreira. Dines também sugeriu o diretor da *Folha de S.Paulo*, Octavio Frias Filho e Castelinho. Frias recebeu em 1991 e Castelinho, em 1978. Além deles, alguns graduados jornalistas brasileiros foram premiados, como Clóvis Rossi (2001), Merval Pereira (2009) e Miriam Leitão (2005). Em 2013, entre os ganhadores estavam o consagrado redator John Lee Anderson, da *New Yorker*, e a blogueira cubana Yoani Sánchez, que fora premiada em 2009, mas não conseguiu, à época, visto do seu governo para receber o prêmio.

Quando foi anunciado como um dos ganhadores, Castelinho recebeu muitas mensagens. As que mais o tocaram foram duas cartas de brasileiros exilados. Uma, do antigo colega Hermano Alves, seu parceiro da fugaz aventura da *Tribuna da Imprensa*, em 1962, que então vivia exilado em Londres. "Quando tenho a sorte de ver um exemplar do *JB* por aqui, corro para a segunda página, duas colunas à esquerda, começando pela assinatura. Se é a sua, respiro e deixo-me levar rio abaixo como quem ouve algo de Mozart."[9] A outra, do ex-deputado Almino Afonso, então exilado em Buenos Aires: "Você, para mim, já não é só o jornalista brilhante, de olho aberto, buscando além do nevoeiro. Você é o tribuno engajado na causa do retorno do país a um Estado de Direito."[10]

Quatro anos depois Castelinho ganhou a primeira edição do Prêmio Nereu Ramos de Jornalismo Político, criado pela Universidade do Estado de Santa Catarina (Udesc). Nereu fora um respeitável político catarinense que assumiu a Presidência da República na crise de 1954. A comissão julgadora era composta por políticos de renome — Ulysses

Guimarães, José Sarney, Leonel Brizola, Jarbas Passarinho, Nelson Marchezan, Ivete Vargas e Luiz Inácio Lula da Silva; e os presidentes da ABI, Barbosa Lima Sobrinho, e, da Federação Nacional dos Jornalistas (Fenaj), Washington Melo. O prêmio não tinha inscrições; seria atribuído a jornalistas que se destacaram por reportagens, análises, comentários e ensaios. Ao vencer, Castelinho alcançou quinze das 24 indicações; por causa de sua agenda lotada só receberia o prêmio em março de 1983. Ao homenageá-lo, o reitor Lauro Zimmer, da Udesc, disse: "O Brasil inteiro respeita e admira um profissional como Carlos Castello Branco, [...] um jornalista íntegro que fez da informação e da palavra o binômio exato da combinação perfeita. Foi sempre um jornalista em grau superlativo. Soube sempre ser um jornalista substantivo, até mesmo naqueles adjetivos pomposos ou sibilinos com que houve por bem ornamentar sua prosa, numa época em que a democracia substantiva parecia condenada à morte, alvejada pelos adjetivos qualificativos e pelos advérbios de modo. Prevaleceu na sentença de um democrata a harmonia jamais alcançada pela nossa torturada conjuntura em dissimular a verdade."[11]

* * *

O fenômeno de escrever nas entrelinhas era a forma como Castelinho saciava a fome da hiena; paralelamente, expunha muitas vezes teses que acalmavam a caserna e os expoentes da ditadura. Nos primeiros momentos após a eleição de novembro de 1974, o regime ainda estava zonzo com a derrota retumbante, como um boxeador que levara um potente direto na mandíbula e ainda não conseguira se aprumar para avaliar os riscos de levar um *uppercut* letal nos próximos segundos. Sonhávamos para o Brasil a esperança de uma revolução que fora possível em Portugal; Castelinho contou o sonho e replicou, em seguida, com a realidade: "Há receio de que, por contágio, um estado de espírito de exaltação da juventude suscite subliminarmente algo semelhante ao triunfalismo, também episódico, da mocidade militar portuguesa, muito embora nada de idêntico se admita possa ser captado entre um regime que se fechava, como era o de Portugal, e outro que se procura abrir, como é o do Brasil, governado por revolucionários de compromisso democrático. [...] Para os militares, não se alterou a realidade de que o Brasil vive ainda e viverá por mais algum tempo sob um processo revolucionário, de cuja transformação pretendem ser os juízes na medida em que pautam sua ação por uma linha que identificam como a da própria segurança nacional."[12]

Foi assim por muito tempo. Castelinho continuava a exercitar a síndrome das entrelinhas; nela, estimulava os sonhos e logo em seguida disparava recados para acalmar o governo e o regime. Em 1974, cabia realçar a notável vitória do MDB, mas era importante compatibilizar a vitória com as novas responsabilidades. A oposição, pois, não podia (ou não deveria) extrapolar sua ação em radicalismos inúteis. Era um recado necessário para que o MDB não pensasse, do alto de sua nova força, que o próximo passo seria nocautear o adversário zonzo no ringue. "O MDB é hoje um partido a caminho do governo. É portanto uma aglomeração que reencontrou a seiva e que tem à sua frente um roteiro de vida e não de morte."[13]

Castelinho não deixava de garrotear o governo, lembrando-lhe as promessas de liberalizar a imprensa. "Somente com o funcionamento do Congresso, a partir de março, é que se terá ideia mais precisa do estado da liberdade de imprensa no Brasil. Por cuidadosos que sejam os novos parlamentares, sempre haverá os que se disponham a enfrentar temas em termos ainda não experimentados nesta fase de distensão seguramente conduzida pelo presidente Geisel. Palavra dita no Congresso será palavra repetida nos jornais, a menos que se censurem ao mesmo tempo o exercício da representação popular e a imprensa. [...] Inicia-se assim uma descompressão no setor informativo. Por ela, o governo se beneficiará, pois favorecerá pressões dos interessados, dos representantes políticos e, por via de consequência, dos jornais, com isso alargando sua possibilidade de ampliar a faixa informativa própria, que logo se tornará transmissível como fator de tranquilização e de restabelecimento de confiança na plenitude da autoridade governamental."[14] Ele usava uma argumentação habilmente conduzida para convencer os militares de que o avanço democrático não desembocaria necessariamente num roldão de desgraças.

Mas este não era seu único recurso. Usava uma argumentação suave, nunca agressiva, para apontar ao regime que o diagnóstico de suas fraquezas passava necessariamente pelo gigantismo do seu partido político de sustentação: "Líderes da Arena vão tornando pública sua insatisfação com o partido e sua descrença de que ele se recupere a ponto de tornar-se suporte válido de um governo. O ex-governador Paulo Pimentel, que não cabe na Arena do Paraná e não quer bater à porta do MDB, pleiteia a formação de um terceiro partido. [...] O futuro governador do Ceará, sr. Adauto Bezerra, não se sente também seguro com a retaguarda coberta por uma agremiação da qual não tem o comando e requer igualmente autorização para que se abram as possibilidades de fundação de um novo partido. Em ambos esses estados a eleição para o Senado foi perdida pela Arena, por rejeição interna dos candidatos."[15]

Era vital lembrar os pontos nevrálgicos da futura e inevitável negociação de um pacto político para restaurar a normalidade democrática. A oposição não podia operar simplesmente com a ideia de arrojar o regime na lona; tinha que haver uma delicada negociação e essa negociação deveria comportar regras que não significassem a humilhação da instituição militar, senão esta reagiria da forma que sabia reagir — usando a força e chutando o balde. "O ponto sensível da política de distensão está em que ela importa, durante algum tempo, na convivência de um sistema ditatorial de governo com a implantação de um sistema democrático. As contradições e os conflitos multiplicam-se, acentuando as naturais dificuldades para um tipo de operação, de êxito ainda inédito na história contemporânea. Os militares concordam em princípio com a distensão, formulada não como uma revogação da Revolução mas como sua evolução para uma nova etapa. Não admitem contudo que, em nome dela, se instaure um processo no qual apareçam como réus."[16] Este era um princípio sensível que redundaria, mais adiante, no ponto crucial que conceituou a anistia política.

Castelinho queria dar argumentos que estimulassem as possibilidades de negociação e um dos mais eficazes, naquele momento, seria expor com franqueza os elementos em jogo. A esta altura, seus principais interlocutores na área política eram o senador Petrônio Portella, líder do governo e piauiense nascido em Teresina apenas cinco anos depois dele, e o deputado Thales Ramalho, do MDB, um dos mais experientes e refinados negociadores que já passaram pelo Congresso Nacional. Em março de 1975, Castelinho gestou esse brilhante e convincente texto sob o título "Falando às claras", que invocava a retroalimentação entre as ações da repressão e dos movimentos guerrilheiros:

"Inútil esconder ou disfarçar, na linguagem metafórica, que o núcleo das dificuldades da política de distensão está na capacidade de absorverem os militares as consequências da perda de instrumentos de exceção, até aqui julgados indispensáveis ao combate da subversão e do terrorismo. As duas tentativas de restauração das franquias democráticas foram suprimidas pela pressão dos quartéis empenhados numa depuração de lideranças tidas como perigosas quando não envolvidos, por deficiência do aparelho policial, na luta contra os ensaios de guerrilhas urbanas e rurais. [...] Os êxitos da repressão são notórios e evidentes e a agitação subversiva no país é hoje apenas residual, como continuará a ser com a intervenção das Forças Armadas na repressão ou sem ela. É uma contingência do mundo moderno e uma armadilha do Estado moderno. As Forças Armadas alcançaram seu objetivo e o nível de ordem no país é, hoje, dos melhores, o que não significa tenha sido suprimida, pelas razões acima apontadas, toda e qualquer ameaça.

"Justificou-se assim pelos resultados obtidos a intervenção militar na luta contra os ensaios guerrilheiros. Essa luta, como se sabe, foi cruenta, não só nas cidades mas sobretudo nas áreas rurais. [...] Entretanto tal luta, como costuma acontecer nas lutas fratricidas, deixa um saldo de ódio e ressentimento maior do que o das guerras externas. Disso decorre que cair prisioneiro se torna uma hipótese sombria. [...] A guerrilha, por outro lado, reveste-se em si mesma de características cruéis, que exasperam seus participantes de um lado outro das emboscadas sinistras. A batalha prossegue assim nas prisões, onde a inferioridade da condição de prisioneiro torna a repressão algo que infringe a condição humana.

"É claro que esse prosseguimento da luta nos calabouços, em condições nas quais um tudo pode e o outro nada pode, repercute fora e funciona como estímulo não só a novas violências subversivas como fonte de uma solidariedade não à subversão mas à pessoa humana vítima de pressões ilegais e desumanas. A isso chamar-se-á de realimentação dos extremismos, a que se expõe uma nação como a nossa, que atinge excelente nível de ordem com um baixo nível de segurança individual e, por conseguinte, do Estado. As reações políticas sensibilizam os que assumem a responsabilidade pela repressão, que se julgam injustiçados por uma sociedade que pensam estar defendendo e que efetivamente defenderam enquanto a luta se travou em campo aberto, de armas na mão. As reprovações, pela imprensa ou pela tribuna parlamentar, dos abusos do poder repressivo são tomadas como ameaça à segurança de quem está na suposição de nos ter dado segurança e se lhes apresenta como inaceitável solidariedade para com as forças de destruição social. Sentem-se os carcereiros ou repressores ameaçados de passarem ao banco dos réus, destinado, segundo supõem, apenas aos que foram colhidos na prática de atos subversivos.

"Ora, esse círculo vicioso é que tem de ser interrompido, em favor da verdadeira ordem, da verdadeira segurança, das responsabilidades do Estado e dos seus agentes para com as pessoas detidas sob sua guarda e para honra dos compromissos internos e externos da civilização brasileira. Urge pôr fim a esse ânimo de guerra civil, ao medo e ao ódio, e aceitar, como uma verdade inarredável, a permanente ameaça subversiva, a ser mantida sob vigilância e a ser contida nos termos da lei. Cabe honrar os oficiais e soldados que tombaram em defesa da ordem pública, mas cabe respeitar os adversários que estão curtindo nas prisões a imprudência ou o crime que praticaram. [...]

"A política de distensão significa isso, quebra de tensões, reencontro com estados de espírito socialmente aceitáveis, condução lenta e gradual do Estado a um nível de segurança efetiva, que só o estado de direito pode dar."[17]

A despeito do rigor com que sempre tratou os governos militares, em nenhum momento houve censura sobre a Coluna do Castello. Houve suspensão da publicação, pura e simples, mas não uma censura cotidiana que proibisse trechos ou a sua totalidade, como acontecia aos colunistas do *Estadão*, por exemplo, que tinham recomendação para escreverem tudo, e escreviam, sem recorrer à linguagem de entrelinhas que Castelinho consagrou. E eram censurados. Afinal, não havia como cortar partes da Coluna do Castello — ou ela saía inteira ou não saía. "Na coluna dele não houve censura. Talvez tenha sido porque o *JB* era um jornal muito mais ligado ao Médici e ao regime do que o *Estadão*. O *Estadão* tinha uma linha de independência, tanto que tinha censor lá toda noite. O *JB* pegava mais leve."[18]

* * *

Todos nós temíamos que Castelinho começasse o mandato com empolgação mas depois fosse, pouco a pouco, arrefecendo sua presença nas reuniões do sindicato. Não foi assim. Desde o início, ele manteve uma presença frequente e presidia a maior parte das reuniões de diretoria semanais; presidiu algumas assembleias, mas aqui, sim, ele perdeu o entusiasmo com os arrastados debates entre as tendências de esquerda, muitas vezes improdutivos e quase sempre eivados de interesses táticos dos grupos envolvidos na gestão. Quando um problema dependia de boas relações políticas, ele resolvia com um telefonema. Foi assim que conseguiu resolver uma questão nada política e asfaltar a área interna do sindicato; ligou para o seu amigo José Carlos Mello, secretário de Viação e Obras de Brasília, e no dia seguinte as máquinas estavam lá. Depois pediu um terreno público sem uso para abrigar a construção das unidades residenciais da cooperativa dos jornalistas; a cessão foi aprovada pelo governo do Distrito Federal.

Nós, os jovens da gestão, pensávamos que ele desconhecia quem era quem, naquela algaravia ideológica. Mas ele sabia a vinculação precisa de cada um dos principais dirigentes. Certa feita chamou a mim e a Hélio Doyle e, para nossa perplexidade, disse: "O que vocês trouxerem a mim de comum acordo, eu assino sem olhar." Era uma prova de confiança em nós dois mas, acima de tudo, ele queria demonstrar que sabia quem e o que nós representávamos. Hélio liderava a corrente da Ala Vermelha do PCdoB, que dois anos mais tarde seria um dos grupos contribuintes para a formação do PT; eu liderava o grupo do PCB, o *Partidão*, que tinha um bom número de filiados na base dos jornalistas do Distrito Federal e, além disso, tinha um amplo rol de simpatizantes. Um dia, quando nos encontramos no *JB*, ele completou a história, ao dizer com todas as letras: "Eu sei exatamente o que cada um de vocês representa no sindicato e respeito vocês dois, sei que são sérios e responsáveis. Por isso eu disse que assino tudo o que vocês me trouxerem em consenso. E não assino nada que não tenha consenso."

* * *

Castelinho foi um presidente pragmático. Certa vez enviou um ofício duro ao editor-chefe do *Correio Braziliense*, jornalista Oliveira Bastos, em que protestava contra a demissão de um jornalista. Bastos, muito irônico e um tanto escrachado, ligou para ele e disse: "Olha, Castelinho, eu tenho trabalhado em redações de jornais a vida inteira. Já demiti muito jornalista por não saber escrever, mas este é o primeiro que eu demito por não saber ler." Castelinho, que enviara o ofício por insistência de setores radicais, não prolongou o diálogo: "Rasgue o ofício." Nas entrelinhas, ele queria dizer que enviar o ofício era uma obrigação de um presidente de sindicato mas que seus efeitos não deveriam ir além da cesta de lixo.[19]

Um momento tenso e delicado aconteceu quando uma reunião da Intersindical* foi marcada para a sede do sindicato. Para o regime militar, suportar o sindicato presidido por Castelinho era como engolir um guarda-chuva aberto; mas ver o sindicato de Castelinho sediar uma reunião da Intersindical era bem mais do que o regime poderia aturar. O então ministro do Trabalho, Arnaldo Prieto, um deputado moderado da Arena, ligou para Castelinho e disse que interviria no sindicato e destituiria a diretoria se a reunião acontecesse. Castelinho convocou uma reunião da diretoria e trouxe a solução: a reunião da Intersindical aconteceria no Clube da Imprensa, que era vinculado ao sindicato mas não era "o" sindicato. Prieto aceitou o argumento e a troca.[20]

Numa campanha salarial, o representante da TV Globo criava problemas para aceitar a proposta do sindicato e dificultava um acordo com todas as empresas. Castelinho marcou um almoço diretamente com Afrânio de Melo Franco Nabuco, o Afraninho, que era o diretor da rede, mostrou-lhe uma planilha com os percentuais e o conven-

*Reunião de sindicatos que planejava criar uma central sindical nacional e que redundaria, em 1981, na realização da Conclat, Conferência Nacional da Classe Trabalhadora, que se desdobrou na criação da CUT.

ceu de que o acordo era bom para as empresas. Afraninho assinou. A adesão da TV Globo abriu o caminho para as outras empresas e o sindicato fez o melhor acordo salarial da sua história.[21]

Da ameia em que se instalou no sindicato, Castelinho lançava seu olhar para todos os fenômenos políticos que se instalavam em Brasília. Aquele ano de 1977, pouco depois do famigerado "pacote de abril", era azedo no plano político, ácido no plano sindical e amargo no plano estudantil. No ano anterior o movimento estudantil se mobilizara em todo o país com duas bandeiras básicas — liberdade de expressão e liberdade para organizar os diretórios centrais dos estudantes nas universidades federais. Em maio de 1977 várias universidades foram palco de manifestações dos estudantes; na maior parte delas não houve repressão nem punições drásticas, mas, na Universidade de Brasília, o reitor, o capitão de mar e guerra José Carlos Azevedo, optou por adotar medidas policiais e disciplinares para enfrentar as manifestações. De saída, expulsou duas dezenas de líderes do movimento; outros jovens assumiram os postos de comando nos diretórios estudantis e decretaram a maior greve já feita na UnB para exigir a reintegração dos expulsos. Azevedo jogou gasolina no fogo — convocou a polícia, que invadiu o campus e prendeu os novos líderes universitários, também expulsos. Debalde: o confronto aberto, em vez de assustar os estudantes, os açulou, estimulando outros alunos, mais jovens ainda, a ocuparem os cargos vagos. A greve grassou. Em tempos autoritários, os estudantes presos ficaram incomunicáveis por trinta dias, apesar do esforço dos advogados Luiz Carlos Sigmaringa Seixas e José Gerardo Grossi, que os defendiam. Na universidade invadida pela polícia, os estudantes não temiam o reitor, mas se assustavam quando à frente da polícia vinha King Kong, um policial enorme que agarrava pelos braços dois estudantes de cada vez e os arrastava para o camburão.

Ser preso, naquela época, não era como ser preso hoje; para começar, não havia argumento que sensibilizasse ou aplacasse a ação das forças de segurança, ninguém revelava para onde tinham sido levados os detidos nem havia informações sobre o tratamento que estavam recebendo na cadeia. Os advogados, muitas vezes, protestavam sozinhos e viam sua voz se perder no vento; no máximo, seus protestos se transformavam em algumas linhas nas matérias dos jornais e se esgotavam no dia seguinte.

Mas com Castelinho foi diferente. Um assunto desses tratado por sua coluna gerava imediato rebuliço no regime militar. E foi isso que começou a acontecer em agosto daquele ano.

"Sabe-se que o foco da crise [estudantil] centrou-se na capital da República por ter sido a universidade local a única a aplicar punições a participantes da manifestação de maio último, no entanto, realizadas na maioria das universidades. Atribui-se por isso mesmo ao professor José Carlos Azevedo a responsabilidade pela situação que decorreu das medidas punitivas, de proliferação do inconformismo e da agitação. E a cabeça do reitor de Brasília passou a ser uma reivindicação a integrar o elenco de reivindicações que motivam os pronunciamentos estudantis.

O professor Azevedo tem assumido a responsabilidade por seus atos, os quais de certo modo correspondem à sua maneira de encarar problemas disciplinares da sua universidade e ao seu temperamento complexo, de homem que alia qualidades de inteligência e de cultura ao cultivo de virtudes que a formação militar imprime nas pessoas que a experimentaram."[22]

Castelinho sabia que o governo militar recomendava tratamento duro ao movimento estudantil, sem tréguas ou contemplação, mas a maioria dos reitores evitava endurecer num primeiro momento. A exceção era Azevedo, que acabou premiado com a alcunha depreciativa de "capitão reitor" e foi execrado pelos alunos da UnB e por boa parte da população de Brasília, que via encarnado nele o espírito aceso da repressão política.

A menção na coluna foi recebida como um toque de clarim pelos estudantes acuados. Castelinho a finalizava com um recado sensato ao governo, bem acima da cabeça do reitor: "É imprevisível o que poderá acontecer nessa luta de desgaste entre estudantes e a política de segurança posta em execução na Universidade de Brasília, mas até aqui não há sinal de que as coisas se possam resolver dentro do clima de um campus ocupado por contingentes policiais e de professores vigiados nas salas de aulas por agentes da polícia. O governo, no entanto, deveria ter pressa em encontrar soluções, quando nada porque se avizinha o período de prioridade de outras questões políticas, que poderão ter seu curso tumultuado pela incidência de novas e generalizadas manifestações de estudantes."[23]

A Coluna do Castello foi recortada e colada em todos os murais das representações estudantis. Na UnB, Castelinho se tornou um herói dos alunos acuados. A partir daí passou a ser chamado com frequência para fazer palestras pelos estudantes de Comunicação, cuja representante era Rita Medeiros, uma estudante magrinha, com menos de 1,60 metro, que quase desaparecia perto de King Kong, mas que tinha coragem suficiente para liderar a continuidade do movimento. Toda vez que a palestra era de Castelinho o auditório lotava e era muito difícil ouvir, no meio da multidão, a voz baixa e engrolada do palestrante, já que o diretório não tinha aparelhagem para amplificar o som. Numa delas havia tanta gente que o auditório não as cabia e Rita resolveu levar a palestra para a arena, ao ar livre. Ninguém entendeu nada do que Castelinho disse, mas ele foi entusiasticamente aplaudido ao final. Desde então, suas colunas viraram o *must* dos murais das representações.

Os alunos expulsos não foram reintegrados pelo capitão-reitor. Tiveram de concluir seus cursos em outras universidades que tinham mais condescendência com o movimento estudantil. Essa diferença ficara bem clara para os estudantes de Brasília quando iam a outros centros acadêmicos para participar de encontros. Nas outras universidades cariocas e paulistas, nas reuniões da Sociedade Brasileira para o Progresso da Ciência ou dos movimentos de anistia, os estudantes da

UnB ficavam deslumbrados em observar um ambiente mais libertário e menos repressivo. Fora de Brasília, a clandestinidade recomendável na UnB parecia não existir. Lá, as tendências ideológicas não precisavam se esconder sob rótulos eufemísticos — o Partidão era Partidão, e não "Unidade"; o PCdoB era PCdoB, e não "Debate e Ação".[24]

* * *

A luta pela anistia foi a segunda maior campanha civilista no Brasil do pós-guerra e se conectou, ao seu final, com a primeira, a das Diretas Já. A segunda precedeu a primeira, a segunda alimentou a primeira; vitoriosa a campanha pela anistia, canalizou-se a energia para alimentar, agora, a campanha das diretas. Dois braços foram fundamentais para fortalecer a luta pela anistia. Um deles foi o Movimento Feminino pela Anistia, liderado por Therezinha Zerbini, criado em fins de 1975, logo após o assassinato do jornalista Vladimir Herzog; outro, criado em 1978, foi o Comitê Brasileiro pela Anistia, que juntou várias entidades da sociedade civil e tinha sede na ABI, então presidida por Barbosa Lima Sobrinho. A luta pela anistia não teve a participação popular massiva, como as Diretas Já, em que o povo foi protagonista objetivo. Como visava a beneficiar militantes de esquerda presos e exilados, houve certa hesitação em apoiá-la no grande partido de oposição, o PMDB. Empalmada por Ulysses Guimarães, a anistia recebia olhares tortos dos setores mais conservadores do partido. Os comitês pela anistia ampla, geral e irrestrita se ampliaram nos setores classistas e no exterior. Na luta tinham destaque parentes dos militantes atingidos pela ditadura militar.

O pragmatismo acabou preponderando na consolidação de uma lei pela anistia. A oposição conseguia ocupar espaços cada vez mais amplos e a incorporação de novos atores na política significava paulatino esgotamento do PMDB, que não conseguia abrigar ideários tão diversificados. Por outro lado, para permitir que se formassem partidos representativos de todas as tendências que voltavam a atuar no Brasil era preciso agir rápido e aprovar uma lei de anistia. O momento vital para consolidar a democracia brasileira não podia se perder.

Do lado do governo, o senador Petrônio Portella foi decisivo para amolecer o regime militar e alcançar um ponto comum. Petrônio era uma rara vocação política desaparecida prematuramente. Chegou a presidente da Arena e, líder do governo Geisel, foi o primeiro político engajado com a volta à democracia que conseguiu se fazer ouvir (e respeitar) por um general-presidente. Foi ele quem embalou e aprovou a Emenda nº 11, que foi muito criticada, mas trazia em seu útero a extinção do famigerado AI-5. Portella foi tão competente na coordenação política do governo Geisel e na negociação da genérica da abertura e específica da anistia que "se impôs rapidamente aos olhos de Golbery como alternativa civil para a futura sucessão presidencial", como escreveu Castelinho. Com a morte prematura de Petrônio, explicaria tempos depois Castelinho, Golbery aderiu ao projeto de Tancredo Neves.[25]

A transição para a democracia estava à vista e os militares admitiam isso, mas queriam garantias de que não seriam empalados em praça pública quando o regime caísse. O ponto essencial era garantir perdão para os dois lados — os militantes da esquerda presos e banidos, de um lado, e os militares que atuaram na repressão, de outro. Em junho de 1979, o governo João Figueiredo encaminhou ao Congresso Nacional um projeto que concedia anistia a quase todos, excluindo os condenados por atentados terroristas e assassinatos, mas perdoando os agentes da repressão responsáveis pela prática de torturas que, em muitos casos, resultaram em mortes oficiais. Havia desequilíbrio na proposta: militantes da esquerda armada que assaltaram e mataram não eram perdoados, mas agentes da repressão que torturaram e mataram, sim. Mesmo assim, num primeiro momento a anistia, embora capenga, foi aceita por todos. Durante semanas, os principais aeroportos do país receberam exilados que voltavam para participar da vida política. Velhas lideranças afastadas por anos vinham se compor — e disputar espaço — com as novas lideranças formadas sob a ditadura.

A anistia ampla, geral e irrestrita só viria com a Emenda Constitucional nº 26, que convocou, em 1985, a Assembleia Nacional Constituinte e que previu a concessão de anistia "a todos os servidores públicos civis da Administração direta e indireta e militares, punidos por atos de exceção, institucionais ou complementares e aos autores de crimes políticos ou conexos e aos dirigentes e representantes de organizações sindicais e estudantis". Afinal, estavam todos perdoados.

* * *

O mandato de Castelinho no Sindicato dos Jornalistas Profissionais do Distrito Federal terminou em meados de 1980. Com uma ponta de alívio pelo fim da tarefa e a alegria de tê-la cumprido bem, ele se despediu do sindicato com um discurso engajado. No tratamento inicial, usou a mesma expressão com que a nova esquerda dirigia a suas plateias — "meus companheiros". Afirmou-se portador de um sentimento duplo: o de não ter sido um bom presidente e de ter cumprido a missão confiada. Confessou que era um individualista, pouco associativo por natureza e que antes estava empenhado em compromissos que ocupavam quase todo o seu tempo, razão pela qual não teria se dedicado eficientemente à direção sindical. Era, certamente, uma afirmação que denotava excesso de modéstia; na verdade, ele demonstrou um extraordinário senso coletivo, estimulou a ampliação das ações associativas e dedicou mais tempo do que todos esperavam à tarefa de liderar o sindicato. Deixou claro que ninguém ali fora iludido e que ele, acima de todos, entendera, em toda sua extensão, o propósito dos jovens que o convocaram e o seu propósito, quando aceitou concorrer: "Queriam meus jovens companheiros que os comandasse numa batalha para a qual seria útil o renome profissional adquirido por quem há quarenta anos exercia a profissão e nela se mantinha fiel à pregação de princípios políticos indispensáveis a manter a autonomia e a independência da classe, e dar-lhe condições de lutar por suas reivindicações. Pediam-me o nome e a presença para que servisse de ponte entre uma velha geração, viciada nas práticas da ditadura, e uma nova geração, ansiosa de liberdade e de participação. O trânsito está feito."[26]

Doze anos depois de sua morte, o nome de Castelinho foi dado ao auditório do sindicato. Ao discursar, Élvia se emocionou e denunciou: "Eles mataram meu filho Rodrigo", disse, referindo-se à ditadura militar. A dúvida ainda a atormentava.[27] O nome de Castelinho também foi dado à sala dos jornalistas no Palácio do Planalto, numa cerimônia em que o neto Mateus fez o discurso de agradecimento, em nome da família, ao lado do então presidente Luiz Inácio Lula da Silva. E com seu nome também foi nomeada a sala de imprensa do Tribunal Superior do Trabalho.

16

UM ARTISTA DE CINEMA

1979

A moça ao telefone dizia ser produtora de cinema e falava que Glauber Rocha queria fazer uma entrevista com Castelinho para o novo filme que estava gravado, que se chamaria *A idade da Terra*. À época, Glauber era figurinha fácil em Brasília, onde sentara praça. Fizera muitos amigos na área local da cultura e publicara artigos cifrados, quase ininteligíveis no caderno cultural do *Correio Braziliense*, nos quais defendia teses (muito) polêmicas e abusava dos neologismos, grafando as palavras com "y" e "z", como em "Brazyl". Nessa época, ele ensaiou um apoio nada encabulado ao governo Geisel e chegou a declarar que o general Golbery do Couto e Silva, então ministro-chefe da Casa Civil, era "o gênio da raça". Como seria a entrevista, como ela entraria no filme, qual o tema, o que ele deveria dizer, como se comportaria falando — e não escrevendo — disso tudo Castelinho não fez a menor ideia no telefonema porque a produtora não soube explicar. Disse apenas que o filme tinha um "roteiro aberto", o que deveria significar algo próximo do já conhecido princípio "uma câmera na mão e uma ideia na cabeça", que pontuava o cinema brasileiro da época. "Não entendi bem. Mas, como era o Glauber, topei."[1] Nunca participara de um filme, não tinha a menor noção dos talentos necessários a um ator e até imaginava que sua performance pouco teria a ver com a atuação de um ator — e ele atuaria como ator? Só começou a sentir o ambiente de uma filmagem quando, no dia agendado, a equipe começou a desembarcar os equipamentos de filmagem à porta de sua casa na QI-13, Lago Sul de Brasília. Glauber chegaria meia hora depois; entrou na casa e Castelinho, um tanto confuso, ofereceu-lhe uísque; a tropa inteira logo se apresentou como voluntária para acompanhar a tertúlia etílica, do fotógrafo Pedro de Moraes ao motorista. Sim, ali uísque era um combustível indispensável, tanto para os que iam desempenhar quanto para os que assessorariam a gravação. E uísque não faltava na casa de Castelinho: a primeira garrafa já estava aberta e dela muitos já tinham se servido em doses fartas, a começar por Antônio Pitanga, ator baiano que faria o papel de entrevistador de Castelinho (e que, no fim, fez apenas uma primeira pergunta e depois só bebericou, embora prestando sempre muita atenção ao que seu parceiro de cena diria). O dono da casa não se fez de rogado — também pegou seu copo e sua primeira dose.

Enquanto Tizuka Yamazaki, a assistente de direção, comandava a seleção de possíveis locações e a montagem dos equipamentos de iluminação e filmagem, Glauber sentou-se com Castelinho para orientá-lo. "Pôs-se a conversar comigo sobre política, sobre a Revolução [golpe de 1964], sobre o processo, sobre o governo. Foi uma ampla e insinuante sondagem sobre o que eu poderia dizer e o que lhe interessava gravar. Seguro do que queria e do que queria obter, Glauber dispôs equipamentos e equipe e, com sua notável criatividade, distribuiu esses elementos numa aparente improvisação. Na verdade, percebi que quando ele se depara com o ambiente logo identifica a melhor maneira de utilizá-lo e aproveitá-lo para os fins que tem em vista."[2]

O sempre elegante Castelinho simplificou e amenizou. Na verdade, preparava-se uma filmagem sob o mais completo e cru improviso, bem ao estilo Glauber. Era possível (e até recomendável) que o improviso fosse o melhor formato para uma entrevista em que o maior comentarista político brasileiro definiria o que foi o golpe militar de 1964, mesmo chamando-o de "revolução". Mas ali, sem dúvida, se armava um circo sob evidente improviso. Nada estranho para Castelinho, acostumado, no jornalismo, a muitas vezes trabalhar sob o mais absoluto modelo de improvisação, ainda mais nas situações imprevistas ou nas crises institucionais. "Simpáticos rapazes, moças, auxiliares e, entre eles, alguns artistas de minha admiração, vi que estava envolvido numa coisa diferente."[3]

Conduzido pelo Glauber, coube-me dialogar com o simpático Pitanga, cujo riso limpo e branco ajudou a quebrar constrangimentos. Na verdade, máquinas e gente não me intimidam muito. Mas, desde os primeiros *takes*, percebi que só iria dizer, do que poderia dizer, o que Glauber queria. Ele interrompia meu discurso no momento em que ele percebia que dali por diante poderia seguir por rumos que fugiam ao seu objetivo. Reiniciava a tomada, mudava a câmera, o cenário etc., mas sempre com o objetivo de juntar ao efeito cênico o controle da autonomia do ator improvisado. O que eu disse, em parte, era o que eu queria dizer, mas Glauber só me deixou dizer o que ele também queria que eu dissesse. Não mais.[4]

Na edição final ficou assim: o filme abre com uma câmera estática que mostra o sol nascendo por trás do Palácio da Alvorada, em Brasília, numa cena que tem incômoda semelhança com o sol que brota por trás do monólito negro em *2001, uma odisseia no espaço*, do mestre Stanley Kubrick.* A gravação com Castelinho entra de repente, quebrando completamente o ritmo da edição, após um conjunto de sequências alegóricas e cenas de um desfile das escolas de samba, gravadas no carnaval carioca de 1978, Castelinho e Pitanga estão sentados num sofá na sala da casa de Castelinho, na QI-13 do

*O filme *2001, uma odisseia no espaço* foi filmado em 1968 e *A idade da Terra*, entre 1978 e 1979.

Lago Sul, em Brasília, ambos com copos longos de uísque na mão, aos 26min31s do filme. Pitanga faz uma pergunta com voz grave: "Castello, houve uma revolução dentro da revolução?" E Castelinho começa uma longa fala que ocuparia 10min11s do filme.

"Você sabe o que aconteceu no Brasil depois da renúncia do presidente Jânio Quadros. Mas não vale a pena entrar em pormenores. Basta lembrar o clima de preparação do que se imaginava que fosse uma revolução de esquerda, com participação de elementos diversos, facções esquerdistas extremistas de vários tipos e, houvesse ou não a preparação da revolução, houve uma reação militar e civil muito intensa, com preparação no Congresso, com apoio da classe média, com apoio das classes dirigentes empresariais e derrubaram o governo do presidente João Goulart sob alegação de que estavam salvando as instituições democráticas. O pretexto era defender o Congresso e o Poder Judiciário contra uma ameaça de subversão do Poder Executivo."

Castelinho se esmera na pronúncia das palavras, escande as sílabas, como se não quisesse decepcionar Glauber em sua primeira e última aparição de ator. Uma ou outra palavra pode até escapar à compreensão de quem assiste — até porque Glauber arriscou não colocar legendas —, mas a maior parte é inteligível. Ele prossegue:

"Então imaginava-se que, como em toda a História brasileira, isso fosse uma intervenção rápida dos militares na vida política do país para consertar o que estava errado e devolver o poder aos civis. Mas os chefes civis e os chefes militares da revolução logo se entenderam para eleger uma pessoa para completar o mandato do presidente João Goulart. E elegeram um general, o general Castello Branco. E o general Castello Branco deu uma conotação muito conservadora a esse golpe militar que iria, em seguida, se transformar num movimento chamado 'movimento revolucionário da Revolução de 1964'. Na realidade não houve uma revolução em 1964. O dr. Pedro Aleixo, que era um líder dessa revolução no Congresso, costumava dizer que o que tinha havido era uma contrarrevolução de caráter preventivo."

Castelinho acata ordeiramente, se nota, as abordagens e temas que Glauber lhe pediu que desenvolvesse, ainda que o pedido omitisse despudoradamente os aspectos mais críticos do regime militar. Restou a Castelinho divagar sobre questões gerais de política externa dos sucessivos governos militares, como se uma análise dos fatos de uma política externa pudesse explicar um governo ou um regime. Ao final, tem-se a impressão de que o roteiro improvisado de Glauber pretendeu que a entrevista do maior comentarista político brasileiro funcionasse como um contraponto propositadamente datado para quebrar um roteiro atemporal e alegórico do Brasil contemporâneo. Era o que Glauber queria impor para marcar o contraponto entre o Brasil real e o Brasil alegórico. Castelinho vai em frente:

"Na realidade, houve um movimento de caráter conservador e de defesa da ordem pública e de prevenção contra um possível ato subversivo vindo das esferas mais altas do poder. Agora, o presidente Castello Branco realizou realmente essa política conservadora, que era do agrado das classes dirigentes do país naquela época. Ele restaurou o alinhamento automático do Brasil com os Estados Unidos, promoveu uma série de reformas que eram reformas que pretendiam não ser reformas radicais e que, na realidade, terminaram não sendo reforma nenhuma. O governo Castello Branco encerrou-se com o episódio da prorrogação [de mandato] e do Ato-2 [Ato Institucional nº 2]. E o marechal Costa e Silva, que era ministro da Guerra, sob influência da força militar que estava descontente com o governo Castello Branco, praticamente tomou o poder."

O clima de absoluta improvisação capta, neste momento, o insistente latido do cachorro do capitão de mar e guerra José Carlos Azevedo, o ex-reitor da Universidade de Brasília, que promovera forte repressão na universidade anos antes, e que então era vizinho de Castelinho na QI-13.

* * *

Quando bombas começaram a explodir contra instituições liberais ou de esquerda, Castelinho foi um dos primeiros a entender que a democracia estava novamente ameaçada pelos radicais dos porões; e os criticou duramente, explicando da forma mais clara que esses atentados partiam do aparato repressor inconformado com a redemocratização. Entre 1968, ano de decretação do AI-5, e 1981, ano em que dois militares do DOI-Codi perpetraram a mais polêmica dessas explosões, no Riocentro, no Rio de Janeiro, dezenas de bombas tinham explodido em vários locais, patrocinadas por uma entidade paramilitar que se autointitulava "grupo secreto".[5]

A culminância dos atentados foi a explosão de uma bomba no colo do sargento Guilherme Pereira do Rosário, que estava num carro Puma dirigido pelo capitão do Exército Wilson Chaves Machado, ambos lotados no DOI-Codi do Rio de Janeiro, no Riocentro, onde se realizava um grande show em homenagem ao Dia do Trabalhador. Era noite do dia 30 de abril de 1981. Os dois militares terroristas tinham plantado outra bomba que explodira na casa de força do Riocentro sem grandes repercussões; preparavam uma segunda bomba, mas ela explodiu quando o sargento a manuseava dentro do carro (havia ainda uma terceira bomba intacta e uma granada dentro do Puma). Eles pretendiam causar pânico no público que assistia ao show, forçando as pessoas a saírem em desatino do local — o que certamente provocaria atropelamentos e pisoteamentos, muito provavelmente com mortos e feridos. O sargento morreu na hora e o capitão resultou gravemente estripado. Seria levado para o Hospital Miguel Couto por uma moça, Andréa Neves, que chegava atrasada ao show e estava estacionando seu carro quando a bomba explodiu. Andréa é neta do então senador Tancredo Neves, do PMDB, e irmã de Aécio Neves, do PSDB.

Era um tempo em que o regime militar se desgastara muito, mas não fora removida de todo a possibilidade de um retrocesso; bastava observar a liberdade com que operavam os terroristas do aparato repressivo das Forças Armadas, direcionando bombas a instituições respeitáveis e plantando outras em lugares públicos, com a intenção de praticar o mais absurdo terrorismo e matar pessoas inocentes. Agora, quando os agentes da repressão se dispunham a perpetrar um atentado cruel que poderia ter matado centenas de pessoas, era hora de enfrentá-los de frente, denunciá-los com todas as letras, para acabar de desmoralizar o regime militar — e quem fez isso foi a imprensa, dos mais modestos repórteres ao mais importante comentarista político. Era hora de dispensar o "gênero entrelinhas". Logo após o atentado Castelinho ironizou declaração do secretário de Segurança do Rio de Janeiro, que atribuíra a bomba às esquerdas: "Os militares, pertencentes ao DOI-Codi, estavam em serviço. Usavam um carro chapa fria e atuavam numa área em que uma concentração de dezenas de milhares de pessoas assistia a um show popular promovido pelo Cebrade, uma associação de intelectuais e artistas de tendências socialista, comunista e liberal. Era um local apropriado para que se produzissem medidas de represália contra a abertura política e isso foi tentado, vinte minutos antes da explosão do automóvel, mediante o lançamento de uma bomba junto à estação transmissora de energia para iluminação do espetáculo. Não parece verossímil a hipótese de que a esquerda tivesse ressurgido como força terrorista precisamente naquele local e naquele momento."[6]

Alguns dias depois voltou a escrever sobre o tema, encorajando o presidente João Figueiredo a conduzir a redemocratização com mão firme, como fizera Geisel contra os torturadores de São Paulo, e condenando explicitamente os terroristas de extrema direita: "Há evidentemente maneiras mais eficazes de se opor ao comunismo do que suprimir a ordem legal e há armas mais poderosas na consciência de cada um do que as bombas que se constroem nos arsenais do terror. Os líderes da distensão e da abertura perceberam essa verdade e ela é que os iluminou no seu roteiro."[7]

Na gravação de uma entrevista-depoimento, ele voltou a se referir ao atentado e à incapacidade de Figueiredo para enfrentar e punir os responsáveis: "Foi um atentado brutal que chocou todo o país e chocou muito o Golbery [do Couto e Silva]. Esperava-se que Figueiredo procedesse, naquela ocasião, como [Ernesto] Geisel tinha procedido em relação a Ednardo [D'Ávila Mello, comandante do Segundo Exército, em 1976]. Que ele demitisse o comandante do Primeiro Exército, que era o general [Gentil] Marcondes [Filho]", disse Castelinho sobre este triste episódio do regime militar.[8]

Marcondes era um típico linha-dura. Quando foi empossado no comando do Primeiro Exército pelo então ministro do Exército, general Walter Pires, fez um discurso calcado nos princípios da segurança interna. "Razões de insegurança, de ordem interna e externa, [...] as primeiras atualmente agravadas pelas dificuldades inerentes às grandes cidades, pelos desequilíbrios econômicos e pelo fanatismo político-ideológico, e as últimas, no nosso caso particular, inclusive pelas atuais condições de afirmação como potência emergente, impõem a consideração da segurança em todos os seus aspectos, pois que, ao fim, sua destinação visa ao apoio e à tranquilidade da população."[9] Era um discurso na contramão da abertura, um urrar insensato que pregava o endurecimento numa quadra em que as condições objetivas apontavam para a redemocratização — ainda falava em nome da "tranquilidade" da população.

Pressionada pelas evidências e pela cobertura massiva da imprensa, a linha dura perdeu a capacidade de avaliação do momento. Tentavam reagir como se ainda vivessem os tempos da ditadura absoluta, quando os argumentos não precisavam ser lógicos; bastava que fossem berrados por um general, com tons de ameaça e no jargão abrutalhado da caserna. O general Alzyr Benjamim Chaloub fez pior. Reuniu os generais de sua área, a Diretoria de Ensino do Exército, no Rio de Janeiro, para que tomassem conhecimento do relatório do coronel Job Lorena de Santana sobre o atentado do Riocentro. Quando acabou de ler aquela obra de ficção de segunda categoria, o general Octávio Costa, um intelectual do Exército que tinha sido assessor de Garrastazu Médici e era amigo de Castelinho, disse: "Quero declarar que na área de ensino no Rio de Janeiro este relatório será encarado com disciplina. Mas devo também afirmar que tudo o que está aí é falso." Em seguida, o comandante da Escola de Comando e Estado-Maior do Exército, general Diogo Figueiredo, irmão do então presidente, afirmou: "Faço minhas as declarações do general Octávio Costa." Outros generais endossaram as palavras de Costa e Diogo, enquanto Chaloub mostrava perplexidade, como se eles estivessem no mundo da Lua e o relatório, no mundo real.[10]

Castelinho conhecia bem os bastidores do atentado do Riocentro e boa parte desse precioso conjunto de informações lhe foi informado pelo general Golbery do Couto e Silva. Meses antes Castelinho pedira ao engenheiro José Carlos Mello, amigo dos dois, que o aproximasse de Golbery. A aproximação foi feita e os dois passaram a se encontrar regularmente, quase sempre na chácara em que Golbery passou a morar depois que deixou o governo Figueiredo.[11]

Castelinho contou que após acontecer o atentado Golbery deixou passar alguns dias; quando percebeu que Figueiredo se acovardaria e não tomaria nenhuma providência saneadora, escreveu-lhe uma carta pedindo demissão da Casa Civil, cargo que ocupava desde o anterior governo Geisel. Uma figura que se movia sempre nas áreas sombreadas do governo, sem nenhuma pretensão de se tornar visível ao público, Golbery representou, durante o regime militar e dentro das Forças Armadas, a mais decisiva oposição à linha dura. Fora, desde o golpe de 1964, o grande teórico militar brasileiro, principalmente depois de publicar seu trabalho *Geopolítica do Brasil*, a bíblia da comunidade de informações e a mais cabal previsão do destino manifesto do país, pela ótica dos estudiosos militares. Pedir demissão do governo Figueiredo significou marcar posição mais uma vez contra os terroristas que se abrigavam nos DOI-Codi. Quando Figueiredo leu a carta, tentou demovê-lo; como ele não reconsiderou o pedido, o general-presidente pediu ao general Octávio Aguiar de Medeiros, chefe do SNI, que conversasse com ele. Poucos seriam menos adequados que Medeiros para essa tarefa, mas ele foi procurar Golbery. E ouviu dele, segundo Castelinho: "Não adianta você conversar comigo. Você está num projeto para ser presidente da República e sabe que não tem competência para ser presidente. Não adianta essa conversa de que você é cupincha de Figueiredo. Vocês fiquem aí que eu vou embora." E foi mesmo. Figueiredo, que era obrigado a ficar, optou por encobrir os terroristas e acabou tendo um enfarte.[12]

Apesar das incontáveis ameaças, desde as cartas do submundo da repressão até as pressões sobre o *JB*, o ódio dos militares por Castelinho nunca lhe causou danos físicos, mas uma vez esteve muito próximo disso. O general Euclydes Figueiredo brigara com o irmão, o presidente João Figueiredo, que se negara a nomear um sobrinho, filho de Euclydes, para um cargo em comissão no governo. Dias depois Euclydes soube que, numa roda de amigos, Castelinho fizera troças, em meio a comentários sobre sua tentativa em praticar nepotismo no governo do irmão. Os comentários foram além: Castelinho dissera que João Figueiredo ficara "puto" com Euclydes. E fizera uma terceira afirmação desairosa — que os dois, João e Euclydes, não honravam o velho e íntegro pai que tiveram, o velho general Euclydes Figueiredo, comandante da Revolução Constitucionalista de 1932. Já não existia o AI-5 e havia liberdade de imprensa quase plena, mas, mesmo assim, sem temer as consequências, Euclydes arregimentou um bando de capangas entre os antigos membros do aparato repressivo para dar o que chamou de "uma surra corretiva" em Castelinho. A agressão não se concretizou porque o também general Octavio Costa, amigo de Castelinho, descobriu a trama e interveio firmemente para impedir o seu desfecho.

Um dia Castelinho perguntou a Golbery, numa das frequentes conversas que os dois passaram tardiamente a ter, por que ele fora suplantado por Medeiros como conselheiro de fé de Figueiredo, já que ele, Golbery, era muito mais culto, ladino e inteligente. O velho general deu uma explicação que tinha lógica para aqueles que conhecem os segredos dos almanaques e da formação dos militares: Figueiredo e Medeiros eram da mesma turma na Escola Militar e ele, Golbery, era mais velho que os dois. Ser da mesma turma — eis o segredo que propiciou a Medeiros, mesmo sendo bem menos dotado que Golbery e que seu sucessor Leitão de Abreu, ganhar todas as paradas que se disputavam no gabinete presidencial. Há que considerar, também, que Figueiredo, um homem simplório e até vulgar, não sabia distinguir nem premiar inteligência e conhecimento. A ideia da vinculação de votos, por exemplo, que Leitão tentou obstar, nasceu de Medeiros. E foi exatamente a trapalhada da vinculação de votos que inviabilizou o Partido Popular (PP) — que Tancredo fundara com seu arquirrival Magalhães Pinto para dividir o PMDB —, levando Tancredo de volta ao PMDB. Assim, favoreceu a formação da ampla frente que interromperia o ciclo militar; apenas três anos depois Tancredo acabou candidato pelo PMDB, tornando-se o sucessor de Figueiredo, concluiu Castelinho.[13]

Quando percebeu a química que juntou a experiência e o tirocínio de Castelinho e Golbery, José Carlos Mello se deu conta de que deveria ter operado para que os dois se encontrassem antes, bem antes. Depois de se encontrarem a primeira vez, eles descobriram uma inusitada empatia e passaram a conversar pelo menos uma vez por mês. Descobriram que ambos gostavam de uísque e odiavam em comum os cachorros chihuahua de dona Esmeralda, esposa de Golbery; divertiam-se, às vezes, disputando o único banheiro do sítio onde Golbery foi morar. Brotou uma tardia amizade entre os dois e eles entenderam que aquela proximidade poderia ser útil aos propósitos dos dois — de Golbery, para apressar o encerramento do ciclo militar, que se esgotara há tempos; de Castelinho, para ajudar na restauração democrática. Daí em diante, boa parte das análises de Castelinho sobre os desencontros e equívocos do regime militar foram originadas em informações que Golbery lhe passara.[14]

O regime se decompunha lentamente e sobrevivia mal e mal à custa do receio que sua força bruta causava nas pessoas, apenas. Seu erro podia ser facilmente detectado — era o desencanto que ele mesmo produzira ao longo dos anos, as promessas não cumpridas, o esgotamento das fórmulas burocráticas, a ausência de diálogo, a ojeriza ao sistema democrático, a falta de resultados visíveis para a sociedade. "Os empresários, financiadores da conspiração de 1964, sócios privilegiados do regime, mudaram de rumo quando a inflação e o endividamento sucederam ao milagre econômico."[15]

* * *

Castelinho continuava amplificando suas críticas. A coluna intitulada "Bombas dão o balizamento" descrevia a imprevisibilidade do avanço democrático, relatando que o governo João Figueiredo não conseguia descolar da sua base original, a instituição militar; nela, não conseguia discernir entre os bons oficiais e o valhacouto da linha dura; e, por fim, não conseguia confrontar e punir a linha dura, embora prometesse democracia, a linha dura atuasse sempre para conspurcá-la. "O Governo carece ainda de autonomia para dar sentido pleno à devolução das liberdades democráticas, pois tem de zelar prioritariamente pela incolumidade do prestígio militar e inserir na legislação e na ação política a reserva de poder exigida pelo sistema. Os atentados são investigados até o limite em que não envolvam apuração em profundidade das vinculações dos grupos de extrema direita com os bolsões radicais já identificados pelo ex-Presidente Geisel. O Governo responde perante suas bases."[16]

Não era simples escrever com desassombro sobre um atentado que era parte de uma escalada terrorista da extrema direita, mesmo atuando no coração de um governo que se dizia comprometido com a restauração democrática. À época dessa escalada terrorista, todo o aparato da repressão militar ainda estava intacto, no plano federal e nos planos estaduais — a oposição só ocuparia os governos dos principais estados do país no ano seguinte. Naquele momento, os Dops estaduais estavam ainda sob pleno comando federal e dos escalões superiores do aparato de repressão. O medo do regime ainda imperava e só raros jornalistas tinham a coragem de Castelinho para denunciar os atentados.

Havia uma razão adicional para ter medo. Pela segunda vez, um presidente-general que dizia ter intenção de democratizar o país era colocado em xeque pela então chamada linha dura, a extrema direita militar — Geisel a tinha enfrentado, mas Figueiredo dava mostras de fraquejar. E isso se comprovou quando, no caso do Riocentro, a cúpula militar acobertou os militares criminosos com um Inquérito Policial Militar (IPM) que era uma peça de ficção. Apenas a imprensa resistia à história fantasiosa da linha dura — e Castelinho estava na linha de frente.

Nas semanas seguintes, o assunto saiu da pauta, submergido por uma ação combinada de governo e oposição — a nenhum dos dois interessava que os terroristas continuassem a ocupar as manchetes. O governo prometia punir os responsáveis, sem poder admitir que os responsáveis eram do Exército; a oposição não acreditava, mas fingia que acreditava e cobrava as punições, embora percebendo a fragilidade do governo. Em julho daquele ano já estava certo que o governo não puniria ninguém e as oposições continuariam cobrando, mas já a reboque do que saía na imprensa — a verdadeira e insistente investigadora dos fatos. Castelinho continuava explorando a ironia: "Ninguém será punido pela explosão ocorrida a bordo do Puma. Em compensação já há pelo menos dois candidatos a punições disciplinares por terem falado sobre o Inquérito do Riocentro. Um deles é o Coronel Dickson, que se fez ouvir pelos jornais, mas não pelo Coronel Job.* O outro é o General Antônio Carlos de Andrada Serpa, que já

*Job Lorena de Santana, responsável pelo IPM que apurou que os militares terroristas foram vítimas e não praticantes do atentado.

foi punido pelo General Lott e pelo General Walter Pires. Militar pode falar, contanto que seja a favor. Essa é a tradicional leitura do Regulamento Disciplinar do Exército."[17]

* * *

A história dos tempos mais negros da ditadura só começaria a ser contada no fim da década dos 1970 e no começo de 1980, quando o regime militar, desgastado, teve de renunciar à censura. Aí começaram a surgir as verdades que fustigaram e atropelaram a democracia brasileira por mais de uma década. No caso de Castelinho, ele, afinal, pôde começar a abandonar as entrelinhas que abrigaram meias histórias que não podiam ser contadas com suas cores reais. Numa palestra, Castelinho contou o que fora, de verdade, o golpe de 1964, que ele teve de chamar de "revolução" por um bom tempo: "O que se supunha, na época, um novo golpe de estado de estilo clássico tornou-se uma longa contrarrevolução de caráter a princípio preventivo e depois repressivo."[18]

Antes, quando a censura cerrou cortinas sobre o país, ele teve de recorrer às entrelinhas e às formas veladas ou figuradas de descrever e analisar os fatos políticos. Por caminho semelhante enveredaram obrigatoriamente os jornalistas que cobriam política, os quais tiveram de aprender a escrever pelas entrelinhas, "gênero" que Castelinho aprendera a manejar muito antes, durante a ditadura getulista. Já tinha acontecido antes, pois, e ele sofrera na carne a execução daquela peça de patifarias — antes era o censor presencial nas redações; agora, depois de 1968, somava-se àqueles o censor virtual, telefônico, que ligava, mandava suas ordens e confiava em que os jornalistas as seguiriam (porque, se não seguissem, o corolário seria muito pior). Como deve o jornalista reagir numa situação dessas, perguntavam-se os acuados repórteres políticos da década de 1960-1970, repetindo a mesma pergunta que se faziam os repórteres políticos da década de 1930-1940.

Depois que se tornou comentarista de política, Castelinho juntou todas as lições do longo aprendizado para se tornar diferenciado e, mais que diferenciado, singular. Ele entendeu desde o início que a conversa com os políticos que têm informações essenciais não pode ser feita com um bloquinho ou um gravador na mão simplesmente porque nenhum político conta bastidores importantes ante um gravador ligado ou para um jornalista que anota furiosamente suas palavras. Quando o jornalista liga o gravador ou anota, está praticando um jornalismo de declarações; o jornalismo político não se faz com declarações, mas com informações encadeadas que formam um todo analítico. A prática do jornalismo político não tem uma via, mas duas — o repórter é informado, mas também informa, age numa espécie de mercado de escambo de informações. O jornalista tem de mostrar que sabe e ceder algumas boas informações que interessam ao político; e o político, gratificado, lhe dá outras informações que o jornalista ignorava. Castelinho soube, como poucos no jornalismo político, fazer essa troca pragmática e cotidiana de informações com precisão e confiabilidade. "O político é sempre um informante interessado. Nunca diz uma coisa que seja um fato puro e simples, mas dá uma versão que lhe interessa. Pode dar um fato, mas dá segundo a sua versão." E qual é a solução para o jornalista num momento desses? "Tem de identificar imediatamente qual é o seu interesse para descontar daquela informação. Pode até vender o que ele lhe disse, mas atribuindo."[19]

"Ele era muito bem informado. O mais bem informado comentarista que tivemos na política brasileira. Alguns circulam e não conseguem obter a informação total. Como ele conseguiu isso? Com habilidade. Não era agressivo nem briguento, era pacato. Por isso ele recebia muitas informações privilegiadas, que muitas vezes eram passadas para ele para que fossem publicadas porque interessavam a alguém. Mas ele sabia verificar isso, passar o fato e não a versão."[20]

Na prática, o que fazia Castelinho? Ele conversava com muitos políticos influentes todos os dias. Para cada informação que publicava havia outras dez, que eram de seu conhecimento e que embasavam a informação publicada, mas que ele guardava consigo, não revelava.[21] O filtro era necessário porque jornalistas que não sabem separar joio do trigo e publicam tudo o que ouvem perdem a confiança dos políticos. Ele tecia as informações, juntava-as de maneira que formassem uma história coerente, que tivesse lógica, que fizesse sentido e que mais adiante fosse confirmada pelos fatos reais. Para chegar a esse ponto ele teve de aprender a dominar com maestria a arte de hierarquizar e encadear as informações.

"Com relação ao meu jeito de colher informações, sempre foi o mesmo: conversar e usar as informações segundo um critério que tem funcionado a contento, pois ao longo de 39 anos de profissão estabeleci um conceito que me orgulho de não estar mais em discussão. Muitas vezes entrevistei deputados, senadores, ministros, presidentes da República, governadores de estado. Nunca lhes faltei à confiança. Mas minha preferência é pela conversa, que me dá o conhecimento direto do personagem e me permite ouvir informações que o informante sabe que jamais serão usadas de má-fé. Esse tipo de conversa é que constitui o *background* de conhecimentos indispensável à eficiência da reportagem política e esse estilo de se informar leva o repórter ao dever de assumir suas próprias informações sem atribuí-las a quem quer que seja. A credibilidade depende da credibilidade do jornalista, e não de uma eventual fonte citada."[22]

Outra habilidade de Castelinho era sua prodigiosa memória, capaz de guardar longas conversas, frases inteiras, nomes, dados e números com uma precisão espantosa. Ainda jovem repórter, no Palácio Tiradentes, então sede da Câmara dos Deputados, no Rio de Janeiro, agia diferentemente de todos os outros repórteres — enquanto todos anotavam com ansiedade as palavras do entrevistado, esforçando-se para não perder nenhuma, ele só ouvia, enquanto girava um chaveiro no dedo, e retinha tudo na memória. No dia seguinte seu texto era o mais completo e preciso.[23] Na primeira vez em que a oposição conseguiu, na Câmara dos Deputados, uma função de relevo, o deputado Márcio Lacerda, do PMDB de Mato Grosso, foi indicado relator principal da Lei de Diretrizes Orçamentárias (LDO), a lei preparatória do Orçamento da União. Márcio, naturalmente, ficou orgulhoso com a conquista e queria repercuti-la na imprensa. Era a primeira vez que o governo militar permitia à oposição imiscuir-se na preparação do orçamento federal, embora sem poderes para intervir diretamente nele. Como era meu amigo pessoal, Márcio pediu-me que conseguisse uma conversa com Castelinho, a quem queria explicar suas pretensões e ideias como relator da LDO, imaginando que ele daria uma pequena nota. Não era uma fórmula de obtenção de informações que Castelinho costumava usar; o que Márcio propunha era uma conversa de mão única — ele contava e o jornalista ouvia. Falei com Castelinho, que fez uns muxoxos, mas acabou concordando em receber o deputado. Nervoso, pela primeira vez diante do maior comentarista político brasileiro, Márcio se estendeu em abordagens que usavam o economês, o que Castelinho odiava — aliás, ele não fazia nenhuma questão de exibir mais do que um conhecimento mediano de economia. Falou durante uns quarenta minutos, sem parar. Castelinho só mirava Márcio, olhando por cima dos óculos de leitura. Não anotou uma palavra, um dado, um número. No dia seguinte a Coluna do Castello exibia não uma nota, mas um texto primoroso, de cima a baixo, mostrando como a oposição iria tratar de forma diferenciada a LDO. O artigo repetia raciocínios inteiros feitos por Márcio.

De outra feita, foi a um jantar na casa de Luiz Orlando Carneiro, seu sucessor na direção da sucursal do *JB* em Brasília. Lá, entre bons tragos de uísque, presenciou uma interessante conversa entre Tancredo Neves e Thales Ramalho, dois mestres da experiência e da (sadia) esperteza na política, sobre a incorporação do Partido Popular (PP, recém-fundado por Tancredo) ao PMDB — a fusão significava a preparação para uma candidatura indireta oposicionista em 1984. No final da noite deixou a casa de Luiz Orlando, na QI-15 do Lago Sul, para dirigir até sua casa, bem perto, na QI-13; estava tão bêbado que deu partida ao carro e dirigiu até sua casa com o freio de mão puxado, deixando um rastro de fumaça e provocando um perceptível cheiro de queimado. No dia seguinte ligou para Luiz Orlando e confessou que não se lembrava de como chegara em casa. Esqueceu-se de desarmar o prosaico freio de mão, mas não esqueceu uma palavra do precioso diálogo de Tancredo com Thales, tema de sua coluna no dia posterior.[24]

Aliás, Castelinho sempre ignorou as recomendações para não dirigir depois de beber — e ele não bebia pouco — até que esbarrou em dois curiosos desfechos. No primeiro, jogou o carro, um Fusca branco placa 3217, numa vala em local ermo.[25] Como não conseguia sair dali nem chegava socorro, placidamente reclinou o mais que pôde o banco do motorista e dormiu; foi acordado horas depois pela polícia.[26] No segundo, um dia notou que seu carro estava todo arranhado nas laterais e reclamou de Élvia, que o dirigia muito pouco. Élvia rebateu que ele mesmo tinha arranhado o carro, em várias ocasiões, nas colunas de sustentação da garagem, quando chegava bêbado à noite, e nem se dera conta disso. Sua filha Luciana não perdeu a oportunidade: batizou as colunas da garagem de "colunas do Castello". Preocupada, Élvia o convenceu a contratar um motorista para conduzi-lo; e ele não fez objeções.[27] Um dia ele confessou que bebia por timidez: "Sou um tímido e nas reuniões aqui em Brasília sentia necessidade, para manter um nível de conversa, de pelo menos uns seis uísques. [...] Não faz mal, não é pecado. A bebida só me afeta, às vezes, a memória, não a cabeça. No dia seguinte posso ter esquecido o que conversei mas sei que conversei direito. A bebida não me tira do prumo."[28] Em verdade, se a bebida em alguma ocasião afetou Castelinho, certamente não foi na memória, que sempre escapou impoluta e íntegra.

A fama de bom bebedor, no entanto, ele não conseguiu controlar. Certa vez, quando chegava dirigindo seu próprio carro à casa de Marcus Vinícius Pratini de Moraes, então ministro da Indústria e Comércio do governo Garrastazu Médici, na Península dos Ministros em Brasília, foi anunciado por Patrícia, então com três anos, filha de Pratini e sua mulher Beth. Patrícia entrou gritando pela casa: "Chegô o tio uíqui! Chegou o tio uíqui!" Virou o "tio uísque".

Castelinho não aceitou fazer o comentário sobre a relatoria da LDO entregue à oposição apenas para agradar a um amigo; ele entendeu, acima de tudo, que aquele era um fato político oportuno — após quase duas décadas de regime militar, nas quais o orçamento era elaborado no Poder Executivo e não podia ser alterado pelo Legislativo, nem mesmo pelos parlamentares governistas, finalmente as bancadas de oposição teriam algum tipo de acesso à sua elaboração. Era importante registrar que um primeiro passo fora dado para abrir a elaboração do orçamento ao Legislativo e, mais que isso, à oposição. Castelinho não faria nada por mero favor a amigos e, acima de tudo, tinha um faro extraordinário para perceber quando era usado por uma fonte ou um amigo — e recusava a continuidade da conversa.

"Ele não poupava ninguém porque jornalista que poupa os amigos não transmite boa informação. O jornalista tem de ter pudor — não pode transigir. Se tiver muitos amigos, deixa de ser jornalista e passa a ser correia de transmissão de interesses dos outros."[29]

Trabalhou trinta anos para o *Jornal do Brasil* da condessa e de Nascimento Brito e ninguém conhece nenhum episódio de que o patrão lhe tivesse pedido que desse ou não alguma notícia. Nem os patrões nem nenhum amigo pedia nada a Castelinho porque, ao longo de sua vida profissional, ele conseguiu manter preservado o conceito de que não aceitava ingerências na coluna. Um dia explicou isso: "Trabalho para Nascimento Brito há 26 anos e não tenho nada a ver com ele. Trato ele muito bem, temos uma boa relação pessoal, mas eu não penso como ele pensa. Ele tem os compromissos dele, eu tenho os meus."[30]

Castelinho foi convidado muitas vezes para ser candidato a deputado federal pelo Piauí e pelo menos uma vez a suplente de senador. Nunca aceitou. Mais tarde explicaria: "Não gosto de política. Gosto é de mulher."[31] Depois explicou melhor este último gostar: "Sou um homem fraco. Gosto de mulheres jovens e bonitas."[32]

* * *

Por alguns segundos o cachorro do capitão-reitor teve seu insistente latido eternizado para a posteridade num filme de Glauber Rocha, numa intervenção, dir-se-ia, naturalista incapaz de intimidar Castelinho, que prosseguiu contando:

"[Costa e Silva] Fez-se eleger presidente da República pelo Congresso Nacional. E logo se sentiu que ele vinha com uma mensagem diferente. Ele não era um liberal como Castello, mas também era um homem que tinha uma mensagem humanista diferente. O seu ministro do Planejamento [Hélio Beltrão] passou a pregar a humanização da economia. Todos entendiam que o ministro Roberto Campos [do governo Castello Branco], com uma política de tratamento muito drástico da inflação, tinha levado a uma recessão econômica que criava problemas reais para o país. Então o governo Costa e Silva começou com uma modificação na tentativa de humanização da política econômica e com modificação da política exterior."

Castelinho sabia que estava depondo para um filme, uma obra perene, e não uma mera entrevista de televisão, que se esgota ao ser exibida e depois dificilmente voltará ao ar e, se voltar, estará inescapavelmente datada. Mas utilizou uma pegada que não era da sua lavra, mas foi orientada por Glauber. A abordagem da ditadura militar pelo viés da política externa era ideia de Glauber e não de Castelinho. Claramente, Glauber não queria que o depoimento de Castelinho degringolasse para reabrir feridas da política interna expostas no passado recente. Como tentava se aproximar do regime militar, não podia desagradar seu mago preferido, Golbery, a quem dedicara tantos elogios, quem sabe em gratidão por ter sido liberado para voltar ao Brasil, como ele voltou, antes da anistia e sem enfrentar problemas políticos. Por isso, a fala de Castelinho aborda aspectos estratégicos da política externa no segundo, terceiro e quarto governos militares, descartando temas internos desagradáveis, como repressão e tortura.

"O governo Costa e Silva já não mandaria, como Castello, tropas à República Dominicana,* que foi um erro brutal do governo Castello Branco e deveria ter continuado com um erro mais grave, se não fosse a intervenção do deputado Bilac Pinto, que era mandar tropas ao Vietnã.** Esse erro foi impedido pelo presidente da Câmara, deputado Bilac Pinto. Mas o governo Costa e Silva mudou a perspectiva. E o ministro do Exterior dele era o hoje senador Magalhães Pinto. Recusou-se a assinar o Tratado de Não Proliferação Nuclear, adotando a primeira política de resistência à política norte-americana."

Na parte final da entrevista Castelinho reforça que os dois governos militares mais autoritários e repressivos — Costa e Silva e Médici — promoveram uma política externa marcada pelo fim do alinhamento automático com a política externa dos EUA. Mas aí a intervenção escocesa, através do efeito Black Label, começou a comprometer o nexo das frases. Ele lembrou que, além da política externa independente, a economia brasileira foi sacudida, num forte impacto desenvolvimentista, por uma bem-sucedida política de atração de capitais externos no governo Costa e Silva. E que nesse momento se expôs a vulnerabilidade e a incoerência do regime — uma economia pujante para uma população miserável.

Castelinho ainda exaltou a progressão da política externa independente no início do governo Geisel, com o restabelecimento de relações diplomáticas com a China, o reconhecimento das antigas colônias portuguesas na África e o voto antissionista na ONU.*** Segundo

*O Brasil enviou 1.130 soldados para compor a Operação Power Pack, que, em abril de 1965, invadiu o país e derrubou o presidente constitucional, o esquerdista Juan Bosch.

**Em 1964 os EUA condicionaram um empréstimo de US$ 150 milhões ao Brasil ao envio de tropas para lutar no Vietnã; ao fim a ajuda se limitou a remessa de café e medicamentos.

***Na 31ª Assembleia Geral da ONU o Brasil votou a favor de uma resolução que condenava o sionismo como forma de racismo.

Castelinho, essas medidas provocaram reações conservadoras que atingiriam seu auge obscurantista na carta em que o general Sílvio Frota acusou o general-presidente Ernesto Geisel de ser responsável pela "comunização" do país.

Na última tomada, a câmera filma um Castelinho de pé, com o rosto ruborizado, como que a denunciar o aumento da calibragem etílica; não menos calibrado, Pitanga circula à volta dele. Por trás da câmera, Glauber pergunta: "E o povo em tudo isso? Teve algum benefício com a revolução?" Castelinho dá uma resposta breve: "Já dizia o presidente Médici, em visita ao nordeste, no auge do crescimento econômico do Brasil, que a nação ia bem, mas o povo ia mal."

Corta.

No fim da fala de Castelinho, Pitanga já portava um copo curto, com uma nova dose de uísque. A última fala de Castelinho é abafada por uma sonoplastia barulhenta enquanto os dois se abraçam. Depois do corte surge um sobe-som com a peça *Choros número três*, de Heitor Villa-Lobos. Ela entrou na trilha do filme também de improviso. Explica-se: terminada a gravação da entrevista, Luciana, filha de Castelinho, pôs no aparelho de som um disco com peças de Villa-Lobos e Glauber perguntou o que estava tocando. Soube que era Villa-Lobos — que, pelo visto, ele não conhecia nem reconhecia — e, num rompante nativista, disse que ia usá-la na trilha. Já era tarde da noite. O sarau etílico-cinematográfico terminaria no meio da madrugada, com uma dezena de garrafas de uísque abatidas.[33]

Tempos depois Castelinho diria da experiência: "Pela primeira vez, me senti dirigido. É a força do talento e da experiência do Glauber e o preço da minha total inocência diante dos dons maquiavélicos de um extraordinário criador."[34]

17
IMORTAL
1982-1984

Quando foram abertas as urnas das eleições de 1982, constatou-se um Brasil partido ao meio. O PDS, partido do governo militar, sucessor da velha Arena, elegeu doze governadores (Alagoas, Bahia, Maranhão, Mato Grosso, Paraíba, Pernambuco, Piauí, Rio Grande do Norte, Rio Grande do Sul, Rondônia, Santa Catarina e Sergipe) e a oposição elegeu dez (Acre, Amazonas, Espírito Santo, Goiás, Mato Grosso do Sul, Minas Gerais, Pará, Paraná e São Paulo, e PDT no Rio de Janeiro). Os estados de maior população e economia mais desenvolvida estavam nas mãos da oposição. O PDS elegeu pouco mais que metade da Câmara dos Deputados — o que significava dizer que pouco menos que a outra metade, em tese, seria oposicionista — e quinze senadores em 25 disputas, o que lhe permitiria maioria folgada no Senado graças à presença dos senadores biônicos indicados em 1978. Não fossem as vitórias do PDS para os governos de Rio Grande do Sul e Santa Catarina, o governo militar ficaria limitado à parte superior do Brasil (nordeste e centro-oeste). As eleições de 1982 foram marcadas pela regra do voto vinculado: o eleitor teria de votar obrigatoriamente em candidatos do mesmo partido para todos os cargos em disputa, sob pena de anular o voto inteiro. Isso ajudou o governo militar no nordeste, mas atrapalhou os seus candidatos nos estados de forte presença oposicionista, como São Paulo, Minas Gerais, Rio de Janeiro e Paraná.

O Brasil começava a mudar o seu perfil sociopolítico e a escolher caminhos que apontavam para a descontinuação do governo militar. "Forte no nordeste e no extremo sul, o PDS está sob ameaça de desagregação nos principais estados em que perdeu a eleição, exceção do Rio de Janeiro, onde alcançou resultados estimulantes. A direção partidária está preocupada com as perspectivas da agremiação em Minas Gerais, em São Paulo, no Paraná e no Pará", anotava Castelinho logo no início do ano.[1] Sim, acrescia esse detalhe: como em grande parte o partido do governo era composto por políticos fisiológicos, eles se bandeavam após a derrota política, buscando outra forma de sobrevivência política. A derrota estiolava o PDS, mas não desbaratava a oposição.

Acima de tudo, o resultado parelho da eleição indicava que era hora boa para negociar. O então presidente João Figueiredo convocou o experiente senador José Sarney para ser seu coordenador político. Por um lado, o governo se antecipava para assumir papel ativo na negociação política, influenciando na formação de uma pauta que atendesse a seus interesses; por outro, reconhecia que, dali por diante, como corolário do resultado eleitoral, seria inevitável negociar com a oposição. Mais tarde se veria que Sarney, mais que negociar, acabou se bandeando para o lado da oposição, mas no momento em que o convocou Figueiredo não poderia sequer intuir que isso aconteceria.

O que se esperava no início de 1983 é que o debate político entre governo militar e oposição se daria a partir de uma pauta ampla, mas o que se viu, nos meses posteriores, é que essa pauta se limitou a contrapor eleição direta (oposição) contra eleição indireta (governo). Era verdade que, a partir daquele momento, o governo militar não tinha como ignorar a força da oposição e a presença de lideranças oposicionistas nos governos de importantes estados — em São Paulo, o ex-senador

Franco Montoro; em Minas, o ex-senador Tancredo Neves; no Rio de Janeiro, Leonel Brizola; no Paraná, o ex-senador José Richa. Esse, por si só, era um fator que alterava o equilíbrio do jogo político. Nesses quatro importantes estados a polícia civil e a polícia militar, antes extensão essencial do aparato repressivo federal, agora seriam comandadas por gente da oposição — e formalmente se desconectavam do aparelho repressivo nacional. Em São Paulo, por exemplo, logo ao tomar posse Montoro anunciou que extinguiria o antigo DEOPS, Departamento Estadual de Ordem Política e Social, passando as atribuições de polícia política para a Polícia Federal. Na verdade, o DEOPS é que se antecipou em transferir para a Polícia Federal as fichas e os mecanismos de controle e repressão: "Ainda a propósito de São Paulo e da atitude do sr. Montoro, diz-se em Brasília que, ao assumir o governo, não encontrará fichários da Polícia Política nem aparelhagem de qualquer tipo para controlar atividades subversivas. Todo esse material está sendo devolvido pelo DEOPS à Polícia Federal."[2]

O ano de 1983 começou como uma prolongada festa para a oposição e uma excepcional projeção na mídia. Os governadores dos estados mais populosos e influentes, à exceção de Leonel Brizola (Rio de Janeiro), eram senadores — Tancredo (Minas), Montoro (São Paulo) e Richa (Paraná). Cada despedida desses senadores, agora governadores, do Senado era um grande evento de mídia; e suas posses, logo a seguir, seriam muitos outros, maiores ainda. Naquele momento, o governo militar ficou acuado, tendo de lidar com uma oposição que adquirira legitimidade popular e visibilidade nacional na eleição de 1982.

No começo de março de 1983, Castelinho registrava que na semana seguinte Tancredo Neves se despediria do Senado para, dias após, assumir o governo de Minas. O discurso de Tancredo foi retumbante e, como antecipara Castelinho, dava parâmetros para a negociação inevitável com o governo. "É importante que os dirigentes do PMDB comecem a fixar as preliminares de uma negociação da qual não podem tomar a iniciativa, mas para a qual devem estar preparados desde o momento em que o Presidente da República declarou-se disposto a, num clima de trégua, sentar-se, por seus interlocutores, numa mesa de negociação."[3]

Quando Franco Montoro se despediu do Senado para governar São Paulo, Castelinho descreveu o que seria inevitável dali por diante: "O Governo, de resto, já percebeu que terá de aprofundar a abertura, mediante negociações que recoloquem pelo menos os problemas políticos."[4] E registrou, com ares de adivinho, que um dos pontos cruciais da oposição para a negociar com o governo militar seria a total exclusão do nome de Paulo Maluf, então com prestígio no Palácio do Planalto, para a sucessão presidencial de João Figueiredo. Três anos mais tarde essa expectativa se recriou: o governo militar preferia a candidatura do ex-ministro e coronel Mário Andreazza, mas Maluf espertamente se inseriu no processo e, lançando mão de meios até hoje não muito claros, ganhou a convenção do PDS, abrindo larga avenida para a candidatura oposicionista de Tancredo Neves.

Na coluna de 15 de março, dia da posse dos novos governadores, Castelinho destacou o discurso que seria feito por Tancredo em sua posse no Palácio da Liberdade (naturalmente antecipado pelo novo governador exatamente para dar-lhe dimensão na Coluna do Castello). Escreveu: "O discurso que o governador Tancredo Neves pronunciará hoje tem seus lineamentos já lançados por discursos anteriores. Da parte da antiga oposição ele tornou-se o símbolo da política do consenso, por estar preparado para superar o radicalismo que assinalou por longos anos a política brasileira. Ele propõe-se a negociar desde que o governo tenha em mente que o povo quer mudar e esperar que seus políticos gerem um novo governo e uma nova administração que possam enfrentar realisticamente uma crise cuja solução está sendo sempre adiada, mas nunca colocada objetivamente. Na mesma linha, embora com condicionamentos maiores, deverá estar o governador de São Paulo, sr. Franco Montoro."[5]

* * *

Logo após a posse dos novos eleitos, no dia em que o golpe militar de 1964 completava seu décimo nono aniversário, Castelinho analisou longamente a possibilidade de adotar-se a eleição direta já na sucessão de Figueiredo, mas não mencionou o projeto de Dante de Oliveira nem de nenhum dos outros apresentados naquele início de legislatura, assim como não imaginou a onda de manifestações populares que cobriria o Brasil dentro de dez meses.[6] A ideia a que ele se referiu tinha sido lançada por Tancredo; ela não seria indigesta para o governo militar, desde que a oposição concordasse em dar um novo mandato ou uma prorrogação a Figueiredo.

Durante todo o ano de 1983 a oposição pressionou para acelerar a negociação do processo de restauração democrática, mas o governo militar fugiu de todas as possibilidades de negociação objetiva, usando artifícios de todo tipo para ganhar tempo. Quase no fim do ano Castelinho noticiou uma suposta disposição do presidente Figueiredo em mandar ao Congresso um projeto de emenda constitucional garantindo a eleição direta em sua sucessão. Era um mero factoide de Figueiredo para esvaziar a insistência da oposição com as eleições diretas. Castelinho registrou que a eleição direta não era, necessariamente, uma derrota programada do governo militar: "O PDS não estará automaticamente derrotado por uma eleição direta. A simples iniciativa presidencial lhe reforçaria as bases e, atendendo à reivindicação dos governadores do Partido, os mobilizaria para votar em favor do candidato que sair vitorioso da convenção."[7]

A manobra diversionista de Figueiredo foi desmascarada quando o normalmente obediente PDS se rebelou contra a possibilidade de eleição direta — se servia para Figueiredo (e todos sabiam que não servia), não servia para os políticos de sua base aliada no Congresso. Castelinho anotou o ato de rebeldia, consubstanciado pelo senador José Sarney, presidente do partido, que "apoiou a opinião manifestada por 181 deputados e trinta senadores contrários à abdicação do seu direito de, pela primeira vez, indicar um presidente da República".[8]

Observa-se que até Castelinho cedia a vícios de linguagem que a longa noite da ditadura militar impunha ao pensamento político brasileiro: em sua coluna, ele mencionou, como se fosse legítimo, o "direito" do PDS de indicar o presidente.

Estava montado um monumental jogo de cena. No mesmo dia em que o PDS se rebelou contra as diretas, o chefe da Casa Civil, ministro Leitão de Abreu, esteve no centro de grande reunião de negociação política entre senadores do PDS e da oposição (PMDB e PDT). Leitão advertiu a todos, no entanto, lembrou Castelinho, que "estava bloqueado por uma dupla posição radical — a do PDS contra a eleição direta e a do PMDB contra a eleição indireta."[9]

Castelinho identificou bem, como sempre, o andamento das negociações políticas de alta cúpula, mas não capturou a tendência que se forjava nas ruas. Centrado nas ações dos grandes líderes do governo e da oposição, ele não captou que um monstro do bem crescia nas ruas, arregimentando forças populares que estavam adormecidas.

De qualquer forma, para qualquer um que tenha vivido aqueles tempos num ambiente político seria impossível adivinhar, naquele momento inicial de ascensão oposicionista, que a coisa redundaria no que redundou, a partir do segundo semestre de 1983 e, principalmente, no começo de 1984, com a explosão da campanha das Diretas Já. Mas em meados de 1983 a luta preferencial do PMDB já estava claramente direcionada pelas eleições diretas, por impulso da coragem de Montoro, que bancaria os primeiros comícios, e pela insistência olímpica de Ulysses.

* * *

Em 1972 Castelinho disputara uma vaga na Academia Brasileira de Letras e não conseguira eleger-se. Se houve um consolo, este veio na forma de uma carta afetuosa de Érico Veríssimo: "Se eu fosse membro da ABL lhe daria sem hesitar meu voto no pleito que decidirá quem vai ocupar a vaga de Álvaro Lins, pois considero um prazer e um privilégio a companhia de um escritor lúcido e destemido como você."[10] A carta de Érico tem um sentido hipotético, pois ele não era à época, nem seria nunca, um acadêmico. Aos amigos, Castelinho confidenciou que ficara traumatizado com a exposição pública ocasionada pela derrota, jurando que não se candidataria nunca mais; e mais traumatizado ainda ficara com alguns amigos que prometeram votar nele e não votaram, roeram a corda.

Mas, em 1982, José Sarney e José Aparecido articularam o lançamento de seu nome — Sarney, de dentro, pois já era acadêmico; Aparecido, de fora, mas sempre se metendo lá dentro, como era seu feitio. Aos poucos Sarney começou a falar com Castelinho sobre sua nova candidatura. "Iniciei um trabalho dizendo a ele que havia uma vontade na Academia de tê-lo lá. Era tradição da Casa de Machado de Assis ter como membro um jornalista de fato. E que naquele momento esse jornalista era ele, a maior expressão do jornalismo brasileiro contemporâneo, com seu estilo inconfundível, preciso nas palavras, seco, mas, ao mesmo tempo, um texto que corre tranquilo. Aquele texto que inicia e vai com ritmo até o fim."[11]

Temeroso de uma nova derrota, Castelinho reagiu negativamente. Disse que a Academia era para literatos, não para jornalistas, e que jornalistas, como ele, não eram literatos. Mas Sarney argumentou: "Havia uma discussão no princípio do século [vinte] sobre a conceituação do jornalismo, se o jornalismo era um gênero da literatura ou não. Certamente não era, mas será sempre possível fazer literatura com jornalismo. E eu lhe disse que ele era a melhor prova disso." Afirmou que cada texto produzido por ele era uma página antológica. "O romance dele, *Arco de triunfo*, traz o mesmo estilo, e dele dizia Jorge Amado que prendia o leitor como os artigos dele prendiam. O leitor ia do princípio até o fim, não podia parar. Não era um grande livro, mas é muito bem escrito."[12]

A essa altura, Jorge Amado, a quem Castelinho prezava muito, entrou no jogo e convenceu Castelinho de que ele seria eleito, afirmando que ele mesmo, Amado, ajudaria Sarney na cabala de votos. Mas não foi só ele. O então chefe da Casa Civil do governo João Figueiredo, João Leitão de Abreu, pediu votos para ele e depois da eleição lhe entregou as respostas que recebeu. Do acadêmico Abgar Renault recebeu a seguinte carta, em resposta a seu pedido: "Acolho de boa sombra o seu pedido em favor do Castello." A carta de Abgar, escrita em português castiço, grafa "ele" com dois "l" ("elle"), "atender" com dois "t" ("attender") e "afetuoso" com dois "f" ("affetuoso").[13]

O também acadêmico Josué Montello, maranhense que foi seu eleitor entusiasmado, escreveu-lhe antes da eleição para elogiar o seu livro *Arco de triunfo* e dizer: "Dá vontade de pedir ao cronista político que dê férias, de vez em quando, à sua pena de colunista do *JB*, para voltar ao romance com a força e a garra deste livro — tão bom e tão bem escrito."[14] Curiosamente, na carta não elogiava a sua atividade intelectual principal, de comentarista político. Um dia, afinal, ele se convenceu. Num dos almoços de sexta-feira com os amigos do peito, chegou à mesa no Florentino e, antes de ser perguntado, anunciou em alto e bom som que seria candidato à Academia Brasileira de Letras. Quase teve de passar por um corredor polonês de críticas e gozações.[15]

No dia 4 de novembro de 1982, Castelinho foi eleito para a cadeira 34, que pertencera antes a Raimundo Magalhães Júnior, no primeiro escrutínio, com vinte votos contra dezessete do seu principal oponente, o poeta gaúcho Mário Quintana. O maranhense Josué Montello, amigo dileto de Sarney, foi um dos poucos a revelar o voto antes da eleição. Minutos antes da votação ele disse que naquele dia seria eleito para a Academia um dos maiores jornalistas do país, e invocou os nomes de outros grandes nomes do jornalismo brasileiro, como José do Patrocínio, Alcindo Guanabara, Victor Vianna, José Eduardo Macedo Soares e Assis Chateaubriand. Quintana, decerto, contribuiu para a vitória de Castelinho, pois uma semana antes dera uma entrevista azeda na qual afirmara que só se elegiam para a Academia os amigos do presidente da República (naquele momento, o presidente da República era o general João Figueiredo, que nunca foi amigo de Castelinho). Antes de iniciada a votação o acadêmico Vianna Moog, eleitor de Quintana, tentou reduzir o estrago, declarando que a entrevista do poeta fora forjada por alguém.

Terminada a votação, Deolindo do Couto ligou para a casa de Castelinho para avisá-lo do resultado. Castelinho atendeu, ele perguntou: "Quem está falando, é o acadêmico Carlos Castello Branco?"[16] Sabedor de que fora eleito, seu primeiro gesto foi ligar para o velho Christino. Com uma alegria transbordante que há muito não deixava extravasar, Castelinho gritava sem parar (e nunca fora seu hábito gritar): "Pai, consegui! Consegui, pai!"[17]

No jogo bruto de piadas inteligentes que praticou com Otto Lara Resende a vida inteira, um dos momentos mais cruéis foi a piada da janela. Quando Otto entrou para a Academia, em 1979, alguém entrevistou Castelinho sobre o velho amigo da "turma de Minas" e ele contou que os mineiros não tinham o hábito de convidar os amigos para entrar em casa, dando destaque ao relato dos seus fins de noite com Otto — os dois vinham conversando pela rua, Otto entrava em casa, ia para a sacada do andar de cima e de lá ficava conversando com Castelinho, que permanecia na calçada, muitas vezes sob frio e sereno, sem nunca tê-lo convidado para entrar. Esse episódio parece ter representado um grande trauma na vida de Castelinho, tanto que ele o repetiu incontáveis vezes ao longo dos anos, não se sabe se como catarse do trauma ou de chiste com Otto. Em dúvida sobre a gênese da provocação, o novo acadêmico Otto interpretou que, sim, seria um chiste e não só aceitou a provocação como a devolveu com um petardo que poderia configurar uma deselegância. Referindo-se a sua entrada na Academia, jactou-se: "Minha janela está cada vez mais alta." Castelinho não passou recibo nem mesmo quando ele próprio entrou para a Academia, quando bem poderia ter dado uma resposta matreira sobre o alinhamento das janelas da vida de ambos. De fato, da brilhante "turma de Minas", os dois foram os únicos a entrar na ABL.[18]

Castelinho foi empossado no dia 25 de maio de 1983, ostentando um fardão custeado pelo governo do Piauí, como é tradição na Academia.

Em seu discurso, seguindo a convenção da Casa, ele falou da obra de seu antecessor na cadeira, Raimundo Magalhães Júnior, mas aproveitou, estendendo o mote, para falar muito de Machado de Assis, sua admiração maior na vida e que fora biografado por Magalhães. Falou também do exercício do jornalismo, ele que temera candidatar-se por ser mais jornalista que literário, como quem procurasse justificar a sua presença ali.

"Chego à Academia como jornalista. Foi essa a condição que me deu notoriedade e abriu-me caminho nos vossos corações. [...] Seduzido pelas Letras na adolescência, a vida empurrou-me para o jornal. Repórter de polícia, percorri todos os trâmites de uma longa profissão. Minha geração de jornalistas, como a vossa de escritores, viveu momentos difíceis na vida do País. Atravessamos dois períodos ditatoriais. [...] A Academia é presidida por mestre Austregésilo de Athayde, jornalista a vida toda e meu diretor por mais de vinte anos. Barbosa Lima Sobrinho, redator e diretor de jornal, preside a Associação Brasileira de Imprensa. José Sarney foi repórter em São Luís do Maranhão. Mauro Mota, repórter e diretor do *Diário de Pernambuco*. José Cândido de Carvalho, colunista em diversos jornais. Afonso Arinos foi diretor da *Folha de Minas*, e são presenças periódicas e constantes na grande imprensa brasileira Tristão de Athayde, há dezenas de anos, Barbosa Lima, Josué Montello, Rachel de Queiroz, Adonias Filho, D. Marcos Barbosa, Genolino Amado, hoje recolhido, Otto Lara Resende e José Guilherme Merquior. Mantém-se assim uma tradição da vida brasileira, tradição que ainda uma vez nesta Casa tem Machado de Assis como seu predecessor mais ilustre."[19]

Tempos depois, num contratempo surpreendente, diria que a Academia não significava "nada" para ele — mas essa declaração não se harmonizava com a alegria invulgar que exibiu na posse. E nem com a admiração quase mística que, durante muitos anos, o fez ler uma página de Machado de Assis, o fundador da Academia, que revezava com a leitura de uma página de Mário de Andrade, antes de sair de casa para escrever a sua coluna. Parecia um querer repartido, um querer que brigava com o não querer, uma alegria que tergiversava e bailava com a modéstia, porque dentro dele, inegavelmente, havia um sentimento que não o encaixava naturalmente na Academia. "A Academia ainda não penetrou em mim, sinto-me dela distante, a eleição e a posse escorreram pelo meu corpo e não o embeberam. Não me sinto acadêmico nem imortal e a Academia me corresponde nessa postura. Qualquer viagem de acadêmico a Nova Iguaçu é registrada num boletim semanal da casa, no qual meu nome nunca apareceu (a não ser nas escassas frequências a reuniões). Apesar de depois da posse ter feito conferências na Bahia, em São Paulo e no Rio, e ter sido eleito membro da Academia Piauiense de Letras, e ter viajado a convite oficial à Índia, de ter sido recebido na casa do governador de Goa e ter entrevistado Indira Gandhi, entrevista que ocupou toda uma página do *JB*."[20]

Tempos depois diria que não se esforçara para pertencer a ela: "Não fiz tanta questão, não. Como candidato pela primeira vez, fui lançado pelo José Aparecido. Ele imaginou que uma Academia que tinha eleito um Lyra Tavares* podia eleger um jornalista que era contra..." Ele parecia estar rebatendo tardiamente a diatribe de Mário

*General Aurélio de Lyra Tavares, integrante da junta militar dos "três patetas", cuja "obra" literária se limitava a sofríveis poemas sob o pseudônimo de "Adelita".

Quintana, que não o tinha como alvo mas que acabou turvando sua eleição. Da primeira vez, na eleição malsucedida, Aparecido abraçara o lançamento da candidatura de Castelinho e mandara um telegrama em seu próprio nome aos acadêmicos, pedindo o registro da candidatura. "Eu fiquei naquela situação de ter que concorrer. Não ganhei, mas ninguém ganhou também na primeira vez. Na segunda vez, fui candidato e ganhei."[21]

Sua alegria na eleição, no entanto, não foi afetada por uma carta bizarra de cumprimentos que recebeu de Jânio Quadros. Com letra tremida, sugerindo um estímulo líquido, o presidente renunciante escreveu: "Lincoln disse certa vez a Mary Todd — se para God basta um "d", por que Todd exige dois? Se para belo basta um, Castelo se completará com um "l". A modéstia impõe. Estou feliz com a Academia. Graças a você, aos Arinos, aos Sarneys, às Raquéis, aos Palmérios, ela começa a ter representatividade da nova inteligência nacional. Recrute o cenáculo, o Aparecido, e sou capaz, até, de ir a um chá na augusta casa." E acrescentou um *post scriptum* mais bizarro ainda: "Para os seus contatos com as inevitáveis 'múmias', estou estudando hieróglifos — eis um começo!" E desenhou, abaixo, dois pássaros e um suposto gato no formato peculiar da escrita egípcia.[22] No dia da posse de Castelinho, no entanto, mandou ao amigo Lafaiete do Prado o seguinte telegrama, mais respeitoso mas igualmente irônico: "Peço abraçar acadêmico e amigo Carlos Castello Branco posse Academia Brasileira. Traça faminta e desempregada filha recessão erodiu meu smoking raro salvado incendiários que determinaram renúncia Presidência. Solicite acadêmico ilustre visitar-me Guarujá eis que desejo apresentação minoria alfabetizada deste país livro de contos que publicarei proximamente."[23] Prado fez melhor: entregou o próprio telegrama a Castelinho, até porque ele não entendera, nem ninguém entendeu por que ele mesmo, Jânio, não enviara um telegrama, evitando a via indireta.

O *JB* publicou amplo material sobre a posse e nele vinha um depoimento do então presidente Fernando Collor. Pouco antes de uma viagem ao exterior, logo após a posse na Academia, Castelinho enviou-lhe uma carta afetuosa: "A eminência do cargo que ocupa torna mais visível a homenagem que prestou a este velho jornalista, amigo de sua família e seu amigo. Tocou-me especialmente a referência ao inesquecível Rodrigo, seu companheiro fraternal da adolescência e dos primeiros anos da juventude, e cuja imagem está sempre presente no meu espírito toda vez que penso na pessoa do nosso presidente."[24] A lembrança de Rodrigo, como sempre, tocara Castelinho.

No dia de sua posse na Academia, Castelinho estava mais que alegre, mostrava-se eufórico. Quando vestiu o fardão, parecia estar degustando a felicidade do reconhecimento de seu talento jornalístico e literário — um não ficava à frente do outro naquele momento. O discurso de recepção foi feito por seu velho amigo José Sarney. Empossado, Castelinho só foi à Academia umas três ou quatro vezes, não mais.

Um ano depois, ele seria eleito para a Academia Piauiense de Letras, sendo recepcionado em 26 de setembro de 1984 para ocupar a Cadeira número 15, na qual sucedeu a seu pai, Christino Castello Branco. Seu discurso de posse foi bem mais emocionante que o da ABL, pois nele pôde falar de sua família, de si mesmo e de sua terra. Nesse dia, Castelinho foi farto nas homenagens. E desconfia-se que ele estava mais à vontade e que sua alegria foi maior.

* * *

Na verdade, 1984 principiara no começo de 1983, quando, logo na abertura dos trabalhos da legislatura eleita pelas urnas em 1982 e empossada em 1983, o jovem deputado de primeira viagem Dante de Oliveira, eleito pelo PMDB de Mato Grosso, apresentou um projeto de emenda constitucional simples como o canto do curió, propondo uma alteração mínima — mas vital — em dois artigos da Constituição:

> Art. 74. O presidente e vice-presidente da República serão eleitos, simultaneamente, entre os brasileiros maiores de trinta e cinco anos e no exercício dos direitos políticos, por sufrágio universal e voto direto e secreto, por um período de cinco anos.
>
> Parágrafo Único. A eleição do presidente e vice-presidente da República realizar-se-á no dia 15 de Novembro do ano que anteceder ao término do mandato presidencial.
>
> Art. 148. O sufrágio é universal e o voto é direto e secreto; os partidos políticos terão representação proporcional, total ou parcial, na forma que a lei estabelecer.

O projeto de emenda constitucional tinha assinaturas de 170 deputados e 23 senadores e foi protocolado na Secretaria-Geral da Mesa do Congresso no dia 2 de março de 1983, tornando-se a PEC nº 5. Na abertura dos trabalhos legislativos várias emendas propondo a eleição direta do presidente da República foram apresentadas, mas a de Dante teve primazia porque dera entrada em primeiro lugar. De fato, os parlamentares que tentavam ser o primeiro a apresentar um projeto com essa proposta tinham uma dificuldade extrema: conseguir o número mínimo de assinaturas de apoio na Câmara dos Deputados e no Senado Federal, sendo que boa parte deles não se conhecia, porque a renovação tinha sido grande nas eleições de 1982. Naquele momento, acima de tudo, ninguém poderia supor que este curto projeto de Dante arrebataria e incendiaria o país no decorrer daquele ano de 1983 — nem mesmo a oposição e muito menos seu autor. Muito tempo depois ouvi de Dante que ele pretendia apenas marcar uma posição de deputado jovem, mas combativo, nada mais que isso — e a importância de seu projeto saiu de todos os controles, a começar, do dele.

* * *

O ano de 1984 iria mudar o país. Enxergar isso quando o ano começou não era muito fácil — a hegemonia que a ditadura tinha imposto à sociedade, o cerco já não mais da censura, mas do controle político-econômico, o uso descarado de casuísmos que lhe prolongassem uma sobrevida política e a mão de ferro sobre a economia eram fatores contrários a qualquer tendência de mudança. "Os empresários financiadores da conspiração de 1964, sócios privilegiados do regime, mudaram de rumo quando a inflação e o endividamento sucederam ao milagre econômico."[25] A visão que se tinha do governo militar, olhado da planície, era demolidora para os sonhos de uma democracia plena. Dava a impressão de que a ditadura, conseguindo se transformar ao longo dos anos, não acabaria nunca. Mas logo no início de 1984 começaram a repicar alguns sinais animadores.

Em fins de 1983, para entender o que estava acontecendo com o povo brasileiro era preciso ir às ruas, e talvez nem mesmo assim. Tudo começaria com um primeiro comício por eleições diretas, em Curitiba, no dia 13 de janeiro, com 40 mil pessoas. Quando ele aconteceu, surgiu uma grande interrogação: será possível? O comício da Praça da Sé, no dia 25, removeu todas as dúvidas. A sociedade estava cansada do governo militar e estava disposta a trilhar com entusiasmo esse novo caminho. Mas naqueles primeiros momentos era preciso andar nas ruas para sentir o pulso da população e o alvorecer daquele ronco que logo se tornaria ensurdecedor — e Castelinho frequentava as altas rodas políticas, não caminhava pelas ruas. Ele já tinha falado das diretas antes, mas reagindo apenas a movimentos dos políticos, não da disposição das ruas.

Em fins de setembro de 1983, sua coluna noticiava uma pesquisa feita pelo Ibope para o PMDB, com extraordinária adesão da população à tese das eleições diretas: 77% dos brasileiros eram a favor.[26] Mas ele não falava, ainda, da campanha pelas diretas. Só em novembro voltou lateralmente ao tema: "A eleição indireta do presidente parecia ser a última peça a ser desmontada do sistema de compressão a que foi submetida por longos anos a vida pública do país. O presidente Figueiredo deveria, segundo o projeto inicial, abrir até o ponto de resguardar a escolha do seu sucessor para decisão do próprio sistema. Para tanto criaram-se leis especiais destinadas a contornar a manifestação da vontade da maioria do eleitorado e assegurar ao partido do governo o privilégio de dizer quem será o futuro presidente. Mas, por obras demoníacas, a mágica não funcionou. O partido do governo dilacerou-se em três ou quatro correntes, e a decisão, que deveria tecnicamente partir do presidente, a quem se delegou o poder de coordenar e indicar o candidato, tornou-se imprevisível. O presidente já não controla o partido."[27]

A campanha das diretas estava em final de gestação, a dezessete dias do primeiro comício de Curitiba e o horizonte de Castelinho ainda se restringia às negociações palacianas e congressuais. "Há um encontro inútil previsto para os primeiros dias de janeiro. O encontro do senador José Sarney e do deputado Ulysses Guimarães. O presidente do PDS já afirmou e reafirmou que seu partido não negocia mais eleição direta sob o pretexto de que tem direito adquirido na última eleição de eleger o sucessor do presidente Figueiredo. O presidente do PMDB negocia, mas desde que seja para adoção da eleição direta. Logo, o encontro será de cortesia, um aperto de mão antes que os contendores pulem para o meio do ringue."[28] Ele percebia que os grandes enredos políticos apresentavam dificuldades para os atores políticos governistas mas não percebia que um novo ator, o povo, iria desequilibrar o fiel da balança.

O verdadeiro encontro previsto, àquela altura, era na Boca Maldita, em Curitiba, no dia 13. Era razoável ter, pelo menos, uma expectativa favorável para o movimento que era articulado pelos governadores Franco Montoro (SP), Leonel Brizola (RJ), Tancredo Neves (MG) e José Richa (PR) para testar uma campanha pelas eleições diretas na capital paranaense. Como se preparava o comício? "O ano de 1984 nasceu em Curitiba debaixo de panfletos e banners. Neles estava escrito "Eu quero votar pra presidente" — e chegaram a circular até em salão de beleza, onde o cochicho era sempre o mesmo: a capital paranaense serviria de sede para um movimento nacional de reação à ditadura militar. O motivo da escolha, 'facinho'. Dizia-se que Curitiba era uma 'cidade teste'. Se o povo aqui aplaude um espetáculo em pé, noutro lugar o mesmo espetáculo vai receber urros. É lenda. Mas, no caso do Diretas Já, a lenda nos colocou na dianteira da abertura política."[29]

Naquele início de 1984, Castelinho continuou a ser o observador arguto que captava a tendência do que se passava nas lides políticas do Congresso e do Palácio do Planalto, mas não estendia suas vistas para o que se passava e que se passaria, nos próximos dias, nas ruas. Numa entrevista, sem perder a modéstia, exemplificou como era procurado por políticos de todos os quadrantes ideológicos, ávidos por transmitir e receber informações: "Hoje recebi telefonemas de Aloísio Alves, do José Aparecido, do Aureliano Chaves, e do Delfim Netto."[30] Assim era: muitos o procuravam, nada lhe escapava no meio político, mas ele tinha perdido o traquejo de olhar para as ruas, talvez porque desde já muito as ruas não roncavam. Assim, as pessoas, em geral, e os jornalistas, em particular, perderam o costume de prestar atenção no "ronco surdo das ruas" de que falava Ulysses Guimarães.

Naquela época, sua coluna não saía às segundas-feiras, dia em que três substitutos revezavam — Eliane Cantanhêde, Ricardo Noblat e eu — sem o timbre da Coluna do Castello, obviamente, mas no mesmo exato extremo esquerdo da página dois do *JB*. No dia 26 de dezembro de 1983, inaugurei as menções à campanha das diretas naquele espaço sagrado: “Depois de amanhã, numa reunião em São Paulo com o seu novo secretário-geral, o moderado senador Affonso Camargo, o presidente do PMDB, Ulysses Guimarães, dá a partida para o que pretende seja uma monumental coluna a singrar o país, de sul a norte, pelas eleições diretas.”[31]

18
DIRETAS JÁ
1984-1985

Quando 1984 começou, as duas maiores lideranças de oposição discordavam sobre como posicionar o partido para disputar a sucessão de João Figueiredo. Para Tancredo Neves, governador de Minas Gerais, a oposição deveria esperar até 15 de abril de 1984 para conseguir aprovar as eleições diretas, após o que deveria iniciar negociações para disputar a eleição indireta; Ulysses Guimarães, presidente do PMDB, queria focar o partido na campanha das Diretas Já. Para Tancredo, o PMDB deveria ser pragmático e se colocar em condições de disputar a sucessão presidencial de uma forma ou de outra; entendia que o tempo dos simbolismos, quando a oposição disputava para marcar posição, e não para competir decisivamente, tinha passado. Ulysses achava que o partido não podia pregar a eleição direta e ficar se preparando para as indiretas; essa indefinição transmitiria insegurança. Foi isso que Castelinho registrou numa coluna em que esclarecia as posições dos dois gigantes oposicionistas.[1]

Naquele momento o PMDB tinha três grandes e indiscutíveis figuras públicas — o governador Tancredo Neves (MG), o governador

Franco Montoro (SP) e o deputado Ulysses Guimarães; e o PDT tinha Leonel Brizola. Como Montoro sempre se posicionou com modesto recato, apesar da força do estado que governava, as previsões de todos se dirigiam para uma sucessão que deveria envolver os nomes de Tancredo e Ulysses. Dizia-se que, se a eleição fosse direta, Ulysses seria o candidato; se indireta, Tancredo.

Depois de uma série de pequenos comícios em várias cidades, sempre com públicos escassos, o comício-teste da Boca Maldita, tradicional reduto de Curitiba, no dia 13 de janeiro, bancado pelo governador José Richa, reuniu 40 mil pessoas e animou a oposição. Castelinho não fez nenhum registro dessa manifestação, mas logo faria um pequeno comentário sobre a indecisão do governador Leonel Brizola ante a campanha das Diretas. A oposição tinha pressa para definir dois grandes comícios, um no Rio e outro em São Paulo; o de São Paulo foi prontamente bancado pelo governador Franco Montoro, mas no Rio Brizola mostrava hesitação entre um comício e uma passeata. Quando notou a indecisão, Ulysses recorreu a outros meios para fazer o comício do Rio (ao qual, depois, Brizola aderiria): "O governador, no entanto, que parecia agir em função das dificuldades de seu relacionamento com o Planalto, estaria decidido agora a superar atitudes convenientes e a realizar a grande passeata anteriormente programada e suspensa, aparentemente em atenção a advertências de origem militar. O sr. Leonel Brizola deverá comparecer dia 25 ao comício organizado pelo governador Franco Montoro em São Paulo."[2]

Quatro dias antes do comício da praça da Sé, em São Paulo, Castelinho publicou uma dura análise sobre o regime militar, sob o título "Afinal, acabou a revolução de 1964". O fim do regime, segundo ele, dever-se-ia não ao fragor das Diretas Já, mas às dissonâncias entre seus apoiadores. Escreveu: "O processo, dito revolucionário, iniciado em 1964 está no fim. Seus remanescentes estão divididos cada um para um lado. Não se entendem e mal se cumprimentam quando o fazem. O sistema abriu-se num leque de tendências autônomas e frequentemente conflitantes. Se houver ainda revolução não será mais a de 1964, mas outra que poderá seguir-se à decisão do Colégio Eleitoral em janeiro do próximo ano."[3] Criticou o regime, mas não fez nenhuma menção à nascente campanha das Diretas.

A preparação do comício da praça da Sé foi um rito profissional, de tal forma que na véspera já se podia aguardar que o evento seria um sucesso. Montoro colocou sua assessoria de Comunicação para preparar o comício e convocou as principais agências que atendiam seu governo, em especial a criativa DPZ, que pôs seu diretor Tom Eisenhlor para coordenar o comício e seus sucedâneos nos estados. No dia do comício, Castelinho comentou: "A mobilização feita pelo Partido e pelo governador Franco Montoro atingiu o ponto máximo que poderia atingir, mas o comparecimento e o entusiasmo são funções de imprevistos. É de supor-se que haja extraordinária aglomeração e uma participação efetiva da população no comício político, tão minuciosamente elaborado. A grande reunião da Praça da Sé dará a medida da viabilidade desse tipo de pressão como instrumento de mudança da disposição de dois terços do Congresso de modificar a Constituição para atender às aspirações de tão extensa maioria."[4]

No fim da tarde, a praça da Sé foi tomada por um mar de gente. No princípio, as pessoas apenas se emocionavam em saber que tanta gente se dispôs a sair de casa para marcar posição contra o regime militar, depois de tantos anos de paciente pregação democrática. Só nos dias seguintes é que alguns analistas começaram a entender que a repercussão daquele comício seria bem maior do que a simples emoção de ver a democracia renascer — e um dos primeiros foi Castelinho. Aos poucos, foram entendendo que ali o regime militar começava a cair. O comício foi um sucesso estrondoso, arrebanhou 300 mil pessoas e respondeu a todas as dúvidas que pairavam sobre a viabilidade da campanha das Diretas; depois dele, a campanha ganhou solidez e personalidade, arrebatou o país e, afinal, sensibilizou Castelinho, que deixou entrever, em seu comentário sobre o comício, que quem falava não era seu cérebro mas seu coração e que o coração atestara o começo do fim da segunda ditadura de sua vida: "É possível que a campanha popular pela eleição direta não produza o efeito desejado por seus promotores. Na verdade, porém, o comício de São Paulo, programado e comandado pelo governador Franco Montoro, foi uma demonstração vigorosa. Uma das maiores aglomerações humanas que já vi, e das mais identificadas com a causa que a motivou, deu ao presidente do PMDB, deputado Ulysses Guimarães, a sensação de vitória e de que o governo não poderá opor-se ao povo sob pena da total falta de autoridade e de legitimidade de um presidente escolhido pelo Colégio Eleitoral."[5]

Castelinho socou o fígado do regime militar ao afirmar que a manifestação popular não deixava margem ao governo, sob pena de suprimir a autoridade e a legitimidade do presidente eleito indiretamente pelo Colégio Eleitoral. Não estava à vista naquele momento, mas o único eleito pelo Colégio Eleitoral que poderia agregar legitimidade seria um egresso daquele palanque das diretas. Fora disso, o povo se encarregaria de rejeitá-lo. Qualquer outro candidato teria legitimidade nula.

Nas semanas seguintes a campanha impactou o país — era fogo morro acima ou água morro abaixo. Dava a impressão de que o povo estava em casa apenas esperando uma convocação para sair às ruas; tudo estava maduro para começar a derrubada do regime. Em 24 de fevereiro, na praça da Rodoviária, em Belo Horizonte, juntou 400 mil pessoas; em 21 de março, na Cinelândia, no Rio de Janeiro, 200 mil pessoas; no segundo comício carioca, na Candelária, em 10 de abril, 1 milhão de pessoas; na praça Cívica, em Goiânia, a 13 de abril, 300 mil pessoas; em Porto Alegre, 13 de abril, 200 mil pessoas; e finalmente o Vale do Anhangabaú, em São Paulo, juntou 1,5 milhão de pessoas, na maior manifestação cívica de toda a História brasileira. O governo militar havia sido vencido, estava de joelhos. A perda da legitimidade, cujo primeiro sinal se revelara muito tempo antes, na teimosia atabalhoada e ansiosa de Costa e Silva, agora se completara.

Em fevereiro, todas as análises políticas indicavam que o país marchava para uma de duas hipóteses — ou fazer eleições diretas (e aí a oposição ganhava em qualquer circunstância, com qualquer candidato, por causa do desgaste do regime militar) ou o candidato oficialmente posto pelo governo, coronel Mário Andreazza, seria eleito pelo Colégio Eleitoral. Um número expressivo de jornalistas começaria, a partir daí, a ser traído em suas análises por aplicar a matemática à ciência política. Consideravam que o PDS tinha maioria tranquila no Colégio Eleitoral — e, se tinha essa vantagem formal, o candidato oficial ganharia, não tinha como perder. Era uma verdade matemática. Mas não era uma verdade política, logo se veria.

* * *

Era matemático, mas matemática não se aplica a ciência política, escreveu um dia Eliane Cantanhêde, substituindo Castelinho, no recanto sagrado da página 2 do *Jornal do Brasil*. Ela afirmou que a política circunvalava situações que a matemática não compreendia — a ciência política era feita de convencimentos, de traições, de conhecimentos pessoais, de interesses locais contrariados, de relações pessoais acima dos partidos e, aqui e ali, de mudanças imprevistas. Portanto, dependendo da situação de temperatura e pressão, dependendo do candidato, dependendo de uma estratégia eficaz, dependendo da condução do processo, a oposição podia ganhar, mesmo não tendo maioria no Colégio Eleitoral. E a fórmula para essa vitória não estava pronta; seria construída ao longo do processo, como um motorista que troca a roda do carro em movimento. No dia seguinte recebeu o cumprimento que mais a orgulhou na carreira. Castelinho adentrou a redação do *JB*, o que não era seu costume, chegou até a mesa de Eliane, a cumprimentou e disse: "Eu assinaria a coluna que você escreveu hoje."[6]

Assinaria a coluna escrita por Eliane mas não suportou em seu texto as vírgulas adicionadas por Paulo José Cunha. Num sábado de manhã, estava Paulo, repórter novato e dono de um belíssimo texto, um português perfeito, na coordenação do plantão na sucursal de Brasília, poucos dias depois de ser contratado pelo *JB* — era pouco mais que um foca em desenvolvimento. Por volta das 10 horas, Castelinho entrou na redação e lhe entregou a sua coluna para o domingo, que decidira reescrever no sábado de manhã; pediu-lhe que a transmitisse por telex para o Rio de Janeiro. Por mera cortesia com o colega principiante, acrescentou, entre grunhidos ininteligíveis, que ele desse uma olhada no texto. Alguém contara a Paulo por aqueles dias que Castelinho aprendera com Nelson Rodrigues a redigir em "espaçamento um", que não deixava espaço para as correções, como forma de desestimular que qualquer copidesque estouvado se metesse a revisar (à época, claro, a revisão era manuscrita) seus textos. Paulo lembrou da historinha mas sentiu-se incentivado pelo pedido de Castelinho; e resolveu dar a olhada solicitada no texto. A primeira coisa que percebeu foi o estilo preciso, conciso, escorreito, linguagem direta, gracilianamente falando. Olhando melhor, entendeu que talvez faltasse uma vírgula aqui e outra ali, como um oásis a amenizar uma certa aridez que lhe lembrava a terra natal dos dois, o Piauí. Chegou ao cúmulo de cometer dois ponto e vírgulas, além de transformar vírgula em ponto para encurtar uma frase que lhe pareceu ir mais longe do que deveria.

No dia seguinte, domingo, chega o jornal — e Paulo, novamente coordenando o plantão, apressou-se em ver, na página, o resultado de sua diligência. De fato, lá estavam todas as vírgulas, ponto e vírgulas e pontos que acrescentara. Sentiu-se orgulhoso e pensou em ligar para o pai e contar-lhe que era uma espécie de coautor da Coluna do Castello daquele dia. Mas o telefone antecipou-se a sua vontade e tilintou; do outro lado, a voz engrolada, como se tivesse duas bolas de bilhar na boca, vociferou ameaçadora, o suficiente para que Paulo não perdesse uma só palavra: "Quem mexeu no meu texto?"[7]

(É essencial aqui abrir parênteses e relatar um aspecto essencial para captar a graça da história: a coisa que jornalistas, jovens ou velhos, homens ou mulheres, competentes ou incompetentes, mais odeiam na vida é que alguém lhes mexa no texto. Se for iniciante, ele engole o incômodo e arquiva o ódio ao copidesque maldito na conta de uma futura úlcera; se é mais velho — e pior — se é consagrado, pode crer que um enorme caso, sem perspectivas de solução, estará criado.)

Gaguejante, Paulo confessou — fora ele. E a voz, mais ameaçadora ainda, urrou: "Pois amanhã de manhã quero ter uma conversa com o senhor. Na minha sala." O jovem repórter viu o emprego recente criar asas e imaginou que ele, o emprego, iria voar na segunda de manhã, saindo provavelmente pela janela.

Mau sinal: na segunda cedo Castelinho chegou, passou por Paulo e não o cumprimentou. Foi para sua sala e para lá Paulo se dirigiu. O mestre voltou a perguntar: "Foi você?" Paulo reiterou a confissão — sim, fora ele, integralmente. "Com que autorização?", insistiu na inquirição. Paulo arriscou que, na condição de coordenador do plantão, entendera que era sua atribuição zelar pela qualidade do material, por isso acrescentara as malditas vírgulas. Castelinho perguntou-lhe em que estado nascera. Era tudo que Paulo queria ouvir; encheu o peito e respondeu: "Sou do Piauí." E Castelinho: "Ah, pensei que fosse cearense." A essa altura, Paulo viu que sobre a mesa estavam as laudas com o texto, com todas as vírgulas, ponto e vírgulas e pontos que ele pespegara. Castelinho desfranziu o cenho, olhou para as laudas remendadas e comentou: "Até que não ficou ruim. Melhorou algumas coisas. Você deve ter feito um bom ginásio." Alívio para o jovem repórter. E arrematou: "Mas não repita isto!" Mas logo amenizou: "Há quanto tempo você não vai ao Piauí?"

* * *

Em março, o senador José Sarney teve a infeliz ideia de afirmar que as eleições diretas não serviam ao país, ou pelo menos não serviam ao nordeste. Nada mais inoportuno no momento em que as diretas eram o alimento vital que encantava os brasileiros. Castelinho pegou a bola de peito de pé, daquelas que os locutores dizem que pegou na veia: "O senador José Sarney saiu-se com estranho argumento para rejeitar a tese da eleição direta. Segundo ele, pelo voto popular, São Paulo, Minas e Rio de Janeiro elegeriam o presidente deixando de lado o nordeste. Em primeiro lugar, ele esqueceu que há vinte anos os presidentes foram escolhidos por dois ou três generais. Em segundo lugar, não há unanimidade naqueles estados, os quais habitualmente se dividem entre os partidos que disputam o pleito."[8]

O governo militar ainda tentou blefar e Castelinho registrou na coluna que o presidente Figueiredo pensava apresentar uma emenda constitucional propondo eleições diretas para 1988, mantendo a eleição indireta em 1985. A iniciativa deu em nada porque a oposição, nada ingênua, não mordeu a isca. Mais adiante, a doze dias da votação da emenda Dante de Oliveira no Congresso, Castelinho fez uma análise perfeita do paradoxo que o Brasil vivia: "As massas populares praticamente esgotaram sua possibilidade de influir; nos belos espetáculos cívicos realizados em quase todo o país. O que resta à oposição, como saldo desse capital de apoio popular, é prolongar a batalha para além do dia 25 e demonstrar ao governo que, sem concordância com sua vontade, não produzirá satisfatoriamente uma sucessão presidencial."[9]

O amarelo virou a cor das Diretas Já. Homens usavam gravatas amarelas e mulheres, lenços ou blusas amarelos. Na semana da votação da emenda o fotógrafo Orlando Britto foi encarregado pela revista *Veja* de fotografar o deputado Dante de Oliveira no plenário da Câmara, onde se deflagraria a batalha final, para a capa da edição que noticiaria a votação da sua emenda constitucional. No dia aprazado para a foto, Dante, logo ele, estava sem gravata amarela — eu tive de emprestar a minha, uma reles, porém simbólica, gravata de tricô comprada num camelô do Conjunto Nacional (sim, os jornalistas, quase todos, mandaram o galardão da imparcialidade às favas e passaram a usar gravatas amarelas naquelas últimas semanas antes da votação).

No dia 25 de abril de 1984, a emenda pelas diretas foi a voto. Num projeto de emenda constitucional, a votação começa por uma das casas do Congresso; se for aprovada, alcançando dois terços dos votos, a votação prossegue na outra casa; mas, se for derrotada, a votação termina ali. Assim aconteceu naquela tarde/noite. As galerias do plenário da Câmara estavam lotadas e completamente amarelecidas e a votação começaria pelos deputados. Era preciso alcançar 320 votos do plenário e ninguém, antes de começar o processo, poderia adivinhar quantos deputados do PDS votariam pelas diretas, contra o governo. Quando a chamada acabou havia 298 votos computados a favor — faltaram 22 para atingir o quórum mínimo de aprovação. Apesar da pressão popular e dos comícios engordados por milhões de brasileiros, 65 deputados votaram contra, três se abstiveram e 112 faltaram à votação. A emenda das diretas foi para o arquivo

No dia seguinte, Castelinho escreveu que o caminho da democracia brasileira estava na negociação de um pacto para a transição do regime militar para um regime civil, e que assim estava reaberta a disputa entre Ulysses e Tancredo para conduzir essas negociações. Com todos extenuados pelo confronto dos últimos meses, Castelinho escreveu: "Por enquanto, todavia, o que querem o Governo e os governadores do PMDB é que decorra um tempo para assimilação da decisão do Congresso e a elaboração de novas atitudes da população sensíveis ao encaminhamento do processo democrático por outras vias."[10] As outras vias não eram plural, eram singular. Só havia uma via constitucional à vista para a oposição amplamente vitoriosa — a eleição indireta e, nela, a candidatura de Tancredo Neves, mais palatável aos militares.

Mas a tática da oposição após a derrota da emenda das diretas foi continuar pedindo eleições diretas. Um mês após o arquivamento da emenda Dante de Oliveira, o governador Franco Montoro (SP) lançou a ideia de lutar no Congresso pela aprovação urgente de uma emenda que desse eleições diretas em outubro, com um candidato único, que seria o governador Tancredo Neves. Castelinho chamou esse novo movimento de "Tancredo Já", em alusão ao mote das "Diretas Já".

* * *

Depois que a emenda das diretas foi derrotada, o país parecia ter entrado numa fragorosa depressão coletiva. Ao governo militar cabia não deixar que isso se transformasse em revolta; aos moderados do PMDB, chefiados por Tancredo Neves, cabia articular uma fórmula tão engenhosa que ocupasse o lugar vazio das diretas que se foram. E essa fórmula engenhosa tinha de ser com eleições indiretas — o que restava, àquela altura dos acontecimentos políticos. Assim é que, para ganhar a eleição indireta, o candidato tinha de ser Tancredo; Ulysses, que trilhara um caminho mais agressivo nos últimos meses, não conseguiria comover um número suficiente de potenciais infiéis no PDS. E, para ganhar, Tancredo começou a infiltrar-se no setor mais liberal do PDS — os governadores Roberto Magalhães, de Pernambuco, e Luiz Gonzaga Mota, o *Totó*, do Ceará. Os dois se aliaram a Tancredo e começaram a fazer um cuidadoso proselitismo para arrebanhar votos de deputados e senadores numa eleição indireta dentro do partido governamental.

Nos meses seguintes à derrota das diretas a palavra mágica era "negociação". Incontáveis vezes, no decorrer desses meses, Castelinho falou em negociação — e era essencial que se falasse para deixar um vácuo político que propiciasse um retrocesso. Aos poucos, a candidatura indireta de Tancredo foi se afirmando. A oposição tinha de negociar para assumir o poder; negociar, primeiro, com os aliados do regime militar que iriam pular a cerca, de maneira a garantir-lhe sobrevivência política e certo protagonismo (alguns no plano nacional, outros, menos cotados, pelo menos em seus planos estaduais); negociar também com os militares, dando-lhes garantia de que as regras da anistia seriam respeitadas e de que eles não seriam julgados nem execrados em praça pública. Não conceder isso, naquele momento, era pedir que eles se desesperassem e, a partir daí, partissem para um radicalismo desesperado. "O novo movimento pela eleição direta em 1984, articulado pelos moderados do PMDB, mas com o irrecusável apoio de todas as correntes partidárias e das agremiações oposicionistas, pode ser chamado de *Tancredo Já* em vez de *Diretas Já*. É claro que a proposta lançada pelo governador Franco Montoro tem como ponto de força a hipótese de que o lançamento prévio de um candidato único, para exorcizar fantasmas, estimulará pedessistas indecisos a completar o *quorum* de dois terços que marquem para outubro deste ano a eleição que o Presidente Figueiredo, para atender injunções da sua base militar, quer que se realize somente em 1988."[11]

A galope na legitimidade que as diretas haviam ganhado, a oposição pressionava o governo, mas sem tentar humilhá-lo ou submetê-lo. Prosseguia Castelinho: "Mas a candidatura, Tancredo se pode ser a vara de condão para mudar as tendências no Congresso e obter até mesmo o consentimento do presidente da República, não se esgota na votação da subemenda encaixada na emenda Figueiredo, que, em bloco, é objeto das sondagens do vice-presidente Aureliano Chaves e das articulações que, inspiradas na Casa Civil da Presidência, são conduzidas pelo líder Nelson Marchezan com a discreta participação do senador José Sarney."[12]

A "Emenda Figueiredo" era uma proposta — inaceitável para a oposição — de aprovar as eleições diretas para 1988, prorrogando o mandato de Figueiredo até lá. Castelinho expressava a pressão da oposição: "A candidatura Tancredo, se exprime o desejo da grande maioria do PMDB, a ponto de desestimular as aspirações do sr. Ulysses Guimarães, que teve a elegância de não se colocar como um obstáculo no caminho do seu velho companheiro, ainda não é uma candidatura consagrada, embora se saiba que, na chamada sociedade civil, ela é tida como uma alternativa conciliatória perfeitamente aceitável."[13]

O senador José Sarney, presidente do PDS, propôs a realização de prévias partidárias para escolher o candidato, mas a ideia foi rejeitada pelo candidato Paulo Maluf, que estava seguro de sua vitória na convenção. O general-presidente Figueiredo, que apoiara a proposta da prévia, voltou atrás e enviou uma carta a Sarney na qual cedia à pressão de Maluf. Numa reunião tensa, no dia 11 de junho de 1984, armado com um revólver calibre 38, Sarney renunciou à Presidência e se desfiliou do PDS. Quando chegou ao Congresso, naquela tarde, Bornhausen recebeu a visita de Ulysses Guimarães. Avançava, em alto estilo, a costura que uniria os descontentes do PDS com o PMDB, para eleger Tancredo. Castelinho anotou, sem medo de errar: "Sejam quais forem, todavia, os acidentes de rota; tem-se hoje como provável a fixação da sucessão numa disputa entre os srs. Paulo Maluf e Tancredo Neves."[14]

Com o passar dos dias, a candidatura de Tancredo, cada vez mais assentada, era um fato concreto: "Em princípio ficou assentada a antecipação do lançamento da candidatura do sr. Tancredo Neves a presidente da República [...]. A candidatura do governador de Minas, segundo pensam pedessistas e peemedebistas, deve ter a prioridade e ser válida tanto para a eleição indireta quanto para a direta. Se eventualmente aquela nova emenda for votada na data que visaria a dividir a Oposição e a procrastinar sua decisão."[15]

Castelinho informou que o PMDB e a Frente Liberal (abrigo dos dissidentes do PDS) formariam a Aliança Democrática, cujo manifesto seria, de início, assinado por quatro cardeais (Sarney, Aureliano Chaves, Marco Maciel e Jorge Bornhausen) e três governadores do PDS: Roberto Magalhães (PE), Luiz Gonzaga Mota (CE) e Espiridião Amin (SC). Havia outros governadores apalavrados com a Aliança mas estes só assinariam o manifesto depois da convenção do PDS, se o nome de Maluf — como se esperava — fosse indicado. Eram eles: José Agripino Maia (RN), Divaldo Suruagy (AL), João Durval Carneiro (BA), e Jair Soares (RS). Essa era, segundo Castelinho, "uma formação teoricamente imbatível".[16]

O calendário andou rápido: em 5 de julho a dissidência Frente Liberal rompeu com o comando partidário do PDS; no dia 23 a Frente Liberal anunciou um acordo com o PMDB para apoiar a eleição de Tancredo; em 8 de agosto Sarney se filiou ao PMDB e cinco dias depois foi escolhido candidato a vice-presidente na chapa de Tancredo. Mais dois dias e Tancredo renunciou ao governo de Minas e colocou-se francamente como candidato. Até janeiro, quando ocorreria a eleição indireta, teria cinco meses para conquistar no PDS os votos de que necessitava para eleger-se. Era uma empreitada arriscada, porque mesmo com os votos dos dissidentes ele não tinha a eleição matematicamente assegurada. Os votos necessários à vitória só foram confirmados mais ou menos em fins de outubro, quando Tancredo arrancou a adesão do senador baiano Antonio Carlos Magalhães.

A estratégia de Tancredo foi fazer sua campanha baseada em grandes comícios que foram uma espécie de continuidade da campanha das Diretas Já. Deu certo. Os comícios tiveram extraordinária adesão popular e acrescentaram legitimidade popular ao candidato que seria eleito no Congresso.

* * *

O comitê do candidato Tancredo Neves ocupava o segundo andar do Edifício Guanabara, um modesto prédio do Setor Comercial Sul, em Brasília. Era difícil imaginar que aquelas salas acanhadas abrigariam os trabalhos de um candidato que pretendia empalmar a Presidência da República. À saída do elevador havia um pequeno hall que conduzia, por uma porta, à sala onde ficava Antônia Gonçalves, a poderosa secretária de Tancredo, que decidia quem devia passar à sala seguinte, do candidato, e quem devia voltar dali. Um deputado que tentara algumas vezes, sem êxito, ver Tancredo acabou levando para a secretária Antônia um belo e colorido corte de seda chinesa em vermelho com flores amarelas. À direita do hall havia outra sala onde ficaria instalada a assessoria de imprensa do candidato, onde eu trabalharia nos próximos seis meses. Quem olhasse aquele pequeno conjunto de salas, digno de uma empresa média, diria que a empreitada de Tancredo — dali, daquele fortim de meia-tigela, vencer a ditadura militar — era ingrata, senão impossível, algo na medida *della armata brancaleone*.

Recebi de Fernando Lyra um convite para trabalhar com Tancredo. Fui me aconselhar com Castelinho se deveria ir e deixar o *JB*, onde trabalhava há sete anos. Ele me disse: "O *JB* está entregue ao Paulo Maluf e você, que é marcado como sendo de esquerda, fica sem espaço. Aceite sem piscar os olhos." De fato, eu tinha passado os últimos meses cobrindo a oposição, das Diretas Já ao nascimento da candidatura indireta, e, ao final, minhas matérias estavam sendo reduzidas a pequenas notas. O *JB* de 1984, decididamente, não apoiava a oposição.

Mas Tancredo o usaria assim mesmo. No começo de 1984, o diretor do *JB*, Luiz Orlando Carneiro, foi falar com ele na representação de Minas Gerais em Brasília e Tancredo lhe pediu que marcasse um almoço com o dono do jornal, Nascimento Brito. O almoço foi agendado para a residência do diretor, que dividiu a mesa com Tancredo e Brito — só os três. Tancredo disse a Brito: "Eu tenho que concorrer na eleição indireta e, ao mesmo tempo, não posso ser contra as Diretas Já. Mas eu preciso ter um grande jornal que apoie a eleição indireta. Quero lhe pedir que continue nessa linha." O *JB* aproveitou a fresta; seguiu apoiando a eleição indireta, mas não prestigiava Tancredo — seus melhores espaços eram dedicados a Paulo Maluf.

Quando o ano de 1985 começou, Tancredo já era considerado futuro presidente do Brasil. "Embora não possa ainda tratar formalmente do assunto, nem mesmo numa conversa reservada com o governador de São Paulo, a quem deve a iniciativa de tornar pública sua candidatura a Presidente da República, o sr. Tancredo Neves não tem outra preocupação no momento a não ser a composição da sua equipe governamental."[17]

Na primeira semana de janeiro de 1985, com a vitória assegurada no Colégio Eleitoral, Tancredo ligou para Luiz Orlando e lhe disse que aceitaria de bom grado uma oferta do jornal para oferecer um jantar em que se caracterizasse o seu agradecimento à contribuição dada no apoio à eleição indireta; e sugeriu que esse jantar fosse marcado para o dia 14 de janeiro, véspera da eleição indireta. Brito ficou encantado com a ideia e comandou uma recepção de alto calibre. A festa começou com uma previsão de cem convidados e terminou com quatrocentos, debaixo da chuva torrencial que caiu naquela noite. Estava lá todo o Brasil que tinha alguma influência, menos, é claro, os Marinho proprietários das Organizações Globo.[18]

* * *

Talvez Castelinho não incluísse Tancredo entre os três melhores políticos que conheceu, mas ele queria tanto que as liberdades fossem restauradas no Brasil que embarcou decisivamente na sua candidatura, desde o início. Castelinho contou que, enquanto Tancredo foi candidato pela via indireta, eles se encontraram inúmeras vezes: "Conversava muito com ele." E confessou: no final do governo Figueiredo deixou o lado jornalista, assumiu o lado democrata e ajudou a promover os encontros de Tancredo com generais do Alto-Comando do Exército.[19]

Tancredo pedira a Castelinho que organizasse os encontros, alegando que era fundamental para sua estratégia arregimentar o apoio e a simpatia dos generais do Alto-Comando. Deu a Castelinho carta-branca para administrar o assunto, recomendando apenas que houvesse rigoroso sigilo na articulação e na execução dos preparativos. Castelinho procurou o engenheiro José Carlos Mello, que fizera excelente gestão na Secretaria de Viação e Obras do Distrito Federal e tinha ótimas relações no meio militar. Mello concordou em fazer os jantares em sua casa, na QI-21 do Lago Sul. Era um lugar discreto e absolutamente insuspeito. O planejamento dos encontros previa que o próprio Castelinho, dirigindo seu próprio carro, pegaria Tancredo na garagem de seu apartamento, na Asa Sul, e o levaria à casa de Mello. Os jantares teriam quatro pessoas à mesa: Tancredo, o general convidado, Castelinho e Mello. Ao final, Tancredo era levado embora em seu carro de campanha, dirigido por oficiais da Polícia Militar mineira que faziam sua segurança. Era mais seguro do que voltar no carro de Castelinho, depois das doses de uísque servidas no jantar.

O primeiro jantar reuniu Tancredo e o general José Albuquerque, então diretor de Material Bélico do Exército (DMB). O resultado foi satisfatório e Tancredo depois se disse impressionado com a conversa. O segundo jantar trouxe à mesa de Mello o general Rubens Mário Brum Negreiros, que dirigia o Departamento Geral de Serviços (DGS) do Exército e fora secretário de Segurança Pública do governador Faria Lima, no Rio de Janeiro, entre 1977 e 1979. O terceiro jantar foi com o general Ivan de Souza Mendes, diretor de Engenharia e Construção (DEC) do Exército. Tancredo ficou vivamente impressionado com o preparo e a cultura do general. Adiante procurou saber que cargo o general Ivan almejava em seu governo; disseram-lhe que a Presidência da Petrobras, mas ele acabou chefiando o SNI. O quarto e último jantar foi transformado em almoço porque o general Adhemar da Costa Machado, comandante militar da Amazônia, disse que só aceitaria se pudesse comunicar o encontro ao então ministro do Exército, general Walter Pires de Carvalho e Albuquerque. Isso não era um bicho de sete cabeças porque Tancredo tinha linha direta com Pires; os dois foram colegas de turma na Escola Superior de Guerra, na década de 1950, quando Tancredo era deputado e Pires, coronel; depois, já em campanha pela Presidência, Tancredo mandava recados a Pires e recolhia respostas por meio de duas amigas comuns, uma funcionária pública e uma jornalista, que cumpriram discretissimamente o papel de pombo-correio. Mas Tancredo preferia que nem mesmo Pires ficasse sabendo daquelas conversas. O general Adhemar acabou convencido a trocar o jantar por um almoço — que aconteceu no início de janeiro de 1985 — sem Pires saber. Ao preparar o almoço, a esposa de Mello foi informada de que deveria amenizar o cardápio — mandou fazer peito de frango grelhado e suflê de chuchu para Tancredo e um lombinho para os demais convidados. À mesa, Tancredo, que já acusava dores abdominais, não resistiu: ignorou a dieta e atacou o lombinho. Na conversa, Tancredo gostou tanto do general Adhemar que planejou convidá-lo para chefiar o SNI em seu futuro governo. Sondado, semanas depois, Adhemar recusou.

Além do contato heterodoxo com Pires, Tancredo tivera longa conversa com o general Leônidas Pires Gonçalves, então comandante do Terceiro Exército, num almoço montado secretamente na casa da Construtora Mendes Júnior em Brasília. Na conversa, convidou-o para ser ministro do Exército e Leônidas aceitou. Além de todos estes generais de exército, Tancredo tinha linha direta com o general de divisão Geraldo Braga, que assumira a agência central do SNI no governo Figueiredo. Na montagem do seu governo, consultava Braga para saber as reais vinculações ideológicas de cada candidato a cargos importantes.

Surgiu um único problema quando Mello recebeu telefonema de um almirante amigo: "O pessoal da Marinha também quer." Três argumentos derrubaram o interesse dos marinheiros. O primeiro é que, do ponto de vista da sustentação militar, não era indispensável fazer contatos prévios com os almirantes; em segundo, não haveria tempo para abrir o leque e programar conversas com tanto oficial-general; e, terceiro, os encontros ficariam muito expostos — e naquele momento o segredo era fundamental.[20]

Ao aceitar a articulação solicitada por Tancredo, em tese Castelinho feria um princípio básico do jornalismo — o de não favorecer, em sua ação, um lado. Mas não era um lado qualquer. Era o lado da democracia, que enfrentava o lado obscuro do autoritarismo.

* * *

Castelinho traçou uma comparação entre Tancredo e seu vice, Sarney. De Tancredo, ele disse que era um político "muito bom", mas acabou passando à História entronizado num papel de importância que não condizia com o real. "Há uma versão de que ele teria feito o que Sarney não faria, mas ele era mais conservador do que Sarney."[21] Parece injusto dizer isso, porque Tancredo era muito habilidoso e competente, melhor político que Sarney, mais experiente, com maior conhecimento de pessoas no âmbito nacional, com um arco mais competente e amplo de relações e principalmente com um currículo de maior porte. Talvez atento a esses aspectos, Castelinho contemporizou: "Ele tinha uma cabeça melhor para o comando político, mais experiente de política e de administração do que Sarney. Sarney é um homem inseguro. Tancredo achava que sabia. Sarney sabe que não sabe, por isso fica mais sujeito a oscilações de influência em torno dele, mas Sarney só faz o que ele quer."[22]

Num perfil que lhe traçou Castelinho lembrou, fazendo um jogo de palavras, que Tancredo teve uma carreira truncada: "Jamais lhe foi dado cumprir até o fim qualquer das missões que lhe foram atribuídas pelo voto popular ou pelo consenso político."[23] Lembrou que Tancredo, já na eleição inicial de vereador, em São João del-Rei, foi presidente da Câmara, deposto pelo golpe do Estado Novo, em 1937. Depois, o próprio Getúlio morreria em seus braços e nos de Alzira Vargas, em 1954. Foi primeiro-ministro no acordo que permitiu a Jango assumir a Presidência da República em 1961, mas sentiu que o parlamentarismo era inviável para o Brasil e renunciou nove meses depois para concorrer a um posto de deputado. Restaurado o presidencialismo, foi líder de Jango na Câmara, mas caiu com ele em 1964. Governador de Minas, renunciou para buscar a Presidência da República em 1985.

"Bem-dotado intelectual, moral e politicamente para exercer as funções que o destino lhe atribuiu, não as cumpriu por inteiro e viu-se privado de investir-se na última delas e na mais importante, a que colocaria seu nome na História como restaurador das instituições democráticas do Brasil. Nenhum destino mais frustrante nem dramático na nossa História contemporânea." E concluiu: "Quem o matou não foi a política. Nem o trabalho nem a viagem. A doença foi um acidente. Quem o matou foi sua disposição ao sacrifício."[24]

* * *

Castelinho conhecera Tancredo em 1951, na Câmara dos Deputados, no Rio de Janeiro. Ele rapidamente ascenderia na carreira política: fora eleito para o seu primeiro mandato de deputado federal, depois de ter sido deputado estadual em Minas, sempre pelo PSD, e apenas dois anos depois seria o ministro da Justiça de Getúlio Vargas. Foi nomeado porque, segundo Castelinho, era cunhado de Ernesto Dornelles, por sua vez parente de Getúlio Dornelles Vargas e chefe do PTB no Rio Grande do Sul. Sete anos depois de ser ministro de Getúlio, Tancredo conseguiu montar uma estrutura imbatível, reunindo três grandes partidos mineiros (PSD, PTB e PR) para tentar o governo de Minas Gerais, mas acabou batido por seu arquirrival Magalhães Pinto, da UDN. "Um dia ele me disse que a História não perdoa, que ele tinha se precipitado e que a vez era do [José Maria] Alkmin", contaria Castelinho.[25]

Num exame de sua carreira brotam duas qualidades. A primeira é uma extraordinária coragem pessoal e cívica; a segunda, uma notável e inflexível coerência em suas escolhas e performances político-ideológicas ao longo do tempo. Nunca foi um nacionalista ferrenho, mas defendeu Getúlio até o fim; até mesmo quando ministros mais apegados ao presidente fraquejavam, esmagados pelo peso da onda oposicionista em 1954, ele ficou com o presidente até o suicídio. Na dramática reunião ministerial que antecedeu o suicídio, negou-se a assinar a licença-deposição do presidente e chegou a propor que Getúlio resistisse pelas armas, com revólveres, contra os tanques que se aproximavam do Palácio do Catete, num momento em que até mesmo os ministros militares já haviam jogado a toalha. Por isso Getúlio o presenteou com a sua caneta de ouro pouco antes de subir a escada que o levaria a seus aposentos, de onde sairia morto. Testemunhas da hora ouviram o que Getúlio disse dele, ao entregar-lhe a famosa caneta: "Para o amigo certo das horas incertas."[26] Ele e Alzira Vargas, a filha dileta, foram os primeiros a acorrer ao quarto em que o presidente se matara.

Era inquestionável que, embora fosse um homem fisicamente frágil e por isso avesso a confrontos pessoais, Tancredo exibia uma incomum coragem pessoal. E uma invejável coragem moral: nas alianças, como a que permitiu a posse de Jango em 1961, entrou em trincheiras que não eram as dele. Cunhou sobre ele mesmo um conceito que reunia um misto de coerência, confiabilidade, coragem e lealdade; exatamente por isso era o único homem capaz de negociar a posse de Jango em 1961 e o único homem que poderia montar uma aliança vitoriosa em 1984-1985. Nas várias situações delicadas que resolveu, defendia a posição daqueles a quem se aliara com a firmeza e a fluência de quem acreditava nas posições expostas. Mas também era terno e até tímido: quando ficava nervoso, mordia sem parar a ponta da gravata.

Castelinho não aceitava a ideia de que o excesso de dedicação à tomada do poder matou Tancredo, que ele chamou de "mais extraordinária armação política de que há notícia na história da República". Dando voz a aliados próximos de Tancredo, disse Castelinho que "a política era, para Tancredo Neves, a sua vida, o seu prazer, a sua satisfação íntima". E adiante: "Fazer jogadas políticas e armar esquemas políticos não eram para ele um sacrifício, mas o desfrute de uma alegre oportunidade de realizar-se segundo sua natureza mais visível. Não teriam sido assim os dias corridos entre a decisão de disputar a Presidência e a véspera da posse uma tarefa ingrata, mas antes o encontro com a plenitude de suas aspirações e da sua profunda vocação de vida."[27]

Era o rei das estratégias políticas. Em campanha, num determinado dia de outubro pediu-me que "plantasse" com um repórter confiável uma pergunta para ser feita na entrevista que daria àquela tarde em seu comitê de candidato, no Edifício Guanabara. Eu não sabia, mas naquele momento Tancredo já era senhor da maioria do Colégio Eleitoral, depois de fechar o apoio do então senador Antonio Carlos Magalhães (BA). A pergunta era boba e eu duvidei do efeito que provocaria na cobertura política daquele dia. Pedi a uma repórter amiga que a fizesse. Referia-se a uma declaração qualquer do candidato rival, Paulo Maluf. A repórter fez a pergunta e Tancredo fez que não tinha entendido: "Quem?" Ela repetiu o nome. E ele voltou a indagar: "Quem?" A repórter repetiu pela terceira vez e ele: "Não sei quem é esse senhor." No dia seguinte os jornais destacaram em suas manchetes: "Tancredo ignora adversário."

Dias antes o jornalista Ricardo Noblat, substituindo Castelinho numa segunda-feira, escreveu uma coluna opinando que o senador Antonio Carlos Magalhães "assinara o atestado de óbito do regime militar" ao comprometer seu apoio ao candidato Tancredo Neves. Durante o dia, num telefonema, Nascimento Brito lhe contara que Tancredo ligara pedindo que ele fosse demitido. Na noite do mesmo dia, num jantar, encontrou Tancredo, que baixou o tom: "Noblat, mas que coluna incendiária!" E Noblat respondeu com todos os tons e semitons: "Dr. Tancredo, não acredito. O senhor pediu minha cabeça!?"[28]

* * *

O coronel Mário Andreazza era o candidato a candidato do PDS e nele se depositavam as últimas esperanças do regime militar em manter-se no governo — se Paulo Maluf, o outro candidato a candidato, vencesse a convenção do partido, as possibilidades da oposição cresceriam, porque haveria dissidências. Mas não era fácil enfrentar Maluf — o que se dizia era que ele, grão a grão, garantia o voto dos convencionais do PDS por meios que não incluíam o convencimento político. O Palácio do Planalto torcia por Andreazza, mas não conseguia neutralizar Maluf; o general-presidente Figueiredo hesitava. Castelinho acompanhou a disputa: "Segundo os costumeiros políticos com acesso às pesquisas do SNI, pela primeira vez inverteu-se o quadro de prognósticos. O Serviço agora já prevê a vitória do ministro Mário Andreazza por 23 votos e acrescentam os informantes que nessa matéria o SNI jamais errou."[29] Erraria e erraria feio. No dia 11 de agosto a convenção do PDS indicou Paulo Maluf como o candidato do partido à Presidência. Fechava-se o caixão.

Valdimir Diniz, assessor de imprensa de Andreazza, queria introduzi-lo nas altas rodas do jornalismo político e o colocou num jantar a dois com Castelinho no *Piantella*. Depois do jantar, no carro com Valdimir, Andreazza reclamou do encontro. Contou que Castelinho chegou bêbado ao fim da conversa e reclamou que não tinha entendido nada das perguntas feitas por ele, de tal forma era enrolada a sua maneira de falar. Comentou que fora uma noite perdida, pois Castelinho, além de alcoolizado, parecia desinteressado na conversa, pois não fizera uma só anotação. No dia posterior saiu a coluna sobre a conversa. Estava tudo lá. Andreazza a recortou e foi mostrá-la a Valdimir. "Como pode?", impressionou-se. Valdimir, que conhecia Castelinho de longa data, apenas riu.[30]

* * *

Quando Tancredo Neves foi internado no Hospital de Base de Brasília na noite da véspera de sua posse, as tensões chegaram ao extremo. Se aquilo tivesse sido narrado em um livro de ficção, todos condenariam o autor, acusando-o de inverossimilhança. Mas na vida real aconteceu. O primeiro momento foi de completo atabalhoamento. Eu estava em minha casa, no Lago Norte, preparando-me para as festividades da noite quando Mauro Salles, coordenador da campanha de Tancredo, ligou, dando-me a ordem inacreditável: "O presidente vai ser internado. Corra para o Hospital de Base." E como procedo lá? "Faça o seu melhor. Está tudo muito confuso", complementou Mauro. Ninguém tinha treinado para aquilo. Fui para o hospital e havia um quase pânico, uma situação de "barata-voa". Dezenas de jornalistas se esgueiravam por todas as portas, percorriam todos os corredores, indagavam todos os que usavam jalecos e crachás. Tentei mapear os espaços e bloquear os acessos ao centro cirúrgico, imaginando que assim daria um mínimo de paz aos que lá trabalhavam para salvar o presidente. Como não tinha crachá nenhum, era um desconhecido assessor do futuro presidente, comecei a dar ordens incisivas e fui bem-sucedido nelas; a meus pedidos, os seguranças fechavam portas. Mas, se os jornalistas podiam ser bloqueados, ninguém conseguia reter os políticos.

Os dias posteriores foram de tensão combinada com perplexidade. Numa tarde, Castelinho dividia uma mesa de almoço no segundo piso do restaurante *Piantella* com Hélio Garcia, então governador de Minas, e José Aparecido de Oliveira. Os três tomavam vodca depois do almoço quando chegaram os senadores Jorge Bornhausen e Guilherme Palmeira, do PFL, que compunham a Aliança Democrática desenhada por Tancredo. Calibrado, como sempre, Garcia provocou em voz alta: "Chegaram as aves de mau agouro." Bornhausen nem tanto, mas Palmeira, sempre esquentado, quis partir para a briga. Castelinho, tão rápido quanto permitia seu estado etílico, meteu-se entre os dois e conseguiu impedir o que seria a primeira briga explícita a tapas na nova situação.[31]

19

IDADE PARA TROCAR DE AMIGO

1985

Quando José Sarney ocupava a Presidência da República foi muitas vezes criticado por Castelinho, algumas vezes com dureza. E Sarney recebia as críticas com a naturalidade alegada de quem o conhecia muito bem. Mas a filha Roseana ficava inconformada. Um dia pegou o telefone e ligou para Castelinho. Reclamou amargamente de que ele estava passando dos limites com seu pai. Calmamente, Castelinho lhe disse: "Minha filha, não fale comigo. Fale com seu pai que ele entende."

Mas um dia foi o próprio presidente José Sarney que se irritou. Desvestiu a faixa presidencial e foi à casa de Castelinho sem avisar. Levando uma garrafa de uísque debaixo do braço, apertou a campainha, ele mesmo; Lindaura se assustou quando atendeu à porta. Abriu-a, fez entrar o visitante inesperado e foi correndo avisar Castelinho. Ela conhecia Sarney de velhos carnavais, mas agora não era Sarney, era o presidente da República em pessoa — e sem avisar que vinha.[1] Sarney estava furioso por causa de um artigo de Castelinho que ele rotulou de "injusto" e que passava uma má impressão da conduta presidencial. Quando Castelinho chegou, disse-lhe de chapa: "Hoje eu vim aqui para brigar com você. E trouxe uma garrafa de uísque para regar a briga." Brigaram boas horas. Do andar de cima, Élvia percebia que eles chegavam aos gritos e imaginou os dois engalfinhados, o presidente da República e o maior colunista político brasileiro. "Quando deu 2 horas da madrugada, estávamos aos berros. Élvia acordou, veio ver o que estava acontecendo", contou Castelinho. "O que houve, vocês estão brigando?", perguntou Élvia. Sarney se adiantou e deu a explicação: "Vim aqui para brigar com o Castello, porque não estou mais em idade de trocar de amigo." Quando a briga terminou, a garrafa de uísque estava seca e já era avançada madrugada. Castelinho estendeu a mão para o presidente e disse: "Sarney, somos amigos!" Sarney contemporizou: "Realmente, Castello, assim como você, eu não tenho mais idade para mudar de amigos. Depois que Odylo morreu, nós somos mais do que uma irmandade." Despediram-se e o presidente se foi.[2]

Não foi a primeira nem a última. Castelinho admitiu que de vez em quando escrevia um artigo duro e Sarney ficava irritado. "Aí passa dois ou três meses sem falar comigo."[3]

Ainda no governo Figueiredo, quando Sarney esteve à crista da reforma política que devolveria boa parte do arcabouço institucional perdido, Castelinho foi quase um parceiro. Usava a coluna para incensar e impulsionar os movimentos de Sarney — mas somente quando eles se direcionavam à restauração do ambiente democrático. Quando o PDS produziu um longo relatório para explicar as tendências do partido na reforma política que Sarney comandava, Castelinho bateu duro, defendendo a missão do senador maranhense: "O presidente Figueiredo não deveria ter perdido o seu precioso tempo para ler na íntegra o relatório do PDS." E acrescentou, alavancando o amigo Sarney: "Bastava ter corrido os olhos pela carta que lhe endereçou o senador José Sarney, na qual se resumem os temas e se afirma a inexistência de consenso sobre qualquer deles, para se inteirar que o PDS não é de nada."

Na Presidência, Sarney ligava frequentemente para Castelinho. "Em primeiro lugar, quando estava na Presidência me fazia falta a amizade, a convivência. A solidão do gabinete era terrível. Às vezes, eu ligava e o chamava para conversar pela companhia de estar com ele. Nada para dizer, nada para revelar, nada para contar, apenas para ouvir o amigo."[4] Muitas vezes o presidente Sarney lhe pediu conselhos objetivos sobre situações determinadas. "Castelinho também não opinava, não sugeria, não criticava diretamente. Várias vezes eu pedi o conselho dele em decisões que tinha de tomar, algumas vezes referentes ao governo, outras referentes à vida mesmo. Eu sempre tive o hábito de consultar meus amigos íntimos sobre decisões que tinha de tomar. Eu consultava Odylo, e depois consultava Castelinho também."[5]

* * *

Sarney assumiu definitivamente a Presidência da República com a morte trágica de Tancredo Neves. Castelinho deu-lhe força nos primeiros tempos. "Em conversa com um ministro de Estado, o presidente Jose Sarney, rejeitando as críticas que lhe são feitas de não definir sua propria estratégia de governo, desabafou: 'Eu não herdei propriamente uma Nova República, mas uma nova tragédia republicana.' Entende o presidente que não lhe cabe tomar iniciativas que dissociem seu governo do governo programado por Tancredo Neves. O que lhe cabe é trabalhar com a equipe escolhida pelo falecido presidente eleito e interpretar o mais autenticamente possível o seu compromisso programático."[6]

Castelinho aparava o caminho espinhoso de Sarney naqueles primeiros difíceis momentos. "Não se impressiona o presidente com as pressões visando a criar ambiente para uma campanha por eleições diretas este ano ou no próximo. Esse é um problema dos partidos e das forças que o ajudaram a pôr no governo, como substituto e sucessor de Tancredo Neves. Para ele, o compromisso a que se vincula é o da Aliança Democrática, que previa um mandato da duração de quatro anos, a ser definido pela futura Assembleia Constituinte. Embora ele nada tenha dito expressamente sobre o assunto, deduz-se que, no combate à inflação, na negociação da dívida externa e nas prioridades sociais, ele seguirá a mesma linha."[7]

Em alguns dias a coluna parecia destinada a levantar o ânimo do novo presidente. "O presidente José Sarney vai definindo seu estilo de governar, eliminando os resíduos de perplexidade que a surpresa da investidura lhe deixara. Paciência, prudência e alguma imaginação o vão levando a se assenhorar de uma técnica de governo e a resolver os problemas que lhe são postos e que começa a dominar, lenta, mas seguramente."[8] "O trabalho excessivo não está afetando o ânimo e a saúde do Presidente José Sarney, que, ao fim de longas jornadas de trabalho, ainda encontra disposição para comparecer a jantares ou a locais nos quais tenha oportunidade de conviver com políticos, jornalistas e outras personalidades que vivem em Brasília ou passam pela capital. Ele perdeu a rigidez que a tensão dos primeiros dias imprimia à sua face e volta ao natural, até mesmo na sua verve de bom conversador."[9]

De seu posto privilegiado de observação política, Castelinho cumpria o papel de moderador das propostas políticas. Quando o PDT de Leonel Brizola e o PT de Luiz Inácio Lula da Silva começaram a cobrar encurtamento do mandato constitucional de seis anos de Sarney — o que interessava também a outros aliados de Sarney, como Ulysses Guimarães — Castelinho colocou um contraponto. "Além de conviver com problemas institucionais, econômicos e sociais, ele [Sarney] percebe com nitidez a insuficiência dos instrumentos de operação com os quais enfrentar a emergência e encaminhar soluções duradouras. A precariedade da sua base política e parlamentar retratou-se com nitidez na última eleição, imprudentemente realizada por inspiração da *esquerda independente* do PMDB. O próprio fracionamento do principal partido em que se apoia o governo é suficientemente intranquilizador, como sintoma de ausência de forças homogêneas e bem articuladas com as quais comandar uma estratégia nacional."[10]

Em fins de 1985, Castelinho fez um apanhado do primeiro ano do governo da Nova República. "O presidente José Sarney chega ao Natal com a consciência de que fez a sua parte no papel que o destino lhe reservou ao implantar-se a república de transição entre o regime autoritário e uma futura plena democracia. A taxa de agitação social foi menor do que a prevista e as greves foram resolvidas por negociação, registrando-se uma reposição salarial em nível superior ao do crescimento econômico. Também o índice de crescimento surpreendeu [...]. Politicamente, foi convocada, nos termos do compromisso da Aliança Democrática, a Assembleia Constituinte, em que se transformará o Congresso a ser eleito em novembro [de 1986]. Os prefeitos das capitais foram eleitos, registrando-se vitória da Aliança Democrática [...]. As perdas do PMDB e do PFL foram setoriais e no conjunto não afetaram as bases do seu governo [...]. Os partidos reagrupam-se ou surgem de acordo com as previsões. A ordem pública foi acatada por todos e tornou-se a tônica política do ano que se encerra. Não houve abalos provocados por revanchismos ou manifestações de intransigência e a anistia ampliou sua faixa de efetivação."[11]

Até conselhos ele dava a Sarney. "O povo já está suficientemente mobilizado para dar apoio ao governo naquilo que é essencial no atual momento. Mas o governante deve ser sempre prudente e ter em vista que o governo está sempre sujeito a emergências que escapam às suas intenções e à própria realidade do país. A economia é um fenômeno que se entrosa em escala mundial e se entrelaça nos seus diversos aspectos. Nessa matéria, portanto, o otimismo deve limitar-se aos fatos concretos e às expectativas imediatas, havendo sempre riscos em projetar para um futuro mais longínquo projeções que se fundam numa ciência que não chega a ser uma ciência exata." E recomenda a Sarney "ser mais parcimonioso nas suas profecias para o futuro", cuidando de não fazer previsões otimistas que não se cumpririam.[12]

Castelinho pontificou na longa negociação sobre a duração do mandato de Sarney. Quando a Nova República assumiu, o mandato presidencial era de seis anos, mas Tancredo Neves se comprometera a recuá-lo para quatro anos; mordido pela mosca azul, Sarney queria cinco. Castelinho defendeu que a definição fosse tomada na Constituinte, e não no Congresso que encerrava mandato naquele ano de 1986.

Mas, no começo de 1987, começou um processo de enfraquecimento gradativo para Sarney. Havia muitos fatores remando contra ele: a ampla vitória do PMDB na eleição de 1986, a instalação da Assembleia Nacional Constituinte, o fracasso dos planos econômicos que não dominaram a inflação e a disputa de candidaturas para a sucessão presidencial fizeram com que o governo começasse a enfrentar momentos preocupantes de instabilidade. Na Constituinte, Ulysses Guimarães ocupou amplo espaço e o crescimento de seu prestígio equivalia à perda de substância do presidente. Para o povo, Sarney cada vez era mais identificado com o PMDB e um esvaziava o prestígio do outro. Os ataques do PT eram mais ferinos que os do PDT. O então governador Pedro Simon (PMDB-RS) chegou a dizer, em dado momento: "Em política há sempre bandidos e mocinhos. Até 1986 o PMDB foi o mocinho. Agora virou bandido. O mocinho é o PT."[13] Era de sentir que o todo-poderoso Ulysses Guimarães, grande avalista do governo Sarney, começava a ser suplantado pela lábia agressiva de Luiz Inácio Lula da Silva, então um inexpressivo deputado na Constituinte — o que se confirmaria na eleição presidencial de 1989 — que pouco a pouco se tornava a principal voz de oposição. A pancadaria que vinha da oposição obrigava Ulysses a fazer acrobacias para não parecer que era o candidato de Sarney.

Mal iniciado o ano da primeira eleição presidencial em quase quarenta anos, Castelinho parodiava Gabriel García Márquez e crucificava Sarney no título de uma coluna: "Sarney não encontra mais quem o apoie."[14]

* * *

Mas quando Sarney virou presidente, e principalmente depois que seu governo começou a apresentar vazamentos, a cometer erros, Castelinho foi um crítico inclemente do velho amigo. O que teria faltado a Sarney como presidente? "Sarney é muito boa gente, muito boa pessoa, mas é muito fraco. Então não dá para ser presidente. Ele é um presidente fraco, por isso. Não tem senso de autoridade." E foi além: "Ele é um político esperto, só fala o que quer, mas é muito transigente, o governo dele é muito assim uma ação entre amigos." Mas uma certeza Castelinho tinha: Sarney nunca pensou em ser presidente da República. "Ele pensou em ser governador do Maranhão e senador, depois entrar na Academia de Letras. Não pensava em ser presidente, foi um acidente na vida dele."[15]

Era a primeira vez na carreira que Castelinho criticava Sarney tão duramente e isso colocava em xeque a antiga amizade. Os dois se conheceram entre 1957 e 1958, quando Sarney exercia seu primeiro mandato de deputado. A aproximação se deu porque Sarney era um dos integrantes mais ativos do grupo bossa-nova da UDN, que Castelinho admirava por seu cunho nacionalista e preocupação com a questão social. A aproximação se estreitou em Brasília, que convidava jornalistas para as casas dos políticos. Se não fosse em casa, haveria encontros inevitáveis em restaurantes e nesses lugares não se conversava apenas sobre política; a conversa invariavelmente acabava derivando para a vida pessoal e as amizades brotavam. Os filhos de ambos eram de idades parecidas e conviveram.

Não obstante, no livro que deixou para ser publicado postumamente,[16] no qual traça perfis dos principais políticos com quem cruzou na vida profissional, não há um perfil de Sarney. No entanto, alguns amigos o apontam como a maior amizade de Castelinho no meio político, indicação que outros contestam, asseverando que sua amizade mais profunda na política foi com José Aparecido de Oliveira.

Eram amizades diferentes. Sarney conheceu Castelinho quando chegou ao Rio de Janeiro, deputado federal de primeiro mandato, em

1954. Ele ia muito à casa de seu conterrâneo Odylo Costa Filho, que era o ponto de encontro de políticos e intelectuais, sede de permanentes saraus literários, onde também muito se falava de política. Lá, o dono da casa recebia talentos como Guimarães Rosa, Carlos Drummond de Andrade, Manuel Bandeira, Josué Montello, Afonso Arinos, Milton Campos e Castelinho. Como havia sempre muitos jornalistas, Carlos Lacerda apelidou os saraus de "sindicato da mentira".[17] O pai de Odylo tinha estreita ligação com o Piauí, onde fora desembargador — e colega do velho Christino, pai de Castelinho. Ali foi forjada a amizade de Odylo com Castelinho e dos dois com Sarney, que era político, mas tinha fortes veleidades literárias. Foi dali que ele passou a ser fonte informativa de Castelinho.

Já com Aparecido a amizade era permanentemente instigante. Eram amigos, mas conversavam por compartimentos estanques, como se um guardasse informações cruciais para não se render frente ao outro; conversam como se estivessem numa gesta de inteligência, em que a estocada de um pudesse derrubar o outro. Um exemplo curioso dessa gesta é a narrativa de uma conversa telefônica entre os dois que aconteceu em setembro de 1988, quando Aparecido ainda era governador do Distrito Federal, mas cairia a seguir, com a popularidade em frangalhos. Castelinho apurara que o ministro da Cultura seria demitido para abrir lugar a um rearranjo no governo; e que Aparecido seria afastado do governo do Distrito Federal (que era ocupado, à época, por nomeação) porque tinha perdido a confiança do povo brasiliense. Ligou para Aparecido e inverteu a pergunta natural. Em vez de perguntar se ele deixaria o governo local, indagou: "Zé, você vai ser ministro da Cultura?" Ressabiado, Aparecido devolveu: "Por que você está perguntando?" Castelinho continuou na linha digressiva: "Porque você me ligou hoje de manhã e eu senti que você estava querendo falar comigo." Aparecido calou-se, fechando-se em copas. Castelinho, então, passou a usar a forma direta da pergunta, embora recorrendo a uma forma indireta: "Quero saber se você recebeu aceno do Sarney para sair do governo do Distrito Federal." Aparecido sabia que seria demitido mas ainda assim optou por uma evasiva: "Não há nada não, ele ficou de marcar outra conversa, que deve ser hoje." Conhecedor das linguagens metafóricas e fantasiosas dos políticos, Castelinho fez uma leitura rápida: esse tipo de resposta apenas confirmava que Aparecido seria, de fato, demitido e mencionara a "outra conversa" só para ganhar tempo; adiante, quando (e se) fosse cobrado por Castelinho, diria que a demissão só teria ocorrido na "outra conversa". Com isso ele esperava ganhar algumas horas, talvez as horas necessárias para impedir que Castelinho escrevesse algo a respeito na coluna, antecipando a demissão para o distinto público. Ou para impedir que Castelinho levasse a informação adiante, transmitindo-a a alguém. Castelinho, por seu turno, não tinha intenção de publicar nada, como de fato não publicou. Queria apenas saber. Ele era o mestre da filtragem das informações que recebia — sabia como ninguém o que deveria guardar consigo, o que deveria publicar. No fim, Aparecido não disse nada mas Castelinho captou tudo. O jornalismo político é assim: às vezes o repórter confirma uma ilação pelo que a fonte evitou dizer.

Nesse breve episódio, o que muito pouca gente sabe é que, antes de convidar Aparecido para ser ministro da Cultura (ou para tirá-lo do Palácio do Buriti, sede do governo do DF, onde ia muito mal), Sarney convidara o próprio Castelinho para o ministério. "De fato, convidei, mas ele não quis aceitar. Ele me disse que não desejava exercer nenhum cargo público. Fizera uma concessão no governo Jânio Quadros porque José Aparecido o levou quase algemado para o governo."[18] Antes de convidar Castelinho, convidara a atriz Fernanda Montenegro, que também recusou. Talvez porque Castelinho tenha dito a meia dúzia de pessoas importantes que convidar Fernanda para ser ministra da Cultura era "uma maluquice".

* * *

No fundo, Castelinho cultivava com todos — e até com os amigos, como lembra Wilson Figueiredo — uma relação independente. É amigo mas não leva essa amizade para os textos da coluna em forma de elogio ou favorecimento. Se alguém quisesse agradar Castelinho, estava livre para fazê-lo; mas isso não significava, em nenhum momento, que estivesse livre para cobrar o favor. Não era assim que Castelinho via a relação entre políticos e jornalistas.

Ele tinha atravessado seus primeiros tempos jornalísticos vivendo a fase romântica. "Antigamente o jornal era feito por um jornalista que queria influir nos acontecimentos, na vida do país, então havia muita identidade até na redação que se formava e a empresa do jornal, havia muita solidariedade." Com o crescimento e a multidisciplinaridade das empresas jornalísticas — que passaram a ter jornais, emissoras de rádio e televisão — a concorrência se acirrou e as empresas se armaram para enfrentá-la. As relações se tornaram mais empresariais, mais vinculadas a projetos empresariais modernos.

"A imprensa hoje é uma indústria, o lado empresarial da imprensa é mais importante que o lado jornalístico, e o lado boêmio da imprensa praticamente desapareceu. O jornalista dissociou-se muito da empresa. Hoje não há nenhuma solidariedade entre o jornal e os jornalistas, os repórteres e redatores, o sujeito trabalha para aquela empresa, mas não tem nada a ver com aquela empresa, não tem nada a ver com o Nascimento Brito. Eu trabalho pro jornal dele há 26 anos, não tenho nada a ver com ele. Trato muito bem, tenho muito boa relação pessoal com ele, mas, eu não penso como ele pensa, ele tem os compromissos dele, não?"[19]

Apesar de dizer isso, Castelinho nunca permitiu que um diretor de jornal lhe pedisse que escrevesse a favor ou contra alguma coisa ou alguém, garante Wilson Figueiredo. Ele se fechava em sua conhecida timidez e a usava para impedir abordagens mais ou menos incomodativas. Mas gostava de ajudar os amigos. Em fevereiro de 1986 o chanceler Olavo Setúbal pediu demissão do governo Sarney para disputar a prefeitura de São Paulo. Antes de transmitir o cargo a seu sucessor Roberto de Abreu Sodré, alocou seu chefe de gabinete, embaixador Rubens Barbosa, na Subsecretaria-Geral de Administração do Itamaraty. Ato contínuo, o secretário-geral do Itamaraty, embaixador Paulo de Tarso Flecha de Lima, insistiu em oferecer o consulado em Milão a Barbosa, que preferia ir para a Associação Latino-americana de Integração (Aladi), com sede em Montevidéu. Barbosa apelou a Castelinho que pedisse a Sarney que o confirmasse na Aladi; no dia seguinte foi chamado pelo novo chanceler Abreu Sodré, que lhe comunicou seu novo posto — representante brasileiro na Aladi. Barbosa foi comunicar a Paulo de Tarso, que ficou inconformado e disse que a informação estava errada. Dias depois ouviu de Sarney, num evento, que tivesse mais cuidado com a movimentação de Barbosa, pois ele tinha um padrinho forte, Ulysses Guimarães. Mas era pura cortina de fumaça: o verdadeiro padrinho da sua indicação era Castelinho.

Dos anos 1970 em diante, era muito raro vê-lo no Congresso Nacional, e não apenas porque sob ditadura o Congresso tinha pouca importância. É que ele preferia trabalhar na surdina. Ou, melhor do que isso, ele não precisava ir atrás da notícia; ela chegava mansamente a seu colo sem que ele precisasse correr atrás, como os repórteres do dia a dia. Chegava por telefone, chegava aos eventos à noite, jantares e coquetéis, e aos almoços tradicionais das sextas-feiras, no Fiorentina, com seus amigos do peito — Cláudio Lacombe, Carlos Garcia, Afrânio Nabuco, João Geraldo Piquet Carneiro, Rubens Barbosa, Sebastião do Rego Barros, João Carlos Bulhões Pedreira e Hélio de Macedo Soares, o Tubarão. Os almoços eram invariavelmente interrompidos por políticos que queriam se aproximar de Castelinho. Alguns, no entanto, conseguiram ser bem recebidos pelo grupo, como Miguel Arraes — que tinha uma dicção tão precária quanto Castelinho e, por isso, as conversas dos dois eram frequentes alvos de chistes dos outros amigos. O almoço virou religião: em dado momento, os amigos mandaram fazer uma placa e a afixaram na parede, ao lado da grande mesa redonda — "Mesa Carlos Castello Branco".[20]

Aos sábados, quando se reunia na casa de Tubarão, o grupo saía de lancha pelo Lago Paranoá; pareciam um grupo de alucinados, todos bêbados, a começar por Tubarão, que pilotava a lancha por mero instinto, meio inabilitado de exercer sua plena coordenação motora. Era a "nau dos insensatos" que largava sem destino pelas águas plácidas do lago.[21]

Mas os grandes encontros eram os jantares, quase sempre na casa de Castelinho, que adorava receber seus amigos com suas mulheres. Nesta época, o embaixador Rubens Barbosa fazia muitas viagens à União Soviética e, em todas elas, contava com o auxílio do motorista da embaixada, um russo que era notório agente do KGB, para conseguir, por apenas cinquenta dólares, uma lata de dois quilos de caviar beluga. Trazia a preciosidade direto para os jantares de Castelinho e os convivas se empapuçavam de caviar beluga.[22]

Segundo Élvia, Castelinho era muito espirituoso, irônico e cheio de verve, ao mesmo tempo, humilde. Conversava com excelente argumentação, lógica, consistente, convincente, mas evitava criar conflito; se percebia que alguém não aceitava seu argumento, mudava de assunto. Não discutia com ninguém.[23] Falava muito pouco quando estava sóbrio e falava bem mais, acentuando-se a ironia e a verve, quando bebia uísque. Era absolutamente impaciente para duas vulnerabilidades do gênero humano — a impontualidade e a burrice. Nunca dava, a ninguém, bom dia, boa tarde ou boa noite. Não chamava ninguém de excelência ou de doutor. Raras vezes respondia a cartas de amigos, e uma das notáveis exceções foram Otto Lara Resende, o melhor amigo, e Carlos Drummond de Andrade, nem tão amigo assim, que e só se tornou íntimo dele na velhice dos dois. Para se desculpar da ausência de respostas, alegava que já lhe bastava escrever a coluna. Detestava falar de política com não iniciados, e era uma inevitabilidade que isso lhe caísse sempre ao colo, para seu desespero, em especial em coquetéis e jantares. O caso modelar era, num jantar, ele sentar-se ao lado da embaixatriz X, do país Y, que sabia ser ele o comentarista político mais importante do país e que, portanto, iria buscar a abordagem mais simpática para com ele, falando de assuntos políticos brasileiros — só que ela não sabia quase nada de política brasileira e disparava uma saraivada de perguntas para lá de óbvias e descabidas.[24]

Mesmo entre amigos, sua impaciência se revelava quando alguém que não entendia de política lhe fazia uma pergunta sobre algum episódio ou alguma questão política. Ele respondia: "Ah, minha filha, vou ter de começar pelo descobrimento do Brasil para te explicar isso."[25]

No mundo político, atribuíam-lhe simpatias e antipatias que ele negava ter. Mas era evidente que tinha mais proximidade com Sarney do que com Ulysses Guimarães, mais proximidade com José Aparecido do que com Tancredo Neves. Mas isso nunca transpareceu em suas colunas — apesar de alguns acenos dos muitos que lhe foram feitos.

Um dos principais, narrado por ele mesmo, veio de Sarney, já investido da Presidência da República. Um dia encontrou-se com Ulysses, que lhe perguntou: "Castello, você é muito amigo de Sarney?" Castelinho confirmou; até as pedras das ruas sabiam disso, mas Ulysses, na verdade, apenas fazia um breve e ameno nariz de cera (começo de matéria oposto ao moderno lead, na técnica jornalística) para introduzir o tema principal, que era uma informação valiosa para a família Castello Branco. "Desde quando?", Ulysses insistiu em prolongar o nariz de cera. "Desde que ele apareceu na Câmara como deputado, passamos a conviver muito, somos amigos de família, vou muito à casa dele, meus filhos são amigos dos filhos dele." Ulysses então introduziu a informação principal: "Sabe, hoje eu fui pedir a ele que nomeasse uma pessoa para o Tribunal de Contas da União e ele me disse que a próxima vaga será de sua mulher, Élvia." Havia dois valores na notícia: o primeiro é a informação em si de que Élvia seria nomeada para um cargo vitalício, de excelente salário; o segundo, malicioso, de que ele, Ulysses, aceitou a negativa de Sarney e não insistiu na indicação, o que faria de Castelinho um credor dele.

Seco, Castelinho rebateu, passando recibo pelo primeiro e recusando o segundo: "Estou sabendo por você. Eu não sabia. Ele não me disse nada, nem a mim nem a minha mulher." Mais tarde, voltou a rebater numa entrevista: "Foi uma opção dele, Sarney. O que é que eu posso fazer, proibi-lo de nomear Élvia? Ele nomeou Élvia ministra do Tribunal de Contas da União. Élvia tinha competência para isso. Eu nunca pedi a ele."

E pôs um ponto final na questão.

Ulysses tinha boas razões para afagar Castelinho, mais afeito, segundo se dizia, à mineirada liberal e aos antigos remanescentes da UDN, como Milton Campos e Afonso Arinos, ou homens que construíam ações políticas por meio de poderosas articulações nos bastidores, como Tancredo Neves, Thales Ramalho e seu conterrâneo Petrônio Portella. Ulysses tinha o estilo dos grandes arroubos, era um homem de palanque, embora desempenhasse bem nos bastidores. Mas naquele momento se colocava uma encruzilhada para dois personagens que viveram as suas vidas políticas bem próximos — Ulysses Guimarães e Tancredo Neves. Eles eram as lideranças que a oposição cultivava como possíveis sucessores de João Figueiredo, se as negociações dessem certo. Ulysses, na eleição direta, Tancredo, na indireta. Para ganhar espaço ante Tancredo, Ulysses precisava cortejar Castelinho e ganhar a sua simpatia, que não era tão flagrante quanto a simpatia por Tancredo, que não era tão flagrante quanto a simpatia por Milton Campos. A despeito de tudo, Castelinho reagia quando alguém especulava que ele não gostava de Ulysses. "Gosto, sou muito amigo dele, puxa! O que eu escrevi anteontem, por exemplo, é o Sarney dizendo que é a favor da candidatura do Ulysses porque Ulysses é irreversível, que Ulysses vai ser presidente da República."[26]

* * *

Depois de muitos anos angariando para o seu jornal o prestígio que emanava do artigo diário de Castelinho na página 2, Nascimento

Britto anunciou, em 1989, que escolhera um sucessor para quando o velho piauiense, já com 69 anos, deixasse o jornalismo. Esse sucessor seria Ricardo Noblat, um jornalista brilhante que viera da *Veja*, em Salvador, e chegara a Brasília em fevereiro de 1982 para chefiar a sucursal do *JB*. A comunicação foi feita numa conversa a dois; Brito lhe disse — e depois comentou com outras pessoas — transmitindo-lhe as instruções sagradas do *JB*: não podia falar mal da livre iniciativa, da Igreja católica e de Delfim Netto. O dono do *JB* parecia simpatizar com Noblat: sempre que vinha a Brasília para conversas nas altas rodas do poder, selecionava as melhores informações que captara e as repassava ao novo pupilo. Meses antes Noblat fora alçado à condição de substituto fixo de Castelinho às segundas-feiras.

Antes que o ano findasse, no entanto, Castelinho ficaria sem sucessor. Um dia Wilson Figueiredo, do Rio de Janeiro, comunicou a Noblat que sua batata estava assando na sede da avenida Brasil. Dias depois a informação se confirmou: Brito demitiu Noblat. Sem mais nem menos.[27]

* * *

Muito tempo depois de ter deixado a Presidência da República, Sarney encontrou o ex-ministro Leitão de Abreu num jantar na casa de Castelinho. Em frente ao jornalista e a Élvia, Leitão, finalmente, deu a Sarney, de viva voz, a interpretação que definiu a posse do então vice-presidente, após a internação de Tancredo Neves, em 15 de março de 1985: "Eu sabia que o texto constitucional era claro. Mas o presidente Figueiredo, em nenhuma hipótese, queria passar o governo a você, pelos motivos que você conhece: ressentimentos por sua saída do PDS. Então eu disse que Figueiredo não lhe passaria a faixa porque entendia que, pela Constituição, era o Ulysses quem teria de assumir. Eu não iria divergir do presidente, sob pena de ser acusado de deslealdade no último dia de governo."[28]

Era uma explicação tortuosa, típica de Leitão de Abreu, que apreciava essas charadas verbais enigmáticas e costumava usá-las gongoricamente para exibir acenos de simpatia e arrancar adesões. Mas o fato é que foi ele quem definiu a posse, ao ser procurado em casa por uma comitiva que vinha do Hospital de Base, onde Tancredo Neves acabara de ser internado. Compunham essa comitiva Ulysses Guimarães, general Leônidas Pires Gonçalves (o ministro do Exército que tomaria posse no dia seguinte), Fernando Henrique Cardoso e o senador José Fragelli (PDS-MT). Eu era da assessoria de imprensa de Tancredo e estava no Hospital de Base tentando colocar ordem na cobertura das dezenas de jornalistas que entulhavam em desespero os corredores do hospital; num hall, esperava um elevador, quando a porta se abriu, lá dentro estavam os quatro que iam para a garagem pegar o carro, rumo à casa de Leitão, numa das granjas da Presidência da República. Ulysses fez um sinal para eu entrar e foi então que percebi o dilema da posse, no dia seguinte. Acompanhei os quatro até o carro de Leônidas e eles se acomodaram espremidos, Leônidas no banco da frente e os outros três no banco de trás. Na granja, soube-se depois, Leitão demorou para vir — e os quatro imaginaram que ele deveria estar dormindo —, mas a hipótese se desfez quando ele apareceu de terno e gravata, em plena noite avançada. Debateram quem deveria tomar posse e solicitaram um parecer de Leitão. O chefe da Casa Civil de Figueiredo disse a eles que, a seu juízo, o vice Sarney deveria ser empossado na ausência do presidente eleito. Ou seja, recomendou exatamente a alternativa que Figueiredo, ainda na Presidência, mais rejeitava, pelo ódio que dedicava a Sarney.

Mas o gesto de Leitão, explicando diante de Castelinho a Sarney a solução que dera e que desfechara a sua posse, mostra bem a dimensão da confiança que as grandes fontes tinham nele, como jornalista político.

* * *

Enfim, o Brasil teria a primeira eleição direta desde 1960, agora com forças bem diversas do maniqueísmo dualista que imperava nas décadas de 1940 e de 1950; agora o conjunto de forças políticas era mais pluralizado e arejado. Não havia mais mar e rochedo, PTB e UDN, nem a ostra que os algodoava, o PSD, embora os velhos princípios e algumas lideranças sobrevivessem ao tempo e estivessem presentes à cena, agora abrigados em outras legendas, criadas depois da ação dizimadora da ditadura militar. O governo Sarney finalizava exangue o seu mandato sem ter cacife, não de eleger, mas pelo menos apresentar um candidato de sua própria lavra. No começo do ano eleitoral Castelinho registrou, numa coluna intitulada "Sarney não encontra mais quem o apoie": "Sabe Sarney que a reabilitação do seu governo e a recuperação da credibilidade são dados essenciais para preservar o sistema democrático. Mas ainda não encontrou o ponto de condensação das diversas sugestões com que trabalha de modo a impor seus critérios de mudança na política financeira e na organização política da sua administração."[29] Ulysses Guimarães era o nome mais próximo de um candidato do governo, pois fora, nos anos anteriores, o grande condutor do PMDB no Congresso, contrapondo sua influência à de Sarney, mas sempre procurando manter prudente distância do presidente para deixar claro que eles não eram vinhos do mesmo tonel. Ainda no primeiro mês do ano Castelinho mencionou o vigor do candidato Ulysses: "Com autoridade e senso político, ele soube levar os contendores ao ponto desejado desde que já não era admissível negar ao governo apoio às medidas anti-inflacionárias nem seria possível fazê-lo sem dar a deputados e senadores a satisfação de ter derrubado e modificado propostas do governo, principalmente, para atender reivindicações dos trabalhadores."[30]

Candidaturas pululavam em todos os quadrantes e partidos. Ulysses era candidato natural do maior partido, o PMDB, como também o seria Leonel Brizola pelo PDT. Era de imaginar que Mário Covas, governador de São Paulo, seria um candidato de seu jovem partido, o PSDB, fundado um ano antes a partir de uma costela retirada do PMDB. Em fevereiro surgiram boatos de que Jânio Quadros também seria candidato pelo nanico Partido Democrata Cristão (PDC), seu partido de origem, berço de sua candidatura a vereador em 1947, anunciava a Coluna do Castello. Consultado se seria candidato, Miguel Arraes ironizou: "Se for para perder, me parece melhor perder mesmo com o Ulysses."[31] O PFL também se dividia para consolidar um candidato, mas o nome de Aureliano Chaves emergia como o mais forte do grupamento.[32] O Partido dos Trabalhadores (PT) tinha um candidato natural, o deputado Luiz Inácio Lula da Silva. Acostumado aos grandes fazedores de política com quem tinha convivido, Castelinho não nutria grande admiração por Lula por suas maneiras um tanto rudes de fazer política, atípicas ao cenário político brasileiro, por seu voluntarismo um tanto tendente ao populismo e por sua nula cultura clássica. Para ele, Lula parecia mais um aventureiro da política por suas opiniões simplistas e maniqueístas. Mas nem por isso o desconsiderava na coluna: "O candidato do PT, em viagem pela Europa, dá sinais de inquietar-se ainda com o problema da posse na hipótese de ser eleito presidente da República. A eleição de Lula, apesar dos estímulos recebidos pelo candidato no pleito municipal de novembro último, o qual impeliu o PT para a posição privilegiada no *ranking* dos partidos, continua a ser previsão precipitada pelas naturais dificuldades de assimilação, por uma sociedade conduzida tradicionalmente pela inércia conservadorista, de proposta revolucionária. O deputado Luiz Inácio Lula da Silva, no entanto, deve acreditar na sua vitória tanto que pede às lideranças socialistas da Alemanha e da Europa que fiscalizem as eleições no Brasil para assegurar a pureza eleitoral."[33]

A esta altura, o PMDB se assemelhava a um ringue de boxe. Com o fim da ditadura e a ascensão de um governo democrático, fora o grande vitorioso nas eleições de 1986 e passou a padecer de um gigantismo que o tornava incontrolável. Para não deixar a esquerda do partido escapar-lhe, Ulysses Guimarães se aproximou dela; com isso, perdeu a confiança da centro-direita. Seu grande aval, naquele momento, era ter a garantia do apoio de dois expoentes do partido, os governadores Orestes Quércia, de São Paulo, e Waldir Pires, da Bahia. Com esse aval, mais o apoio da esquerda, que não lhe era garantido mas estava prometido, esperava sair vitorioso na convenção que escolheria o candidato do partido. A grande pressão que se fazia sobre a Executiva do partido, comandada por Ulysses, era romper com o governo Sarney para chegar às eleições livre do estigma de apoiar um governo cada vez mais impopular.[34]

Hoje, olhando para trás, é possível ver, naquele cenário caótico da eleição de 1989, algo como um porre de liberdade — uma das situações mais imprevisíveis e fragmentadas da política brasileira. Era uma eleição que reunia as velhas lideranças do pré-1964 e as jovens lideranças que se formaram durante a ditadura e próximo ao seu final. Para piorar o cenário, era uma eleição solteira — eleger-se-ia apenas o presidente da República, sem eleições para governadores, senadores e deputados federais e estaduais. Num cenário desses, era previsível que o carisma pessoal de cada candidato iria preponderar sobre as estruturas partidárias e os vínculos sempre presentes nas eleições nacionais — enredando candidaturas a cargos nacionais com candidaturas a cargos estaduais e com a influência dos prefeitos municipais. Numa eleição solteira, o valor de cada partido esmaeceu e todos estavam livres para trair o candidato de seu partido.

Era de crer que prevaleceria o peso específico do eleitorado de cada estado; e aí era o caso de imaginar que São Paulo elegeria o presidente porque tinha eleitorado maior. Mas São Paulo tinha muitos candidatos e era também previsível que o forte peso específico do estado seria pulverizado entre eles — Ulysses, Lula, Covas, Afif Domingos e eventualmente Jânio. Nesse caso, quem podia tirar vantagem era Aureliano, candidato único do estado que detinha o segundo eleitorado do país.

Castelinho produziu uma coluna sob o título "A Presidência é coisa para São Paulo", aludindo à força política e eleitoral dos paulistas — que teriam pelo menos dois fortes candidatos, Ulysses Guimarães e Mário Covas, e um outsider, Luiz Inácio Lula da Silva, que àquela altura configurava um enigma indecifrável. O polêmico governador Newton Cardoso, de Minas Gerais, aceitava dar apoio a Ulysses desde que o candidato a vice-presidente fosse de seu estado. Mas o PMDB de Minas não dispunha de nomes com abrangência nacional. Quem teria essa abrangência era o senador Itamar Franco, mas ele deixara o PMDB e, a essa altura, negociava com Leonel Brizola para filiar-se ao PDT. O outro grande nome mineiro era do ex-vice-presidente Aureliano Chaves, mas este seria candidato a presidente pelo PFL.[35]

Uma sucessão de críticas de Castelinho acabou irritando Aureliano Chaves, que esperava dele um pouco mais de solidariedade mineira ou simpatia udenista. Em alguns momentos, parecia que Aureliano era o único udenista que Castelinho criticara na vida. "Ainda no governo Figueiredo, eu e Castelinho, tínhamos ido juntos ao Palácio do Jaburu* conversar com Aureliano. Mas ele só servia petiscos e isso irritava Castelinho, que queria jantar. Aureliano ficou zangado quando Castelinho escreveu que Figueiredo não iria apoiá-lo."[36] Aureliano sonhou, no governo Figueiredo, ser indicado como candidato indireto à Presidência; agora, no fim do governo Sarney, sonhava ser candidato do PFL, mas via embaraços nas críticas de Castelinho. Parecia que a irritação pelos petiscos atravessara os anos.

Ao perceber uma implacável divisão no PMDB, o presidente Sarney começou a atuar para estancar a divisão no PMDB, mas na verdade sua ação tinha significado maior: no fundo, ele buscava dar gás à direita, no enfrentamento com a esquerda, e, ao mesmo tempo, regenerar o poder político que perdera. E começou a inflar uma eventual candidatura de Orestes Quércia para deter o avanço da esquerda peemede-

*Residência do vice-presidente da República.

bista aliada a Ulysses. Quércia tinha grande poder no partido; se ele aceitasse ser candidato, Ulysses e a esquerda do partido perderiam sua força. "O Palácio do Planalto está ostensivamente mobilizando suas lealdades para encaminhar a proposta de uma união do centro capaz de fazer frente ao avanço das esquerdas, coisa que o PMDB não está conseguindo fazer por suas divisões internas e pela ascensão no seu seio de poderosa ala esquerdista que se armou em torno da candidatura do governador Waldir Pires."[37] Sarney ambicionava uma tacada de mestre: impor ao PMDB um candidato que facilitasse uma ampla aliança com PFL, PTB, PDS e outros nanicos em torno de uma proposta de centro-direita. Esse candidato poderia ser Quércia, Aureliano ou Jânio.

Dois dias depois Castelinho abriu espaço para um balão de ensaio plantado por José Aparecido mas que servia ao propósito de Sarney. Aparecido foi a São Paulo e voltou convencido de que em mais duas semanas Orestes Quércia se lançaria candidato à Presidência em lugar de Ulysses Guimarães. O quadro que ele trouxe de São Paulo era muito controverso. O comandante de "um dos dois maiores grupos financeiros do Estado" lhe teria afiançado: "Como está o quadro, o segundo turno será disputado por Mário Covas e Leonel Brizola, pois ao centro se situariam apenas as candidaturas de dois 'velhos' (Ulysses e Jânio), sem qualquer apelo para um eleitorado jovem como o brasileiro."[38] Era uma análise sem pé nem cabeça.

Os dois balões de ensaio, o de Sarney turbinando Quércia para ser candidato, e o de Aparecido afiançando que Quércia se lançaria, tinham a mesma origem e padeceram do mesmo defeito — eram pura ficção e desprovidos de base real. Na verdade, Quércia tinha vontade de ser o candidato, mas logo percebeu que não haveria sustentação política para a sua vontade. Mais adiante, às vésperas da convenção do PMDB que escolheria o candidato, Quércia reiterou seu apoio a Ulysses, que marcharia forte para a convenção. O ambiente político da época exaltava Ulysses como um candidato poderoso, depois do brilhante fecho da Constituinte do ano anterior, comandada notavelmente por ele. Muita gente achava que a decisão da convenção do PMDB seria a chave para apontar o futuro presidente da República; a eleição simplesmente referendaria o que todos já sabiam — o PMDB seria imbatível e seu candidato também.

* * *

Quando o computador chegou às redações dos jornais, no final dos anos 1980 e princípios dos 1990, armou-se um interminável e estéril debate — aquela nova traquitana vinha para o melhor ou para o pior? Aquilo funcionava numa redação? Seria capaz de substituir com eficiência as velhas máquinas de escrever Remington e Olivetti? Os velhos jornalistas, em geral, reagiam com indiferença à evolução tecnológica mas muitos deles, no fundo, guardavam um recôndito temor de que aquela novidade fosse impossível de domar como a boa e velha máquina de escrever. Olhavam à distância com receio reverencial, como se o computador fosse o monólito negro de *2001, uma odisseia no espaço*, que representava o desconhecido e gerava o medo pelo indecifrável — e o mais grave é que era mesmo, pelo menos para eles. Os velhos jornalistas não percebiam o extraordinário valor que se agregava: o texto já não teria de ser imaginado na memória, para depois ser digitado na lauda; e os consertos necessários não seriam mais feitos com emendas manuscritas, rasurando o texto original. Quando o repórter queria mudar um parágrafo ou uma frase de lugar, não precisaria mais proceder àquele sujo corta e cola, esquartejando a lauda com impiedade e produzindo, ao final, uma apresentação feia e muitas vezes quase ininteligível. Agora era possível o texto sair limpo, íntegro, imaculado dos dedos de seu autor, diretamente para o copidesque, que o revisava e mantinha limpo, tão limpo quanto o recebera, até a montagem da página pelo diagramador. Não haveria mais aquele tráfego sujo — depois de remendado, ainda ia à mão do copidesque, que o remendava mais ainda ou era obrigado a reescrevê-lo. E o manuseio do texto, enquanto era produzido, oferecia ganhos. Mudar uma frase era muito mais fácil — antes, o repórter, pressionado pelo tempo, evitava fazer muitas mudanças em seu texto, mesmo quando a melhora se insinuava evidente. Era obviamente um processo mais preciso, limpo e rápido. E também muito mais silencioso. As redações deixaram de ser espaços dominados por um rumor contínuo de teclas que explodiam no rolo da máquina de escrever, marcando as laudas com caracteres e palavras. Muitos jornalistas tiveram bloqueios mentais: não conseguiam mais escrever sem ouvir a melodia uníssona que poluía os ouvidos. Até então, estranhos que entravam nas redações sempre perguntavam: vocês não se incomodam com esse barulho todo? Não, ninguém se incomodava; era precisamente o contrário: sem aquele barulho todo, as ideias não assomavam.

O computador chegou à redação da sucursal do *Jornal do Brasil* em Brasília em 1990. Castelinho já tinha setenta anos, uma idade em que os antigos jornalistas em geral ficavam rabugentos e se tornavam absolutamente infensos a avanços tecnológicos. Enxergavam romantismo, sensualidade e quase concupiscência em sua relação com as velhas Remington e Olivetti. No caso dele, abandonar as velhas máquinas de escrever era romper um caso de amor, uma paixão arrebatadora. Ele teclava na máquina de escrever como quem fazia uma gravação rupestre. "A gente tinha a impressão que ele agredia a máquina de escrever, porque ele a manejava muito bem, batia forte nas teclas."[39]

Castelinho fez uma pergunta inicial ao ex-teletipista (operador do antigo telex) José Clemente, que o orientava: "O teclado é igual ao de uma máquina?" Era. Em seguida, sentou-se e começou a batucar, no começo com a mesma força que usava para teclar nas máquinas de escrever, o que não era absolutamente necessário no computador. "No primeiro dia, ele se empolgou e escreveu um número de linhas maior que o normal", contaria Clemente. Logo entendeu que aquilo vinha para melhorar a produção; compraria um computador para si e o instalaria em sua casa, traindo miseravelmente a companheira de mais de cinquenta anos, a sua velha Remington.[40]

20

UM CORAÇÃO PARTIDO

1989-1991

Muitas vezes na vida Castelinho sentiu seu coração pender entre as ideias liberais, que consolidavam os preceitos da liberdade do homem, das garantias individuais e, principalmente, da liberdade de imprensa, e as ideias de esquerda, que guardava afetuosamente do lado esquerdo do peito como um arroubo da juventude que a maturidade conteve. Mas nos últimos anos de sua vida já não havia tantas dúvidas. As ideias liberais, no sentido das garantias da liberdade, acima de tudo a liberdade de imprensa, eram a essência do seu pensamento, tinham vencido os patrões de Ataliba em 1945 e em 1985 — e agora ele esperava que fosse para sempre, que todos os Atalibas fossem mandados para casa pela última vez, e que essa casa fosse muito longe dos lugares onde se pratica a liberdade de informação, de expressão e de opinião, de forma que eles nunca mais pudessem suprimi-la.

Castelinho se engajou na luta pela redemocratização na medida em que ela significou a possibilidade de restaurar as liberdades públicas; deu-lhes espaço e estímulo. Mas desaprovava com vigor os segmentos de esquerda que adotaram a luta armada como meio para vencer a ditadura militar, abraçando ideias radicais. Em vez de derrubar a ditadura, a aventura da luta armada deu-lhes unidade e disposição para fazer governos mais autoritários. Em última análise, para ele, o corolário é inevitável — ideias radicais favorecem o surgimento de governos autoritários; e, a pretexto de combater as ideias radicais, os governos autoritários, em geral, impedem a imprensa livre.

Ainda assim, nos últimos anos de sua vida, o contato com os segmentos de esquerda o estimulavam como meio de luta política e, acima de tudo lhe atiçavam a curiosidade de jornalista, talvez como uma lembrança nostálgica dos líderes comunistas que conheceu e admirou quando era ainda um jovem jornalista, em Minas Gerais e no Rio de Janeiro. Em novembro de 1991, ele viajou a Cuba para participar de um simpósio que reunia jornalistas e escritores. Um grupo logo se destacou dos outros participantes brasileiros, alguns liberais, outros simpáticos a ideias de esquerda, nenhum deles comunista: Castelinho, Élvia, o filho Pedro, o jornalista Moacyr Werneck de Castro e sua esposa Glória, e o então ex-senador Severo Gomes e sua esposa Maria Henriqueta. Nas incursões por Havana, a eles se juntou a jovem escritora Ana Miranda, que tinha sido colega de Pedro no curso secundário, em Brasília. Castelinho a reconheceu e, mais que aceitá-la no grupo, se afeiçoou a ela e se tornou seu amigo inseparável. "Foi uma afinidade perfeita, nos tornamos imediatamente amigos inseparáveis."[1]

Os passeios e eventos eram quase sempre em grupo. Mas nos intervalos Castelinho arregimentava Pedro e Ana e os três saíam bordejando os pontos turísticos de Havana Vieja. "Tinha ânimo para viver", lembra Ana, embora o seu parceiro de passeios turísticos e conversas literárias fosse um Castelinho que estivesse, àquela altura, a um ano e meio da morte, já alquebrado e sofrido. Uma das incursões foi guiada por Raúl Castro, o irmão de Fidel e hoje presidente cubano, que levou o grupo a uma fazenda estatal para a criação de gado e cavalos, além de, naturalmente, à plantação de um canavial exemplar.[2]

Se com interlocutores brasileiros Castelinho tinha dificuldade de ser entendido, na ilha de Fidel essa dificuldade se multiplicou — e Ana passou a funcionar como sua tradutora informal. A grande expectativa do grupo era ser recebido por Fidel, à época uma estrela da política mundial, símbolo da luta contra o imperialismo, idolatrado por comunistas e não comunistas. Por muitos dias o grupo tentou concretizar o encontro com Fidel, dando "carteiradas" com os contatos cubanos de todos os níveis, a quem realçavam a importância de Severo na política brasileira e de Castelinho no jornalismo brasileiro. Mas os argumentos não impressionaram os contatos nem sensibilizaram o Partido. Fidel não os recebeu.

Um importante empresário brasileiro convidou o grupo para almoçar em um restaurante cubano da moda. Os preços eram assustadores e todos foram recatados nos pedidos, para não catapultar a conta — que certamente seria paga pelo ricaço que os convidou. O empresário, no entanto, não teve recato: pediu os pratos, vinhos e charutos mais caros do cardápio. Quando, ao final do ágape, a conta chegou, propôs com a cara mais lavada do mundo que dividissem o pagamento. Ana ficou furiosa com o procedimento do empresário, mas Castelinho puxou a carteira e colocou sua parte e a de Ana; mais tarde, já longe do empresário, fez um longo arrazoado para defendê-lo, invocando a compreensão de Ana para aquele tipo de comportamento.[3] Ao fim das contas, não conseguiu minimizar os efeitos daquela atitude mesquinha mas deixou em Ana e nos amigos circundantes uma impressão sobre si próprio: "Gostava de analisar o comportamento humano, propriamente como um romancista dostoievskiano. Às vezes defendia uns sujeitos para mim indefensáveis. Conhecia por demais a política, e a humanidade, para saber que eram todos iguais, ou muito parecidos."[4] Ficou claríssimo: além de conhecer os comportamentos políticos, Castelinho conhecia os homens, conhecia a vida.

As conversas de Ana e Castelinho eram menos sobre política e mais sobre literatura. Ele falava muito dos livros que lera, dos que apreciava, dos que mais o impressionaram, e perguntava muito sobre as leituras dela, sobre estilo e técnica de escrita. Queria saber que métodos ela utilizara para escrever o *Boca do inferno*, seu livro mais importante, uma biografia alegórica do poeta baiano Gregório de Matos. Cobrou dela que escrevesse romances não relacionados com passagens históricas, mas frutos de sua livre imaginação. Sempre bem-humorado e com uma dose calibrada de ironia, contou muitos casos relacionados a escritores que foram e eram seus amigos, como se os estivesse flagrando em suas fraquezas; buscava detectar neles as falhas humanas e literárias, e não tinha pudor de apontá-las, mesmo quando falava de amigos e de suas obras. Mostrava enorme prazer em exercitar sua visão crítica, com divertida irreverência. Falou muito de Otto Lara Resende e contou como tinham sido amigos em Belo Horizonte; explicou como os dois praticavam, desde que se conheceram, um jogo em que se alfinetavam o tempo todo. Castelinho multiplicava ironias sobre o amigo, contando o seu caso favorito com Otto — como ele nunca o convidara a entrar em sua casa. Contou mais: muito tempo depois, quando ambos já estavam consagrados, Otto lhe dera novo apelido; agora, em vez de Homenzinho, ele era "o escorpião do Planalto". Castelinho contava em tom de reclamação, mas no fundo parecia entender que a alcunha era elogiativa — e se divertia muito com isso. Ria de sua forma muito característica, como a confirmar que desenvolvera, como analista político, um maquiavelismo que, de resto, só se revelava nas conversas com amigos. "Ele era bom de coração, muito bom e honesto, sério, correto, honrado."[5] Certa noite, no restaurante do hotel, disse a Ana que Otto a odiava. Ela ficou muito impactada com a afirmação inesperada e ele explicou a razão: Otto também escrevera um livro com o mesmo título.[6] Só que o *Boca* dele fizera muito menos sucesso que o *Boca* de Ana.

Quando voltaram ao Brasil, a amizade prosperou. Certa vez, todos estavam no Rio de Janeiro e Castelinho resolveu acabar com os mistérios que contara: convidou Ana para conhecer Otto. Ela ficou receosa, ante a revelação anterior, a história da inveja por seu *Boca*. Ele insistiu, como se revelasse que tudo fora uma brincadeira; acabou apresentando-a a ele num jantar da confraria na casa do jornalista Moacyr Werneck de Castro. Ali, Ana ficou encantada entre aquelas estrelas da literatura e do jornalismo, bem mais velhos que ela, e foi nomeada musa de um jogo de ciúmes ostensivo para conquistá-la e encantá-la, a ela, a "última flor do Lácio". Otto fez o seu jogo de sempre: lançava a sua magnífica verve como uma rede para capturar sereias e recolhia a atenção das pessoas embevecidas à volta dele e dela. No fim da noite, diria: "Agora, que conheci Ana Miranda, posso morrer."[7]

Ana dava-lhes recíproca afetuosa à admiração platônica e revelava enlevo com aquela proximidade. "Há cinco dias que não tiro você e Otto da minha cabeça, vocês prepararam para mim uma armadilha infernal, vocês são, como bem disse a Ana Arruda, uns demônios, ou teria sido bruxos?" Descia do plural ao singular preferido: "Otto, para mim, é apenas um pedaço de você, uma parte do seu mundo."[8]

Aos poucos, Castelinho introduziu Ana na turma inteira, inclusive, e principalmente, na "turma de Minas". Ela ficou amiga de Otto e logo depois também de Fernando Sabino. Logo viraria centro das atenções do grupo. À medida que outros entraram no círculo da amizade, o jogo de sedução e ciúmes se ampliou e se tornou uma gesta interminável, cujas armas eram a inteligência e sedução, entre aqueles homens maduros e sua musa linda. Como se zombassem do destino, inventaram uma sinistra piada que consistia em se perguntarem quem, entre eles, iria morrer primeiro.* Lembra Ana que Castelinho a cortejava como os outros, mas jamais foi indelicado com ela. "Era sempre cortante, irônico, combativo, mordaz, mas sempre elevado." Ele morava em Brasília e todos os outros, inclusive ela, no Rio. Por isso, ele começou a escrever para ela — e era correspondido — cartas

---

*Seria Paulo Mendes Campos, em 1º de julho de 1991, aos 69 anos.

intermináveis e graciosas. Sempre que ia ao Rio a procurava. “Ele era realmente afetuoso comigo, um pouco como um pai, um pouco como um colega escritor. Jamais tentou levar a questão para a esfera amorosa, nem sutilmente, e eu nunca soube que ele tinha essa imagem de admirador de mulheres bonitas, ele sempre foi muito respeitoso, e atencioso, nos lugares não ficava pesquisando as outras pessoas, concentrava-se em quem estava com ele. Jamais me fez qualquer pergunta, ou investigação sobre minha vida íntima.”[9] Ana acabou sendo uma das musas essenciais do jogo platônico que Castelinho amava praticar com mulheres bonitas, sem jamais buscar conclusões carnais, limitando-se aos exercícios da imaginação.

Ana acabou herdando segredos do grupo. Por exemplo: que eles fizeram uma “eleição” entre eles para eleger suas musas — e os critérios pareciam juntar qualidades literárias e qualidades físicas, sem que ficasse claro se esta era a ordem correta de prioridade. Nesse jogo, Cecília Meirelles ficou em primeiro lugar e Otto contou a razão a Ana: “Os joelhos dela eram tão atraentes quanto um abismo.” Em segundo lugar, é claro, numa decisão que suscitou protestos, ficou Clarice Lispector. A razão Otto explicou: “Os olhos, o texto extraordinário, o comportamento estranho.” E aqui a lista aparentemente se encerrou. Ninguém avançou para confessar se Ana estava entre as escritoras brindadas ou se chegara tardiamente à disputa.

Castelinho contou a Ana um fraco seu: preferia perder um amigo a calar ante uma boa frase. E contou mais, que sua grande decepção tinha sido não poder se dedicar à ficção, pela necessidade de ganhar a vida — e quem lhe fornecia um urgente ganha-pão na época das vacas magras era o jornalismo. Ao final, ela guardou uma certeza: “Acho que o que ele mais amava era a literatura. Ele me amou pelo que eu representava em termos de literatura.”[10]

* * *

Castelinho e Otto não perdiam oportunidade para fustigar Fernando Sabino e zombar dele por ter escrito o livro sobre a ex-ministra Zélia Cardoso de Melo,[11] mas nunca tocaram no assunto quando Sabino estava ausente. Quando ele estava, no entanto, Castelinho dizia horrores sobre a protagonista, embora aliviasse quanto à qualidade do texto: "Zélia é um bagulho, mas o livro é uma reportagem com a qualidade literária do texto do Fernando Sabino, nem mais nem menos. Apenas ele não quis assumir que era jornal e aí pareceu que o boboca era ele, e não Cabral.* Não se apercebeu que as bobagens não eram uma invenção do autor, mas uma transcrição das falas do tipinho, e da tipa, que, porra, foi ministra da Economia. A geração hippie passou por lá."[12]

Aprofundavam as críticas e voltavam a repeti-las cada vez que voltavam a se encontrar e o assunto tornava à baila. Ana percebia que era um tema espinhoso que deveria ficar entre eles e que talvez ela não tivesse vênia de palpitar. Ficava calada. Sabino se defendia; e, quanto mais ele se defendia, mais eles atacavam. Podia ser uma simples abordagem literária, mas parecia haver algo além no ar: dos quatro amigos originais da juventude em Belo Horizonte que queriam virar escritores, foi Fernando o que alcançou maior êxito, inclusive com romances adaptados para o cinema.

Entre eles, a conversa era uma permanente porfia de uma inteligência vertiginosa, amistosamente pérfida. Conta o embaixador Afonso Arinos de Melo Franco, filho, que certa vez estava na casa de Otto, no Rio de Janeiro; Otto fazia a barba, ouvia-se uma música distante vinda de algum aparelho de som da casa e Afonso o entrevia pela abertura da porta do banheiro, não totalmente fechada. De repente fixou-se, através da fresta, nos cabelos de Otto — eles não estavam brancos, estavam azuis, coloridos por aquela rinsagem estranha que mais adiante daria lugar a outra mais estranha ainda, o acaju. Afonso

*Bernardo Cabral, ex-ministro da Justiça, cujo namoro com Zélia é objeto do livro.

se assustou: "Otto, o que está acontecendo com seus cabelos?" Otto parou de fazer a barba, enfiou o rosto meio escanhoado metade coberto pela espuma de barba e, simulando estar encolerizado, disparou em tom zangado: "Já sei, foi o Castelinho que te contou. Foi ou não foi o Castelinho? Foi ou não foi o Castelinho?"

O tom das brincadeiras entre os dois chegava a extremos hilariantes. Num tempo sem internet e sem celulares, Otto costumava enviar bilhetes para Castelinho via malote da TV Globo, num especial obséquio de Afrânio Melo Franco Nabuco, diretor da emissora em Brasília. Num deles, escreveu a Afraninho um bilhete que capeava a mensagem a Castelinho: "Vai aqui um bilhete para o sacaneta do Castelete, que andou por aqui por dois dias e quatro porres. Cismou que o D. [Francisco Dorneles] é agente do SNI (existe?) e disse ao P.R. [presidente João Figueiredo] que não vê televisão, que televisão na casa dele é para as cozinheiras... Evidentemente já se esqueceu do que disse. A primeira, no Le Coin;* a segunda, na casa do J. Ap. [José Aparecido de Oliveira]. Por favor, queira refrescar-lhe a memória. A propósito, está bem que ele não me mande respostas aos meus bilhetes (e me disse que você está p. da vida, razão pela qual hoje mando a mensagem por seu intermédio; p. da vida quando mando direto, pelo correio; ora, eu pensava que ele era do *JB*). [...] O que preciso mesmo é que o dito me mande um exemplar da homenagem que lhe prestaram pelos quarenta anos de jornalismo. Escrevi um texto para esse troço e nunca vi impresso o que escrevi. Já lhe pedi numerosas vezes. Ele sempre esquece. Diz que trará quando vier aqui, vem, não traz e ainda leva metade da paz que aqui desfrutamos, que é pouca. *Please*, veja se põe no malote esse opúsculo de homenagem tão imprópria. Quero ver e sobretudo quero rever o que escrevi a propósito desse colunista."[13]

Castelinho não aceitou a provocação. Respondeu num tom bem mais cordial e com muito afeto, desdenhado o abusado e irônico

*Restaurante localizado na avenida Ataulfo de Paiva, no Leblon.

tratamento inicial. Contou que fora ao Rio para um jantar oferecido por José Aparecido de Oliveira a Severo Gomes, mas o jantar fora cancelado sem que ele fosse avisado. No Rio sem agenda, ligou para Otto e não conseguiu falar; terminou indo jantar no *Antiquarius* com Roberto Médici e o filho Pedro. No fim de semana presumiu que Otto estivesse em Petrópolis e foi encontrar José Luiz de Magalhães Lins. Eis a carta: "Meu velho e querido Otto, é tão conhecida e creio que confessada sua esquivança ao telefone, que o fato se tornou lugar-comum na referência às relações de qualquer amigo com você. De tanto que já ouvi 'telefonaste para o Otto?' não telefone mais. Isso aí vai para anotar o meu espanto pelo qualificativo de 'injuriosa' com que você brindou minhas 'queixas e reclamações' da sua fuga ao meu chamado. Ora, não atribua a essa fuga (ou coincidência, dada a alarmante extensão da Globo) senão característica psicológica por mim anotada, inclusive, em depoimento sobre sua obra e sua pessoa. Quando conto que telefonei 'mas o dr. Otto não está na sala no momento', isso não chega a ser uma queixa ou uma reclamação mas uma verificação bem-humorada, mesmo quando transmite ao Fernando Sabino a impressão de que estou irremediavelmente afastado de você, pelo menos na medida em que ele está irremediavelmente ligado a Lígia Marina."[14]

Dias depois Otto comemorou e mandou novo bilhete a Afraninho, desta vez manuscrito: "A resposta do Castelete veio na bucha — gostei. Nosso micas está de repouso, um mês. Fígado aquoso, diz ele. Será? Não sabia que o fígado retém água nem que ele se dá ao vício de beber água..."[15]

Brincavam, brincavam, mas às vezes o humor passava da conta e entornava o copo. Certa vez um Castelinho zangado mandou uma carta irritada a Afraninho insinuando que ele estaria "intermediando a amizade". O objeto da irritação atendia à reclamação anterior de Otto, de que ele ia ao Rio de Janeiro e não o procurava. Desta vez Castelinho estivera no Rio de Janeiro, ligara duas vezes e não foi atendido. "Espantou-me, todavia, que a carta que lhe escrevi tivesse sido acolhida como reticente demonstração de falta de caracter [sic], a ponto de não merecer resposta direta." Pelo que se entende, Castelinho submeteu a situação a um júri de amigos e conhecidos, enviando cópias das cartas para M.A., [inidentificado] F.S. [Fernando Sabino] e M.B. [Maneco Brito, Manuel Francisco do Nascimento Brito]. Ao final, no entanto, finalizava com um aceno de reconciliação: "Apesar do mau humor que provoquei no O.L.R. [Otto Lara Resende], e da agressiva maneira como encarou minha carta, gostaria de pedir-lhe desculpas."[16]

* * *

A época era de fantasias e sonhos. E, como sonhar é barato, Jânio também, trinta anos depois, sonhava pela enésima vez em voltar ao poder que deixara de graça. Castelinho registrou: "Quando Augusto Marzagão, falando de Brasília, informou a Jânio Quadros, então na cidade do Porto, que a convenção do PMDB escolhera Ulysses Guimarães como candidato, o ex-presidente comentou: 'Fez justiça ao Ulysses pelos serviços prestados ao partido e ao país.' Depois de uma pausa acrescentou: 'Mas ainda não está tudo resolvido.' A decisão que falta é a dele, Jânio, de ser ou não ser candidato a presidente da República."[17]

Ulysses já fora escolhido pela convenção do PMDB, o mais poderoso partido do país. Castelinho anotava a perplexidade da centro-direita com o que se imaginava ser um avassalador avanço da esquerda. "Não são apenas os moderados do PMDB que estão na expectativa do que fazer na sucessão presidencial. Todo o centro mantém-se na mesma indefinição, simplesmente porque ainda não emergiu na área um candidato com densidade suficiente para aglutinar as forças disponíveis nessa faixa ideológica ou não radicalizada na oposição ao governo federal. Dos candidatos já anunciados Ulysses Guimarães é o que teria melhores condições de promover a convergência dos centristas ansiosos por terem uma alavanca para tentar mudar a aparente vocação do eleitorado de consagrar em novembro um candidato de esquerda."[18] De passagem, nesta coluna, Castelinho afirmou que era uma possibilidade real que "a proposta política que caracteriza o janismo fosse assumida com êxito pelo governador [de Alagoas] Fernando Collor de Mello." Era a primeira vez que citava o nome de Collor como postulante real, e não fantasioso, à Presidência, sugerindo que ele poderia ter razoável chance de êxito.

Jânio estava agora à procura de um partido que o abrigasse, embora tenha passado a vida desdenhando partidos e rindo dos tantos que acreditaram em suas promessas e em seu carisma. A última eleição direta, trinta anos antes, o conduzira ao Palácio do Planalto para sete meses de governo e uma renúncia mal explicada. No dia 11 de maio daquele ano, Jânio assinou sua filiação ao PSD, sigla antes gloriosa, mas agora não mais que um partido nanico. Brizola prometia, se eleito, um Ministério da Amazônia, seja lá o que isso quisesse significar.

De repente se materializou um fenômeno e, ao se materializar, todos se perguntavam — até quando vai durar? O candidato Fernando Collor, cotado como azarão, ascendia surpreendentemente ao primeiro lugar nas pesquisas de opinião. Castelinho também se fazia aquela pergunta mas tentava explicar a origem dessa tendência: o desinteresse popular por candidatos que representavam a antiga política e a rejeição do eleitor às estruturas partidárias convencionais. "Votar em Fernando Collor é uma ideia que está ocorrendo a um número cada vez maior de pessoas. Por quê? Há claramente uma insatisfação com os candidatos que a política oferece. Há quem tema o caudilhismo de Brizola, a instabilidade de Jânio, a idade de Ulysses, a intolerância de Waldir, o despreparo de Lula, o idealismo de Covas, a indecisão de Aureliano... Tanta coisa, que algo novo e desconhecido soa como uma proposta tentadora."[19]

Ulysses tinha a sua frente uma tarefa gigantesca: explicar ao eleitorado por que ele tinha compartilhado o poder com Sarney todos aqueles anos, mandando e desmandando, nomeando e demitindo, influindo nas decisões, e, feito candidato, no auge da impopularidade do governo, negava seu compromisso com os erros do governo que se encerrava. "Não parece correto que, tendo ajudado a montar e sustentar o governo Sarney, o partido [PMDB], por seus arautos, tente esconder esse fato e proclamar uma hostilidade ao governo que é apenas recente. [...] A opção oposicionista é mais tática do que prova de repulsa a um presidente que obteve cinco anos de mandato graças à ajuda de Ulysses Guimarães e o empenho de diversos de seus ministros filiados ao PMDB."[20] Segundo Castelinho, Miguel Arraes pregava que Ulysses deveria fazer apenas um *mea culpa*; que pedisse desculpas ao povo e dissesse: "Errei, sim."

Em começo de julho, o quadro de litigantes estava quase completo. Castelinho informou que, faltando as homologações dos candidatos do PTB (o senador Affonso Camargo, coordenador da campanha de Tancredo Neves cinco anos antes) e do PDC, os nomes estavam cravados. Era uma miríade de candidatos, a saber: Ulysses Guimarães, do PMDB (vice, Waldir Pires); Leonel Brizola, PDT (vice, Fernando Lyra); Luiz Inácio Lula da Silva, PT (vice, José Paulo Bisol); Fernando Collor de Mello (vice, Itamar Franco); Paulo Maluf, PDS (vice, Bonifácio de Andrada); Aureliano Chaves, PFL (vice, Cláudio Lembo); Guilherme Afif Domingos, PL (vice, Aluízio Pimenta); Roberto Freire, PCB (vice, Sérgio Arouca) e Mário Covas, PSDB (vice, Almir Gabriel). Num interminável cardápio eleitoral, Afonso Camargo seria candidato pelo PTB (vice, Luiz Gonzaga de Paiva Muniz), Ronaldo Caiado, pelo PSD (vice, Camilo Calazans) e Jânio fugiria da raia. Além destes, outros onze candidatos seriam concorrentes, inclusive Fernando Gabeira, pelo Partido Verde, e o fugaz fenômeno Enéas Carneiro, pelo Prona — ao todo, 22 candidatos que, pelo número excessivo, representariam mais um enigma e menos uma solução para o confuso eleitor.

Castelinho comentou o primeiro debate, na Rede Bandeirantes, a que compareceram nove candidatos, ausentes Ulysses Guimarães e Fernando Collor. "Lula, Roberto Freire e Ronaldo Caiado foram os mais nítidos e os mais claros, embora o candidato do PT pudesse melhorar seu desempenho na televisão se fizesse um curso de impostação de voz, coisa que já não ajudaria o irreparável senador Covas."[21]

Candidato do principal partido brasileiro, Ulysses marchava para sua cristianização. Não era apoiado pelos governadores do seu partido no norte e no nordeste, assim como não encontrava apoio dos prefeitos de capitais e das principais cidades. "A ascensão de Collor na preferência do eleitorado parece não ter sofrido abalos com sua ausência nos debates de televisão, coisa de que sua assessoria parece arrependida, nem com o episódio gerado pela decisão do ministro da Justiça, Oscar Dias Corrêa, de mandar apurar denúncias contra o ex-governador de Alagoas. No final da semana, novas pesquisas de opinião deverão dar alguma indicação a respeito. A expectativa da queda do candidato do PRN vem alimentando, sobretudo seus principais concorrentes, Leonel Brizola e Luiz Inácio Lula da Silva, o último, autor de uma denúncia à Justiça Eleitoral de uso ilegal de recursos financeiros na sua campanha. Denúncias desse tipo, se não forem comprovadas, poderão funcionar em favor de Collor. O PT não precisaria correr esse risco."[22]

* * *

Tudo indicava, a quatro meses da eleição, que o segundo turno seria disputado entre Collor, disparado em primeiro lugar das pesquisas de opinião, e Leonel Brizola, o mais forte dos candidatos do arco de esquerda. Em terceiro vinha Lula, quase empatado com Covas — ambos de São Paulo, numa disputa em que um anulava o outro. Lula ainda conseguia sair das divisas de São Paulo com sua figura carismática e seu comportamento atípico, mas Covas era um candidato nitidamente paulista, pouco conhecido fora do estado. A essa altura Brizola achava que disputaria o segundo turno com Collor — e a impressão geral é que, numa disputa de segundo turno contra um candidato mais tradicional e mais experiente, Collor não venceria. "O candidato do PDT, Leonel Brizola, continua inabalado na sua convicção de que será um dos dois candidatos que disputarão a Presidência da República no segundo turno das eleições. [...] O ex-governador confia basicamente na sua mensagem junto ao eleitorado e no peso da sua influência tradicionalmente expandida no uso dos veículos de comunicação de massa."[23]

Collor gabava-se de sua liderança nas pesquisas, mostrando uma empedernida arrogância. Numa entrevista a uma emissora de TV, se disse "um candidato à procura de adversário". Castelinho registrou esse possível excesso de autoconfiança mas o rebateu; para ele, alguns candidatos tradicionais deveriam crescer (entre eles, não citou Lula). "Os indícios arrolados pelos políticos apontam crescimento próximo das candidaturas de Leonel Brizola, Mário Covas e Paulo Maluf, mas deve-se admitir que a exclusão de Ulysses Guimarães dessa previsão não parece racional."[24]

Em fins de agosto, a três meses das eleições, Castelinho reconhecia que a tendência indicada pelos institutos de pesquisa era mesmo pelo confronto de Collor e Brizola no segundo turno. "Collor percebe que teria uma vitória provável se disputasse contra um candidato com rejeição nos círculos dirigentes e entre influentes setores de formação da opinião nacional. Brizola igualmente entende que, num duelo contra um candidato altamente rejeitado pela esquerda e ainda não consolidado na preferência dos círculos conservadores, sua situação seria melhor do que num confronto com candidatos como Ulysses Guimarães ou Mário Covas."[25]

Duas candidaturas davam indícios de estarem a caminho do fracasso, a de Ulysses e a de Aureliano; a direita do PMDB, preterida por Ulysses no primeiro semestre, pulava do barco e fazia valer sua característica fisiológica, indo engordar a campanha potencialmente vitoriosa de Collor. E os correligionários mais pragmáticos de Aureliano o deixavam para apoiar Maluf, dando o troco de 1985. Ulysses era um homem de partido. Integrado no corpo do PMDB ele se blindava;

fora dele, exposto ao escrutínio público, o eleitorado não via nele um líder; e, numa eleição solteira, o peso do partido não funcionava. Já Aureliano padecia da timidez, afogado no formalismo que sempre cultivara. Eram duas candidaturas derrotadas bem antes de a refrega eleitoral chegar à etapa decisiva.

Em setembro, a dois meses da eleição, Castelinho saiu de férias mas deixou em sua coluna uma última assertiva — a de que Collor escapara ileso das inúmeras armadilhas ao longo da campanha. "Sua última aparição no Palanque Eletrônico não terá causado danos à sua imagem, malgrado sua incontinência nas respostas no mesmo tom de desafio a perguntas provocativas, o que pode ter induzido à impressão de emotividade incontida e de certa arrogância."[26] O Palanque Eletrônico era uma sabatina feita pela Rede Globo de Televisão, na qual os candidatos respondiam a perguntas dos jornalistas da emissora. Nele, Collor teve desempenho muito agressivo, respondendo com incontinência a perguntas que considerou como provocações. Castelinho entendeu que ele não teria perdido pontos nesse tipo de aparição pública. "Inesperadamente, Collor, que não foi constituinte, revelou comovida lealdade à Constituição que Ulysses Guimarães, há um ano, imaginou que seria sua grande bandeira de campanha. Não foi. A Constituição de 88 é um documento elogiado pela devoção aos direitos humanos e aos instrumentos para sua defesa, mas contestada na sua utilidade como norma para regular a operação política e administrativa do Estado brasileiro. Repete-se com ela o que havia ocorrido com as demais, desde a de 1891. Todos querem reformá-la."[27]

A 25 dias da eleição Castelinho sinalizou que: 1) a queda de popularidade de Collor tinha sido contida, o que lhe dava consistência para almejar o segundo turno; e 2) a outra vaga no segundo turno não estava assegurada a Brizola; ficaria entre o gaúcho e Lula. "À esquerda a disputa entre Brizola e Lula não parece ainda definida. [...] Brizola combate em suas frentes. Na primeira, mediante escaramuças de rua conduzidas por suas vanguardas, tenta fixar a ideia de que será ele quem irá enfrentar Collor. Na segunda vai ao confronto com Lula, identificado como o candidato que poderá lhe roubar o papel. A guerra entre PDT e PT parece na atual fase da campanha o ponto crítico da disputa. Brizola tem bases irremovíveis, mas Lula parece ter mais mobilidade em todo o país, apresentando expectativa de crescimento nas diversas zonas eleitorais."[28]

Nesta fase final, ainda se cogitou trazer o apresentador de televisão Silvio Santos para a disputa, preenchendo o espaço que seria deixado vago por Guilherme Afif Domingos (que renunciaria à candidatura). A hipótese era acalentada por segmentos de direita, pensando colocar dois nomes de seu campo no segundo turno. Lançado mas ainda não confirmado pela Justiça Eleitoral, Sílvio Santos ganhou logo o apoio do presidente José Sarney. E deu-lhe a recíproca: "Gosto de Sarney." Castelinho anotou o desafio: "Como se sabe, quase todas as candidaturas presidenciais existentes foram montadas a partir da verificação de que o eleitorado repudia Sarney e tudo quanto dele se aproxima. A rejeição ao governo e ao que ele representa está na base das campanhas vitoriosas de 1988 e das campanhas atuais de Brizola e Lula. Fernando Collor de Mello armou uma legenda partidária para dar sequência à sua luta contra os 'marajás' ampliada nacionalmente no combate a Sarney e ao que ele representa."[29]

A campanha chegou ao fim com três candidatos muito próximos nas pesquisas de opinião. "Se a disputa na esquerda apresentasse já resultados mais claros seria mais fácil examinar o quadro que se armará para a eleição no segundo turno. Brizola, Lula e Covas, com preponderância dos dois primeiros, continuam a ser alternativas e uma delas deverá se impor."[30]

Quatro dias depois os números liberados pelas urnas confirmaram o prognóstico de Castelinho. Collor venceu, atingindo um percentual um pouco abaixo do que lhe atribuíam as pesquisas, 28,5%; Lula chegou em segundo, com 16%, livrando uma vantagem decimal sobre Brizola, que ficou com 15,5%; Covas ficou em terceiro, com 10,8%, seguindo-se Maluf (com 8,3%), Afif Domingos (com 4,5%), Ulysses (com 4,4%), Roberto Freire (com 1%) e Aureliano (com 0,8%). Collor iria para o segundo turno com o candidato que preferia enfrentar.

* * *

Concluído o segundo turno e eleito Collor, no dia 19 de dezembro de 1989, sintomaticamente, o título da Coluna do Castello foi "Fernandinho não morreu na praia". Nela, Castelinho exaltava a proeza inesperada de Luiz Inácio Lula da Silva, alçado agora ao posto de principal liderança oposicionista: "A eleição que agora se encerra com a derrota da sua candidatura presidencial deixa o PT engrandecido com os votos do eleitorado em Lula, em condições de disputar com o PDT e o PSDB a liderança da oposição ao presidente Fernando Collor de Mello. Os dois grandes partidos da Nova República, PMDB e PFL, afundaram neste pleito." E previa que Collor conseguiria realinhar uma base de sustentação de seu governo no Congresso. Mas a alusão a "Fernandinho" parecia remeter-se ao tempo em que conheceu o adolescente Collor em sua própria casa, época em que o filho de Arnon de Mello assustava a superquadra quando dirigia, sempre em alta velocidade, o seu Puma cor de laranja com o cano de descarga aberto; ou, pouco tempo depois, quando deu-lhe um lugar de estagiário no *JB*, sob a chefia severa do jornalista José Leão.

Em começo de 1989, Leda Collor de Mello, esposa do ex-senador Arnon de Mello, pediu a Castelinho sugestões para comemorar o centenário de seu pai, Lindolfo Collor, que nascera no Rio Grande do Sul em 1890. Lindolfo fora uma grande personagem da Revolução de 1930 e merecedor de justas homenagens no centenário de seu nascimento. Fora o primeiro ministro do Trabalho, deputado estadual e federal, e um dos expoentes mais graduados da geração que introduziu na política brasileira nomes como Getúlio Vargas, Osvaldo Aranha, Flores da Cunha e tantas outras lideranças do movimento de 1930. O que ela não imaginava é que a comemoração do centenário se daria sob a Presidência de seu neto Fernando, eleito em novembro de 1989. Fernando, no entanto, trazia outras recordações a Castelinho. Fora o melhor amigo de seu filho Rodrigo; enquanto Castelinho viveu, em sua casa no Lago Sul, em Brasília, uma estante ostentava uma foto dos dois jovens abraçados, no início dos anos 1970, bem-nascidos, cabeludos, conquistadores e amantes da velocidade. Para Castelinho, portanto, Fernando não representava o bem-sucedido governador de Alagoas que conseguira chegar à Presidência da República numa campanha disputada e polêmica — ele era, sim, o filho de Arnon e o amigo dileto de Rodrigo. "A filha mais velha de [Lindolfo] Collor estava longe de imaginar, então, que o centenário de nascimento de seu pai seria comemorado num cenário tão brilhante quanto o da posse do seu filho, Fernando Collor de Mello, na Presidência da República, fato que atualizou e deu relevo à longínqua atuação do avô na vida pública."[31]

Antes da posse, Castelinho descobriu em Collor indícios de uma grande semelhança com Jânio Quadros — foi eleito aos quarenta anos, enquanto Jânio tinha 43; como Jânio, não tinha compromissos com a velha política e as tradicionais estruturas partidárias; e logo após ser eleito, ainda como Jânio, viajou para a Europa, encarregando seus assessores de fazerem sondagens para eleger seu ministério. "Collor não tem compromissos partidários e tudo indica que preserva sua solidão e sua independência, deixando que outros se ocupem de sondagens e avaliações preliminares antes de endossar o que se está fazendo ou de decidir por conta própria. Os convites somente serão formalizados, segundo se crê, depois que as perspectivas de apoio e colaboração estiveram delineadas firmemente. O presidente não quer expor sua autoridade fazendo convites que possam ser rejeitados. Mas também não quer fazer convites que lhe sejam impostos em troca de apoio parlamentar, político ou de qualquer gênero."[32]

"Não poderia haver circunstância mais propicia para que se volte a examinar a vida e o papel de um personagem que influiu no seu tempo, mas não terá alcançado uma das metas de sua carreira, precisamente a Presidência, agora conquistada pelo neto. A família Collor renasce com fulgor ampliado neste ano e nesta época, quando é grande a curiosidade por tudo quanto possa explicar as origens e a formação familiar da mais recente personalidade a ascender na vida do país."[33]

Pisava em ovos para não deixar a simpatia pelo melhor amigo de Rodrigo contaminar a correta análise ao falar do futuro governo Collor. Destacou as bandeiras sustentadas pelo eleito (que mais adiante seriam atropeladas por dois fatores — dentro do governo, desmandos e desvios inconcebíveis até a perigosa corrupção; do lado da oposição, a campanha reducionista para transformar a crítica em desqualificação, criando a imagem de um maniqueísmo idiota e simplista). Expôs o pacote de intenções do novo governo: adaptação do Brasil para encaixar-se na globalização, redução do tamanho do Estado, ações para modernizar o país, privatização de setores não essenciais e a liberação das importações e fim das reservas de mercado, com o objetivo de permitir o alcance de novas técnicas industriais. Era um magnífico programa para o seu tempo: "Atração de capitais e de tecnologia seriam a fonte inspiradora de uma política que pretende renovar a economia dando-lhe novo surto da expansão. Para tanto o governo insistiria na tese da modernização, na convicção de que isso ajudará a recompor o conceito do país no primeiro mundo."[34]

Já antecipava as enormes dificuldades que adiante seriam inevitavelmente causadas pelo confronto com a oposição, em especial com a esquerda. "Claro que a tradução disso em resultados práticos está pendente de que, internamente, Collor consiga implantar a política prometida, a qual, como se sabe, enfrentará forte rejeição, sobretudo no que se refere à dívida externa com negociação com o FMI, a privatização de empresas públicas e a redução da burocracia estatal."[35] No entanto, Castelinho não percebeu, nesse primeiro momento, que o grande e surdo embate se daria em torno das questões relativas à inserção do Brasil no mundo globalizado. À época, a globalização era vista como um anátema que o Brasil deveria contornar, ignorando-a — o que seria a mais rematada estupidez que um país poderia fazer. Por isso, mais adiante, Castelinho nem voltaria a falar no projeto-macro do novo governo, afogado pela imensa repercussão popular do seu plano econômico que redundaria em erro de comédia pastelão.

Na passagem dos cem dias do governo, pela primeira vez Castelinho acusou Collor de ter errado. "O caso da inflação, por exemplo, que é o problema crucial da conjuntura, não se pode dizer que esteja resolvido, mas o fato é que o índice inferior a 10% está na medida da promessa da campanha e é um começo positivo no domínio do processo inflacionário. O erro foi ter sido o presidente induzido a falar intempestivamente em inflação zero."[36]

Dias depois, Castelinho comentou a implantação da livre negociação de salários e um controle rígido da política salarial, que seria condicionada, daí por diante, a parâmetros matemáticos; e do lançamento de novas regras para a política industrial. "As diretrizes da política industrial iniciam uma gradual entrada da economia brasileira na economia de mercado com todas as suas consequências, entre elas a internacionalização do nosso mercado." Registrou que as novas medidas remavam em direção contrária às decisões da Constituinte encerrada dois anos antes. "Isso é precisamente o contrário do que os constituintes de 1988 tentaram fazer, quando discutiram dispositivo declarando o mercado interno monopólio nacional. O governo, deflagrando um processo revolucionário capaz de fazer mudanças de 180 graus, [...] parece ter-se cercado de cuidados para evitar que se repita no Brasil o sucateamento da indústria interna produzido pela liberalização da economia Argentina."[37] À época, não se enxergava com nitidez que a Constituinte tomara decisões na contramão da globalização, à qual o Brasil não poderia ignorar, sob pena de alijar-se historicamente do processo de desenvolvimento mundial.

21

MINHA VERDADE INTERIOR

1990-1992

A Coluna do Castello não tratava sempre de política ou economia; vez por outra abordava questões de política cultural e, em casos raros, de cultura e *fait-divers*. Assim estava categorizada a coluna "Como Vinicius de Moraes deixou o Itamaraty".[1] Ao escrevê-la, Castelinho publicou o relato de um amigo, cujo nome não revelou, que teria sido próximo de Vinicius e que questionava a versão publicada por Ruy Castro no livro *Chega de saudade — a história e as histórias da Bossa Nova*. No livro, Castro contou que em 1968 o general-presidente Arthur da Costa e Silva mandara um memorando para o então chanceler Magalhães Pinto nos seguintes termos: "Assunto: Vinicius de Moraes. Demita-se esse vagabundo. Assinado: Arthur da Costa e Silva." A versão de Castro teria aduzido que Vinicius, que era primeiro-secretário do Itamaraty, mas há anos estava fora da carreira, recebeu a notícia imerso numa banheira, a bordo do transatlântico *Eugênio C*, e teria chorado convulsivamente. O missivista relatara a Castelinho que em 1965, a seu pedido, Vinicius fora requisitado pelo governador de Minas, Israel Pinheiro, para ficar, sem ônus, à disposição da Fundação

Ouro Preto, então dirigida por Murilo Rubião. Dois anos depois, esgotada a requisição, Vinicius teria de optar entre voltar ao Itamaraty ou aposentar-se. A essa altura sobreveio o AI-5. A versão escrita por Castro relata que, entre "alcoólatras, pederastas e subversivos" então afastados do Itamaraty, Vinicius teria sido "vagamente enquadrado nessa última categoria".

O missivista que escreveu a Castelinho questionava estas informações e garantia que Vinicius recebeu a notícia de sua aposentadoria quando estava em Lisboa para apresentações musicais, e não num navio; e que era pouco provável que tivesse chorado na ocasião. Alegava que, se o compositor fora demitido com base no AI-5, seu nome deveria estar num ato assinado pelas autoridades da época. Segundo ele, o que de fato aconteceu foi que Vinicius não quis voltar ao Itamaraty porque optara pela carreira de compositor e show-man. E sugeria que alguém fosse aos arquivos do Itamaraty para consultar documentos, compulsando seu nome inteiro, Marcos Vinicius da Cruz de Moraes.

Um mês depois, Castelinho voltou ao assunto em sua coluna.[2] A irmã de Vinicius, Laetitia de Moraes Vasconcellos, lera o artigo anterior e escreveu para fazer reparos, agora reproduzidos por Castelinho em um novo artigo. Segundo Laetitia, Ruy Castro teria retificado parte das informações que dera no livro. Ela informou em sua carta que Vinicius contara a outra irmã, Lygia, que tomara conhecimento, através de amigos do Itamaraty, do tal memorando de Costa e Silva. À época, Laetitia trabalhava na FAO e fazia frequentes contatos com o Itamaraty, mas nunca conseguia descobrir a real situação do irmão. Certa vez perguntou a ele por que não se apresentava para o trabalho e Vinicius lhe teria respondido que se apresentara três vezes e nunca lhe deram função: "Nada foi feito e eu me recuso a ficar andando pelos corredores, sem nada para fazer e até sem ter mesa e cadeira para mim." Um amigo diplomata contara a Vinicius que circulava no Itamaraty um relatório que o elogiava, narrando que fora em sua casa, em Paris, que nasceu o projeto para o filme *Orfeu do Carnaval*;

e que quando morou no Uruguai fizera notável trabalho para divulgar a cultura brasileira. Enfim, mencionava o relatório, a sua casa no exterior, onde quer que ele estivesse morando, funcionava como uma espécie de segunda embaixada do Brasil. Esse relatório teria sido enviado ao Palácio do Planalto para ser considerado a seu favor, mas ainda assim Costa e Silva teria decidido cassá-lo. Vinicius, segundo Laetitia, recebeu a notícia da cassação na casa de Lygia, no Rio de Janeiro. Ficou abatido, disse ela, mas não chorou. Depois da anistia, ele pediu reintegração ao Itamaraty, para limpar sua folha de serviços, e em seguida pediu demissão.

E de onde saiu a banheira do transatlântico? "Há tantas lendas sobre Vinicius", escreveu Laetitia, citada por Castelinho, "que esta deve ter-se originado no fato de ele gostar de ficar mergulhado na água, escrever seus artigos e letras de música em máquina colocada sobre uma tábua atravessada na banheira."

Por fim, Laetitia desmonta outra informação. Vinicius teria sido registrado como "Marcus Vinicius", mas teria ido a um cartório, ainda na juventude, onde suprimiu formalmente o "Marcus". Sua identidade registrava, pois, apenas "Vinicius de Moraes", garantiu. E ele nunca teve Cruz no nome, asseverava em seguida. A lenda, mais esta, se devia a uma brincadeira em verso de Manuel Bandeira, que teria inventado o nome "Marcus Vinicius da Cruz de Mello Moraes" para dar ritmo poético.

Após a publicação da primeira coluna, o então chanceler Francisco Rezek, seu leitor assíduo, resolveu investigar o assunto e, com os dados oficiais à mão, falou com Castelinho, que publicou uma terceira coluna sobre o assunto.[3] Rezek fez o simples: requisitou a pasta de Vinicius no arquivo do Itamaraty e descobriu que nela estava assentado que a situação funcional do poeta foi investigada entre março e maio de 1969 pela "Comissão Câmara Canto", criada após o AI-5 para expurgar do Itamaraty os "subversivos, corruptos e homossexuais" (e não os "alcoólatras, pederastas e subversivos"). O embaixador Antônio da Câmara Canto era, talvez, o mais ferrenho e persistente anticomunista do Itamaraty; durante sua passagem pela Embaixada do Brasil em Santiago, nos anos 1970, se notabilizou pela proximidade intensamente colaborativa com o governo Pinochet. A comissão presidida por ele deixou inequívoco rastro na forma de um relatório. Vinicius não fora enquadrado em nenhuma daquelas "categorias", mas a comissão recebera uma "ordem" para excluí-lo da carreira diplomática por causa do seu afastamento continuado e por "sua livre opção pela poesia, o canto e o palco". Ao fim, a "Comissão Câmara Canto" sugeriu a transferência de Vinicius para o Ministério da Educação, mas a sugestão não foi concretizada por não haver correspondência entre cargos e funções dos dois ministérios e por não haver requerimento do interessado solicitando a transferência. Em maio de 1969, finalmente, um ato do presidente da República aposentou compulsoriamente o primeiro secretário Marcos Vinicius da Cruz Moraes com base no AI-5. O grosseiro memorando de Costa e Silva não foi encontrado na pasta funcional de Vinicius. Se ele existiu, informava Castelinho, com base em informações recebidas do Itamaraty em 1990, alguém não o anexou à pasta.

Estavam desfeitas as lendas e informações imprecisas. Ficou claro, que, se Costa e Silva não escreveu um memorando grosseiro, em linguagem de boteco, pelo menos emitiu uma ordem clara e inquestionável para que Vinicius fosse demitido; e essa "ordem" foi recebida, claro e bom som, pela inquisitorial "Comissão Câmara Canto". E ficou claro também o porquê da existência de tantas lendas sobre Vinicius — é que, do alto de sua delicada arte, talvez o poeta, em seu mundo de fantasia, fosse muito mais abrangente que o diplomata, que tinha os pés assestados no mundo real. No mundo da literatura, embalara sonhos e encantara os brasileiros com sua poesia arrebatadora, assinando sempre "Vinicius de Moraes", mas no mundo formal chamava-se mesmo — e isso nunca mudou — Marcos (com "o", e não com "u") Vinicius da Cruz Moraes, sem que nem mesmo sua própria irmã Laetitia estivesse cientificada disso.

Mas certamente os militares não gostavam dele. Quando foi nomeado para o conselho da Superintendência Nacional de Abastecimento (Sunab), no governo do marechal Humberto de Alencar Castello Branco, o jovem Marcus Vinicius Pratini de Moraes passou por dissabores. No ato, seu nome estava abreviado para "Marcus Vinicius de Moraes"; um militar pensou que o designado era o compositor e ligou para o SNI. "Nomearam um bêbado para a Sunab?"[4]

No final de sua carta a Castelinho, Laetitia explicou por que a coluna tinha esse dom de amplificar as informações e despertar o interesse das pessoas até mesmo para assuntos que estavam mais próximos da cena mundana que do mundo político: "Gostaria de dizer-lhe o quanto apreciamos, meu marido e eu, suas crônicas no *JB*, pela clareza e dignidade com que trata assuntos outros de tanta relevância para o Brasil."

* * *

Durante muito tempo o dia 25 de junho, aniversário de Castelinho, foi comemorado na casa da empresária Vera Brant, em Brasília. Vera, além de ser uma mulher adorável, inteligente e falante, sempre foi amiga dileta de muitos políticos e de nove entre dez intelectuais brasileiros. Ela não tocava piano, mas comprou um, de cauda, apenas para o compositor Tom Jobim, grande amigo dela e de Castelinho, tocar quando viesse a Brasília. Em 1990, quando Castelinho se aproximava dos setenta anos, ela decidiu fazer uma festa maior, de arromba, na grande comemoração do aniversário redondo. Ligou convidando seus amigos que eram também amigos de Castelinho: Otto Lara Resende, Rubem Braga, Millôr Fernandes, Roberto Gusmão, Fernando Pedreira, Evandro Carlos de Andrade, Fernando Sabino, Severo Gomes, Carlos Scliar e mais um contingente de intelectuais e jornalistas.

Todos compareceriam. O único a recusar o convite foi Rubem Braga. Respondeu a Vera que não ia dar para viajar até Brasília.

— Por que, Rubem? — perguntou Vera.

— Porque meu amor por Castello só chega até Juiz de Fora.

Uma semana antes do aniversário, Élvia falou com Castelinho:

— Nossa casa é pequena, mas a gente não pode deixar de comemorar os seus setenta anos. Decidi fazer uma festa.

Castelinho objetou com um calendário na mão:

—Tudo bem, mas no dia 25, não. O dia 25 é da Vera.

Élvia marcou a festa em casa para o dia 22 de junho. Castelinho ficou numa felicidade de invejar. "Nunca conheci um adulto que gostasse tanto de festa de aniversário como Castelinho. Chegava bem cedo, com a cara mais feliz do mundo e com os olhinhos brilhando. Sentava-se na varanda para aguardar os convidados. Recebia os presentes com a expressão de uma criança feliz e os guardava com o maior cuidado sobre a poltrona de madeira do Zanine. Várias vezes durante a festa, me perguntava: 'E os meus presentes?' Eu respondia: 'Estão todos lá, Castelinho. Fique tranquilo.'"[5]

A festa do dia 22, em casa, foi mais para os amigos e personalidades de Brasília; a do dia 25, na casa de Vera, reuniu os amigos de Brasília e mais os velhos amigos jornalistas e intelectuais que moravam no Rio e em São Paulo.

* * *

Não gostar dos próprios dentes e, por isso, domar-se para falar pouco foi essencial para definir, no futuro, o estilo jornalístico de Castelinho e sua técnica para detectar informações, selecionar o tema, escolher as fontes, apurar os fatos e, por fim, escrever. Por falar pouco, ele aprendeu a ouvir muito; e desenvolveu uma técnica para desanimar interlocutores chatos ou inconvenientes, que tentavam "vender-lhe" informações sem tanta importância ou simplesmente mentirosas: ele fazia comentários com a voz mais engrolada do que já era, o que transformava o português num idioma absolutamente ininteligível e complicava a conversa — desencorajando o interlocutor perplexo. Os amigos tinham de treinar para entender o que ele falava.[6]

Desde que aprendera em Minas Gerais a importância de ouvir, ele ouvia muito — e ouvia das melhores fontes. O político que começava uma conversa com ele sabia antecipadamente de uma coisa essencial — não podia mentir, ou pelo menos não podia mentir de forma descarada, porque Castelinho sabia medir os valores de uma informação política melhor do que ninguém e tinha faro apurado para sentir, de longe, o cheiro de cascata ou mera mentira, bem ou mal engendradas. Só isso já fazia o político mentir menos, por saber que ser pego na mentira aconteceria uma única vez, após a qual ele seria descartado como fonte.

Outra técnica que Castelinho depurou como ninguém foi a capacidade de cruzar informações sem perder a essência do principal.

Parece simples, mas acabou sendo o único que criou um novo estilo entre os muitos que fizeram comentário ou crônica política nos anos do pós-guerra; e criou em torno de si uma aura de prestígio e profundo respeito. Escrever sobre política não era sua opção inicial; ele queria mesmo era ser romancista. Mas acabou tragado pela sina, pela vocação natural e pelo próprio talento. No entanto, para escrever sobre política bebia na fonte do romance. Costumava dizer que sua religião o levava a "rezar" todos os dias de manhã — antes de sair de casa para o trabalho, lia uma página de Machado de Assis; quando era mais novo, lia uma página de Mário de Andrade. E saía transformado pelo que de melhor se escreveu no Brasil, numa e noutra épocas.

Nos últimos vinte anos, ele chegava a sua sala no *Jornal do Brasil*, no segundo andar do Edifício Denasa, no Setor Comercial Sul, em Brasília, por volta das 8 horas da manhã. O contínuo Camerino, um braço esperto de inequívocos traços de herança da etnia nagô, póstero indesmentível do ciclo da Costa da Mina, lhe trazia o cafezinho, incorporando uma lição que Castelinho absorveu como sendo de grande utilidade — pingar o adoçante na xícara antes de verter o café, o que permitia a mistura automática e evitava sujar uma colherzinha. A primeira coisa que fazia era decifrar as palavras cruzadas de todos os segundos cadernos dos jornais do dia. Gostava de encontrar os seus jornais intocados — não lia exemplares já folheados por outra pessoa. Um dia foi até a redação — o que não fazia com frequência — e pediu ao secretário de redação André Marques o seu exemplar de *O Globo*. André asseverou que o jornal estava na mesa, na sala de Castelinho. Já meio irritado, Castelinho rebateu: "Mas como? Os jornais agora já vêm com as palavras cruzadas decifradas?" E pediu que André mandasse comprar outro exemplar na banca mais próxima. André não sabia que as palavras cruzadas eram uma obsessão de Castelinho e inadvertidamente as tinha decifrado mais cedo; Castelinho as fazia em *O Globo*, na *Folha de S.Paulo*, no *JB* e em *O Estado de S.Paulo*.[7] Era uma rotina monástica. Depois das palavras cruzadas, lia os jornais e colocava as laudas de marcações em verde na Olivetti e escrevia a coluna. Não precisava apurar mais nada — já chegava, na maioria dos dias, com o texto pronto na cabeça. Quando acabava de escrever as 75 linhas, revisava o texto com a caneta — poucas mudanças eram acrescentadas com sua letra pequena e arredondada. Antes do meio-dia estava pronta a Coluna do Castello do dia seguinte.

Às 14 horas, quando os teletipistas voltavam do almoço, davam prioridade à gravação e transmissão da coluna para o Rio de Janeiro. Durante anos, a precisão de Castelinho garantiu que a coluna resistisse, em sua atualidade, uma tarde e uma noite inteiras a eventuais mudanças políticas. É evidente que a coluna não era uma previsão do que ocorreria, no dia seguinte ou nos próximos, na área política mas, de toda forma, raras vezes decisões políticas drásticas obrigaram a mudanças ou substituições da coluna — e nessas raras vezes isso ocorreu mais por alterações no quadro político do que por imprecisão na apuração.

Voltava para casa por volta do meio-dia, ia para casa, almoçava, descansava e saía para caminhar portando um cajado enorme — tinha medo, pânico de cachorros. As sextas-feiras eram sagradas. No começo da tarde ele saía do *JB* e ia para o Florentino ou para a casa do amigo Cláudio Lacombe para o almoço semanal com os amigos do peito. Era um encontro para iniciados. Os frequentadores habituais eram jornalistas e advogados consagrados, com uma carreira que lhes permitisse parar de trabalhar na hora do almoço de sexta-feira — Cláudio Lacombe, José Carlos Bulhões Pedreira, José Pereira Graça Couto, Hélio de Macedo Soares (o Tubarão), Afrânio de Melo Franco Nabuco, às vezes, quando estavam em Brasília, os diplomatas Rubens Barbosa e Carlos Garcia; Marco Maciel e Miguel Arraes foram muitas vezes, mas Maciel era um estranho à mesa porque não bebia, enquanto todos bebiam, e bebiam muito. Raymond Frajmund parou de ir porque não aguentava a conversa — bobagens mundanas e piadas vulgares, verdadeiras abobrinhas — e, principalmente, não conseguia acompanhá-los na bebida, além de ter de trabalhar à tarde.[8] A sexta-feira, para esses candidatos irrevogáveis à cirrose futura, era dia de encher a cara sem medida e sem controle, até porque, dali, ninguém voltava para o trabalho. Era direto para casa, levado pelo motorista.

Toda sexta-feira, políticos que queriam aproximar-se de Castelinho ou plantar uma informação ficavam de longe, olhando enciumados, sem ter como interromper a conversa fluente para abordá-lo. Alguns o fizeram e logo perceberam que faziam mal. Durante um tempo a mesa foi frequentada por um napolitano riquíssimo e boa-praça chamado Mario Canevari, que fugira para o Brasil no pós-guerra e ganhou, como todos os fascistas sinceros, um emprego do conde Matarazzo em suas indústrias. Em 1957, Canevari, que não era um fascista tão empedernido quanto os outros, cansou-se do emprego e se mudou para a região onde estava sendo construída Brasília. Na cidade livre, embrião do Núcleo Bandeirante, fundou um restaurante chique, no qual as mesas eram iluminadas por luz de vela e os garçons serviam com luvas brancas. Ganhava dinheiro com o restaurante, mas sua grande oportunidade surgiu quando conheceu outro italiano que lhe deu uma representação para vender cimento e ferro, os produtos mais consumidos na frenética construção da nova capital. Canevari ficou milionário. Quando Brasília ficou pronta, construiu para ele e a mulher, Teresa, uma casa cinematográfica e tinha pouco o que fazer, até engatar amizade com o grupo dos almoços do Florentino; como era muito divertido, ganhou assento cativo. Um belo dia comunicou aos convivas que finalmente voltaria para a Itália; foi convencido pelo ministro da Economia italiano a investir pesado no Progetto Mezzogiorno, uma espécie de Sudene para o pobre sul italiano. Seus investimentos seriam na área agroalimentar — uma fazenda para criação de suínos e uma fábrica de salsichas. Muito tempo depois, numa viagem a Roma, Frajmund encontrou Teresa, que lhe deu duas tristes notícias: a primeira é que Canevari ficara arruinado depois que os investimentos deram errado; a segunda é que ele morrera, naturalmente de cirrose, como morreriam Graça Couto e Tubarão.[9]

O jovem diplomata Carlos Garcia entrou para a turma mesmo tendo idade muito inferior aos demais. Às vezes os recebia no pequeno apartamento da SQS 307, que dividia com a mulher, Cristina Autran Garcia, e começava cedo uma peregrinação para encontrar uísque, o principal combustível do jantar. Numa época de importações controladas, um lugar garantido para encontrar uísque escocês era a sauna do Hotel Nacional; Carlos comprava três garrafas de uísque e uma de conhaque francês, além de cigarros norte-americanos, a estrela chique em festas das altas-rodas brasilienses. No final da noite, depois da passagem devastadora de Castelinho e sua turma, as quatro garrafas eram levadas, naturalmente esvaziadas, para o lixo. Só Cláudio Lacombe se encarregava de baixar meia garrafa de conhaque numa noite.[10]

* * *

A eleição de Fernando Collor não cabia nos medidores políticos de Castelinho. Para o comentarista, Collor estava mais próximo do jovem incontrolável, que fora amigo de Rodrigo, do que de um político bem formado, com vasta cultura e longa experiência. Suas ambições tinham mais sabor de aventura do que de solidez. O que mais chamava atenção em currículo político era a pouca vivência política, não um histórico curtido de realizações e refregas políticas. Depois de ganhar a Presidência, assumiu uma postura inegável de arrogância.

No início, antes da posse, Castelinho deu crédito à nova figura da política nacional, foi paciente nas críticas. "O crédito de confiança nacional ao governo Fernando Collor está aberto. O que cada um de nós percebia no âmbito da sua convivência ganhou números na pesquisa do Ibope, a qual, confirmando a expectativa, ampliou os índices presumíveis de esperança na ação do futuro governo. Há nisso reflexo da ansiedade de toda a nação para que algo aconteça de bom no país depois de tantas frustrações."[11]

Na véspera da posse, sua coluna contou um caso tão bizarro quanto trivial, lembrado quando se encontraram socialmente José Sarney, o presidente que saía, e Itamar Franco, o vice-presidente que tomaria posse. Eles lembraram que, quando estavam no Senado, eram vizinhos de prumada num prédio residencial do Senado, na SQS 309; outro senador colocara um jacaré empalhado no hall do prédio e todos acharam que aquele jacaré dava azar aos moradores. Um dia, Sarney e Itamar se juntaram, pegaram o jacaré e o enfiaram no porta-malas do carro de um deles, recomendando ao motorista que o atirasse no Lago Paranoá. O dono nunca soube quem sumira com o jacaré, mas o fato é que a sorte de todos melhorou — Sarney acabou presidente e agora Itamar seria empossado na vice.[12]

A primeira proposta estridente de Collor foi o chamado Plano Collor, com o qual pretendia liquidar a inflação disparando um só tiro. Collor tentou dar impacto à apresentação do projeto, até porque o combate à inflação requeria uma participação engajada da sociedade. Mas o Congresso Nacional rejeitou a medida. "Não é portanto insanável a situação atual, na qual o presidente da República sente ameaçado seu projeto de, com um tiro só, liquidar a inflação e reorganizar a economia do país mediante sacrifícios da população e em especial da burocracia do Estado."[13]

Na oposição derrotada, se destacava a figura de Luiz Inácio Lula da Silva, que fora eleito para a Constituinte, denunciara a existência de trezentos picaretas no Congresso e agora, ao seu final, se declarara desencantado, afirmando que não se candidataria mais. "Não há dúvida de que o torneiro mecânico Luiz Inácio Lula da Silva não se deu bem no mar alto da política. Sentiu engulhos. E sua recusa a disputar nova eleição é um vômito. Ele está pondo para fora tudo quanto engoliu nesses quase quatro anos de deputado federal e de candidato a presidente da República. [...] Na Câmara sentiu-se impotente para instigar uma instituição que se move lentamente, como um paquiderme, sobretudo quando se trata de votar leis que alterem a ordem estabelecida. Lula esperou da Constituinte maior afinidade com as reivindicações que levava para lá empurrado por algumas centenas de milhares de votos e embalado pela ilusão de que iria abrir as portas do paraíso. A realidade foi outra, mas ele ainda assim se dispôs a ampliar sua faixa de atuação, aceitando com entusiasmo candidatar-se a presidente da República, embora isso parecesse uma aventura, um sonho de quem não medira ainda a força dos obstáculos a vencer. Ele foi à luta com muita garra e uma certa inocência. Por isso mesmo a marola lhe fez mal. Não estava preparado para tudo, ao contrário do que imaginava."[14]

O crédito de Castelinho continuou a ser fornecido nas semanas seguintes. "A pesquisa do Ibope deu ao presidente Fernando Collor a segurança necessária para enfrentar a 'ressaca dos interesses contrariados' e a este jornalista a lição renovada de que deve medir sempre cuidadosamente suas avaliações, mais atento aos fatos do que às aparências. As turbulências que se armavam no alto e embaixo, à direita e à esquerda, para envolver o governo em dúvidas quanto ao êxito do Plano Collor, não se armavam a partir de apoios consistentes nas diversas camadas da população que mantêm intactas suas esperanças no êxito da política presidencial."[15]

Estava em curso um ano de eleições. O calendário eleitoral era cruel: mal empossado o presidente da República já começava a campanha por governos estaduais e pela renovação do Congresso. Collor, numa decisão correta — pois tinha um partido frágil e pouco enraizado —, decidiu não interferir nos estados e não apoiar candidatos no primeiro turno. "O presidente Fernando Collor confirmou a um dirigente empresarial de Minas a decisão de não participar da eleição de governadores pelo menos no primeiro turno. A fase inicial da campanha e do pleito decide-se, portanto, sem o sinal de preferências do governo federal, que se reservará para tentar influir na fase final quando o próprio presidente pretende avaliar o interesse do seu governo na vitória de um ou de outro candidato. Nessa etapa Collor deverá ter em vista não apenas a conveniência de armar bases políticas consistentes para seu governo, com reflexos, sobretudo, na composição do Congresso, mas também a preocupação de fazer opções que facilitem a organização, a partir de sua liderança de um novo partido político que sinalize para a futura introdução do sistema parlamentarista de governo, a ser decidida em plebiscito nacional em 1993, segundo manda a Constituição."[16]

Collor começava bem, olhando para trás, para os resultados que o cingiram à Presidência, mas também para o futuro, no destino de uma Nação que estava atrasada para inserir sua economia no competitivo mercado mundial. "Na linha das suas promessas de liberalização o governo Collor anunciou duas novidades, uma relacionada com os salários e a outra com a produção industrial. [...] As diretrizes da política industrial iniciam uma gradual entrada da economia brasileira na economia de mercado com todas as suas consequências, entre elas a internacionalização do nosso mercado. Isso é precisamente o contrário do que os constituintes de 1988 tentaram fazer, quando discutiram dispositivo declarando o mercado interno monopólio nacional. O governo, deflagrando um processo revolucionário capaz de fazer mudanças de 180 graus, conforme disse a ministra da Economia, parece ter-se cercado de cuidados para evitar que se repita no Brasil o sucateamento da indústria interna produzido pela liberalização da economia argentina."[17]

Castelinho observou uma tendência que acompanhava a eleição presidencial: nas pesquisas de opinião para a eleição de novembro de 1990 nos estados, os segmentos de direita aparentavam ter mais força eleitoral que os segmentos de esquerda. "Os resultados conhecidos até aqui antecipam alguns resultados que dificilmente serão alterados no curso da campanha. Pelo menos seis candidatos a governador estão credenciados a vencer no primeiro turno e os dados políticos que respaldam as indicações de opção do eleitorado ajudam a previsão em seu favor. Os seis são João Alves, de Sergipe, com 63% das preferências, Leonel Brizola, do Rio de Janeiro, com 62%, José Agripino, do Rio Grande do Norte, com 58%, Gilberto Mestrinho, do Amazonas, com 58%, Antonio Carlos Magalhães, da Bahia, com 53%, e Joaquim Francisco, de Pernambuco, com 50%. Acima dos 50% está também o candidato a governador do Distrito Federal, Joaquim Roriz, mas trata-se de candidato cuja presença na campanha pende de decisão judicial."[18] De fato, todos os candidatos citados como favoritos por Castello venceriam as eleições em seus estados. Castelinho noticiou que o PFL esperava vencer em oito estados em novembro.[19] Isso se confirmou, com sobras — na verdade, elegeria nove governadores em outubro e novembro, alguns no primeiro turno, outros no segundo, reforçando o quadro político em favor de Collor.

A esquerda só estava na frente com Brizola no Rio de Janeiro. Em vez de se engajar nas eleições, o PT preferia inflar a Central Única dos Trabalhadores (CUT), que tentava criar obstáculos aos projetos de liberalização da economia e de privatizações, promovendo greves e manifestações. "O presidente Fernando Collor nega que tenha pretendido com a reunião que iniciou a negociação do pacto social enterrar a CUT com um enterro de luxo. Ele gostaria apenas que a CUT aprendesse a dialogar, pois a sociedade brasileira quer o diálogo. O envelope deixado por Jair Meneguelli com o ministro da Justiça seria ainda um sinal do atraso pois pede o que já ninguém pede, a sustentação das privatizações, a reforma agrária sob comando dos sindicatos rurais e coisas desse tipo. O presidente dispõe-se a conversar, a demonstrar tolerância ao lado da sua determinação de cumprir seu programa de governo. Essa seria a base da sua credibilidade."[20]

Afinal, o presidente da CUT foi negociar, como queria Collor. "A presença de Jair Meneguelli hoje no Palácio do Planalto para um encontro com o chefe do governo e início de negociações representa o reconhecimento afinal pela CUT e pelo PT de que Fernando Collor ganhou a eleição do ano passado e empossou-se legitimamente como presidente da República. Não cabe portanto insistir em trocar o Plano Collor pelo Plano Lula e a conversa terá de ter como preliminares que o presidente não vai anular demissões de funcionários, não vai desistir da privatização nem vai abdicar da recusa de adotar qualquer método de reposição salarial."[21]

Collor levou mais de um ano para entender o papel que lhe caberia e Castelinho detectou isso na coluna. "Aparentemente Fernando Collor de Mello abandonou a fantasia de um estilo novo e o desejo de abrir espaços para uma liderança abrangente e apta a incluir no seu âmbito a direita indignada e a esquerda perplexa. O governo possível para ele é este que está armando agora. Os 35 milhões de eleitores que sufragaram seu nome votaram nele para que fizesse isso. Quem não queria isso, votou em Lula. Ou não foi?"[22]

Quando os indícios de corrupção no governo começaram a minar o governo Collor, Castelinho lançou advertências. Criticou a ausência de coordenação política, depois que a Casa Civil foi extinta e substituída por uma Secretaria-Geral da Presidência que tinha atribuições apenas administrativas. Alertou para a ausência de canais políticos dentro do Palácio do Planalto. "O presidente Collor está pagando preço alto pelos erros cometidos no início do governo. Erros no equacionamento da reforma administrativa e erros de pessoa na seleção dos que deveriam acompanhá-lo não propriamente pelos seus cinco anos de governo, mas enquanto bem servissem."[23]

Quando um terremoto político obrigou todo o ministério a pedir demissão, Castelinho expôs as mazelas com clareza. "Não há dúvida de que o governo estava precisando dessa escovadela, dessa faxina na qual se salvam apenas as peças resistentes. Impossível continuarem as coisas como iam. Quando mal se esclarecia a culpa por negligência ou por ação de algum de seus ex-ministros ou de alguns de seus secretários, abria-se uma nova frente."[24]

Por um tempo, pareceu que Collor conseguiria superar os problemas, mas logo seria instalada a Comissão Parlamentar de Inquérito (CPI) que o fulminaria e a seu governo. Ao escrever sobre ela Castelinho apresentou um breve tratado de ciência política: "Inútil supor que a CPI concentrará sua investigação em torno do empresário PC Farias. Esse é, no meio de tudo, um personagem menor; cujo destino interessa a ele e sua família e não ao país. O embrulho em que se meteu servirá apenas de advertência aos futuros governantes para que, ao se instalarem no poder, cuidem mais da euforia dos amigos do que da animosidade dos inimigos. É pelos que acham que assumiram juntamente com o presidente que o poder começa a se escoar e a tornar-se algo pouco palatável e domesticável."[25]

E botou o dedo na ferida: "Se PC Farias pôde, como denuncia Pedro Collor de Mello, fazer tráfico de influências isso terá sido consequência da maneira como ele sentiu sua proximidade do presidente e da presunção de que poderia estender a intimidade da campanha a uma convivência promíscua com as prerrogativas presidenciais. A visão exterior da sua camaradagem com o candidato, mesmo depois de feito presidente, terá armado a expectativa de que quando se dirigia a alguém, a um empresário ou a uma autoridade, o fazia literalmente respaldado pelo chefe, conforme consta que alegava."[26] Castelinho sentia que a sentença final seria condenatória.

Quando acabou a Rio+20, a assembleia global sobre meio ambiente, no Rio de Janeiro, Castelinho traçou o destino de Collor: "Desempenhando por duas semanas o papel de chefe de Estado, no comando da maior reunião de presidentes e chefes de governo já realizada no mundo, o presidente Fernando Collor volta hoje a Brasília e à amarga rotina em que se transformou seu governo. Prenúncios de uma tempestade assinalam-se na capital da República e os ventos começam a sacudir as vidraças do seu palácio."[27] No Congresso, já se falava abertamente em impeachment. Era questão de tempo e de abrir e classificar as provas contra o presidente.

Castelinho logo falaria em impeachment também. "Como todo o processo judicial, o impeachment tem rito demorado. Há um cronograma a seguir e nada nele pode ser sumarizado. Uma comissão parlamentar de inquérito pode oferecer à Câmara dados para denunciar o presidente da República por crime de responsabilidade. A denúncia, no entanto, só pode ser feita pela Câmara, a qual decide por ela depois de ouvido parecer de pelo menos uma comissão técnica e de debates no plenário. Se dois terços dos deputados acharem que se configura a prática de crime, a denúncia será formalizada. Denunciado o presidente, o Senado se transforma em tribunal especial e o presidente da República é afastado da função até que se decida o processo." O final da coluna colocava mais lenha na fogueira: "No momento, ao que parece, ainda não há sequer uma alternativa, embora haja um vice, voluntarioso e honrado."[28]

Com o passar das semanas, Collor tinha sua situação agravada e o apoio restrito do PFL e de Leonel Brizola, que invocava semelhanças com as deposições de Getúlio Vargas, em 1954, e de João Goulart, em 1964. O impeachment, no entanto, se formalizou. "Entrando hoje o pedido formal de impeachment, as coisas devem se acelerar no Congresso e uma eventual demissão coletiva do ministério — hipótese que pode voltar — poderá reduzir excessivamente a área de manobra do presidente da República. Praticamente, ele só tem hoje o *bunker* do palácio."[29]

Escrever tudo isso sobre um jovem que conhecera quando era amigo do seu filho Rodrigo deve ter sido doído. Dias antes da votação do impeachment, Collor foi à casa de Castelinho. Chegou lá mais como o melhor amigo de Rodrigo do que como um presidente em vias de ser defenestrado e humilhado. Castelinho era afetuoso com o amigo de Rodrigo mas não perdoava a sequência de seus erros políticos. De todo modo, enquanto Collor esteve no poder, para ele fora uma sofrida amargura bater nele — as duas figuras, o amigo dileto de Rodrigo e o político execrado, se confundiam. Era natural imaginar, sempre, que se Rodrigo fosse vivo estaria lá, ao lado dele, no Palácio do Planalto; e como bater em alguém que poderia ter Rodrigo ao lado?

No começo, a conversa foi um exercício do que se poderia chamar de "amenidades masculinas". Collor perguntou: "Castello, o que estão dizendo de mim por aí?" Castelinho foi franco: "Que você está roubando demais." Collor não se intimidou e persistiu no tema: "E o que dizem mais?" E Castelinho, mais franco ainda: "Que está comendo muita gente." Collor amenizou: "Isso não é verdade. Só estou comendo fulana e beltrana."[30]

Dois dias depois Castelinho reproduziu a conversa de forma alegórica na sua coluna, sob o título "Conversa com o rapaz que gostava de correr mundo"; nela, invertia o papel de visitante — ele é que teria visitado o presidente, e não o contrário. O texto iniciava narrando um encontro que lhe tinha sido contado por um diplomata, o embaixador Nestor dos Santos Lima, que muitos anos antes estava em seu posto, na República Dominicana, quando entrou em sua sala um jovem brasileiro cabeludo, mochila às costas, dizendo ser filho do então senador Arnon de Mello. Lima perguntou-lhe o que fazia naquele país distante e o rapaz respondeu que gostava de correr mundo. Passados os anos, prosseguia o texto, um amigo do diplomata (o próprio Castelinho) foi visitar o presidente da República e lhe contou que o diplomata lhe contara o episódio de sua viagem à América Central. Perguntou ao presidente se ele se lembrava da história e se era ele mesmo o jovem rapaz que gostava de correr mundo.

O presidente riu e confirmou — de fato era ele. "A conversa seguiu por aí ao sabor das lembranças. Falou muito no senador, seu pai. [...] Lembrou que um de seus amigos tinha ganho do pai um Karmann Ghia por ter sido aprovado no vestibular. Pediu um igual ao seu pai. Arnon disse que pagaria a entrada e ele que se virasse para pagar as prestações." Falou muito de sua vida em Brasília e novamente lembrou os velhos amigos da adolescência: "Um deles, o do Karmann Ghia, se não tivesse morrido, poderia tê-lo ajudado muito. Era inteligentíssimo. Pena tê-lo perdido, algumas coisas poderiam ter sido diferentes."[31]

Depois de três horas de conversa, o "amigo" deu-se conta de que não haviam falado de política — e a situação que vivia o então presidente naquele momento era desesperadora. Forçou a situação para fazer-lhe uma pergunta objetiva sobre a sua situação política. Collor desconversou. Disse apenas que estava tudo muito bem. Como bom e velho amigo, chegou a propor ajudá-lo. "Lembre-se — insisti — que eu conheço o caminho das pedras. Outros amigos seus também conhecem bem esse caminho." Collor fez um aceno que não precisava de ajuda. E encerrou o texto: "Foi tudo o que se disse de política na conversa, poucos dias antes da votação na Câmara. Conversa sobre a vida dele, fluente, gratuita. O amigo despediu-se, saiu e no caminho de volta começou a fazer sua reflexão sobre aquele encontro, aquela conversa. Não chegou a nenhuma conclusão."

O leitor terá percebido que o amigo que ganhara um Karmann Ghia do pai era, claro, Rodrigo Lordello Castello Branco, o melhor amigo de Collor na adolescência. Citá-lo ali, oferecer ajuda a Fernando, o amigo de Rodrigo, era a deferência máxima que Castelinho poderia fazer à amizade da adolescência, falando em nome da lembrança do filho. Poderia parecer uma incoerência que Castelinho fizesse isso, depois do tanto que bateu no amigo do seu filho durante meses. Mas eram dois Castelinhos: o que criticava duramente era o jornalista; o que oferecia ajuda para livrá-lo daquela situação era o pai extremoso de Rodrigo.

O que de fato ele pensava de Fernando Collor, abstraído o sentimento de ternura pelo amigo adolescente de Rodrigo, era infinitamente mais duro. Certa vez Otto Lara Resende mencionou duas críticas que ouvira de pessoas próximas, para lhe cobrar que, numa coluna, tivera certa condescendência, senão simpatia, pelo então presidente Fernando Collor. Em resposta, Castelinho deu uma aula de jornalismo político: "Compreendo que a vizinha tenha se indignado com meu artigo, que lhe pareceu collorido, e que um colega nosso lhe pergunte porque estou a favor de Collor. Não é ambiguidade de minha parte, mas recusa natural e incontornável de assumir, em política, atitudes radicais. O ceticismo adquirido na observação do entorno me leva sempre a cooptar a outra versão, a expô-la, mesmo sabendo que estou contra a corrente, contra a vocação dos leitores. Confesso que minha dose de indignação cívica é bastante reduzida e minha tendência é mais a de procurar entender do que aderir ou repelir. Minha distância das facções não é tática jornalística, é a minha verdade interior. Tenho até algum prazer em contrariar os que imaginam que devo estar forçosamente contra o Fernando Collor e de repente se surpreendem em posição que só pode ser pró-Fernando Collor. Vale? Não sei, é a minha natureza. Apraz-me a versão da imparcialidade."[32]

Se não o dissera nas colunas, disse-o, em caráter pessoal, ao amigo: "Sei que esse rapaz e sua quadrilha roubaram desmedidamente, e em tal escala e tal forma que não dá para entender. Não é possível que o filho do Arnon, que não era lá essas coisas mas se compunha socialmente, tenha se tornado um assaltante nessa escala, totalmente sem escrúpulo e tenha armado um golpe tamanho contra um país de 8 mil e 400 quilômetros de costa* e 145 milhões de habitantes. Ainda não entendi. Falta um dado para que eu possa entender toda essa história. As coisas não combinam. Não vejo a Leda — sua amiga pessoal e mãe de Fernando Collor — gerando esse monstro, não vejo aquele rapaz que era amigo do Rodrigo, companheiro de farra,

*Castelinho equivocou-se. O Brasil tem 7.408 km de litoral e 8.515.767 km² de área.

transformado em bandido. Seria essa, então, a natureza dele? Preciso primeiro compreender. Ainda não dá para saber tudo que se passou. Se sabe, diga-me, esclareça esse mistério."[33]

* * *

E o que pensava a direção do *JB* de seu grande cronista político? Sempre foi inegável para a direção do *JB* que Castelinho agregava prestígio e a confiança do leitor. "Ele sempre deu ao *JB* prestígio e aquilo que é fundamental a um jornal: sempre foi bem informado. Sempre destemido. Um jornal só se faz se você é destemido. O negócio é informar bem o seu leitor. Castelinho dava um trabalho filho da mãe, porque ele puxava cada informação do arco da velha, referente aos personagens mais variados do mundo e você tinha de bancar. É claro que tinha pressão de tudo que é lado. Dono de jornal aprende desde cedo a lidar com pressão."[34]

A direção do *JB* também reconhecia que Castelinho dava ao debate político da época uma dimensão que não se vê hoje. "A morte de Castelinho acabou com um tipo de colunismo de que talvez Dora Kramer tenha sido a herdeira final, que era um colunismo informado, mas ativo também na crítica. Era um colunismo que sabia de tudo. Sua maior qualidade foi nunca ter deixado de ser repórter. À diferença do colunismo de hoje, que analisa muito, mas não é colunismo de repórter, Castelinho foi repórter a vida inteira. Você não lia a coluna sem ver informações novas. A partir da informação nova ele fazia análises, ilações, mas a coluna dele se caracterizava por ter informação. Não dá nem para enumerar quantas vezes a informação que ele deu virou manchete do *JB*."[35]

Nascimento Brito nunca pediu a Castelinho que publicasse ou deixasse de publicar algo, a não ser na crise de 1969: "Por tradição, quando o *JB* delegava um espaço a alguém era porque confiava no profissional e achava que ele agregava valor ao jornal e particularmente ao leitor. Tem que confiar. Se ficar operando em cima, não funciona."[36]

22
A MORTE COLHE O GUERREIRO
1993

É possível — e, mais que possível, provável — que Castelinho tenha cometido dois pecados em sua longa e brilhante trajetória de comentarista político. Uma foi ignorar o começo do movimento das ruas no que viria a se tornar a Campanha das Diretas; outra foi desdenhar de figuras que, como Milton Campos, Bilac Pinto e Afonso Arinos, não tinham o perfil do político intelectual mineiro, com vasto saber jurídico e notável aporte cultural. Uma dessas figuras, mais peculiar que todas, foi a do prefeito, senador, governador e presidente da República Itamar Franco, um homem tão diferente dos seus pares que não tinha naturalidade definida, pois nascera a bordo de um ita da Companhia Nacional de Navegação Costeira, em viagem pelo litoral baiano; foi registrado pela mãe viúva (o pai morrera pouco antes do nascimento) na escala do navio, em Salvador, e por isso se dizia baiano, mas foi criado, estudou Engenharia e começou sua política em Juiz de Fora. Era mineiro, mas um mineiro diferente daqueles que Castelinho conhecera, nascido na cidade mais carioca de Minas. Sua família tinha origem no Veneto italiano, o que talvez explique o temperamento irascível e mutante que herdou; era visceralmente íntegro, uma qualidade rara no cenário político. Seu arraigado senso moral cobrava nos outros políticos o mesmo comportamento, o que muitas vezes dificultava sua maleabilidade para entendimentos e acordos.

Muitos viam a inflexível integridade de Itamar como um condimento de certa ingenuidade política; e o seu caráter birrento como uma permanente dificuldade na vida associativa. Muitas vezes preferia criar um caso a desenvolver uma grande estratégia. Alguns o chamavam de caipira, porque ele nunca abandonou as características simples que adquiriu em Juiz de Fora, que tem raízes culturais muito mais próximas do Rio de Janeiro, do qual dista 184 km, do que de Belo Horizonte, que fica a 278 km. Não obstante Itamar tinha um acentuado sotaque mineiro no falar.

Mas ele era assim — rigoroso, incorruptível e ingênuo. Sua vida política tinha tudo para dar errado — mas ele desafiou todos os princípios da lei de Murphy e venceu barreira após barreira, atingindo os mais altos cargos da República. Dava uma sorte invulgar em suas opções políticas, razão pela qual ganhou o apelido de *Forrest Gump*. Sendo um homem de esquerda moderada, com longa tradição no antigo PTB, em 1974, no auge da ditadura militar, lançou-se ao Senado pelo MDB de Minas Gerais, uma candidatura que seus companheiros de partido desdenhavam, porque a vitória era quase impossível. Não conseguiu angariar muitos recursos para a campanha, não tinha grande penetração na capital, vinha de uma cidade do extremo sul, mais vinculada culturalmente ao Rio de Janeiro que ao restante do Estado; mas 1974 foi o ano das bruxas soltas e, como em outros quinze estados brasileiros, o MDB venceu a eleição para o Senado e Itamar mudou-se para Brasília, onde fez mais inimigos que amigos com sua personalidade complexa. Em 1989 tomou, talvez, a decisão mais desastrada de sua carreira, aceitando a vice-presidência na chapa de Fernando Collor, um candidato improvável. O que era para dar errado mais uma vez deu certo: Collor cresceu na campanha, ganhou a eleição e Itamar se tornou vice-presidente. E a sua fortuna não terminou por aí, como sabemos. Impedido, Collor deixou os dois últimos anos do seu mandato para Itamar. Com desassombro, Itamar topou a aventura que lhe foi proposta pelo senador Fernando Henrique Cardoso, de quem se tornara amigo no Senado — tentar um plano econômico de estabilização. Ao longo da história republicana, muitos foram tentados e todos fracassaram. Mas com ele deu certo, e ele conquistou, em dois anos, o mais importante êxito da República — entregou um país com a estabilidade econômica que fora sempre tentada e nunca alcançada, desde o Brasil Colônia.

Mas Castelinho nunca teve nem condescendência nem leniência com aqueles que não detinham notório saber e para os que não cultivavam e demonstravam as excelsas virtudes dos grandes políticos — e Itamar era o contrário disso. Um homem das ciências exatas que ajustou sua meta política com o saber empírico dos cidadãos comuns e venceu sempre. Durante o seu mandato presidencial, e a despeito dos seus acertos, Castelinho o criticou duramente. Num perfil contido de Itamar que traçou na coluna pouco antes de morrer, Castelinho escreveu o texto mais simpático que produziu sobre o então presidente. Itamar trouxera para sua assessoria no governo alguns amigos de Juiz de Fora que lhe eram leais e a quem ele devotava amizade e confiança — eram os assessores Henrique Hargreaves, Mauro Durante e José de Castro. Os três, com a intenção de blindar o presidente e protegê-lo de achaques políticos, formaram um "cinturão sanitário" em volta dele. Com notório menosprezo, o sempre malicioso jargão político, irritado com a blindagem, apelidou-os de "grupo de Juiz de Fora". De fato, eram todos juiz-de-foranos e nenhum deles tinha experiência executiva de poder, embora Hargreaves tivesse grande experiência legislativa. Castelinho escreveu: "O grupo de Juiz de Fora tem peculiaridades e não se deve confundir os que o integram com membros de algum grupo de assalto como os que foram surpreendidos recentemente na vida do país. Nenhum deles até aqui está sob suspeição de usar sua parcela de influência no governo para obter benefícios ilícitos. [...] O que lhes falta é experiência em nível de comando e os títulos de legitimidade para se sobreporem, junto ao presidente, à influência das lideranças dos partidos e das casas do Congresso."[1]

No mesmo tempo em que defendia Itamar, fez um comentário reducionista, ao rotulá-lo de solução "irremediável" (aliás, o título da coluna citada era "Por dois anos com Itamar e com o irremediável"). E arrematava: "Congresso e partidos terão de conviver nesses 22 meses com o temperamento e as ideias peculiares de Itamar, José de Castro, Hargreaves e Durante, dos quais o presidente não se dissocia. O perfil psicológico do presidente da República está claramente desenhado e já em 1975, quando ele chegou ao Senado, teve suas linhas-chaves identificadas. Foi naquela época que a bancada do MDB multiplicou-se. Um dos senadores, Danton Jobim, do Rio de Janeiro, segundo me conta agora seu filho, o escritor Renato Jobim, confidenciou-lhe na época: 'Apesar de numerosa, a bancada agora se entende bem. Só há um senador recém-eleito que é difícil de lidar, está sempre com um pé atrás e discute por qualquer coisa: Itamar Franco, de Minas.' Pelo que restar de mandato o país e seus políticos têm de lidar com um homem difícil e com sua base afetiva, o grupo de Juiz de Fora. Não há alternativa."[2]

Com esse temperamento tão peculiar, Itamar não cortejava jornalistas para obter citações elogiosas nos jornais; não fazia discursos de impacto, pois não detinha o talento da oratória. Elegia com critérios pessoais os seus amigos, na política e no jornalismo, mas não se tornou uma fonte de primeira linha porque operava como um avulso, nunca como participante das grandes estratégias — e portanto tinha apenas suas opiniões, mas não colecionava informações capazes de produzir manchetes bombásticas e análises invejadas. Nunca procurou Castelinho nem foi procurado por ele. Nos dois anos em que esteve na Presidência os dois não tiveram nenhuma conversa de confidências, que era a especialidade inata de Castelinho e a incompatibilidade máxima de Itamar. Os informantes de Castelinho, durante os dois anos de Itamar no Palácio do Planalto, foram os políticos mais importantes de seu governo, como o senador Fernando Henrique Cardoso, o deputado Roberto Freire e o ministro Maurício Corrêa.[3] Mas, de toda maneira, Castelinho teve menos de cinco meses para entender e analisar o último governo que testemunhou. Itamar assumiu a Presidência em 29 de dezembro de 1992 e Castelinho escreveria sua última coluna em 20 de maio de 1993. Apesar de tudo, Itamar demonstrou-lhe profundo respeito pessoal e profissional — fez questão de comparecer, como presidente da República, à missa de sétimo dia por sua morte.

* * *

No dia 3 de janeiro de 1993 a Coluna do Castello completou trinta anos de publicação contínua — fora as pequenas interrupções causadas por razões de exceção — no *Jornal do Brasil*. Não foi coisa de festejar, no entanto. Castelinho estava muito doente, na iminência de ser batido pelo câncer renitente. Ainda assim, cruzou janeiro, fevereiro e março escrevendo sem parar. No mês de abril, conseguiu escrever até o dia 11; nos dias posteriores, teve de ceder à pressão da doença. Em maio fez nova tentativa, mas conseguiu escrever apenas cinco colunas, do dia 15 ao dia 19.

A última Coluna do Castello foi escrita no dia 19 e publicada no dia 20 de maio, e tinha o título "Itamar Franco entre a cruz e o calvário". Tratava exatamente do impasse político em que se transformara o governo Itamar Franco, herdeiro do caos produzido pelo impeachment de Fernando Collor. Faria mais do que dele se esperava, ao entregar ao país o mais bem alinhavado plano econômico da História. A última frase da última coluna inspirava o velho dilema direita × esquerda, vivido com intensidade por Castelinho desde a sua juventude profissional em Minas Gerais, terra política de Itamar, que nascera num ita navegando pelo litoral da Bahia: "Voltando ao conflito político não há como adivinhar com quem ficará Itamar Franco, se com seu contestado ministro da Fazenda e outros ministros desassistidos de apoio popular, se com essa esquerda romântica e aguerrida que, se briga entre si, o faz em cena aberta, com direito até mesmo de participar de caravanas cívicas que soprem pelos sertões os velhos ventos semeados pelo *Cavaleiro da Esperança*."[4]

O mesmo Castelinho, que fazia a coluna de *O Cruzeiro* com três dias de antecedência e não errava nunca, foi traído pela "síndrome da madrugada" e pela velocidade das informações políticas justo em sua última coluna, já preso ao leito. Ele escreveu esta última coluna, como sempre fazia, na manhã do dia 19 de maio; mas na noite daquele dia Itamar mudou de rumo e, por volta da meia-noite, na virada do dia 19 para o dia 20, quando a coluna estava sendo impressa com o jornal, resolveu demitir o ministro da Fazenda. A informação definitiva sobre a saída de Eliseu Rezende, o "contestado ministro da Fazenda", que rondou a cobertura política durante todo o dia 19, só foi formalmente anunciada pelo próprio às 2 horas da madrugada do dia 20, quando deixava a residência presidencial. A troca de ministro da Fazenda não seria uma decisão qualquer: era uma decisão que mudaria a História do Brasil. Depois de demitir o mineiro Eliseu Resende, Itamar nomeou para o seu lugar o carioca/paulista Fernando Henrique Cardoso, até então ministro das Relações Exteriores, que comandaria a concepção do Plano Real e, surfando no sucesso do plano de estabilização, seria o sucessor do próprio Itamar. Foi uma decisão importantíssima que a doença não permitiu a Castelinho ver e que levou a um fato inusitado — seria a primeira vez, no pós-guerra, que um presidente eleito democraticamente conseguiria eleger o seu sucessor.

* * *

Villas-Boas Corrêa foi um dos mais notáveis comentaristas políticos do país, amigo e contemporâneo de Castelinho, e teve sobre todos os seus pares a enorme vantagem de ter conseguido fazer a travessia de um veículo — a mídia impressa — para outro — a mídia eletrônica —, superando os anos e a idade madura. Passou a fazer na televisão comentários políticos tão brilhantes quanto antes escrevia nos jornais. Villas era, em muitos sentidos, o antônimo de Castelinho. Era alto, e Castelinho, baixo; vestia-se com uma programada elegância quase inglesa, e Castelinho era um símbolo do desleixo no vestir-se; falava com clareza, num sotaque característico e singular, e Castelinho falava engrolado, para dentro. Exprimia bem as ideias e expressava otimamente as palavras, escandia as sílabas com estudadas pausas, dando tempo a que o telespectador absorvesse a lógica das ideias expostas; Castelinho falava de forma quase ininteligível, às vezes um grunhido imperceptível. Mas em termos de ideias e competência eram sinônimos.

Amigos de mais de quarenta anos, Castelinho ligou para Villas poucos dias antes de morrer e pediu-lhe que o pegasse de carro para um passeio pelas ruas do Rio de Janeiro. Simulou ter algo para conversar com Villas, que atendeu prontamente o chamado. Despencou-se da rua Cristóvão Barcelos, onde mora, em Laranjeiras, pegou Castelinho na rua General Urquiza, no Leblon, e seguiram para a Barra da Tijuca. Foram até a Pedra de Guaratiba e voltaram. Villas dirigia sem pressa, enquanto aguardava que Castelinho desse o mote que justificasse aquele longo encontro. Na volta, quando chegou a São Conrado, pouco antes da Joatinga, subiu a estrada da Barra da Tijuca. Lá em cima, virou para a estrada de Furnas, desviou para a estrada da Gávea Pequena, passou pela Mesa do Imperador e parou na Vista Chinesa. Desceu em direção à rua Pacheco Leão, penetrou no Jardim Botânico. Castelinho pediu-lhe que pegasse a praia do Leblon e Villas, enfim, percebeu que seu amigo de quarenta anos não tinha nada específico para conversar. Estava apenas se despedindo do Rio de Janeiro que amava tanto.

Seguiram pelas praias do Leblon e Ipanema, lentamente. Desceram a praia de Copacabana e foram em direção ao centro pelo Aterro do

Flamengo. No centro, subiram a antiga Perimetral, desceram para a avenida Presidente Vargas e voltaram pela velha e inesquecível avenida Rio Branco, antigo endereço do *JB*. Quebraram para a avenida Almirante Barroso, dobraram na avenida Presidente Wilson e passaram pela Academia Brasileira de Letras. Daí, voltaram para a zona sul pelo Aterro. Quando Villas parou para deixar Castelinho de volta em seu apartamento estava a ponto de explodir em lágrimas, mas se conteve.

O que Villas não sabia é que não era a primeira vez que Castelinho usara esse expediente para se despedir de uma cidade. Em 1937, em Teresina, semanas antes de embarcar para Belo Horizonte, convocou o amigo Abdias Silva para percorrer com ele os bairros da cidade. E, ao fazer a convocação, disse claramente que seria um gesto de despedida à cidade onde nasceu, de forma a gravar na retina as ruas e casas do Porenquanto, do Mafuá, dos Cajueiros, da Vermelha e até do Buraco da Veia.

Noutra vez foi a Teresina para prestigiar o lançamento de um livro do jornalista Vanderlei Pereira, à época seu colega na sucursal do *JB* em Brasília — e repentista de renome. Junto com ele, foi o também jornalista (e poeta) Paulo José Cunha. Em meio à festa, Vanderlei encantou a plateia com uma exibição de repentes; mas, quando procuraram Castelinho, ele sumira. No dia seguinte, no café da manhã do hotel, ele confessou onde fora: bateu-lhe tremenda nostalgia com os tragos tomados no coquetel e ele resolveu caminhar pelas ruas, em busca da Teresina de sua infância. Passou pela praça do liceu, esticou até a antiga rua da Estrela e refez os trajetos da infância pela última vez.[5]

Em Brasília, ao cumprir seu último dia de trabalho antes de viajar para o Rio, onde faria a última e mais delicada das cirurgias, na qual as suas chances eram remotas, foi à sala de Luiz Orlando Carneiro e lhe entregou a chave da sua sala. Na véspera, tinha esvaziado as gavetas e colocado tudo numa caixa, pedindo a Camerino, o contínuo que os atendia, que a deixasse no carro que o levaria para casa. Disse um tanto enigmaticamente a Luiz Orlando: "Aqui estão as chaves da sala. Eu não vou voltar mais."

* * *

A morte de Rodrigo foi certamente a maior tristeza vivida por Castelinho. Na tragédia, um fato inusitado, que representava tristeza e acabou trazendo, senão alegria, pelo menos conforto. Certo dia, ainda na semana da morte, Castelinho e a amiga Vera Brant repassavam e reliam as mensagens de pêsames. De repente, do nada, ele começou a falar em Carlos Drummond de Andrade e contou a Vera o desentendimento que tiveram em 1947. Nunca mais se falaram pessoalmente, até então, afora o abrupto cumprimento na festa de Manuel Bandeira. Vera, afoita, entendeu que Drummond, afinal, tinha lhe mandado uma mensagem de pêsames para colocar um ponto final no distanciamento, quase trinta anos depois. Propôs a Castelinho:

— Deixe-me ler a mensagem do Carlos [Drummond de Andrade].

E ele:

— Não tem mensagem nenhuma do Carlos. Ele ainda está brigado comigo.[6]

Continuavam brigados trinta anos depois, embora escrevessem ambos colunas para o mesmo *Jornal do Brasil*. Brigados, em termos. Ficaram sem se falar, mas continuaram se respeitando como mestres da palavra nos seus ofícios diversos. Apelos, até houve, não devidamente compreendidos ou ignorados pelo lampejo de um ressentimento. Quando lançou *Fazendeiro do ar*, em 1954, Drummond mandou um exemplar autografado para Castelinho e ainda ironizou a "briga" dos dois, como a cometer um apelo para superá-la: "A Carlos Castello Branco, num intervalo cordial do nosso tradicional desentendimento, Carlos Drummond de Andrade, dezembro de 1954." Na época, Castelinho parece ter ignorado o gesto de aproximação, embora os dois morassem na mesma cidade. Mas agora, em 1976, a mensagem de Drummond, pela reação que teve ante Vera, lhe fazia falta; se tivesse chegado, certamente seria bem-vinda. Sem dizer nada, à noite, já em casa, Vera ligou para Drummond; contou-lhe a tragédia da morte de Rodrigo e a reação de Castelinho, mais cedo. Naquela mesma noite Drummond escreveu uma comovente carta a Castelinho:

"Rio, 20 de maio de 1976

Castello,

Acabo de saber, por uma amiga comum, que foi notada, na correspondência dirigida a você pela perda do seu filho, a ausência de manifestação de minha parte. Devo dizer que, como toda criatura sensível e experimentada pela vida, senti muito, senti com você e com sua mulher, a tristeza do acontecimento.

Se não a manifestei, foi devido a um movimento de discrição, que me inibiu de dirigir-me a você por serem tão vagas e distantes as nossas relações pessoais, apesar da admiração que voto à sua inteligência e à sua linha cívica — admiração que nunca escondi das pessoas com quem trato. Achei que iria, de certa maneira, invadir aquele território a que só têm acesso os amigos — e eu nunca tive oportunidade de estabelecer com você laços de amizade, o que lamento.

Entre os meus defeitos creio não figurar a algidez diante da dor humana, e a de vocês dois atrai imediatamente todas as solidariedades, expressas ou silenciosas. Triste é também que, ao me aproximar de você, como agora o faço, o motivo seja dessa ordem, quando poderia ser festivo ou ocasional. Não quero, entretanto, que perdure em seu espírito a menor dúvida sobre a minha reação ante o fato que o acabrunhou. Nada posso dizer ou fazer no sentido de induzi-lo a um estado de conformidade e aceitação do inelutável.

Eu sei, de ciência própria, que só as forças interiores — e você as tem, apuradas — são capazes de nos fazer assimilar uma perda como essa, e de criar as condições para o ressurgimento ou recuperação da vida moral. Ignoro se você é homem de fé. Eu não tenho nenhuma, porém me alentaram, mais de uma vez, as reflexões de Kierkegaard sobre os mortos e o relacionamento entre eles e nós. Receba, com sua mulher, o abraço de fraternal sentimento, meu e de Dolores.

Seu
Carlos Drummond"

Castelinho recebeu a carta com indizível conforto mas não a respondeu de pronto. Deixou a resposta para sete anos depois, em 1982, quando o Brasil inteiro festejava os oitenta anos de Drummond e ele escreveu um texto reverencial para retribuir o gesto afetivo do poeta, dedicando-lhe atipicamente a mais afetuosa coluna que já escrevera até então e que terá escrito até o fim de sua vida:

"Impossível ficar à margem da festa nacional em que se transformou a comemoração dos oitenta anos de Carlos Drummond de Andrade. Todos estão presentes. Por que não o estará um repórter incumbido de contar e analisar coisas da política? O poeta teve no jornal sua primeira profissão e é no jornal que, com assiduidade e aplicação, transita ainda nesta altura dos oitenta anos, revelando o mesmo interesse e a mesma curiosidade pelo quotidiano do mundo e do país. Nada escapa ao seu universo e ele está presente a todos os acontecimentos, que comenta com ironia, piedade e aquela medida poética dos seus versos e da sua prosa.

Falta-me competência para falar do poeta; e nem sequer tive o privilégio de uma convivência tão cara aos seus amigos. Mas circunstancialmente nossas vidas se cruzaram nem sempre de modo adequado. Vivi na Belo Horizonte drummondiana, quase vinte anos depois dele, mas ainda a cidade da mesma dimensão humana que produziu a mais importante geração de escritores mineiros desde os tempos da Inconfidência. A Belo Horizonte, agora revivida por Otto Lara Resende na sua atmosfera, na qual a presença do poeta ausente era uma nota dominante, misteriosa e excitante.

Ainda tive o privilégio de ler nas primeiras edições *Alguma poesia, Brejo das almas* e *Sentimento do mundo*, numa época em que o imenso poeta era ainda um poeta para uso de um pequeno grupo de pessoas que tiveram condições de percebê-lo e entendê-lo antes que ele se tornasse o poeta nacional que hoje é, penetrando na intimidade de todos os brasileiros. Naquela Belo Horizonte do fim da década de 30 e da meia década de 40 convivi com seus companheiros de geração, Milton Campos, Emílio Moura, Ciro dos Anjos, João Alphonsus, e por toda parte ouvíamos algo sobre sua vida e sua maneira de ser.

Mas nem tudo foi compreensão e empatia entre o jovem repórter e o poeta que amadurecia para o país. Uma certa implicância e uma certa malignidade inspiraram a dois jovens tocados pelo mundo encantado da literatura a escrever a quatro mãos um artigo de rejeição à primeira coletânea de crônicas do poeta. Isso iria provocar certo constrangimento que marcou nossas relações, depois agravado por episódio puramente jornalístico. No II Congresso Brasileiro de Escritores, realizado em Belo Horizonte, se não me engano em 1946,* Drummond fez objeções ao projeto de declaração que deveria encerrar a reunião. Por toda uma noite o poeta resistiu ao assédio dos que pretendiam dele a transigência com expressões por ele rejeitadas, já não me lembro sobre que versavam.

Descrevi o episódio numa reportagem para o suplemento literário de *O Jornal*. E, ao contar a resistência de Drummond, disse literalmente: "O poeta empacou." Para surpresa minha, dias depois recebi uma carta de Drummond repelindo a expressão, que o irritara, pois o verbo empacar costuma ser usado em outro contexto. Respondi-lhe de boa-fé que jamais imaginara magoá-lo, ao definir seu comportamento. Infelizmente, acrescentei, você empacou e infelizmente o ato de empacar é tradicional atributo do burro. Foi mais, ou menos assim. Não tenho arquivos nem memória muito viva.

Mas nossas relações, mal começadas, ficaram por aí. Voltei a vê-lo em outras circunstâncias. Lembro-me de um aniversário de

---

*Foi em 1947.

Manuel Bandeira, com quem ele conversava quando fui abraçar o poeta. Hesitei em cumprimentar Drummond, Bandeira percebeu e achou muito divertido que nós não nos déssemos. Trocamos um aperto de mão. Depois disso, encontros rápidos em elevador com algumas expressões amáveis. Mas num momento difícil de minha vida fui confortado por uma longa e carinhosa carta do poeta. A emoção que me envolvia na época não me permitiu responder à carta, mas ela gerou uma corrente afetiva que cultivo à distância e que completa, na medida humana, a admiração e a gratidão do leitor do maior poeta brasileiro.

Creio que não deve ser fácil trabalhar rotineiramente como cronista de jornal aos oitenta anos de idade, por maior que seja o vigor físico da pessoa. Drummond o faz, com aquele mesmo senso de responsabilidade e com a mesma pontualidade do profissional que na juventude cozinhava* jornais em Minas Gerais. Para nós jornalistas esse é um comportamento exemplar e estimulante e espero enquanto tiver forças fazer o meu trabalho com o mesmo rigor com que o faz o poeta e com o mesmo ânimo que o leva a ler tudo e a saber tudo o que se passa no país e no mundo. Ele tem como jornalista o supremo dom de atualidade, de estar sempre no contexto da realidade. Nada lhe escapa como observador e nenhum assunto é menor para esse cronista maior. Se, para os poetas do Brasil inteiro, Carlos Drummond é o mestre, ele o é também para nós, jornalistas, seus humildes colegas de uma profissão que não se exerce bem sem humildade."[7]

No dia 11, Drummond passou recibo de sua alegria e enviou a Castelinho um breve e afetuoso cartão manuscrito:

"Valeu a pena fazer 80 anos para quebrar com você a flecha da paz — uma flecha muito divertida porque nunca estivemos em guerra, apenas levemente amuados, e se o amuo durou foi porque, um em Brasília,

---

*No jargão jornalístico, "cozinhar" significa fechar um jornal.

outro no Rio, a gente não conseguia encontrar-se numa esquina para curtir um chope. Agora tudo está luminoso e feliz para mim; seu generoso artigo foi a surpresa mais gostosa do octogenário. E é de coração para coração que agradeço a bela dádiva de sentimento. Obrigado, Castelinho! Grande abraço do Drummond"[8]

Os dois, Castelinho com 62 anos e Drummond com oitenta, celebravam enfim na velhice a sereníssima paz dos sábios.

* * *

Naufragara há muito tempo o sonho de ser escritor. Durante longo tempo, até que se convencesse de sua impossibilidade de cumpri-lo, Castelinho acalentou o sonho e se perguntou como fazer para alcançá-lo. Esforçou-se por descobrir onde estava o graal, aquele condimento mágico capaz de acender os faróis que indicariam os caminhos. O sonho foi gestado na juventude, ainda em Minas; perpetuou-se por um período crucial em que se afligiu com os métodos e as tentativas, até que o jornalismo incrustou-se de tal forma que ele não conseguia mais sair dele e as necessidades da vida o acalmaram, mostrando que, se não conseguira cumprir o sonho, pelo menos estava coberto de glórias.

Os anos cruciais se passaram na década de 1950, após publicar *Arco de triunfo* e aguardar angustiado pela consagração que não viria. Depois foram anos de aflição esperando inutilmente que os sinos tilintassem e a fórmula pronta chegasse, anunciada por um mensageiro celestial; se não chegou, o que, agora, fazer com os velhos sonhos? Na "turma de Minas", Fernando Sabino e Paulo Mendes Campos deslancharam e Hélio Pellegrino tinha carreira específica, porque era médico; restaram ele, Castelinho, e Otto Lara Resende, os que ainda perseguiam o sonho. E eles desfiaram confidentemente suas amarguras para descobrir por que não alcançaram o olimpo.

"Não há grande escritor de mocidade; só se é bom mesmo depois. Em compensação, só se aprende a trabalhar cedo e é preciso muita renúncia para ser escritor. Noventa por cento dos nossos atos, seus e meus, contradizem e anulam a nossa ambição, transformam-na nessa chaga podre e paralisante. Nós não temos títulos universitários nem sabemos nada, lemos mal e porcamente, pensamos em função de uma vaidade permanente e fora não conseguimos aprofundar nossas intuições, prolongá-las para saber aonde elas nos levariam; contentamo-nos com a superfície, com a primeira visão, com caracterizar o óbvio, com descrever o visto e o descrito, com manipular os sentimentos convencionais. É claro que somos melhores que o José Condé, o Saldanha Coelho e todo o suplemento dominical do *JB*, com exceção do Gullar.* Talvez cheguemos a fazer algo melhor do que esse maçante "Modification". Mas daí? Quêde [sic] os nossos sonhos de mocidade, as nossas ilusões de atingir o âmago, que em certas horas nos levaram a desdenhar Balzac e Sthendal, e a medir Stendhal cara a cara?"[9]

Com sua carreira jornalística definida, sonhos literários definitivamente enterrados, Castelinho parece ter entendido que o dilema viera decifrado no DNA cultural de cada um e leva o nome de vocação natural. "Temos jornalistas que fazem literatura. Mas, por melhor que sejam, basicamente são jornalistas. Vou citar o exemplo de um querido amigo meu, Antonio Callado. Quer realizar uma obra literária e dedica-se a realizá-la, sacrifica sua carreira jornalística por ela. Mas não consegue escrever ficção porque sua vocação é jornalística. 'Quarup' é uma grande reportagem, mas não é um romance." Após dizer, parecia desculpar-se com Callado: "Sei que ele vai ficar triste porque eu disse isso. Mas é isso." Na verdade, não falava com Callado, falava a si mesmo, como se ele, mais que Callado, precisasse dizer-se aquilo para derramar sobre si a bênção da paz interior.

*Ferreira Gullar, poeta maranhense.

Fernando Sabino levava o estandarte mais longe porque apostara na literatura como sua arte e na crônica como seu sustento. Com as crônicas, ganhava uma fortuna: "20 contos* na *Manchete*, 15 contos no *JB*, 10 contos na *Folha de S.Paulo*, 5 contos no *Diário de BH* e 5 em Porto Alegre; ao todo, 55 contos, ou seja, um cartório."[10] Em Sabino, misturavam-se dois dons — o de escrever bem e o de saber administrar financeiramente a sua arte —, e então ele aprendera a cruzar dois sonhos — o de ser escritor e o de viver confortavelmente sendo escritor.

"Eis algumas coisas que digo a você mas que não diria, por exemplo, ao Fernando Sabino, um escritor que já agora não tem os nossos problemas, as nossas indecisões. É uma consciência literária. De qualquer forma, trabalhou desde menino e sua vida se enche só com isso, com mais nada. Seu livro está marchando para a terceira edição e ele se prepara para outro romance. Essa intimidade do desespero desapareceu entre ele e nós dois. Nossa posição perante ele agora é outra. E talvez caiba o que você chamou de admiração, por mais que isso nos encabule. Nós poderemos vir a ser melhores. Hoje não somos nada. Ele é. Pode ser até que não seja tão bom quanto pensamos, mas é."[11]

O que fazer? "Para começar, nunca qualquer jornal ou revista encomendou a pessoa da nossa geração, espontaneamente, colaboração, o que é certamente um erro e, alguns casos, uma injustiça, mas é a praxe. Você parece que se esqueceu do desinteresse alvar dos donos de jornal e revista pelo escritor e o jornalista. Só consideram jornalista o pobre diabo que se dispõe a fazer as tarefas rotineiras de redação. De nós, o único que conseguiu colocar suas coisas é o Fernando Sabino, que alicia e pleiteia, almoça, janta, telefona e cria situações que só podem ser resolvidas com a aceitação da sua colaboração e dos preços que ele cobra. Temos testemunhado ultimamente os esforços incríveis que ele faz nesse sentido, agora que está vivendo disso. No mais, existe

*Vinte mil cruzeiros.

interesse eventual pelos 'melhores' no momento em que se funda ou se renova um jornal ou uma revista, mas, logo que a situação entra na rotina, trocam o mais caro pelo mais barato, o melhor pelo pior."[12]

Tenso enquanto esperava o veredito da Editora Agir para os *Continhos brasileiros*, Castelinho disse ter "consciência bastante nítida de que, afinal, é uma obrinha, que mais ressaltará o depoimento pessoal do que o valor literário". Admitiu suas fragilidades e se rendeu ao parceiro da "turma de Minas": "Na fase final tornei-me um escravo de Fernando Sabino em matéria de técnica literária. Compreendi a extensão da minha ignorância e uma certa ausência de gosto artístico, que é dele também, mas que, em matéria especificamente literária, ele talvez supra melhor pela pertinácia com que manja o que os outros fizeram. Eu não tenho ardis literários. Procuro contar com honestidade e meu compromisso anterior, sinto-o bem, é menos com a literatura do que com os sentimentos imprecisos de verdade e de justiça. De qualquer forma, não me sinto desestimulado, mesmo porque tudo indica que não serei presidente da República. Meu jeito de ser é essa tentativa frustrada ou não de escrever. Vou tocando."[13]

Muito tempo depois, quando Paulo Mendes Campos morreu, ele voltou a enaltecer os que conseguiram alcançar o patamar do escritor. "Confesso que me surpreendeu a repercussão da morte do Paulo Mendes Campos, primeira página nos grandes jornais, páginas inteiras nas revistas, avaliações literárias altamente lisonjeiras. A morte pegara-me pelo lado afetivo, é claro, mas confesso que assinalada com uma certa melancolia, por ver no morto mais uma vocação literária que me parecia frustrada. Mas morre em glória. Admito que não fui nunca leitor paciente de um escritor em cuja convivência me ficara sentimento de admiração, de amizade, de carinho para um dos nossos irmãos, mas me surpreendera em perceber uma ou outra corda falsa na estrutura da sua alma de escritor. Talvez orgulho, uma certa dissimulação, algo que me indicava inautenticidade na cultura e simulação na expressão poética. Claro que estava errado. Passei por ele e não o vi. Essa a impressão que me ficou hoje ao ver o coro nacional por sua morte. Se ele foi realmente tão bom quanto pressinto hoje, ótimo, fico feliz. Terei tido, entre escritores amigos, um pelo menos que foi grande."[14]

* * *

No começo ele contou só a Otto Lara Resende, numa carta, num tom que variava entre o desafio e a zombaria. "Como você sabe, moro no Rio e todo esse movimento de mudança da capital não me abalou a antiga e sólida convicção. Ontem, entretanto, na redação do *Diário Carioca*, a mulher do Álvaro Moreyra, que lia a mão do Ascendino [Leite] no momento em que lá cheguei, passou a ler a minha, na qual estaria escrito que vou morar em Brasília e serei mesmo um pioneiro. O destino, nesse caso, haverá de lutar contra minha decisão. A amável quiromante antecipou-me também uma excessiva riqueza, assegurou-me que não morrerei do coração e previa que, por volta dos cinquenta anos, uma mulher, quase certamente uma vigarista, me virará a cabeça. Ela disse-me que, lendo mãos, só dá boas notícias. No meu caso, enganou-se. Não desejo morar em Brasília, não faço nenhuma questão de ser rico, morrer do coração poderá ser a hipótese mais saudável e não tenho a menor vontade de mudar de mulher, coisa que afirmo tanto mais tranquilamente quanto a Élvia está em Belo Horizonte, em férias."[15] Castelinho rejeitava crendices. Era ateu e buscava a lógica da ciência para explicar o inexplicável. Mas o tempo passou e foi cravando evidências de que a quiromante não erraria nenhuma das quatro previsões.

Embora não desejasse morar em Brasília, Castelinho foi para lá pouco depois da inauguração da cidade, como um autêntico pioneiro; e de lá nunca sairia, a não ser para morrer. Não ficou propriamente rico, mas sempre viveu com abastança e conforto: morava numa bela casa, tinha mansão de veraneio em Teresópolis e se locomovia em carro com motorista; viajou o mundo inteiro quantas vezes quis. De fato, não morreu do coração, embora tivesse sofrido um enfarte perigoso e depois se tratasse, durante toda a vida que lhe restou, com medicamentos para o sistema cardiovascular. Por volta dos cinquenta anos, apaixonou-se por uma mulher jovem, classuda e bonita, que nada tinha de vigarista. Foi paixão juvenil, incontrolável, que lhe virou a cabeça, a ponto de fazê-lo sofrer intensamente e desabafar com alguns amigos mais próximos, como Otto, João Geraldo Piquet Carneiro, Raymond Frajmund e Roberto Médici. A Roberto, contou o caso em detalhes e deu todas as cores do seu sofrimento atroz, sob um comovente pranto, num dia em que bebeu tudo o que podia. A tal ponto se desesperava que os amigos ficavam sem saber o que dizer.

* * *

Castelinho tinha deixado de fumar em 1972, talvez vergado com as atribulações impostas pela repressão do regime militar — já tinha tantos problemas para que arranjar um câncer? Mas assim mesmo o câncer aparecera no esôfago. Quando notou os primeiros sinais ele programou a primeira viagem a Houston para buscar diagnóstico preciso e eventual tratamento. Antes de viajar foi com Élvia ao apartamento do seu velho amigo Afonso Arinos de Melo Franco, no Rio de Janeiro. Foi uma conversa dramática que os interlocutores procuravam pontuar com referências otimistas para animá-lo. O velho Afonso Arinos emprestou-lhe um terço de ouro que era sua companhia de fé há muitos anos, que costumava sempre levar no bolso. Afonso Arinos, filho, deu-lhe uma imagem de Santa Rita dos Impossíveis que era uma tradição na família. E sua mulher Bia entregou-lhe uma imagem da Virgem de Fátima. Élvia ouviu calada a devotada entrega daquelas prendas sagradas, imaginando que reação teria Castelinho, que nunca na vida manifestara um gesto ou ação religiosa. Notou, entretanto, que ele guardou o terço no bolso do paletó, como fazia o velho Afonso Arinos, e durante toda a conversa manteve a mão direita naquele bolso, como se acariciasse o terço ou, mais ainda, como se rezasse. Nunca mais ele abandonaria o terço de Afonso Arinos. Mas os primeiros passos do tratamento foram animadores e Castelinho superaria a crise.

Muito tempo depois, perto do fim, ele voltou a se hospedar com Afonso Arinos, filho, em Amsterdã, onde era embaixador brasileiro. Afonso e Bia levaram-no e a Élvia para uma visita ao Rijksmuseum, o museu nacional holandês. Castelinho parecia cansado. Quando chegou em frente à tela *A Ronda da Noite*, de Rembrandt, sentou-se num banco e ficou admirando o quadro na sala grande de paredes cinza, emoldurado por duas colunas de mármore cinzento, com o nome de Rembrandt pontificando no alto, e duas inscrições; do lado esquerdo de quem olha, "In de westerkerk"; do lado direito, "Zoom van harmer". Normalmente cheia de turistas, a sala estava quase vazia naquele momento. Ali sentou-se e se recusou fazer o circuito das demais galerias. Fez então, suavemente, sua despedida do grande pintor holandês que admirava.[16]

A Ronda da Noite, de Rembrandt, é um obra atípica e intrigante. Quando Rembrandt o pintou, entre 1640 e 1642, deu-lhe o título original de *A Companhia de Frans Banning Cocq e Willem von Ruytenburch*. O título *A Ronda da Noite* não foi dado por ele; surgiria apenas em princípios do século dezenove Originalmente, o quadro foi encomendado a Rembrandt pela Corporação dos Arcabuzeiros de Amsterdã para decorar sua sede, a Kloveniersdoelen. No início do século dezoito foi cortado (e ainda assim guarda grandes dimensões, 363cm × 437cm) para caber numa parede da Câmara Municipal de Amsterdã. Mas o mistério que cerca a tela foi lançado pelo cineasta Peter Greenaway. Segundo ele, a obra de Rembrandt denuncia um assassinato; os personagens retratados são os prováveis assassinos, burgueses que militavam na Corporação dos Arcabuzeiros. À época, depois que o mistério se espalhou, Rembrandt foi perseguido pelos oficiais que teria denunciado ao pintar a tela.

* * *

Em junho de 2000, o *Jornal do Brasil* produziu um belo caderno especial para comemorar a passagem dos oitenta anos de Castelinho. Fernando Henrique Cardoso, então presidente da República, escreveu: "Recordo-me com nitidez de que, no início dos anos 1970, quando ele presidia o Sindicato dos Jornalistas do Distrito Federal, organizou uma mesa-redonda para discutir a democracia. Eram anos difíceis. O que hoje pode parecer banal — um debate — e sobre um tema 'neutro', a democracia, naquela época era um ato de coragem. Recordo-me de que estavam presentes o senador Severo Gomes (grande amigo de Castelinho), acredito que também o senador Roberto Saturnino, e eu, entre outros. Castello, à sua maneira, ajudava a minar as bases do regime autoritário." E disse mais: "E foi assim o tempo todo. Amigo de todos, dos poderosos e da oposição, não faltava ao respeito e à verdade. Mas, à sua maneira, ia descrevendo, como repórter, o que acontecia [...], ia ajudando a reconstruir a liberdade e a democracia."[17]

O então senador Aluízio Mercadante escreveu: "Ele foi uma espécie de testemunho contra os perigos do dogmatismo, pois frequentou diferentes esquemas de poder, mas nunca se deixou dominar pelo sectarismo. Teve a honra de ser perseguido pelo que não era. Seguramente, nunca teve convicções socialistas. Mesmo assim foi preso e censurado pela ditadura. Certamente porque sustentava o direito de os outros pensarem diferentemente."[18]

O ex-presidente José Sarney, um dos grandes amigos de Castelinho e um dos políticos mais criticados por ele, escreveu: "Para Castello o jornalismo foi a atividade dominante, que influenciou as demais. Daí o fantástico poder de comunicação de seu estilo inconfundível. O jornalismo, além de ser a atividade dominante, em seu caso, tem feição especial, a do jornalismo político, do qual ele é apontado, com justiça, como a sua expressão maior na história da moderna imprensa brasileira."[19]

Lembra um amigo que em seu último momento Castelinho teve sorte, de morrer antes do *Jornal do Brasil*, casa que abrigou sua coluna por mais de trinta anos. De fato, a Coluna do Castello forjou, ao longo desse tempo, uma imutável simbiose com o *JB*, era uma das principais marcas daquele que, por alguns decênios, foi o mais influente jornal do país, e seria difícil imaginá-la em qualquer outra publicação brasileira. Num derradeiro gesto de elegância e reconhecimento, os donos do *JB* esperariam Castelinho morrer para vender o jornal, em 2001, a um empresário do ramo do petróleo. Logo começaria a sua agonia. Se Castelinho tivesse a má dita de ver o *JB* morrer, certamente morreria junto.

* * *

Ele foi morrendo aos poucos. Primeiro, durante anos, tratou um câncer no esôfago no MD Anderson Hospital, em Houston, Texas. A partir de então, ia a Houston todos os anos para fazer revisões no tratamento, com passagens pagas pelo *JB* — apenas uma vez, quando estava bem, ele foi sozinho. O tratamento fora muito bem-sucedido; quando voltou, na primeira viagem, estava assintomático.[20] No sétimo ano receberia alta mas o exame dos médicos norte-americanos descobriu um novo (e pequeno) tumor sob a língua. Os especialistas norte-americanos disseram que o tumor era inoperável; mas Castelinho não quis aceitar. Voltou ao Rio de Janeiro e consultou um velho amigo da família, o dr. Jacob Klingerman, que recomendou a cirurgia. Na hora, não explicou tudo, mas a cirurgia era devastadora — para proteger a hipótese de uma recorrência, obrigaria à retirada de vastas áreas de tecido na boca, removendo a maior parte das papilas gustativas e, inclusive, parte da língua. Isso significaria que Castelinho não sentiria mais um dos seus maiores prazeres — comer — e, mesmo alcançando sucesso no procedimento, teria limitações para falar. Dias antes da cirurgia, a família Castello Branco promoveu um grande almoço para comemorar a superação do primeiro câncer. Eles não sabiam ainda que um novo tumor fora detectado em Houston — e pior, que a cirurgia fora desaconselhada pelos médicos de lá. Na hora da sobremesa, ele segurou a mão da irmã Adelina e disse: "Sou o quinto filho dos nossos pais, mas vou ser o primeiro a partir." Adelina ficou chocada com a afirmação e o reprovou, alegando que, a despeito da gravidade da doença, ela era perfeitamente controlável. Ele aduziu: "Não se preocupe. Isso [a sua eventual morte] não tem a menor importância."[21]

Quando voltou de sua última viagem a Houston, já irremediavelmente condenado, escalou em Nova York com Élvia para visitar a amiga Beth Pratini de Moraes, que estava morando lá. Não regateou palavras; com uma frieza germânica contou-lhe que a sua estada era uma despedida. E dispensou-a de ir a seu enterro, dizendo: "Não quero ver tristes pessoas de quem eu gosto." Não voltariam a se encontrar.[22]

Castelinho alternava momentos de esperança e momentos de melancolia. De vez em quando dava mostras de seu velho viço matreiro, uma das matrizes do seu ofício jornalístico. Depois de muitas doses de uísque, durante as conversas com amigos, parecia hibernar — cerrava os olhos e qualquer um diria que estava ressonando; de repente, intervinha com precisão cirúrgica, fazendo uma pergunta que atestava a incoerência de alguma afirmação ou demonstrando uma curiosidade que segundos antes parecia distante. Em outras vezes já dava mostras de um cérebro cansado. Numa tarde, a amiga Vera Brant contava que costumava pegar os sobrinhos na escola em seu Gordini; Castelinho abriu os olhos e perguntou: "Como é que é? Gordini é o pai dos seus sobrinhos?" Aos domingos, em casa, costumava vestir um caftan que fora de Rodrigo e que nele parecia bizarro. Certamente era uma forma de lembrar-se do filho nas manhãs dominicais, enquanto espairecia na piscina. Mas acima disso ele se sentia confortável e ignorava as brincadeiras jocosas dos amigos.[23]

Uma tarde saiu sozinho e disse ao motorista que queria ir à Barra da Tijuca para tomar água de coco. O motorista foi, estacionou perto de uma barraca e ele ficou mais de uma hora saboreando pela última vez a água de um coco. De outra feita, de carona no carro do jornalista Fernando Pedreira, transitavam pela rua General San Martín, no Leblon, Rio de Janeiro, e, quando passavam no cruzamento com a rua General Urquiza, mostrou-lhe o prédio onde tinha comprado um apartamento. "Vou passar meus últimos anos aqui, Fernando."[24] Não teria tempo para isso; acabou morando no apartamento novo apenas por um mês.

Pouco antes da cirurgia seu amigo José Aparecido de Oliveira ligou e disse que ia visitá-lo às 10 horas do dia seguinte. Castelinho tomou banho, fez a barba e sentou-se na sala à espera. Duas horas depois, zangado, foi para o quarto e disse que dessem uma desculpa qualquer, mas ele não receberia o visitante, por mais amigo que fosse. E assim fez: quando Aparecido chegou ouviu que Castelinho saíra. Foi embora. Frustrou-se, assim, o que seria o último encontro dos dois grandes amigos.[25]

Segundo a família, a cirurgia de Klingerman, feita no Hospital Samaritano, no Rio de Janeiro, foi bem-sucedida. Mas alguns amigos questionavam as probabilidades de sobrevivência. Um deles lembrou que, pouco antes de Castelinho, Rubem Braga teve um câncer semelhante e optou por não operar para não passar pela provação da recuperação severa. Morreu logo mas deve ter sofrido menos.[26] A previsão dos médicos era rigorosa: ele deveria ficar pelo menos seis meses sem falar — teria de se comunicar por escrito. Algumas pessoas próximas especulam que ele não falaria nunca mais. Viver assim seria difícil; tudo bem que Castelinho falava pouco, mas como trabalhar, como produzir análises políticas sem poder conversar com seus interlocutores habituais? E nos habituais jantares com os amigos, como não provar o que eles saboreavam, como ficar calado vendo o papo prosperar, sem poder intervir, só ouvindo, sem poder beber? No hospital, após a cirurgia, entubado e monitorado, Castelinho ficou irritado porque Klingerman e seu assistente viajaram ao mesmo tempo e ele ficou sob cuidados de médicos do hospital. Pessoas da família contam duas versões para os dias posteriores. Uma é que Klingerman, antes de viajar, deu-lhe uma espécie de alta provisória, permitindo que ele fosse para casa;[27] outra é que, subitamente, aturdido e impaciente, Castelinho arrancou os tubos e fios, pôs a roupa e foi para casa; recusou os apelos dos médicos e parou de tomar os medicamentos.[28] Em casa, debilitado, passou mal algumas vezes, com sucessivas quedas de pressão. Acabou sendo levado de volta ao hospital, às pressas, mas não resistiu: fora colhido por incontroláveis complicações cardíacas. Era o dia 1º de junho de 1993. A filha Luciana, que estava com ele, lembrou-se de que uma vez Castelinho lhe dissera: "A morte é uma folha que cai." Agora era a sua vez de cair como uma folha no outono. Encerrava-se a parceria inesgotável com Élvia, que produziu um casamento marcado por uma amizade indestrutível, como ela diria pouco depois: "Tive alguns amores, algumas paixões, mas, não fora ele o maior amor da minha vida, não teríamos permanecido juntos por 44 anos."[29] Seu corpo foi velado na Academia Brasileira de Letras e sepultado no Mausoléu da ABL, no cemitério São João Batista; à frente, carregando o seu caixão estavam o ex-presidente José Sarney e o então governador do Rio de Janeiro Leonel Brizola. No velório, um senhor com a fisionomia entristecida dedicou a Mateus, então com 12 anos, um cumprimento de pesar. Mateus não o reconheceu de pronto e perguntou ao pai: "Quem era?" E Pedro atestou: "Oscar Niemeyer."[30]

Castelinho escreveu seu depoimento sobre o governo Jânio e passou o resto da vida dizendo que não iria publicá-lo. "Tenho algo escrito sobre isso [a renúncia]. Mas nunca publiquei nem pretendo publicar. São cem páginas."[31] Se não pretendia publicar por que teria escrito? "São informações que eu não tenho o direito de usar, [...]

embora não tenham nenhuma revelação sensacional. Mas em todo caso eu participava de uma atividade do governo. Em segundo lugar, como auxiliar de confiança do presidente, não tenho o direito de especular sobre o fato."[32] Meias verdades. Se nenhum agente público não revelasse segredos dos governos, que História restaria escrita? Depois de sua morte Élvia entendeu que as desculpas dadas em vida eram só desculpas e que, no fundo, se ele escrevera, era para publicar. E publicou, afrontando a ira de quem se incomodasse — e não seria Jânio, morto antes dele. Foi assim que *A renúncia de Jânio — Um depoimento*, sua interpretação do esquizofrênico governo Jânio, foi publicado postumamente.

O que se diz é que, na verdade, Castelinho parecia temer a reação de José Aparecido quanto à publicação do depoimento sobre o governo Jânio. Zé o proibiu de publicar e os originais ficaram anos guardados no cofre do Banco Nacional. Quando o livro foi finalmente publicado, Castelinho já tinha morrido, mas Aparecido, que ainda vivia, fugiu incógnito para Paris e se escondeu num desconhecido hotel três estrelas. "Liguei e ele não quis atender o telefone. Falei à pessoa que atendeu o telefone que dissesse a ele para parar de palhaçada. Finalmente, ele veio ao telefone." Se Élvia não bancasse a publicação de *A renúncia de Jânio*, mesmo depois da morte de Castelinho, o livro permaneceria secreto porque Aparecido fazia o possível e o impossível para dificultar as coisas toda vez que alguém falava em publicá-lo.[33]

Cumpridas todas as missões, Castelinho podia, enfim, sair de cena. Depois de renunciar à ilusão da juventude — ser escritor de renome — ele se tornou o melhor jornalista de sua geração e seguiu religiosamente seu propósito de dedicar sua vida à defesa das liberdades públicas. Apesar dos atropelos, Castelinho superara as procelas e chegara ao fim da vida navegando sobre ele e contribuindo para a formação daquele tão sonhado, benfazejo e imenso mar de liberdade que agora inundava o Brasil, aquele mesmo mar que ele conhecera em sua primeira grande travessia, singrada a bordo de um ita.

Uma dessas lembranças está incrustada no chão de Londres. Nas suas últimas idas à capital britânica, Castelinho ficava hospedado na residência do embaixador brasileiro, no número 54 de Mount Street, em Mayfair, com dois amigos, o então embaixador Rubens Barbosa e sua mulher Maria Ignez Corrêa da Costa Barbosa, e adquiriu um hábito londrino: todos os dias tomava café e saía com os jornais brasileiros debaixo do braço, para lê-los num dos bancos da Mount Street Gardens, uma praça que ladeia a igreja da Society of Jesus, no número 114 da Mount Street. Depois da morte de Castelinho, Barbosa negociou com a administração municipal de Westminster a reforma da fonte da praça, a ser custeada por Luciana, filha de Castelinho, em troca da instalação de placa homenageando Castelinho no piso de macadame da praça, ao pé da fonte e próximo ao banco onde ele se sentava. Luciana pagou quatrocentas libras pela reforma. A placa está lá até hoje e diz: "This fountain has been refurbished in honour of Carlos Castello Branco (1920-1993) and his wife Élvia by their daughter Luciana. Unveiled by Rubens Antonio Barbosa, Brazilian Embassador, and the Lord Mayor of Westminster, Councillor Angela Hooper, CBE. 4th July 1994."*

O neto Carlos Mateus, um jovem professor de Português na rede pública de Brasília, guarda consigo uma lembrança olfativa do avô: um frasco do perfume *Antaeus,* da Chanel, que Castelinho usava. Não é uma lembrança que vá durar eternamente mas ainda resiste aos anos. Quando a saudade aperta muito Mateus pega o frasco e deixa escapar um borrifo mínimo sobre sua própria pele. O cheiro logo lhe traz o avô de volta — Castelinho se faz presente, como se ressuscitasse; fica tão vivo que Mateus quase ouve sua voz.[34]

---

*Esta fonte foi reformada em homenagem a Carlos Castello Branco (1920-1993) e sua esposa Élvia por sua filha Luciana. Descerrada por Rubens Antonio Barbosa, embaixador brasileiro, e a presidente da Câmara de Westminster, vereadora Angela Hooper, C.B.E., 4/7/1994.

Certa vez, quando lhe perguntaram o que queria da vida, respondeu com uma pequena parábola napoleônica. Durante uma das muitas guerras que promoveu, Napoleão foi informado de que um soldado se negara a atirar contra um combatente inimigo. Perguntou ao soldado por que não atirou, observando: *"Je n'en vois pas la raison."* ["Eu não concebo suas razões."] E o soldado: *"Il faut vivre."* ["Ele precisa viver."][35]

Numa última conversa, na UTI do Hospital Samaritano, Castelinho tinha a expressão cansada dos que sentem a vida se esvair. Tirou os óculos de leitura e os entregou ao sobrinho Paulo, juntamente com o livro que estava lendo, *O povo brasileiro*, do seu grande amigo Darcy Ribeiro. O marcador estava entre as páginas 306 e 307, no início do capítulo "O Brasil sertanejo". A página 307 termina com a descrição do avanço das ribeiras pastoris, que estimulavam o crescimento dos rebanhos inicialmente postados no agreste pernambucano e no recôncavo baiano, penetrando as margens do rio São Francisco e se esgueirando pelos rios permanentes até o Maranhão e o Piauí, onde contribuiria para a formação dos parâmetros originais que geraram a cultura piauiense.

Pegou o bloquinho através do qual se comunicava e escreveu com letra amarfanhada:

"Não vou ler mais."

E em seguida:

"Acabou."

Agradecimentos

A Luciana Castello Branco, que cuida da preservação da memória do seu pai, por confiar em meu trabalho, e a Carlos Mateus Castello Branco, neto de Castelinho, pelo apoio e pelas longas conversas em Brasília.

A Adriana Zarvos, que teve a sensibilidade e a percepção de ouvir Castelinho numa longa e oportuna entrevista, feita no início da década de 1990, que revela parte substancial da face oculta desse extraordinário jornalista.

A minha filha Juliana, que teve a ideia deste livro, e a minha ex-mulher Beth Jeker, que trouxe a mim a preocupação de sua amiga de juventude Luciana Castello Branco em estimular a construção de uma biografia do seu pai.

A meu filho Thiago e minha nora Natália, que despenderam uma tarde em Londres, onde residem, para documentar o Mount Street Gardens.

A José Luiz Silva, portador do importante acervo de Abdias Silva, que me franqueou documentos e fotos, além do afetuoso livro de sua filha Mariana.

Aos queridos amigos André Hartz e Fernando Martins, que me apoiaram nas pesquisas feitas, respectivamente, no Rio de Janeiro e em Brasília.

Ao caro Moacir Pereira, competente jornalista político de Santa Catarina, pela pesquisa local com que me obsequiou.

Aos funcionários da Casa de Rui Barbosa, do Instituto Moreira Salles e do Arquivo Público do Distrito Federal, pela atenção com que me obsequiaram.

A todos que deram seu testemunho veraz para este livro.

E a ela, a eterna fonte de inspiração, minha permanente razão de escrever.

Notas

1 PERIGOS DO BOM JORNALISMO

1. Carlos Castello Branco, entrevista a Adriana Zarvos.
2. Coluna do Castello, *JB*, 7/12/1976.
3. Telegrama secreto do embaixador Roberto Campos, blog do jornalista Kennedy Alencar <http://www.blogdokennedy.com.br/telegramas-secretos-reforcam-tese-de-assassinato-de-jango/>, acessado em 20/09/2014.
4. Luiz Alberto Moniz Bandeira, *Revista Espaço Acadêmico*, nº 67, disponível em <http://www.espacoacademico.com.br/067rea.htm>.
5. Idem.

2 TRAGÉDIA EM BRASÍLIA

1. Luiz Alberto Moniz Bandeira, *Revista Espaço Acadêmico*, nº 67, disponível em <http://www.espacoacademico.com.br/067rea.htm>.
2. Carlos Castello Branco, entrevista a Adriana Zarvos.
3. Idem.
4. Carlos Castello Branco, *Retratos e fatos da história recente*, 1996.
5. Depoimento de Carlos Chagas.
6. Depoimento de Raymond Frajmund.
7. Carlos Castello Branco, entrevista a Adriana Zarvos.
8. Coluna do Castello, *JB*, 29/2/1964.
9. Coluna do Castello, *JB*, 27/11/1973.
10. Coluna do Castello, *JB*, 7/12/1976.
11. Carlos Castello Branco, entrevista ao *Pasquim*, nº 392, 1976/1977.
12. "O tempo da ditadura foi penoso para Castello", *JB*, 24/6/2000, Luiz Orlando Carneiro.

13. Depoimento de Paulo Castello Branco.
14. Idem.
15. Depoimento de Carlos Mateus Castello Branco.
16. Cp 394, carta datada de 4/5/1976, Arquivo pessoal CCB, Casa de Rui Barbosa.
17. Idem.

3 UM NORDESTINO E SUA ADVERSIDADE

1. Carlos Castello Branco, entrevista a Adriana Zarvos.
2. Deusdedit Campos, *Os Castello Branco d'aqui*, edição do autor.
3. Renato Castello Branco, *Os Castello Branco d'aquém e d'além-mar*, LR Editores, 1980.
4. John W. F. Dulles, *Castello Branco: o caminho para a Presidência*, José Olympio, 1979.
5. Carlos Castello Branco, discurso de posse na Academia Piauiense de Letras, 26/9/1984.
6. Carlos Castello Branco, entrevista a Adriana Zarvos.
7. Depoimento de Adelina Castello Branco.
8. Depoimento de Rubens Barbosa e Maria Ignez Barbosa.
9. Carlos Castello Branco, entrevista a Adriana Zarvos.
10. Pi 106, Arquivo pessoal CCB, Casa de Rui Barbosa.
11. Arquivo Abdias Silva.
12. Depoimento de Alberto da Costa e Silva.
13. Carlos Castello Branco, entrevista a Adriana Zarvos.
14. Idem.
15. Idem.
16. Depoimento de Carlos Mateus Castello Branco.
17. Sinopse Estatística do Estado, separata do Anuário Estatístico do Brasil, 1937, do Instituto Nacional de Estatística.
18. Idem.
19. PiauiHP <www.piauihp.com.br>.
20. Capital Teresina <www.capitalteresina.com.br>.
21. Carlos Castello Branco, entrevista a Adriana Zarvos.
22. Idem.
23. Antonio Maureni Vaz Verçosa de Melo, *História e Memória do Ensino Superior no Piauí de 1930 a 1960*, Universidade Federal do Piauí. Disponível em <http://www.ufpi.br/subsiteFiles/ppged/arquivos/files/eventos/2006.gt10/GT10_2006_10.PDF>, acessado em 22/9/2014.
24. Carlos Castello Branco, entrevista a Adriana Zarvos.

25. Depoimento de Alberto da Costa e Silva.
26. Mariana Capelo, *Caríssimo Abdias, um romance biográfico*, 2013.
27. Depoimento de Raymond Frajmund.

4 MINHA SEGUNDA PÁTRIA

1. Anuário Estatístico da Prefeitura, 1935.
2. Claudio Listher Marques Bahia, "Belo Horizonte: uma cidade para a modernidade mineira", *Cadernos de Arquitetura e Urbanismo*, Belo Horizonte, v. 12, n. 13, p. 185-200, dezembro de 2005. Disponível em <http://www.pucminas.br/imagedb/documento/DOC_DSC_NOME_ARQUI20070514091138.pdf>, acessado em 23/9/2014.
3. Anuário Estatístico de Belo Horizonte, Instituto Nacional de Estatística, 1937.
4. Alceu Amoroso Lima, *Voz de Minas*, Abril Cultural, 1983.
5. Idem.
6. Idem.
7. Idem.
8. Idem.
9. Idem.
10. Idem.
11. Idem.
12. Idem.
13. Idem.
14. Idem.
15. Disponível em <http://jeitinhomineiro.blogspot.com.br/2012/03/ser-mineiro-carlos-drummond-de-andrade.html.>.
16. Carlos Castello Branco, entrevista ao *Pasquim*, nº 392, 1976/1977.
17. Carlos Castello Branco, entrevista a Adriana Zarvos.
18. Anotações pessoais, 20/8/1939, Arquivo CCB, Casa de Rui Barbosa.
19. Carta a Otto Lara Resende, 9/8/1957, Arquivo pessoal OLR, Instituto Moreira Salles.
20. Carlos Castello Branco, entrevista ao *Pasquim*, nº 392, 1976/1977.
21. Artigo publicado no *Jornal de Brasília*, 2/3/1975.
22. Carlos Castello Branco, entrevista a Adriana Zarvos.
23. Artigo publicado no *Jornal de Brasília*, 2/3/1975.
24. Idem.
25. Idem.
26. Idem.
27. Idem.

28. Depoimento de Luiz Guttemberg.
29. Carta a Otto Lara Resende, 18/3/1959, Arquivo pessoal OLR, Instituto Moreira Salles.
30. Idem.
31. Carlos Castello Branco, entrevista a Adriana Zarvos.
32. Idem.
33. Depoimento de Alberto da Costa e Silva.
34. Carlos Castello Branco, entrevista a Maria Ignez Corrêa da Costa e Cristina Autran, *Jornal de Brasília*, 9/5/1975.
35. Carlos Castello Branco, entrevista a Adriana Zarvos.
36. Idem.
37. Coluna do Castello, *JB*, 15/3/1979.

5 ATÉ BREVE, ATALIBA

1. Depoimento de Adelina Castello Branco.
2. Carlos Castello Branco, entrevista a Adriana Zarvos.
3. Depoimento de Wilson Figueiredo.
4. Carlos Castello Branco, entrevista a Adriana Zarvos.
5. Idem.
6. Carlos Castello Branco, entrevista ao *Pasquim*, nº 392, 1976/1977.
7. Carlos Castello Branco, entrevista a Adriana Zarvos.
8. Depoimento de Wilson Figueiredo.
9. Carlos Castello Branco, entrevista a Adriana Zarvos.
10. Idem.
11. Idem.
12. Carlos Castello Branco, entrevista ao *Pasquim*, nº 392, 1976/1977.
13. Carlos Chagas e Pedro Jorge de Castro, *Carlos Castelo Branco, o jornalista do Brasil*, 2006.
14. Carlos Castello Branco, entrevista a Adriana Zarvos.
15. Carlos Castello Branco, entrevista ao *Pasquim*, nº 392, 1976/1977.
16. Idem.
17. Carlos Castello Branco, entrevista ao *Pasquim*, nº 392, 1976/1977.
18. Artigo publicado no *Jornal de Brasília*, 2/3/1975.
19. Idem.
20. Idem.
21. Coluna do Castello, *JB*, 31/10/1982.
22. Carlos Castello Branco, entrevista ao *Pasquim*, nº 392, 1976/1977.
23. Cp 0369, Arquivo pessoal CCB, Casa de Rui Barbosa.

24. Cp 37, Arquivo pessoal CCB, Casa de Rui Barbosa.
25. Carlos Castello Branco, entrevista a Adriana Zarvos.
26. Idem.
27. Carlos Castello Branco, entrevista ao *Pasquim*, nº 392, 1976/1977.
28. Carlos Castello Branco, entrevista a Adriana Zarvos.
29. Idem.
30. Alceu Amoroso Lima, *Voz de Minas*, 1983.
31. Luiz Viana, *A Vida de Machado de Assis*, 1965.
32. Carta a Otto Lara Resende, 15/2/1965, Arquivo pessoal OLR, Instituto Moreira Salles.
33. Carta a Otto Lara Resende, 30/9/1945, Arquivo pessoal OLR, Instituto Moreira Salles.
34. Idem.
35. Carta a Otto Lara Resende, 11/12/1945, Arquivo pessoal OLR, Instituto Moreira Salles.
36. Idem.
37. Carlos Castello Branco, entrevista a Adriana Zarvos.

6 UM JORNALISTA DA CAPITAL

1. Carlos Lacerda, "A Situação — Declarações do sr. José Américo de Almeida" (reportagem), *Correio da Manhã*, 22/2/1945.
2. Carlos Castello Branco, entrevista a Adriana Zarvos.
3. *Carlos Castello Branco, o jornalista*, documentário da TV Senado, 4/4/2008.
4. Coluna do Castello, *JB*, 22/5/1977.
5. Idem.
6. Idem.
7. Idem.
8. Carlos Castello Branco, *Retratos e fatos da história recente*, 1994.
9. Carlos Castello Branco, entrevista a Adriana Zarvos.
10. Carlos Castello Branco, entrevista a Adriana Zarvos.
11. Carlos Chagas e Pedro Jorge de Castro, *Carlos Castelo Branco, o jornalista do Brasil*, 2006.
12. Depoimento de Adelina Castello Branco.
13. Carlos Castello Branco, entrevista a Adriana Zarvos.
14. Idem.
15. Élvia Lordello Castello Branco, entrevista a Luiz Orlando Carneiro, *JB*, Caderno Ideias, 24/6/2000.
16. Idem.

17. Idem.
18. Depoimento de José Sarney.
19. Depoimento de Fernando Pedreira.
20. José Serra, *Cinquenta anos esta noite*, 2014.
21. Mário Sérgio Conti, *Notícias do Planalto — A imprensa e Fernando Collor*, 1999.
22. Depoimento de Alberto Dines.
23. Depoimento de Luiz Orlando Carneiro.
24. Idem.
25. Carlos Castello Branco, entrevista a Adriana Zarvos.
26. Carlos Castello Branco, entrevista a Maria Ignez Corrêa da Costa e Cristina Autran, *Jornal de Brasília*, 9/5/1975.
27. Depoimento de José Sarney.

7 NO OLHO DA CRISE

1. Villas-Boas Corrêa, *Conversa com a memória*, 2002.
2. Idem.
3. Idem.
4. Depoimento de Afonso Arinos de Melo Franco (filho).
5. Carlos Castello Branco, entrevista a Adriana Zarvos.
6. Discurso pronunciado na ABL em 25/5/1983.
7. Carlos Castello Branco, *Continhos brasileiros e outros contos*, 2002.
8. Eduardo Portella, prefácio de *Continhos brasileiros e outros contos*.
9. Carta de Autran Dourado, 3/7/1952.
10. Carta a Otto Lara Resende, 15/11/1975, Arquivo pessoal OLR, Instituto Moreira Salles.
11. Idem.
12. Victor Siaulys, apresentação de *Arco de triunfo*.
13. Carlos Castello Branco, Arco de triunfo, 1959.
14. Carta a Otto Lara Resende, 6/4/1947, Arquivo pessoal OLR, Instituto Moreira Salles.
15. Carlos Chagas e Pedro Jorge de Castro, *Carlos Castelo Branco, o jornalista do Brasil*, 2006.
16. Idem.
17. Idem.
18. Idem.
19. Idem.
20. Carlos Chagas e Pedro Jorge de Castro, *Carlos Castelo Branco, o jornalista do Brasil*, 2006.

21. Idem.
22. Depoimento de Marcus Vinícius Pratini de Moraes.
23. Carlos Castello Branco, entrevista a Adriana Zarvos.
24. Idem.
25. "Órgão da ditadura investigou bens de JK, Jango e Ulysses", *Folha de S.Paulo*, 7/7/2012.
26. Carta a Otto Lara Resende, 27/6/1957, Arquivo pessoal OLR, Instituto Moreira Salles.
27. Carlos Castello Branco, *Retratos e fatos da história recente*, 1994.
28. Idem.
29. Cp 253, cartão datado de 30/9/1971, Arquivo pessoal CCB, Casa de Rui Barbosa.
30. Depoimento de Luiz Barbosa.
31. Carlos Castello Branco, entrevista a Adriana Zarvos.
32. Carta a Otto Lara Resende, 9/8/1957, Arquivo pessoal OLR, Instituto Moreira Salles.
33. Idem.
34. Carta a Otto Lara Resende, 9/8/1957, Arquivo pessoal OLR, Instituto Moreira Salles.
35. Carta a Otto Lara Resende, 26/3/1958, Arquivo pessoal OLR, Instituto Moreira Salles.
36. Idem.
37. Carta a Otto Lara Resende, 26/3/1958, Arquivo pessoal OLR, Instituto Moreira Salles.
38. Idem.

8 AVENTURA NA CIDADE AMALDIÇOADA

1. *O Cruzeiro*, fevereiro de 1961.
2. Thomas Skidmore, *Brasil: de Getúlio a Castello*, 1975.
3. Depoimento de José Sarney.
4. Idem.
5. Regina Echeverria, *Sarney — A biografia*, 2011.
6. Depoimento de José Sarney.
7. CD Jingles eleitorais 1955/60, Arquivo Lula Vieira.
8. Idem.
9. Os militares na sociedade moderna, conferência aos alunos da Escola de Guerra Naval, 1982, Arquivo pessoal CCB, Casa de Rui Barbosa.
10. Carlos Castello Branco, entrevista a Adriana Zarvos.
11. Idem.

12. Idem.
13. Idem.
14. Carlos Castello Branco, *A renúncia de Jânio — Um depoimento*, 1996.
15. Idem.
16. Depoimento de Antonio Carlos Pereira.
17. Carlos Castello Branco, entrevista a Adriana Zarvos.
18. Carlos Castello Branco, *A renúncia de Jânio — Um depoimento*, 1996.
19. Carlos Castello Branco, entrevista a Adriana Zarvos.
20. Depoimento de Fernando Pedreira.
21. Idem.
22. Depoimento de Silvestre Gorgulho.
23. Depoimento de José Carlos Mello.
24. Carlos Castello Branco, entrevista ao *Pasquim*, nº 392, 1976/1977.
25. Entrevista a Adriana Zarvos.
26. Carlos Castello Branco, *A renúncia de Jânio — Um depoimento*, 1996.
27. Idem.
28. Cp 394, Arquivo pessoal CCB, Casa de Rui Barbosa.
29. Carlos Castello Branco, entrevista a Adriana Zarvos.
30. Carlos Castello Branco, *A renúncia de Jânio — Um depoimento*, 1996.
31. Cp 135, carta datada de 13/7/1961, Arquivo pessoal CCB, Casa de Rui Barbosa.
32. Carlos Castello Branco, entrevista a Adriana Zarvos.
33. Carlos Castello Branco, *A renúncia de Jânio — Um depoimento*, 1996.
34. Cp 394, Arquivo pessoal CCB, Casa de Rui Barbosa.
35. Carlos Castello Branco, entrevista a Adriana Zarvos.

9 CERTEZAS E DÚVIDAS

1. Carlos Castello Branco, *A renúncia de Jânio — Um depoimento*, 1996.
2. Carlos Castello Branco, entrevista a Adriana Zarvos.
3. Carlos Castello Branco, entrevista a Adriana Zarvos.
4. Coluna do Castello, *JB*, 10/4/1991.
5. Pi 42, Arquivo pessoal CCB, Casa de Rui Barbosa, "Perfil de Jânio Quadros" escrito por Carlos Castello Branco.
6. Carlos Castello Branco, *A renúncia de Jânio — Um depoimento*, 1996.
7. Thomas Skidmore, *Brasil: de Getúlio a Castello*, 1975.
8. Carlos Castello Branco, *A renúncia de Jânio — Um depoimento*, 1996.
9. Carlos Castello Branco, *A renúncia de Jânio — Um depoimento*, 1996.
10. Carlos Castello Branco, entrevista ao *Pasquim*, nº 392, 1976/1977.
11. Cp 394, carta datada de 17/6/1977, Arquivo pessoal CCB, Casa de Rui Barbosa.

12. Carlos Castello Branco, *A renúncia de Jânio — Um depoimento*, 1996.
13. Idem.
14. Carlos Castello Branco, entrevista a Adriana Zarvos.
15. Idem.
16. Carlos Castello Branco, *A renúncia de Jânio — Um depoimento*, 1996.
17. Idem.
18. Ricardo Setti, "O grande jornalista Castelinho e a cara de paisagem de Jânio Quadros", Coluna Ricardo Setti, *Veja*, 13/10/2010. Disponível em <http://veja.abril.com.br/blog/ricardo-setti/bytes-de-memoria/o-grande-jornalista-castelinho-e-a-cara-de-paisagem-de-janio-quadros/>, acessado em 30/9/2014.
19. Carlos Castello Branco, entrevista a Adriana Zarvos.
20. Carlos Chagas e Pedro Jorge de Castro, *Carlos Castelo Branco, o jornalista do Brasil*, 2006.
21. Depoimento de Alberto Dines.
22. Idem.
23. Mário Sérgio Conti, *Notícias do Planalto — A imprensa e Fernando Collor*, 1999.
24. CD Jingles eleitorais 1955/1960, Arquivo Lula Vieira.
25. Depoimento de Alberto Dines.
26. Mário Sérgio Conti, *Notícias do Planalto — A imprensa e Fernando Collor*, 1999.
27. Entrevista a Maria Ignez Corrêa da Costa, não publicada, 1982.

10 A SEGUNDA DITADURA

1. Depoimento de Wilson Figueiredo.
2. Depoimento de Alberto Dines.
3. Carlos Castello Branco, entrevista a Adriana Zarvos.
4. Alberto Dines, "Jornalismo de autor", *Observatório da Imprensa*, 5/7/2000. Disponível em <http://www.observatoriodaimprensa.com.br/artigos/mem05072000.htm>, acessado em 30/9/2014.
5. Idem.
6. Depoimento de Alberto Dines.
7. Alberto Dines, "Jornalismo de autor", *Observatório da Imprensa*, 05/07/2000. Disponível em <http://www.observatoriodaimprensa.com.br/artigos/mem05072000 htm>, acessado em 30/9/2014.
8. Depoimento de José Antonio Nascimento Brito.
9. Carlos Castello Branco, entrevista a Adriana Zarvos.
10. Carlos Castello Branco, entrevista ao *Pasquim*, nº 392, 1976/1977.
11. Entrevista a Maria Ignez Corrêa da Costa, não publicada, 1982.
12. Depoimento de Manuel Carlos Chaparro.

13. Idem.
14. Idem.
15. Idem.
16. Idem.
17. Idem.
18. Depoimento de Antonio Carlos Pereira.
19. Depoimento de Manuel Carlos Chaparro.
20. Depoimento de José Sarney.
21. Depoimento de Antonio Carlos Pereira.
22. Depoimento de José Marques de Melo.
23. Daiane Rufino Leal, *Carlos Castello Branco: o comentarista paradigmático da imprensa brasileira* (dissertação de mestrado), Unesp, 2011.
24. Idem.
25. Ana Regina Leal Rego, "Carlos Castello Branco, a opinião no jornalismo brasileiro" (ensaio), *Imprensa Brasileira — Personagens que fizeram História*, volume 4, Imprensa Oficial de São Paulo/Unesp, 2009.
26. José Marques de Melo, *Jornalismo opinativo*, 2003.
27. Depoimento de José Marques de Melo.
28. Depoimento de José Sarney.
29. Idem.
30. Idem.
31. Cp 455, carta datada de 26/6/1975, Arquivo pessoal CCB, Casa de Rui Barbosa.
32. Entrevista a Maria Ignez Corrêa da Costa e Cristina Autran, *Jornal de Brasília*, 9/4/1975.
33. Idem.
34. Idem.
35. Carlos Castello Branco, entrevista ao *Pasquim*, nº 392, 1976/1977.
36. Idem.
37. Idem.
38. Alberto Dines, "Jornalismo de autor", *Observatório da Imprensa*, 5/7/2000. Disponível em <http://www.observatoriodaimprensa.com.br/artigos/mem05072000.htm>, acessado em 30/9/2014.
39. Carlos Castello Branco, entrevista ao *Pasquim*, nº 392, 1976/1977.
40. Carlos Chagas e Pedro Jorge de Castro, *Carlos Castelo Branco, o jornalista do Brasil*, 2006.
41. Carlos Castello Branco, palestra na Assembleia Legislativa do Rio Grande do Sul em 14/9/1981.
42. Coluna do Castello, *JB*, 8/1/1963.

43. Coluna do Castello, *JB*, 8/2/1963.
44. Coluna do Castello, *JB*, 1/3/1963.
45. Cp 394, Carta de 26/12/1962, Arquivo pessoal CCB, Casa de Rui Barbosa.
46. Coluna do Castello, *JB*, 10/1/1963.
47. Coluna do Castello, *JB*, 5/4/1963.
48. Coluna do Castello, *JB*, 27/4/1963.
49. Coluna do Castello, *JB*, 3/7/1963.
50. Coluna do Castello, *JB*, 6/6/1963.
51. Coluna do Castello, *JB*, 15/6/1963.
52. Coluna do Castello, *JB*, 21/8/1963.
53. Coluna do Castello, *JB*, 25/8/1963.
54. Coluna do Castello, *JB*, 26/9/1963.
55. Coluna do Castello, *JB*, 29/9/1963.
56. Coluna do Castello, *JB*, 12/12/1963.
57. Coluna do Castello, *JB*, 10/1/1964.
58. Coluna do Castello, *JB*, 24/1/1964.
59. Coluna do Castello, *JB*, 26/1/1964.
60. Coluna do Castello, *JB*, 1/2/1964.
61. Coluna do Castello, *JB*, 16/2/1964.
62. Coluna do Castello, *JB*, 29/2/1964.
63. Coluna do Castello, *JB*, 3/3/1964.
64. Coluna do Castello, *JB*, 6/3/1964.
65. Coluna do Castello, *JB*, 14/3/1964.
66. Coluna do Castello, *JB*, 29/3/1964.
67. Regina Echeverria, *Sarney — A biografia*, 2011.

11 FORÇA BRUTA

1. Carlos Chagas e Pedro Jorge de Castro, *Carlos Castelo Branco, o jornalista do Brasil*, 2006.
2. Coluna do Castello, *JB*, 4/4/1964.
3. Idem.
4. Idem.
5. Idem.
6. Carlos Castello Branco, entrevista a Adriana Zarvos.
7. Depoimento de Carlos Chagas.
8. Carlos Chagas e Pedro Jorge de Castro, *Carlos Castelo Branco, o jornalista do Brasil*, 2006.
9. Idem.

10. Carlos Castello Branco, entrevista ao *Pasquim*, nº 392, 1976/1977.
11. Carlos Castello Branco, entrevista a Maria Ignez Corrêa da Costa e Cristina Autran, *Jornal de Brasília*, 9/5/1975.
12. Carlos Castello Branco, entrevista a Adriana Zarvos.
13. José Serra, *Cinquenta anos esta noite*, 2014.
14. Carlos Castello Branco, entrevista a Adriana Zarvos.
15. Idem.
16. Alexander Andrews, *The History of British Journalism*, 2000.
17. Kenneth Olson, *The Historymakers*, 1966.
18. Manuel Carlos Chaparro, *Sotaques d'aquém e d'além-mar — travessias para uma nova teoria de gêneros jornalísticos*, 2008.
19. Idem.
20. Depoimento de Carlos Chagas.
21. Cp 394, Carta datada de 21/12/1966, Arquivo pessoal CCB, Casa de Rui Barbosa.
22. Entrevista ao *Pasquim*, nº 392, 1976/1977.
23. Israel Pinheiro, em Minas Gerais; Negrão de Lima, na Guanabara; Pedro Pedrossian, no Mato Grosso; Ivo Silveira, em Santa Catarina; e Valfrido Gurgel, no Rio Grande do Norte, todos do PSD.
24. Carlos Castello Branco, entrevista ao *Pasquim*, nº 392, 1976/1977.
25. Idem.
26. Coluna do Castello, *JB*, 28/10/1965.
27. Depoimento de Carlos Chagas.
28. Coluna do Castello, *JB*, 9/2/1966.
29. Coluna do Castello, *JB*, 19/2/1966.
30. Entrevista a Maria Ignez Corrêa da Costa e Cristina Autran, *Jornal de Brasília*, 9/4/1975.
31. Carlos Castello Branco, entrevista ao *Pasquim*, nº 392, 1976/1977.
32. Coluna do Castello, *JB*, 5/3/1965.
33. Coluna do Castello, *JB*, 10/3/1966.
34. Coluna do Castello, *JB*, 16/4/1966.
35. Depoimento de Carlos Chagas.
36. Coluna do Castello, *JB*, 4/10/1966.

12 TUDO ESCURO

1. Elio Gaspari, *A ditadura envergonhada*, 2014.
2. Idem.
3. Idem.

4. Carlos Castello Branco, entrevista a Adriana Zarvos.
5. Idem.
6. Élvia Lordello Castello Branco, entrevista a Luiz Orlando Carneiro, *JB*, Caderno Ideias, 24/6/2000.
7. Carlos Castello Branco, entrevista a Adriana Zarvos.
8. Idem.
9. Carlos Castello Branco, entrevista ao *Pasquim*, nº 392, 1976/1977.
10. Idem.
11. Idem.
12. Depoimento de Alberto Dines.
13. Carlos Castello Branco, entrevista ao *Pasquim*, nº 392, 1976/1977.
14. Carlos Castello Branco, entrevista a Adriana Zarvos.
15. Coluna do Castello, *JB*, 16/4/1968.
16. Carlos Castello Branco, entrevista a Adriana Zarvos.
17. Carlos Castello Branco, entrevista ao *Pasquim*, nº 392, 1976/1977.
18. Idem.
19. Idem.
20. Élvia Lordello Castello Branco, entrevista a Luiz Orlando Carneiro, *JB*, Caderno Ideias, 24/6/2000.
21. Élvia Lordello Castello Branco, entrevista a Luiz Orlando Carneiro, *JB*, Caderno Ideias, 24/6/2000.
22. Carlos Castello Branco, entrevista ao *Pasquim*, nº 392, 1976/1977.
23. Depoimento de Luiz Barbosa.
24. Depoimento de Rubens Barbosa e Maria Ignez Barbosa.
25. General Aurélio de Lira Tavares, almirante Augusto Rademaker e brigadeiro Márcio Melo.
26. Elio Gaspari, *A ditadura escancarada*, 2014.
27. Depoimento de José Antonio Nascimento Brito.
28. Depoimento de Fernando Pedreira.
29. Depoimento de Carlos Chagas.
30. Coluna do Castello, *JB*, 20/6/1969.
31. Coluna do Castello, *JB*, 30/7/1969.
32. Depoimento de Marcus Vinícius Pratini de Moraes.
33. Coluna do Castello, *JB*, 5/9/1969.
34. Depoimento de Fernando Pedreira.
35. Depoimento de Roberto Médici.
36. Depoimento de Luiz Guttemberg.

13 ARROZ DE HAUÇÁ

1. Coluna do Castello, *JB*, 4/11/1969.
2 Carlos Castello Branco, entrevista ao *Pasquim*, nº 392, 1976/1977.
3. Idem.
4. Idem.
5. Idem.
6. Depoimento de Marcus Vinícius Pratini de Moraes.
7. Depoimento de Roberto Médici.
8. Depoimento de Marcus Vinícius Pratini de Moraes.
9. Depoimento de Roberto Médici.
10 Idem.
11 Depoimentos de Carlos Chagas e de Roberto Médici.
12 Arquivo Público do Distrito Federal, Caixa 14 da Secretaria de Segurança Pública.
13. Depoimento de Marcus Vinícius Pratini de Moraes.
14. Depoimento de Roberto Médici.
15. Depoimento de Afrânio de Melo Franco Nabuco.
16. Depoimento de Marcus Vinícius Pratini de Moraes.
17. Coluna do Castello, *JB*, 10/3/1974.
18. Idem.
19. Carlos Castello Branco, entrevista ao *Pasquim*, nº 392, 1976/1977.
20. Depoimento de Maria Ignez Corrêa da Costa Barbosa.
21. Carlos Castello Branco, entrevista ao *Pasquim*, nº 392, 1976/1977.
22. Coluna do Castello, *JB*, 18/11/1969.
23. Entrevista a Maria Ignez Corrêa da Costa e Cristina Autran, *Jornal de Brasília*, 9/4/1975.
24. Coluna do Castello, *JB*, 28/5/1970.
25. Idem.
26. Idem.
27. Idem.
28. Coluna do Castello, *JB*, 10/10/1985.
29. Carta a M. F. do Nascimento Brito, 2/10/1971. Disponível em www.carloscastello-branco.com.br, acessado em 5/10/2014.
30. Depoimento de Ricardo Noblat.
31. Carta a M. F. do Nascimento Brito, 5/10/1971. Disponível em <www.carloscas-tellobranco.com.br>, acessado em 5/10/2014.
32. Depoimento de Carlos Chagas.
33. Depoimento de Walter Fontoura.
34. Depoimento de Rangel Cavalcanti.

35. Carta de Castelinho a Alberto Dines, sem data, mas certamente de 1972.
36. Idem.
37. Depoimento de Alberto Dines.
38. Idem.
39. Depoimento de Roberto Médici.
40. Idem.
41. Idem.
42. Depoimento de João Geraldo Piquet Carneiro.
43. Depoimento de Luiz Guttemberg.
44. Depoimento de Marcus Vinícius Pratini de Moraes.
45. Depoimento de Lindaura Nunes Brandão.
46. Elio Gaspari, *A ditadura derrotada*, 2014.
47. Depoimento de Roberto Médici.

14 BRANCA, BRANCA, BRANCALEONE

1. Carlos Castello Branco, entrevista ao *Pasquim*, nº 392, 1976/1977.
2. Carlos Chagas e Pedro Jorge de Castro, *Carlos Castelo Branco, o jornalista do Brasil*, 2006.
3. Depoimento de Alberto da Costa e Silva.
4. Coluna do Castello, *JB*, 20/1/1974.
5. Idem.
6. Coluna do Castello, *JB*, 14/3/1974.
7. Carlos Castello Branco, entrevista ao *Pasquim*, nº 392, 1976/1977.
8. Coluna do Castello, *JB*, 18/11/1974.
9. Coluna do Castello, *JB*, 25/11/1974.
10. Coluna do Castello, *JB*, 2/11/1975.
11. Coluna do Castello, *JB*, 21/1/1976.
12. Cp 237, Arquivo pessoal CCB, Casa de Rui Barbosa.
13. Coluna do Castello, *JB*, 20/6/1976.
14. Depoimento de Lucídio Castello Branco.
15. Carlos Castello Branco, *Retratos e fatos da história recente*, 1996.
16. Depoimento de Hélio Doyle, Armando Rollemberg e Andrei Almeida.
17. Depoimento de José Antonio Nascimento Brito.
18. Depoimento de José Antonio Nascimento Brito.
19. Idem.
20. Depoimento de Alberto Dines.
21. Idem.
22. Depoimento de José Sarney.

23. Depoimento de José Antonio Nascimento Brito.
24. Depoimento de José Sarney.
25. Depoimento de José Antonio Nascimento Brito.
26. Depoimento de Luiz Orlando Carneiro.
27. Idem.
28. Depoimento de José Antonio Nascimento Brito.
29. Depoimento de Carlos Chagas.
30. Depoimento de Luiz Orlando Carneiro.
31. Cp 394, Arquivo pessoal CCB, Casa de Rui Barbosa.
32. Depoimento de Beth Pratini de Moraes.
33. Cp 394, cartão datado de 18/5/1977, Arquivo pessoal CCB, Casa de Rui Barbosa.

15 O MILITANTE DA LIBERDADE

1. Depoimento de Antonio Carlos Pereira.
2. Depoimento de Antonio Carlos Pereira.
3. Depoimento de Antonio Carlos Pereira.
4. Carlos Castello Branco, entrevista a Maria Ignez Corrêa da Costa e Cristina Autran, *Jornal de Brasília*, 9/5/1975.
5. Carlos Castello Branco, *A renúncia de Jânio — Um depoimento*, 1996.
6. Depoimento de Luiz Guttemberg.
7. Cp 463, carta de 9/9/1971, Arquivo pessoal CCB, Casa de Rui Barbosa.
8. Cp 455, carta de 21/7/1972, Arquivo pessoal CCB, Casa de Rui Barbosa.
9. Bilhete de 1/11/1978, Arquivo pessoal CCB, Casa de Rui Barbosa.
10. Bilhete de 18/6/1978, Arquivo pessoal CCB, Casa de Rui Barbosa.
11. Informações fornecidas por Moacir Pereira.
12. Coluna do Castello, *JB*, 23/11/1974.
13. Coluna do Castello, *JB*, 2/12/1974.
14. Coluna do Castello, *JB*, 13/2/1975.
15. Coluna do Castello, *JB*, 28/2/1975.
16. Coluna do Castello, *JB*, 14/3/1975.
17. Coluna do Castello, *JB*, 29/3/1975.
18. Depoimento de Carlos Chagas.
19. Idem.
20. Depoimento de Hélio Doyle, Armando Rollemberg e Andrei Almeida.
21. Idem.
22. Coluna do Castello, *JB*, 8/8/1977.
23. Idem.
24. Depoimento de Rita Medeiros.

25. Coluna do Castello, *JB*, 28/1/1992.
26. Pi 107, discurso na entrega do cargo, Arquivo pessoal CCB, Casa de Rui Barbosa.
27. Depoimento de Carlos Mateus Castello Branco.

16 UM ARTISTA DE CINEMA

1. Carlos Castello Branco sobre *A idade da Terra*. Disponível em <http://www.contracampo.com.br/74/idadedaterrarelease.htm>, acessado em 7/10/2014.
2. Idem.
3. Idem.
4. Idem.
5. José Casado, Especial 50 Anos do Golpe, *O Globo*, 31/3/2014.
6. Coluna do Castello, *JB*, 3/5/1981.
7. Coluna do Castello, *JB*, 7/5/1981.
8. Carlos Chagas e Pedro Jorge de Castro, *Carlos Castelo Branco, o jornalista do Brasil*, 2006.
9. Arquivo Ana Lagoa, recorte da *Folha de S.Paulo*, sem data. Disponível em <www.arqanalagoa.ufscar.br>, acessado em 9/10/2014.
10. *Isto É*, nº 1.541, 21/4/1999.
11. Depoimento de José Carlos Mello.
12. Carlos Chagas e Pedro Jorge de Castro, *Carlos Castelo Branco, o jornalista do Brasil*, 2006.
13. Idem.
14. Depoimento de José Carlos Mello.
15. Carlos Castello Branco, palestra na Assembleia Legislativa do Rio Grande do Sul, 14/9/1981.
16. Coluna do Castello, *JB*, 14/5/1981.
17. Coluna do Castello, *JB*, 5/7/1981.
18. Carlos Castello Branco, palestra na Assembleia Legislativa do Rio Grande do Sul, em 14/9/1981.
19. Carlos Castello Branco, entrevista ao *Pasquim*, nº 392, 1976-1977.
20. Depoimento de Manuel Carlos Chaparro.
21. Depoimento de José Sarney.
22. Entrevista a Maria Ignez Corrêa da Costa, não publicada, 1982.
23. Depoimento de Luiz Guttemberg.
24. Depoimento de Luiz Orlando Carneiro.
25. Depoimento de José Luiz Silva.
26. Depoimento de João Geraldo Piquet Carneiro.

27. Depoimento de Luciana Castello Branco.
28. Carlos Castello Branco, entrevista a Maria Ignez Corrêa da Costa e Cristina Autran, *Jornal de Brasília*, 9/4/1975.
29. Depoimento de José Marques de Melo.
30. Carlos Castello Branco, entrevista a Adriana Zarvos.
31. Idem.
32. Carlos Castello Branco, entrevista a Maria Ignez Corrêa da Costa e Cristina Autran, *Jornal de Brasília*, 9/5/1975.
33. Depoimento de Luciana Castello Branco.
34. Carlos Castello Branco sobre *A idade da Terra*. Disponível em <http://www.contracampo.com.br/74/idadedaterrarelease.htm>, acessado em 7/10/2014.

17 IMORTAL

1. Coluna do Castello, *JB*, 7/1/1983.
2. Coluna do Castello, *JB*, 2/1/1983.
3. Coluna do Castello, *JB*, 5/3/1983.
4. Coluna do Castello, *JB*, 13/3/1983.
5. Coluna do Castello, *JB*, 15/3/1983.
6. Coluna do Castello, *JB*, 31/3/1983.
7. Coluna do Castello, *JB*, 17/11/1983.
8. Coluna do Castello, *JB*, 3/12/1983.
9. Idem.
10. Cp 489, Arquivo pessoal CCB, Casa de Rui Barbosa.
11. Depoimento de José Sarney.
12. Idem.
13. Cp 402, carta datada de 8/2/1982, Arquivo pessoal CCB, Casa de Rui Barbosa.
14. Cp 328, carta datada de 15/5/1982, Arquivo pessoal CCB, Casa de Rui Barbosa.
15. Depoimento de Carlos Garcia.
16. *JB*, 5/11/1982, página 8.
17. Depoimento de Luiz Barbosa.
18. Idem.
19. Discurso de posse na Academia Brasileira de Letras, 25/5/1983.
20. Carta a Otto Lara Resende, 14/9/1983, Arquivo pessoal OLR, Instituto Moreira Salles.
21. Carlos Castello Branco, entrevista a Adriana Zarvos.
22. Cp 394, carta datada de 23/2/1983, Arquivo pessoal CCB, Casa de Rui Barbosa.
23. Cp 394, Arquivo pessoal CCB, Casa de Rui Barbosa.
24. Idem.

25. Carlos Castello Branco, palestra na Assembleia Legislativa do Rio Grande do Sul, em 14/8/1981.
26. Coluna do Castello, *JB*, 30/9/1983.
27. Coluna do Castello, *JB*, 1º/11/1983.
28. Coluna do Castello, *JB*, 27/12/1983.
29. José Carlos Fernandes, *Gazeta do Povo*, 6/1/2012.
30. Carlos Castello Branco, entrevista a Adriana Zarvos.
31. Carlos Marchi, artigo "As diretas vão para a rua", *JB*, 26/12/1983.

18 DIRETAS JÁ

1. Coluna do Castello, *JB*, 8/1/1984.
2. Coluna do Castello, *JB*, 17/1/1984.
3. Coluna do Castello, *JB*, 21/1/1984
4. Coluna do Castello, *JB*, 25/1/1984.
5. Coluna do Castello, *JB*, 27/1/1984.
6. Depoimento de Eliane Cantanhêde.
7. Depoimento de Paulo José Cunha.
8. Coluna do Castello, *JB*, 10/3/1983.
9. Coluna do Castello, *JB*, 13/4/1984.
10. Coluna do Castello, *JB*, 26/4/1984.
11. Coluna do Castello, *JB*, 27/5/1984.
12. Idem.
13. Idem.
14. Coluna do Castello, *JB*, 22/6/1984.
15. Coluna do Castello, *JB*, 30/6/1984.
16. Idem.
17. Coluna do Castello, *JB*, 2/1/1985.
18. Depoimento de Luiz Orlando Carneiro.
19. Carlos Castello Branco, entrevista a Adriana Zarvos.
20. Depoimento de José Carlos Mello.
21. Carlos Castello Branco, entrevista a Adriana Zarvos.
22. Idem.
23. Carlos Castello Branco, *Retratos e fatos da história recente*, 1994.
24. Carlos Chagas e Pedro Jorge de Castro, *Carlos Castelo Branco, o jornalista do Brasil*, 2006.
25. Carlos Chagas e Pedro Jorge de Castro, *Carlos Castelo Branco, o jornalista do Brasil*, 2006.

26. Idem.
27. Idem.
28. Depoimento de Ricardo Noblat.
29. Coluna do Castello, *JB*, 9/8/1984.
30. Depoimento de Marco Aurélio Costa.
31. Idem.

19 IDADE PARA TROCAR DE AMIGO

1. Depoimento de Lindaura Nunes Brandão.
2. Depoimento de José Sarney e entrevista a Adriana Zarvos.
3. Carlos Castello Branco, entrevista a Adriana Zarvos.
4. Depoimento de José Sarney.
5. Idem.
6. Coluna do Castello, *JB*, 30/4/1985.
7. Idem.
8. Coluna do Castello, *JB*, 29/5/1985.
9. Coluna do Castello, *JB*, 30/6/1985.
10. Coluna do Castello, *JB*, 29/11/1985.
11. Coluna do Castello, *JB*, 24/12/1985.
12. Coluna do Castello, *JB*, 22/4/1986.
13. Coluna do Castello, *JB*, 24/12/1988.
14. Coluna do Castello, *JB*, 8/1/1989.
15. Carlos Castello Branco, entrevista a Adriana Zarvos.
16. Carlos Castello Branco, *Retratos e fatos da história recente*, Editora Revan, 1996.
17. Depoimento de José Sarney.
18. Idem.
19. Carlos Castello Branco, entrevista a Adriana Zarvos.
20. Depoimento de Rubens Barbosa.
21. Depoimento de Mariza Macedo Soares.
22. Depoimento de Rubens Barbosa.
23. Depoimento de Beth Pratini de Moraes.
24. Élvia Lordello Castello Branco, entrevista de ao *Observatório da Imprensa*.
25. Depoimento de Beth Pratini de Moraes.
26. Entrevista a Adriana Zarvos.
27. Depoimento de Ricardo Noblat.
28. Regina Echeverria, *Sarney — A biografia*, 2012, p. 306.
29. Coluna do Castello, *JB*, 8/1/1989.
30. Coluna do Castello, *JB*, 29/1/1989.

31. Coluna do Castello, *JB*, 22/2/1989.
32. Coluna do Castello, *JB*, 25/2/1989.
33. Coluna do Castello, *JB*, 9/3/1989.
34. Coluna do Castello, *JB*, 16/3/1989.
35. Coluna do Castello, *JB*, 26/3/1989.
36. Depoimento de Carlos Chagas.
37. Coluna do Castello, *JB*, 6/4/1989.
38. Coluna do Castello, *JB*, 8/4/1989.
39. Depoimento de José Sarney.
40. Beth Cataldo e Paulo Fona, *Imprensa Livre*, informativo do Sindicato dos Jornalistas do DF, edição nov-dez/1990.

20 UM CORAÇÃO PARTIDO

1. Depoimento de Ana Miranda.
2. Idem.
3. Idem.
4. Idem.
5. Idem.
6. *A boca do inferno*, contos lançados em janeiro de 1957 e relançados em 1998.
7. Depoimento de Ana Miranda.
8. Cp 324, carta datada de 3/1/1992, Arquivo pessoal CCB, Casa de Rui Barbosa.
9. Depoimento de Ana Miranda.
10. Idem.
11. Fernando Sabino, *Zélia, uma paixão*, 1991.
12. Carta a Otto Lara Resende, 3/12/1991, Arquivo pessoal OLR, Instituto Moreira Salles.
13. Cp 59, bilhete datado de 10/9/1979, Arquivo pessoal CCB, Casa de Rui Barbosa.
14. Carta a Otto Lara Resende, 27/2/1980, Arquivo pessoal OLR, Instituto Moreira Salles.
15. Carta a Otto Lara Resende, sem data, Arquivo pessoal OLR, Instituto Moreira Salles.
16. Cp 133-A, carta datada de 15/1/1982, Arquivo pessoal CCB, Casa de Rui Barbosa.
17. Coluna do Castello, *JB*, 2/5/1989.
18. Coluna do Castello, *JB*, 5/5/1989.
19. Coluna do Castello, *JB*, 11/5/1989.
20. Coluna do Castello, *JB*, 9/6/1989.
21. Coluna do Castello, *JB*, 19/7/1989.
22. Coluna do Castello, *JB*, 27/7/1989.

23. Coluna do Castello, *JB*, 5/8/1989.
24. Coluna do Castello, *JB*, 10/8/1989.
25. Coluna do Castello, *JB*, 29/8/1989.
26. Coluna do Castello, *JB*, 10/9/1989.
27. Idem.
28. Coluna do Castello, *JB*, 20/10/1989.
29. Coluna do Castello, *JB*, 2/11/1989.
30. Coluna do Castello, *JB*, 11/11/1989.
31. Coluna do Castello, *JB*, 2/1/1990.
32. Coluna do Castello, *JB*, 30/12/1989.
33. Idem.
34. Coluna do Castello, *JB*, 20/1/1990.
35. Coluna do Castello, *JB*, 4/2/1990.
36. Coluna do Castello, *JB*, 23/6/1990.
37. Coluna do Castello, *JB*, 28/6/1990.

21 MINHA VERDADE INTERIOR

1. Coluna do Castello, *JB*, 25/11/1990.
2. Coluna do Castello, *JB*, 27/12/1990.
3. Coluna do Castello, *JB*, 1/12/1990.
4. Depoimento de Marcus Vinícius Pratini de Moraes.
5. Depoimento de Vera Brant.
6. Depoimento de Mariza Macedo Soares.
7. Abdias Silva, *Imprensa Livre*, informativo do Sindicado dos Jornalistas do DF, edição mai-jun/2005.
8. Depoimento de Raymond Frajmund.
9. Idem.
10. Depoimento de Carlos Garcia e Cristina Autran Garcia.
11. Coluna do Castello, *JB*, 17/2/1990.
12. Coluna do Castello, *JB*, 14/3/1990.
13. Coluna do Castello, *JB*, 1/4/1990.
14. Coluna do Castello, *JB*, 4/5/1990.
15. Coluna do Castello, *JB*, 27/5/1990.
16. Coluna do Castello, *JB*, 1/6/1990.
17. Coluna do Castello, *JB*, 28/6/1990.
18. Coluna do Castello, *JB*, 22/7/1990.
19. Coluna do Castello, *JB*, 9/8/1990.
20. Coluna do Castello, *JB*, 8/9/1990.

21. Coluna do Castello, *JB*, 19/9/1990.
22. Coluna do Castello, *JB*, 26/1/1992.
23. Coluna do Castello, *JB*, 6/3/1991.
24. Coluna do Castello, *JB*, 31/3/1992.
25. Coluna do Castello, *JB*, 4/6/1992.
26. Coluna do Castello, *JB*, 4/6/1992.
27. Coluna do Castello, *JB*, 14/6/1992.
28. Coluna do Castello, *JB*, 28/6/1992.
29. Coluna do Castello, *JB*, 1/9/1992.
30. Depoimento de José Sarney.
31. Coluna do Castello, *JB*, 27/9/1992.
32. Carta a Otto Lara Resende, 15/9/1992, Arquivo pessoal OLR, Instituto Moreira Salles.
33. Carta a Otto Lara Resende, 15/9/1992, Arquivo pessoal OLR, Instituto Moreira Salles.
34. Depoimento de José Antonio Nascimento Brito.
35. Idem.
36. Idem.

22 A MORTE COLHE O GUERREIRO

1. Coluna do Castello, *JB*, 6/3/1993.
2. Idem.
3. Depoimento de Henrique Hargreaves.
4. Coluna do Castello, *JB*, 20/5/1993.
5. Paulo José Cunha, artigo "Castello e minhas vírgulas", in Carlos Chagas e Pedro Jorge de Castro, *Carlos Castelo Branco, o jornalista do Brasil*, 2006.
6. Depoimento de Vera Brant.
7. Coluna do Castello, *JB*, 2/11/1982.
8. Cp 37, Arquivo pessoal CCB, Casa de Rui Barbosa.
9. Carta a Otto Lara Resende, 1/10/1958, Arquivo pessoal OLR, Instituto Moreira Salles.
10. Carta a Otto Lara Resende, 14/8/1958, Arquivo pessoal OLR, Instituto Moreira Salles.
11. Carta a Otto Lara Resende, 11/4/1958, Arquivo pessoal OLR, Instituto Moreira Salles.
12. Carta a Otto Lara Resende, 17/2/1959, Arquivo pessoal OLR, Instituto Moreira Salles.

13. Carta a Otto Lara Resende, 17/11/1958, Arquivo pessoal OLR, Instituto Moreira Salles.
14. Carta a Otto Lara Resende, 5/8/1991, Arquivo pessoal OLR, Instituto Moreira Salles.
15. Carta a Otto Lara Resende, 9/6/1959, Arquivo pessoal OLR, Instituto Moreira Salles.
16. Afonso Arinos de Melo Franco, filho, *Tramonto*, 2013.
17. Fernando Henrique Cardoso, depoimento no Caderno Ideias, *JB*, 24/6/2000.
18. Aluízio Mercadante, artigo no Caderno Ideias, *JB*, 24/6/2000.
19. José Sarney, depoimento no Caderno Ideias, *JB*, 24/6/2000.
20. Depoimento de João Geraldo Piquet Carneiro.
21. Depoimento de Adelina Castello Branco.
22. Depoimento de Beth Pratini de Moraes.
23. Depoimento de Mariza Macedo Soares.
24. Depoimento de Fernando Pedreira.
25. Depoimento de Luciana Castello Branco.
26. Depoimento de Fernando Pedreira.
27. Depoimento de Luciana Castello Branco.
28. Depoimento de Paulo Castello Branco.
29. Élvia Lordello Castello Branco, entrevista a Luiz Orlando Carneiro, *JB*, Caderno Ideias, 24/6/2000.
30. Depoimento de Mateus Castello Branco.
31. Carlos Castello Branco, entrevista ao *Pasquim*, nº 392, 1976/1977.
32. Idem.
33. Depoimento de Fernando Pedreira.
34. Depoimento de Carlos Mateus Castello Branco.
35. Carlos Castello Branco, entrevista ao *Pasquim*, nº 392, 1976/1977.

Fontes de pesquisa

Bibliografia

ANDREWS, Alexander. *The history of British journalism*. Londres: Adamant Media, 2000.

ASSIS, Machado de. *A mão e a luva*. São Paulo: Ática, 2009.

CAMPOS, Deusdedit. *Os Castello Branco d'aqui*, edição do autor.

CAPELO, Mariana. *Caríssimo Abdias*. Brasília: Casa das Musas, 2013.

CASTELLO BRANCO, Carlos. *Os militares no poder*. Rio de Janeiro: Nova Fronteira, 1977.

______. *A renúncia de Jânio — Um depoimento*, Rio de Janeiro: Revan, 1996.

______. *Retratos e fatos da história recente*. Rio de Janeiro: Revan, 1994

______. *Introdução à Revolução de 1964 — Agonia do poder civil*. Rio de Janeiro: Artenova/JB, 1975.

______. *Arco de triunfo*, edição especial editada pelo Grupo Aché, 1959.

CASTELLO BRANCO, Renato. *Os Castello Branco d'aquém e d'além-mar*. LR Editores, 1980.

CASTELLO BRANCO, Lucídio. *Da memória de um repórter*. Porto Alegre: AGE Editora, 2002.

CHAGAS, Carlos. *113 dias de angústia — Impedimento e morte de um presidente*. Porto Alegre: L&PM Editores, 1979.

CHAGAS, Carlos e CASTRO, Pedro Jorge de. *Carlos Castelo Branco, o jornalista do Brasil*. São Paulo: Senac, 2006.

CONTI, Mário Sérgio. *Notícias do Planalto — A imprensa e Fernando Collor*. São Paulo: Companhia das Letras, 1999.

CORRÊA, Villas-Boas. *Conversa com a memória*. Rio de Janeiro: Objetiva, 2002.

DULLES, John W. F. *Castello Branco — O caminho para a Presidência*. Rio de Janeiro: José Olympio Editora, 1979.

ECHEVERRIA, Regina. *Sarney — A biografia*. Lisboa: Texto Editores, 2011.

GASPARI, Elio. *A ditadura envergonhada*. Rio de Janeiro: Intrínseca, 2014.

______. *A ditadura escancarada*. Rio de Janeiro: Intrínseca, 2014.

______. *A ditadura encurralada*. Rio de Janeiro: Intrínseca, 2014.

______. *A ditadura derrotada*. Rio de Janeiro: Intrínseca, 2014.

INSTITUTO NACIONAL DE ESTATÍSTICA. *Anuário Estatístico do Brasil* (seções do Piauí e de Minas Gerais), 1937.

LIMA, Alceu Amoroso. *Voz de Minas*. São Paulo: Abril Cultural, 1983.

MELO FRANCO, Afonso Arinos de (filho). *Tramonto*. Rio de Janeiro: Objetiva, 2013.

OLSON, Kenneth. *The historymakers*. Baton Rouge: Louisiana State University Press, 1966.

PEDREIRA, Fernando. *O quebra-cabeças*. Rio de Janeiro: Paz e Terra, 1998.

RIBEIRO, Darcy. *O povo brasileiro*. São Paulo: Companhia de Bolso, 1995.

SERRA, José. *Cinquenta anos esta noite*. Rio de Janeiro: Record, 2014.

SKIDMORE, Thomas. *Brasil: de Getúlio a Castello*. Rio de Janeiro: Paz e Terra, 1975.

Depoimentos colhidos pelo autor

Adelina Castello Branco, irmã, Rio de Janeiro.
Afonso Arinos de Melo Franco, filho, diplomata, Rio de Janeiro.
Afrânio de Melo Franco Nabuco, empresário, Rio de Janeiro.
Alberto Dines, jornalista, São Paulo.
Alberto da Costa e Silva, diplomata e escritor, Rio de Janeiro.
Antonio Carlos (Tonico) Pereira, jornalista, São Paulo.
Andrei Meireles de Almeida, jornalista, Brasília.
Armando Sobral Rollemberg, jornalista, Brasília.
Beth Pratini de Moraes, psicóloga, São Paulo.
Carlos Chagas, jornalista, Brasília.
Carlos Garcia, embaixador, Rio de Janeiro.
Cristina Autran Garcia, jornalista, Rio de Janeiro.
Fred Pessoa, jornalista, Niterói.
Fernando Pedreira, jornalista, Rio de Janeiro.
Henrique Hargreaves, funcionário público, Brasília.

Hélio Marcos Prates Doyle, jornalista, Brasília.
José Antonio Nascimento Brito, empresário, Rio de Janeiro.
José Carlos Mello, engenheiro, Brasília.
João Geraldo Piquet Carneiro, advogado, Brasília.
José Luís Silva, jornalista, Brasília.
José Marques de Melo, professor da Universidade de São Paulo (USP) e da Universidade Metodista de São Paulo (Umesp), São Paulo.
José Sarney, senador, Brasília.
Luiz Antônio Villas-Boas Corrêa, jornalista, Rio de Janeiro.
Luiz Custódio de Lima Barbosa, jornalista, Brasília.
Luiz Orlando Carneiro, jornalista, Brasília.
Luiz Fernando Martins Pereira, jornalista, Brasília.
Luiz Gutemberg, jornalista, Brasília.
Lindaura Nunes Brandão, doméstica, Brasília.
Marco Aurélio Costa, empresário, Brasília.
Marcus Vinícius Pratini de Moraes, economista, São Paulo.
Manuel Carlos Chaparro, professor da Universidade de São Paulo (USP).
Paulo José Cunha, jornalista, Brasília.
Rangel Cavalcanti, jornalista, Brasília.
Raymond Frajmund, fotógrafo, Brasília.
Ricardo Noblat, jornalista, Brasília.
Rita Medeiros, jornalista e empresária, Brasília.
Roberto Médici, engenheiro, Rio de Janeiro.
Rubens Barbosa, embaixador, e Maria Ignez Barbosa, jornalista, São Paulo.
Silvestre Gorgulho, jornalista, Brasília.
Tarcísio Hollanda, jornalista, Brasília.
Wilson Figueiredo, jornalista, Rio de Janeiro.
Zenaide Azeredo, jornalista, Brasília.

Arquivos

Arquivo pessoal de Carlos Castello Branco, Casa de Rui Barbosa. Rio de Janeiro.
Arquivo pessoal de Otto Lara Resende, Instituto Moreira Salles, Rio de Janeiro.
Arquivo Público do Distrito Federal, Brasília.
Arquivo da família Castello Branco, sob posse de Luciana Castello Branco, Rio de Janeiro.
Arquivo pessoal da família de Abdias Silva, Brasília.

Teses, artigos, filmes, documentários e portais

A Idade da Terra, longa-metragem de Glauber Rocha, produção de 1980, versão restaurada em DVD.

Carlos Castello Branco, o jornalista, videodocumentário da série "Senado Documento", TV Senado, 2008.

Carlos Castello Branco: o comentarista paradigmático da imprensa brasileira, de Maria de Jesus Daiane Rufino Leal, tese de mestrado na Umesp, 2011.

Carlos Castello Branco, a opinião no Jornalismo brasileiro, Ana Regina Leal Rego, ensaio publicado em *Imprensa Brasileira — Personagens que fizeram História*, volume 4, Imprensa Oficial de São Paulo/Umesp, 2009.

Belo Horizonte, uma cidade para a modernidade mineira, de Claudio Listher Marques Bahia.

E o bom e velho Google.

História e Memória do Ensino Superior no Piauí de 1930 a 1960, Antonio Maureni Vaz Verçosa de Melo, portal da Universidade Federal do Piauí.

O Pasquim, nº392, 31/12/1976 a 6/1/1977.

Portal do CPDoc/Fundação Getulio Vargas.

Portal www.capitalteresina.com.br.

Portal www.piauihp.com.br.

Portal da Universidade Federal do Piauí.

Que merda é essa?, Hércules Corrêa, Relatório para o Partido Comunista Brasileiro, 1973.

Site www.joseluisdemagalhaeslins.com.br.

Índice onomástico

Este livro foi composto na tipologia Minion Pro
Regular, em corpo 11,5/16, e impresso em
papel off-white no Sistema Cameron da
Divisão Gráfica da Distribuidora Record.